Forex Trading

21世纪高等院校经济管理类规划教材

外汇交易原理与实务

（第2版）

□ 刘金波 主编

□ 任鑫鹏 王立志 余志刚 副主编

人民邮电出版社

北京

图书在版编目（CIP）数据

外汇交易原理与实务 / 刘金波主编. -- 2版. -- 北京 : 人民邮电出版社, 2015.5(2018.12重印)
21世纪高等院校经济管理类规划教材
ISBN 978-7-115-38372-3

Ⅰ. ①外… Ⅱ. ①刘… Ⅲ. ①外汇交易－高等学校－教材 Ⅳ. ①F830.92

中国版本图书馆CIP数据核字(2015)第030450号

内容提要

本书共分十章，分别讲解外汇交易的三方面内容：基本知识（包括外汇与外汇市场、外汇交易原理），外汇交易的具体操作（包括即期外汇交易、远期外汇交易、个人外汇交易、外汇期货交易、外汇期权交易及其他的外汇掉期交易和互换交易）和外汇管理（我国的外汇管理规章制度）。教材内除直接给出一些补充知识、案例外，还用链接及二维码向读者推荐了更丰富的网络资源，以扩展读者的学习内容。

为便于教师教学和学生学习，本书提供了配套的电子课件、习题答案、补充习题库、模拟试卷、实训指导等资料，其中模拟外汇交易的实验手册可更好地指导读者运用所学原理进行实务操作，实现理论与实际的零距离接触，索取方式见“配套资料索取示意图”。

本书可作为本科院校学生的教学用书，也可作为高职高专院校的选修教材及从事金融工作人员的培训教材。

◆ 主　　编　刘金波
副 主 编　任鑫鹏　王立志　余志刚
责任编辑　万国清
责任印制　沈　蓉　彭志环
◆ 人民邮电出版社出版发行　　北京市丰台区成寿寺路 11 号
邮编　100164　　电子邮件　315@ptpress.com.cn
网址　http://www.ptpress.com.cn
三河市君旺印务有限公司印刷
◆ 开本：787×1092　1/16
印张：16　　　　2015 年 5 月第 2 版
字数：304 千字　　　　2018 年12月河北第11次印刷

定价：38.00 元

读者服务热线：(010)81055256　印装质量热线：(010)81055316
反盗版热线：(010)81055315
广告经营许可证：京东工商广登字 20170147 号

第 2 版前言

华尔街金融风暴给世界经济带来沉重的打击，紧随其后的欧债危机和美债评级下调也加剧了汇市的震荡。在汇率波动风险加大的背景下，企业和金融机构的避险需求增强，同时也获得了更多的投机机会。在当前经济形势下，不管是金融机构的外汇相关工作人员还是外贸企业，甚至百姓个人都亟待了解和学习外汇交易相关知识和技能，以此来指导他们的投资理财、保值避险及投机活动。随着外汇市场进一步开放，外汇分析师将成为国内最有吸引力的金领职业之一，本书旨在培养能满足各种外汇交易需求的专业人才。

受金融风暴影响的同时，我国的外汇改革也在不断地深入，2011 年我国外汇交易中心的银行间外汇市场人民币对外币的交易种类只有 7 个货币对，而到了 2014 年就增加到了 11 个货币对。从 2012 年开始，国家外汇管理局发布的政策法规就有 60 个之多，其中包括银行间外汇市场交易汇价和银行挂牌汇价管理、修订《银行间外汇市场做市商指引》等内容。为适应外汇交易日新月异的变化，我们及时地修订了原先的教材。

相对第 1 版教材，本版着重在以下几方面做了修订。

1. 针对我国外汇交易和外汇管理的变化，对原有的数据进行了更新，如人民币对外币的交易品种的增加等。

2. 更加突出了我国目前外汇交易的特点，使学生更能适应未来从事外汇业务工作的实际，如重点介绍了我国外汇市场中的即期外汇交易、远期外汇交易、外汇掉期交易、互换交易、外汇期权交易等。

3. 根据我国外汇管理局发布的相关外汇管理规定，重点介绍了我国在经常项目、资本金融项目、外汇储备、外债等方面的外汇管理规定，做到了同步更新。

4. 加大了信息量，由于教材字数的限制，更多的信息无法编入到教材中，因此本次修订的教材给出了各种网络资源的链接及二维码，方便读者自学，可随时掌握更多、更新的相关知识。

5. 完善本书配套资料。第 1 版教材出版后我们已经准备了电子课件、习题答案、补充习题库、模拟试卷、实训指导等资料，后续我们将继续补充、完善相关资料，以更好地支持读者学习和教师授课（索取方式参见“配套资料索取示意图”）。

本次修订以培养读者外汇应用能力为目标，适用于以基本素质和技术应用能力培养为主线的教学体系，加强了针对性和实用性，实践教学特色突出，所培养出来的经济管理专业学生更能适应工作岗位的要求。

本次修订分工如下：刘金波（哈尔滨金融学院，第二章、第四章）、任鑫鹏（哈尔滨金融学院，第三章、第七章）、王立志（哈尔滨金融学院，第五章、第六章）、余志刚（东北农业大学，第十章）、徐辉（哈尔滨金融学院，第一章、第八章）、刘畅（辽宁工程技术大学，第九章）。另外，中国银行黑龙江分行国际业务部的孙煊和李岚也参与了本书的修订工作，并提出了诸多宝贵意见，在此对其表示最诚挚的谢意。

采用本书第 1 版授课的教师也对本书提出了诸多修订、完善的意见，因人数较多，在此一并表示诚挚的谢意！望继续批评指正！

由于外汇交易领域理论和实践的发展日新月异，加之作者水平有限，书中难免有不当和遗漏之处，敬请有关专家学者和其他读者朋友批评指正。

编　者

2014 年 9 月

第1版前言

国际上的一切经济交往都与外汇息息相关，包括汇率决定、汇率制度、外汇储备、外汇交易以及外汇风险管理等,这些都是作为一位现代金融从业人员不可缺少的基本知识和能力。同时,当前我国企业和居民个人也逐渐将外汇交易作为投资理财和规避汇率风险的工具之一,特别是个人用汇和个人投资的外汇交易数量不断增加。金融机构、企业、政府以及其他一些组织迫切需要掌握国际外汇市场通行规则、外汇交易操作方法和技巧以及外汇风险管理等相关知识的金融人才。

应用型本科院校和高等职业院校培养的学生应在具有必备的专业基础理论知识和专门知识的基础上，重点掌握从事本专业领域实际工作的基本能力和基本技能。我们结合国际金融市场外汇交易实务的最新变化，吸收了国内外的外汇理论知识，结合多年从事国际金融学和外汇理论与实务相关课程教学的经验，遵循教材编写的前瞻性、科学性、实用性的原则，结合我国外汇体制改革和外汇市场开放的实际情况，编写了这本适合应用型本科和高等职业院校层面的教材。

本书的编写特色有以下几个方面。

1. 结构新颖。通过把外汇、汇率基础知识与外汇交易业务结合起来，在详述外汇和汇率基础知识的基础上,介绍各种外汇产品的交易业务和操作策略,做到新颖性和丰富性的统一。

2. 使用数学分析方法。在讲解各种外汇交易方法和交易策略中，运用数学的数量模型分析方法，使读者更加直观地加深对知识的理解和把握。

3. 理论与实际相结合。在编写过程中联系目前我国外汇交易的现状，咨询多家经营外汇等国际业务的银行工作人员，以使读者能完全掌握实际工作中外汇交易的操作。

4. 实用性较强。本书针对应用型本科和高等职业技术教育对国际金融、国际贸易等专业文化水平和职业素养的要求,注重培养应用型职业岗位群对新型人才所要求的一切特定素质、知识及能力要素，并将这些要求融入每章的内容和习题中。

5. 配套资料齐全。本书提供配套的课件、教案、习题答案、模拟试卷、实训指导，其中实训指导因各校教学中存在较大的差异，故而在配套资料中提供了电子稿。本书的配套资料索取方式参见本书末页“配套资料索取示意图”。

本教程适合高等院校财经专业教学使用，也可作为银行相关从业人员的培训教材。全书共分10章，分别讲解外汇交易基础知识、传统外汇交易方式、衍生外汇交易方式、个人外汇交易和结算以及外汇风险管理等内容。为方便教学的应用，本书对外汇知识进行了相应的整合，在编写中兼顾了应用型本科院校和高等职业院校的教学特点，既有外汇交易的基础知识，又融合了从事高级外汇操作所具备的高层次专业知识，各院校可以根据本学校的教学任务调整教学内容。本教材的高层次外汇交易知识包括第二章的外汇保证金交易、第四章的NDF交易、第七章的进阶交易策略、第八章的掉期交易的期限划分及互换交易、第十章的外汇储备管理理论，这些内容各校应根据学生实际情况和教学目标进行增减。

本教材是集体智慧和团结协作的结晶，由哈尔滨金融学院、东北农业大学经济管理学院、辽宁工程技术大学经济管理学院具有丰富教学经验的教师共同编写完成。刘金波担任主编，任鑫鹏、王立志和余志刚担任副主编，参编人员有徐辉、刘畅。具体编写分工为：刘金波（哈尔滨金融学院，第二章、第四章）、任鑫鹏（哈尔滨金融学院，第三章、第七章）、王立志（哈尔滨金融学院，第五章、第六章）、余志刚（东北农业大学，第十章）、徐辉（哈尔滨金融学院，第一章、第八章）、刘畅（辽宁工程技术大学，第九章）。全书由刘金波负责总体结构设计、大纲拟定、初稿修改补充，并对全书进行总纂、定稿。

在教材编写和出版过程中，人民邮电出版社相关编辑提供了许多帮助，在此表示诚挚的谢意！

由于外汇交易领域理论和实践的发展日新月异，加之作者水平有限，书中难免有不当和遗漏之处，敬请有关专家、学者和读者朋友批评指正。

编 者

2011年5月

目　录

第一章　外汇与外汇市场

【学习目标】

理论目标：了解外汇、汇率和外汇市场的概念以及外汇市场的特征，掌握中国外汇市场的构成及外汇市场的各种参与者。

技术目标：掌握外汇和汇率的常见分类，系统地掌握直接标价法和间接标价法等基本汇率计算方法。

能力目标：理解外汇在对外经济活动中的重要作用，分析、研究汇率的变动对经济的影响。

引例

"广场协议"导致美元持续大幅度贬值，其中受影响最大的是日元。1985年9月，日元汇率还在1美元兑250日元上下波动，而在不到三年的时间里，美元对日元贬值了50%，最低曾跌到1美元兑120日元。随后，日本经济进入十多年低迷期，被称为"失落的十年"。虽然日本经济持续萧条的根源在于其经济结构的自身缺陷和日本政府错误的经济政策，但"广场协议"无疑也是日本经济持续萧条的重要因素之一。

1996年，外国短期资本大量流入泰国房地产、股票市场，导致其楼市、股市出现了明显的泡沫，泰国资产被严重高估，国际金融大鳄们预测泰铢会贬值，开始在金融市场上寻找错误的汇率定价中的获利机会。

1997年2月初，以索罗斯为主的国际投资机构从泰国银行借入高达150亿美元的数月期限的远期泰铢合约，而后于现汇市场大规模抛售。当时泰铢实行与美元挂钩的固定汇率制，索罗斯的狙击导致泰铢迅速贬值，多次突破泰国中央银行规定的汇率浮动限制，引起市场恐慌。泰国央行为维护泰铢币值稳定，买入泰铢，但只有区区300亿美元外汇储备的泰国中央银行历经短暂的战斗，便宣告"弹尽粮绝"，最后只得放弃已坚持14年的泰铢钉住美元的汇率政策，实行有管理的浮动汇率制。

泰铢大幅贬值后，国际投资机构再以美元低价购回泰铢，用来归还泰铢借款和利息。索罗斯沽空使得他狂赚数十亿美元。泰铢贬值引发了金融危机，沉重地打击了泰国经济，成为亚洲金融危机的导火索。

2008年11月，为应对美国次贷危机导致的经济衰退，美联储宣布将购买国债和抵押贷款支持证券（MBS），这标志着首轮量化宽松政策（QE）的开始。在经济不景气的情况下推出量化宽松政策可以向市场投放流动性，增加资本供应量，从而刺激内需，带动经济的发展。外汇市场对量化宽松政策做出了激烈反应，美元指数大幅走弱。当第一轮量化宽松政策宣布推出时，美元指数在一个月内走低12%，而各非美货币走势趋强。由于许多国家都持有占本国外汇储备比例很大的美国国债，此次超常规的量化宽松政策导致美国国债收益率下降，从而使相应持债国家的外汇资产存在非常大的贬值风险。

随着美国经济形势改善，失业率逐渐向正常水平靠拢，美联储自2013年12月开始退出量化宽松政策，市场流动性逐步趋紧，这将推动美元升值。

由于美元全球储备货币的地位，美国国内货币政策的溢出效应给其他国家带来了风险。目前，已有相当多的国家采取战略性措施规避美元带来的风险，如通过货币互换协议绕开美元，直接采取双边货币进行结算。

当今不确定的地缘政治与经济气候导致对风险管理及套期保值工具的需求不断增长，丰富的产品对于寻求新工具来管理风险的投资组合经理、交易者、投资银行家、首席财务官、企业财务主管等来说越来越重要，而全球最大的期货交易平台——芝商所通过丰富的外汇产品，提供投资及风险管理的交易机会，为全球外汇市场提供了高效及迅速的风险转移途径。

在经济高速发展的今天，外汇和外汇市场在其中扮演着重要角色，本章将详细地讨论有关外汇和外汇市场。

第一节　外　　汇

一、外汇的定义

什么是外汇？有人说外汇就是外币，也有人说这样认识是不确切的。外汇（foreign exchange）是国际汇兑的简称。如果在清偿过程中，一方在沈阳而另一方在上海，这种清偿活动在本国之内，称为内汇。如果一方在上海而另一方在伦敦，则这种清偿活动超越国界而具有国际性，就称为国际汇兑。

从动态的角度看，外汇是指人们将一种货币兑换成另一种货币，清偿国际间债权债务关系的行为，是国际间的一种汇兑活动。这种汇兑活动解决了各种货币所代表的价值及其货币名称、货币单位各不相同以及作为一国的法偿货币不能在他国流通使用所产生的问题。

从静态的角度看，外汇一般是指以外币表示的用于进行国际结算的支付手段。这种支付手段包括以外币表示的信用工具和有价证券，例如银行存款、商业汇票、银行支票、外国政府库券及其长短期证券、外国钞票等。但一般来说，外钞必须能兑成其他国家的货币。

1. 广义的外汇

广义的外汇是指国际货币基金组织和各国外汇管理法令中的外汇，国际货币基金组织把外汇定义为："外汇是货币行政当局（中央银行、货币机构、外汇平准基金组织及财政部）以银行存款、财政部库券、长短期政府债券等形式所保有的、在国际收支逆差时可以使用的债权。"

1996年我国发布实施的《中华人民共和国外汇管理条例》，对外汇的解释是：外汇，是指下列以外币表示的可以用作国际清偿的支付手段和资产。①外国货币，包括纸币、铸币；②外币支付凭证，包括票据、银行存款凭证、邮政储蓄凭证等；③外币有价证券，包括政府债券、公司债券、股票等；④特别提款权、欧洲货币单位；⑤其他外汇资产。

2. 狭义的外汇

狭义的外汇即我们通常所说的外汇，是指以外币表示的用于国际结算的支付手段。只有为各国普遍接受的支付手段，才能用于国际结算。因此，狭义的外汇必须具有以下几个特征：①必须是以外币表示的资产；②必须是在国外能得到补偿的债权；③必须是以可自由兑换的货币表示的支付手段。

【小知识 1.1】

外汇的一般形式是一国以外币表示的国外资产；外汇的最基本形式是本国在外国通汇银行的活期存款；外汇的最基本职能是充当国际结算的支付手段；外汇的最本质特点是可以自由兑换。

二、外汇的特点

外汇是指以外国货币表示的、能用来清算国际收支差额的资产。国际上广泛运用于国际结算支付手段和流通手段的外国货币是真正意义上的外汇，并不是所有的外国货币都能成为外汇。一个国家的货币要在国际上被广泛运用和接受并成为通用的外汇，必须具备以下几个特点。

（1）外币性。外币性即外汇必须是外国货币而非本国货币。比如英国居民不能把英镑作为外汇，英镑对其他国家居民来说就是外汇。

（2）可自由兑换性。外汇能自由兑换成本国货币或其他货币，这一特点使得外汇的购买力在国际间转移，实现其支付手段的功能，从而使国际间债务得以清偿。

（3）普遍接受性。普遍接受性就是外币在国际经济往来中被广泛接受和使用，这一特点决定了一个国家的货币要成为外汇，必须是国际上通用的，并且是以被他国居民接受为前提条件的。

（4）可偿性。可偿性就是外币所代表的资产必须是在国外能得到偿付的货币债权。例如，出票人开出的银行拒付的汇票，就不能实现国际汇兑，货币的债权无法清偿。因此，外汇或外汇的资产在国外不能保证偿付就不是外汇。

【小知识 1.2】

对于其他国家来说，人民币是外汇吗？

人民币在 1996 年实现了经常项目下的自由兑换，但截至 2014 年在资本和金融项目下人民币没有实现自由兑换，所以人民币不是自由兑换货币，也就不是外汇。

三、外汇的分类

从不同角度，根据不同的分类标准，可以对外汇进行不同的分类。

1. 按交割期限的不同划分

按交割期限的不同，外汇可分为即期外汇和远期外汇两种。

即期外汇又称现汇或外汇现货，是指国际贸易或外汇买卖中即期进行收付的外汇，是在买卖成交后立即交割，或在第一个或第二个营业日内完成交割的外汇。交割，是指买卖双方进行钱货两清。外汇交割，是指一方付出本币，一方付出外币。在国际贸易中，贸易双方签订即期支付合同，在贸易成交后，买方即期向卖方支付外汇，支付的外汇必须是在国际上可自由兑换的货币或凭证。

远期外汇又称期汇或远期汇兑。在国际贸易和外汇买卖中双方先订立买卖合同，规定外汇买卖的数量、汇率、期限等。远期外汇，是指到约定日期依照合同规定的汇率进行交割的外汇。远期外汇的期限一般为 1 个月，也可长达 1 年。

2. 按照来源和用途的不同划分

按照来源和用途的不同，外汇可分为贸易外汇和非贸易外汇两种。

贸易外汇，是指由商品的进口和出口而发生的支出和收入的外汇。贸易外汇包括对外贸易中因收付贸易货款、交易佣金、运输费和保险费等发生的那部分外汇。我国的贸易外汇主要包括中国生产商品的出口收汇，以进养出专项收汇，中小型补偿贸易外汇，中外合资企业收入及各种来料加工、装配业务的工缴费外汇收入等。贸易外汇是一国外汇收支的重要项目，在国际收支平衡中占有极其重要的地位。

非贸易外汇，是指由非贸易业务往来而发生收入和支出的外汇资金，包括侨汇，旅游外汇，劳务外汇，私人外汇，驻外机构经费以及交通、民航、邮电、铁路、银行、保险、港口等部门对外业务收支的外汇。随着经济国际化的发展，非贸易外汇收入在一些国家的外汇收入中也占有重大的比重。

3. 按照限制程度和从国际支付的角度来划分

按照限制程度和从国际支付的角度来划分，外汇可分为自由外汇、有限自由兑换外汇以及记账外汇。

自由外汇是指无需外汇管理当局批准，在国际金融市场上自由买卖，在国际支付中广泛使用并可以无限制地兑换成其他货币的外汇。根据国际货币基金组织规定，一国货币被称作可自由兑换货币，必须具备三个条件。①对本国国际收支中的经常项目的付款和资金转移不加限制；②不采取歧视性的货币政策措施或多重货币汇率；③在他国要求下，该国随时有义务购回对方经常账目往来中所结存的本国货币。目前，使用最广泛的自由外汇有：美元、英镑、瑞士法郎、欧元、日元、加拿大元以及这些货币表示的信用工具和有价证券等。自由外汇在国际经济活动中被广泛使用，并作为一个国家的外汇储备而被积存起来，以备支付而用。

有限自由兑换外汇是指未经货币发行国批准，不能自由兑换成其他货币或对第三国进行支付的外汇。根据国际货币基金组织协定规定，对国际性经常往来的付款和资金转移有一定限制的货币均属有限制性的自由兑换货币，它大体分为两种情况。①在一定条件下的可自由兑换外汇。比如，我国人民币不是可自由兑换货币，不能进行多边自由贸易结算，但在一定条件下，人民币是有限制的可自由兑换货币，可以从事即期外汇交易和远期外汇交易。②区域性的可自由兑换外汇。在一些货币区域（如美元区、欧元区等）内，各成员国的货币盯住区域内关键货币，同其保持固定比价，并可以自由兑换为关键货币，区域内资金移动不受限制。但如果将各货币区域内的货币兑换成关键货币以外的货币，或将资金转移到区域外的国家或地区，则要受到不同程度的限制。

记账外汇是指签有清算协定的两个国家之间或是签有多边清算协定的货币集团成员之间因进出口贸易而引起的债权债务，不是用现汇逐笔结算，而是通过当事国的中央银行账户相互冲销所使用的外汇。记账外汇是记载在双方指定银行账户上的外汇，不能兑换成其他货币，也不能对第三国进行支付，所以又称清算外汇和双边外汇。

4. 按照持有者的不同划分

按照持有者的不同，外汇可分为官方外汇和私人外汇两种。

官方外汇是指国家财政部、中央银行或其他政府机构以及国际组织所持有的外汇。各国政府持有的官方外汇，主要用来支持本国货币汇率、平衡国际收支、偿付对外到期债务，是该国国际储备的主要部分。而国际组织所持有的外汇用于对会员国的贷款。

私人外汇是指具有自然人地位的居民和非居民所持有的外汇。在实行外汇管制的国家中，有的不允许私人持有外汇，有的规定私人持有外汇必须存放于指定外汇银行，外汇的使用也有一定的限制。在不实行外汇管制的国家中，私人外汇有自行支配的权利。

四、外汇的功能

外汇的产生是商品生产国际化和资本流动的必然结果。从外汇产生的原因中就可以看出外汇所具有的功能。随着社会生产力、社会分工和商品经济的发展，国际间的贸易、支付关系急剧膨胀，资本输出的意义日益重要。国际间商品贸易、借贷活动和对外投资以及各国间发生的政治、军事、社会、科学技术等方面的往来和交流，都会引起债权债务关系，因此，需要办理国际结算和货币收支，进而产生对外汇的需求。

外汇已经成为国际经济交往的工具，外汇代表着一种对外国商品和劳务的索取权，是一种实际的资源，被广泛用于国际贸易往来和经济活动中，对一国的经济具有重要作用，具体表现在以下几个方面。

（1）外汇作为国际结算的计价手段和支付工具，便利了国际结算。国际结算是世界上不同国家经济贸易往来债权债务的清理，由于各国货币制度不同，本国货币不能成为国际支付手段，只有外汇这种信用工具才能保证结算的顺利进行。

（2）通过国际汇兑可以实现购买力的国际转移，使国与国之间的货币流通成为可能。由于各国货币制度不同，各国货币不能在其他国家内流通，除了运用国际间共同确认的清偿手段黄金以外，不同国家的购买力是不能转移的。随着外汇业务的发展，外汇作为国际支付手段被各国普遍接受，外汇成为了一种国际购买力。一个国家持有外汇，即掌握了一定数量的国际购买力。该国就可以运用所持有的外汇在国际市场上购买所需要的各种商品、劳务以及偿付对外债务，把一国购买力转换为他国购买力。货币在国际间流通，就为商品的国际交换提供了可能，而且扩展了流通的范围。

（3）促进了国际贸易的发展。用外汇进行结算既能节省运输现金的费用，又可以避免风险。特别是通过各种信用工具在国际贸易中的运用，促进了国际间商品交换的发展，扩大了国际贸易。

（4）便利国际间资金供求之间的调剂，发挥着调节资金余缺的功能。世界各国经济发展不平衡，资金余缺情况不同，资金供求矛盾的表现方式各不相同，客观上就要求调节资金余缺。发达国家存在着资金过剩，而发展中国家则资金短缺。外汇可以加速资金在国际上周转，有助于国际投资和资本转移。

（5）外汇作为国际储备有平衡国际收支的功能。一国的国际收支出现逆差，可以动用外汇储备来弥补。一个国家的外汇储备多，则国际清偿能力强。在当今的国际经济活动中，已经没有国家直接用黄金偿还债务、弥补国际收支逆差和外汇短缺，而是在国际市场上以市价卖出所持有的黄金换取外汇进行偿付。

（6）外汇有节约流通费用，弥补流通手段不足的功能。金银作为国际支付手段，是对人类劳动和宝贵资源的浪费。以外汇作为国际支付手段，可以通过电汇、信汇或票汇方式，以可兑换货币表示的各种票据来实现债权债务清理和资金在国际间的转移，从而节约了流通费用。同时，国际贸易的各方通过银行买卖不同货币和不同支付时间的汇票，获得便利的资金融通。远期承兑汇票经过背书以后，取得在国际金融市场上流通转让的功能，使外汇作为支付手段弥补了流通手段的不足。

（7）外汇是国际财富和经济实力的象征。作为一种国际购买力，外汇代表一国对外的债权，有利于提高该国的国际经济地位，有利于该国货币的国际化，使该国的货币成为强势货币。

第二节 汇 率

一、外汇汇率的概念

如同商品有价格一样，外汇也有价格。 外汇汇率又称外汇汇价、外汇牌价、外汇行市。外汇汇率就是一国货币与另一国货币的比价，或者说是以一种货币所表示的另外一种货币的价格，如 100 美元 = 682.42/682.48 元人民币，1 欧元 = 123.18/123.52 日元。一个国家政府制定和公布的汇率称为法定汇率和外汇牌价，简称牌价；外汇市场上的汇率一般称为外汇行市或行情。虽然这些词说法不同，但是均属汇率范畴，采用什么提法往往根据习惯和表达行文需要。外汇是可以在国际上自由兑换、自由买卖的资产，是一种特殊商品，汇率就是这种特殊商品的“特殊价格”。与一般商品价格不同的是，外汇汇率具有双向性的特点，既可用本币来表示外币价格，又可用外币来表示本币价格。

在外汇市场上，汇率以五位数字来表示。汇率的最小变化单位为一点，即最后一位数字变化，称为一个汇价基点（point）。例如：

USD 1 = CHF 1.041 4　USD 1 = CHF 1.041 7　　USD 1 = JPY 103.78

USD 1 = JPY 103.96　USD 1 = KRW 1 110.4

出现在具体的一个汇率中的两种货币，一般前面的作为标准货币，也称为被报价货币。汇率就是用这种货币的一个单位或 100 个单位作为标准，折算成一定数量的另一种货币，即报价货币，也叫计价货币。按国际惯例，通常用三个英文字母来表示货币的名称，每个国家都有自己的货币和特有的货币名称和符号。在国际标准 ISO 4217—2008 货币代码的三个字符中，前两个字符代表该货币所属的国家或地区，第三个字符表示货币单位，如美元为 USD，人民币为 CNY（见表 1.1）[①]。有些交易中，也用俚语或俗称表示，如 Greenback Buck 为美元，TT 为港元。

表 1.1 世界主要货币名称及货币符号

货币名称	货币简称	货币名称	货币简称	货币名称	货币简称	货币名称	货币简称
人民币	CNY	韩国元	KRW	澳大利亚元	AUD	瑞士法郎	CHF
日元	JPY	新加坡元	SGD	加拿大元	CAD	瑞典克朗	SEK
英镑	GBP	越南盾	VND	菲律宾比索	PHP	丹麦克朗	DKK
美元	USD	新西兰元	NZD	印度尼西亚盾	IDR	澳门元	MOP
欧元	EUR	泰国铢	THB	俄罗斯卢布	RUB	港币	HKD

二、外汇汇率标价方法

商品的标价是以货币表示的，汇率的标价有其特殊性，既可以用本国货币表示外国货币的价格，也可以用外国货币来表示本国货币的价格。由于折算的标准不同，外汇汇率就有三种标价方法：间接标价法、直接标价法和美元标价法。

1. 直接标价法

直接标价法又称应付标价法，是指以本国货币来表示外国货币的价格，也就是说是指以一定单位（如 1、100、1 000 等）的外国货币为标准，将其折算成一定数额的本国货币。如在瑞士苏黎世外汇市场 1 USD = 0.913 6/0.917 3 CHF，在我国 1 USD = 6.137 2/6.161 8 CNY。这种标价法下，外币数额固定不变，本币的数额则随着本、外币币值的变化而变化。如果本币数额增加，称为外汇汇率上升，说明外币升值，本币贬值；反之，则称为外汇汇率下降，说明本币升值，外币贬值。世界上绝大多数国家都采用直接标价法。我国国家外汇管理局公布的外汇牌价也采取这种方法。

2. 间接标价法

间接标价法又称应收标价法，是指以外国货币表示本国货币的价格，也就是说是指以一定单位（如 1、100、1 000 等）的本国货币为标准，将其折算成一定数额的外国货币。如在英国伦敦外汇市场 1 GBP = 1.361 6 USD，1 GBP = 1.361 6 CHF。这种标价法下，本币数额固定不变，外币的数额则随着本、外币币值的变化而变化。如果外币数额减少，则表示本币对外汇率下降，说明外币升值，本币贬值；反之，则表示本币对外汇率上升，说明本币升值，外币贬值。目前实行间接标价法的国家主要有英国和澳大利亚。

3. 美元标价法

美元标价法是指在国际间进行外汇交易时，银行间的报价通常以美元为基准来表示各国货币的价格，即以若干数量非美元货币来表示一定单位美元的价值。例如，瑞士某银行牌价：1 USD = 0.839 2 CHF、1 USD = 80.171 JPY、1 USD = 0.616 3 GBP。自 20 世纪 50 年代起，国际金融市场开始采用美元标价法，目前欧洲各国的货币汇率仍然以对美元的比价为基准。国际金融市场上一些较大的银行的外汇牌价也都是公布以美元对其他主要货币的汇价，这主要是为了方便外汇市场参与者对不同市场的汇价进行比较。

[①] 由拼音简化而来的人民币缩写 RMB（ren min bi）仍在广泛使用，为规范起见，本书统一使用“CNY”。

三、汇率的分类

在实际应用中汇率的种类极其繁多，可以从不同角度对其分类，主要有如下几类。

1. 法定汇率与市场汇率

按是否受货币当局管制，汇率可划分为法定汇率与市场汇率。

法定汇率又称官方汇率，是指由国家货币金融管理当局以法律形式对本国货币规定并公布的汇率，因而官方的外汇交易都应该以法定汇率为标准。在金本位制度下，货币发行以黄金为基础，流通中的货币是以一定重量和成色的黄金铸成的金币。货币的单位价值就是铸币所含黄金的重量。法定汇率是以两种货币含金量之比确定的。在不兑现的纸币制度下，纸币的含金量是名义上的。货币的法定汇率不再由货币的含金量而是由货币的实际价值来确定。法定汇率是买卖外汇的一个基础，而不是市场上买卖外汇的汇率。

市场汇率是指外汇市场上，买卖双方达成交易的实际汇率。它是在外汇市场上真正起作用的汇率，随着市场供求关系的变化而自由波动，受市场机制的调节。各国外汇管理当局利用各种手段对市场汇率进行干预，使之不过于偏离法定汇率。在不实行外汇管制或管制较松的国家，都有外汇自由市场，市场汇率随外汇的余缺而自由波动，外汇交易一般按市场汇率进行；在外汇管制较严的国家，往往会出现大大高于官价的黑市市场汇率。

2. 贸易汇率与金融汇率

根据资金性质和用途的不同，汇率可划分为贸易汇率和金融汇率。

贸易汇率是指为了推动本国出口贸易的发展，改善国际收支状况而采用的汇率。它是进出口贸易及其从属费用所需外汇买卖时使用的汇率。贸易汇率是一种官定汇率。某些实行外汇管制的国家，对出口外汇收入的卖出、进口所需外汇的买进以及由进出口贸易发生的运输费、佣金、邮电费和银行手续费的收入和支出，规定一种或多种结算汇率；有些国家对贸易和非贸易收支各规定一种汇率。

金融汇率又称非贸易汇率，是指非贸易往来买卖外汇所使用的汇率，主要用于资金流通、旅游事业等非贸易收支。它适用的范围很广，包括资本的输入和输出；运输、港口、保险、通信等各种劳务的收入和支出；使领馆费用、广告费、专利费、银行手续费等方面的收入和支出；侨汇、年金、赠与和政府间经济、军事援助，战争赔款等方面的收入和支出。

3. 单一汇率与多元汇率

根据适用范围的不同，汇率可划分为单一汇率与多元汇率。

单一汇率是指一国对外只规定一种汇率。在实行单一汇率的国家，外汇买卖不分贸易和非贸易外汇收支，均按一种汇率进行外汇买卖。在外汇管制较松、国际收支状况较好的国家，通常实行单一汇率。国际货币基金组织原则上只允许其会员采用单一汇率。

多元汇率是指对本国货币与另一国货币的交换同时规定两种或两种以上的汇率。一国货币行政当局对贸易和非贸易外汇买卖分别实行不同的汇价。在某些实行外汇管制的国家，根据进出口商品类别和非贸易收支的不同性质，规定多种进出口汇率和非贸易汇率，借以抑制某些高档商品和高级消费品的进口，鼓励必需品的进口；抑制必需品的出口，鼓励非必需品的出口；限制非必需品的其他外汇收支，对某种特定的外汇开支予以扶持等。

4. 即期汇率与远期汇率

根据外汇交易交割期限长短不同，汇率可划分为即期汇率与远期汇率。

即期汇率也称现汇汇率，即外汇买卖成交后，买卖双方在当天或在两个营业日内进行交割所使用的汇率。一般在外汇市场上挂牌的汇率，除特别标明远期汇率以外，一般指即期汇率。即期汇率，是外汇市场上使用最多的汇率。即期外汇交易，通过电话、电报、电传的方式进行。因此，即期汇率也称为电汇汇率。自1973年各国普遍实行浮动汇率制以来，汇率变动极其频繁。进出口商为了加速资金周转和避免汇率变动的风险，常采用这种汇率。经营外汇业务的银行，为了及时平衡外汇头寸，也大量采用即期业务，使用即期汇率。

远期汇率也称期汇汇率，是由外汇买卖双方签订合同，约定在未来某一时间进行外汇实际交割所使用的汇率。远期外汇买卖是一种预约性的交易，是由于外汇购买者对外汇资金需要的时间不同，以及为了避免外汇风险而进行的。远期汇率的变动受利率的变化和外汇市场供求状况变化的影响。远期汇率是以即期汇率为基础的，用即期汇率的“升水”“贴水”“平价”来表示。

如果远期汇率比即期汇率高表示升水；远期汇率比即期汇率低表示贴水；远期汇率等于即期汇率表示平价。远期汇率的计算方法因标价方法不同而异。在直接标价法下，远期汇率为即期汇率加上升水或减去贴水；在间接标价法下，远期汇率等于即期汇率减去升水或加上贴水。

5. 买入汇率、卖出汇率、中间汇率

根据银行买卖外汇的角度不同，汇率可划分为买入汇率、卖出汇率和中间汇率。详情见表1.2。

表1.2 中国银行外汇牌价

货币名称	交易单位	现汇买入价	现钞买入价	现汇卖出价	现钞卖出价	中行折算价	发布日期
澳大利亚元	100	568.55	551.01	572.55	572.55	571.8	2014-08-21
巴西里亚尔	100	—	260.96	—	285.42	271.54	2014-08-21
加拿大元	100	557.93	540.7	562.41	562.41	561.59	2014-08-21
瑞士法郎	100	670.93	650.21	676.31	676.31	672.32	2014-08-21
丹麦克朗	100	109	105.64	109.88	109.88	109.23	2014-08-21
欧元	100	812.66	787.57	819.18	819.18	817.02	2014-08-21
英镑	100	1016.32	984.96	1023.46	1023.46	1022.13	2014-08-21
港币	100	79.19	78.56	79.49	79.49	79.52	2014-08-21
印度尼西亚盾	100	—	0.0507	—	0.0543	0.0524	2014-08-21
日元	100	5.8991	5.717	5.9405	5.9405	5.936	2014-08-21
韩国元	100	—	0.5797	—	0.6286	0.6	2014-08-21
澳门元	100	76.96	74.37	77.25	79.73	76.97	2014-08-21
林吉特	100	193.22	—	194.58	—	193.85	2014-08-21
挪威克朗	100	99.5	96.43	100.3	100.3	99.18	2014-08-21
新西兰元	100	513.53	497.68	517.13	520.23	515.41	2014-08-21
菲律宾比索	100	13.95	13.52	14.07	14.5	14	2014-08-21
卢布	100	16.86	16.39	17	17.56	16.94	2014-08-21
瑞典克朗	100	88.7	85.97	89.42	89.42	88.84	2014-08-21
新加坡元	100	489.64	474.53	493.58	493.58	490.81	2014-08-21

续表

货币名称	交易单位	现汇买入价	现钞买入价	现汇卖出价	现钞卖出价	中行折算价	发布日期
泰国铢	100	19.13	18.54	19.29	19.88	19.19	2014-08-21
新台币	100	—	19.8	—	21.22	20.49	2014-08-21
美元	100	613.72	608.8	616.18	616.18	616.32	2014-08-21

买入汇率，又称买入价，是指银行买入外汇时的汇率。在直接标价法下，外币折合成本国货币较少的价格为买入价；在间接标价法下，本币折合成外国货币较多的价格为买入价。

卖出汇率，又称卖出价，是指银行卖出外汇时的汇率。在直接标价法下，外币折合成本币数额多的是卖出价；在间接标价法下，本币折合成外币数额少的是卖出价。例如：1 USD = 80.171 78JPY。

在法兰克福外汇市场，使用直接标价法，前者为买入价，后者为卖出价。在纽约外汇市场，使用间接标价法，前者为卖出价，后者为买入价。

中间汇率也称中间价，即买入和卖出汇率的算术平均数，即

$$中间汇率 = （买入汇率 + 卖出汇率）/ 2$$

中间汇率多在理论分析和媒体报道中使用，但中间汇率绝非外汇买卖业务中实际成交的价格。

【小知识 1.3】

为什么银行的现钞买入价低于现汇买入价？

现钞买入价指银行买入外币现钞、客户卖出外币现钞的价格，即结汇汇率。现钞买入价也就是指银行买入外币现钞所使用的汇率。与买入现汇相比，银行买入现钞后要承担更高的成本费用。客户把现汇卖给银行，就是把客户在国外银行的外汇存款卖给银行。这笔外汇存款从客户卖给银行的那一刻起，就从客户的名下转移到银行的名下。银行只要做相应账务处理，就可以马上得到这笔在国外银行的外汇存款，并可以马上开始计算利息。

如果银行买入的是现钞，由于外币现钞不能在交易的当地流通使用，需要把现钞运往国外，所以它不仅不能立即获得存款和利息，而且还得支付费用来保管现钞。等到现钞积累到足够数量，银行才能把这些外币现钞运送到国外，存在国外的银行里。直到此时，银行才能获得在国外银行的外汇存款并开始获得利息。银行收兑外币现钞需要支付的具体费用包括：现钞管理费、运输费、保险费、包装费等，这些费用就反映在现钞买入价低于现汇买入价的差额里。

6. 基本汇率与套算汇率

根据汇率制定方法的不同，汇率可划分为基本汇率与套算汇率。

基本汇率是指针对本国货币与关键货币的价值之比制定出对其汇率。关键货币，是指本国国际收支中使用最多、外汇储备中所占比重最大且在国际上广为接受的可自由兑换货币。美元是国际上使用最广泛的货币，所以大多数国家都把美元当作关键货币。

套算汇率是指根据基本汇率对其他汇率进行套算得到的汇率，又称交叉汇率。现举例说明套算方法。

【例 1.1】 假设我国：1 USD = 6.46 CNY，伦敦：1 GBP = 1.62 USD，则 1 GBP = 6.46 × 1.62 = 10.465 2 CNY。

例 1.1 所示的这种套算方法的特点是：一个是直接标价法，一个是间接标价法，套算时用乘法。

【例 1.2】 假设我国：1 USD = 6.46 CNY，东京：1 USD = 79.46 JPY，则 1 JPY = 6.46/79.46 ≈ 0.081 3 CNY。

例 1.2 所示的这种套算方法的特点是：两个都是直接标价法或间接标价法，套算时用除法。

7. 电汇汇率、信汇汇率与票汇汇率

根据外汇交易支付通知方式的不同，汇率可划分为电汇汇率、信汇汇率与票汇汇率。

电汇汇率（简称 T/T rate）是指银行卖出外汇后，以电报、电话、电传为传达工具，通知其国外分支行或代理行付款时使用的一种汇率。电汇是速度最快的一种汇款方式，可以使收款人在最短的时间内收到汇款。不同外汇市场之间较大金额的外汇买卖通常使用电汇方式进行。电汇汇率与信汇汇率和票汇汇率相比，汇率较高。电汇汇率现已成为计算其他各种汇率的基本汇率。

信汇汇率（简称 M/T rate）是指以信函方式进行外汇交易时所使用的汇率。信汇是付款人委托其所在国有关银行，用邮政通信方式委托收款人所在国的有关银行向收款人付款。信函方式收付外汇比电汇慢，所以其汇率比电汇汇率低。

票汇汇率（简称 D/D rate）是指以汇票、支票和其他票据作为支付方式进行外汇买卖的汇率。它又分为即期票汇汇率、远期票汇汇率和现钞价三种。即期票汇汇率，是指买卖即期汇票的汇率；远期票汇汇率，是指以即期票汇汇率为基础，扣除汇票远期付款贴现利息后得出的汇率；现钞价，是指买卖外币现钞的价格，一般按电汇的买入价扣除钞票的运送费、保险费和邮程的利息计算。由于票汇汇率通常采用票汇通知方式，从卖出外汇到实际支付外汇间隔时间较长，所以（票汇汇率）一般较电汇汇率低。

8. 开盘汇率与收盘汇率

根据外汇市场开盘与收盘的时间不同，汇率可划分为开盘汇率与收盘汇率。

开盘汇率是指每个营业日外汇市场买卖交易开始时的汇率，又叫开盘价。

收盘汇率是指每个营业日外汇市场买卖交易终了时的汇率，又叫收盘价。

9. 固定汇率和浮动汇率

按汇率制度不同，汇率可分为固定汇率和浮动汇率。

固定汇率是指一国货币同另一国货币的汇率基本固定，汇率波动只能限定在一定范围内，由官方干预来保证汇率的稳定。它是在金本位制度下和布雷顿森林体系下通行的汇率制度。目前一些发展中国家仍然实行固定汇率制度。

浮动汇率是指一国货币当局不规定本国货币对其他货币的官方汇率，也无任何汇率波动幅度的上下限，外汇汇率随着外汇市场的供求变化自由涨落。外币供过于求时，外币贬值，本币升值，外汇汇率下跌；相反，外汇汇率上涨。本国货币当局在外汇市场上进行适当的干预，使本币汇率不致波动过大，以维护本国经济的稳定和发展。

四、汇率变动对经济的影响

汇率的变动会对一国的国际收支、国内经济和国际间经济关系产生不同程度的影响。一般说来，汇率变动对经济开放、对外依赖程度较高、外汇管制较松的国家影响较大；对外汇

管制较严、对外依赖程度较小的国家影响较小。

（一）汇率变动对国际收支的影响

汇率变动对一国国际收支在进出口贸易、非贸易收支、国际资本流动和外汇储备等几方面会有一定的影响。

1. 汇率变动对进出口贸易的影响

汇率的变动会引起进出口商品价格的变动，从而影响一国的进出口贸易。如果一国货币汇率下跌或该国货币贬值，则该国出口商品以外币计价就比以前便宜，从而增强本国商品的国际竞争力，有利于出口；同时，该国进口商品以本国货币计价就比以前昂贵，在一定程度上抑制本国对进口商品的需求，从而起到限制进口的作用。如果一国货币汇率上升或该国货币升值，则会发生与上述相反的情况。汇率变动对进出口贸易的影响受进出口商品的供求弹性的制约，并存在着一个时滞问题。

2. 汇率变动对非贸易收支的影响

在其他条件不变的情况下，一国货币汇率下跌或该国货币贬值，以本币所表现的外币价格上涨，而国内物价水平未变，外国货币购买力就相对增强，贬值国的商品、劳务、交通、导游和住宿等费用，就变得相对便宜。这对外国游客增加了吸引力，促进了本国旅游和其他非贸易收入的增加。反过来，贬值后，国外的旅游和其他劳务开支对本国居民来说相对提高，进而抑制了本国的对外劳务支出。应该看到，贬值对一国的单方面转移收支可能产生不利影响。以外国侨民赡家汇款收入为例，贬值后，一单位外币所能换到的本国货币增加，对侨民来说，一定的以本币表示的赡家费用就只需用更少的外币来支付，从而本国的外币侨汇数量下降。

3. 汇率变动对国际资本流动的影响

资本流动，尤其是短期资本的流动对汇率变动的反应最为敏锐和迅速。当一国货币汇率下跌或该国货币贬值，本国资本为了防止货币贬值的损失，常常逃往国外；存于本国银行的国际短期资本或其他投资，也会调往他国，以防止损失。这不仅使该国国内投资规模缩减，而且也会导致该国对外支出增加，使国际收支状况恶化。如果以本国货币所表示的外币汇率下降，即本币升值，则对资本流动的影响与上述情况相反。

4. 汇率变动外汇储备的影响

黄金、外汇、在国际货币基金组织的储备头寸以及特别提款权是国际储备的基本内容，其中外汇占主要地位。

作为储备货币的汇率上升或下降，会直接影响储备资产实际价值的变动。若某种储备货币的汇率下跌，持有这种货币作为储备的国家就遭受损失，而发行这种储备货币的国家则转嫁了货币贬值损失，减少了债务负担；反之，则相反。如果储备货币的汇率下跌，由于外汇储备在整个储备中的比重发达国家约为75%，而发展中国家高达90%以上，因而发展中国家会比发达国家蒙受更大的损失。

另外，汇率的不稳定还会对储备货币的地位产生影响。例如，第二次世界大战后的英镑和20世纪70年代的美元，由于汇率下跌和国际收支长期逆差，致使英镑丧失了储备货币的地位，美元的地位也遭到严重削弱。原来与美元挂钩的货币或以美元计价的国际经济交易纷纷改为与特别提款权挂钩或以特别提款权计价。当时联邦德国（西德）、日本和瑞士等国际收支状况较好，其货币坚挺，汇率有上升的趋势，故德国马克、日元和瑞士法郎在国际储备通货中的地位逐渐加强，其货币在各国外汇储备中的比重也不断加大。

（二）汇率变动对国内经济的影响

汇率变动对一国国内物价、就业、资源配置和利率等都会有直接或间接的影响。

1. 汇率变动对国内物价的影响

汇率变动对国内经济的直接影响集中表现在对物价的影响上，而物价又对国内其他方面产生影响。

如果一国货币汇率下跌或本国货币贬值会引起进口商品以本国货币表示的价格上涨，其中进口消费品的价格上升会直接引起国内消费物价某种程度的上升，但进口原材料、中间品和机器设备等的价格上升，则还会造成国内生产使用这些进口投入品的非贸易品生产成本上升，也推动了非贸易品价格的上升。汇率下跌引起出口扩大，进口缩减，加剧国内供需矛盾，使国内整个物价水平提高，加剧通货膨胀，导致经济恶化。与此相反，如果一国货币汇率上升或货币升值，则会降低国内的物价水平，减缓本国的通货膨胀。

2. 汇率变动对就业的影响

一国货币汇率下跌或货币贬值，则出口扩大，进口减少，贸易收支会得到改善。如果一国还存在闲置的生产要素（包括劳动力、机器等资本品、原材料），则该国的生产量就会扩大，将带动国内经济实现充分就业。出口部门和与进口相竞争部门的就业都会随出口扩大和进口减少而增加。

3. 汇率变动对资源配置的影响

一国货币汇率下跌或该国货币贬值，由于出口数量扩大会使出口品本币价格上升。同时，进口品本币价格上升带动进口替代品本币价格上升，整个贸易品部门的价格相对于非贸易品部门的价格就会上升，由此会诱发生产资源从非贸易品部门转移到贸易品部门。这样，该国的产业结果就倒向贸易部门，从而提高了本国的对外开放程度，即有更多的产品同外国产品相竞争。

对发展中国家来说，贬值后，有利于进口替代行业生产效率提高，使得与国外相竞争的贸易品部门扩大，原先因定值过高而受到歧视性损害的农业部门获得正常发展，有利于发展中国家农产品出口，从而有助于资源配置效率的提高。

4. 汇率变动对利率的影响

一国货币汇率下跌或该国货币贬值，会起到奖出限入的作用，从而出口增加，进口减少，外汇储备增加，国内货币供应量增加，则利率下降，反之，情况则相反。

（三）汇率变动对国际经济关系的影响

汇率变动对国际经济关系的影响主要是发达国家汇率变动对国际经济关系的影响。

（1）汇率的剧烈变动加深了发达国家与发展中国家之间的矛盾。发展中国家的石油和初级产品出口，大部分是以美元计价的，发展中国家应付国际经济变动的能力弱，汇率的变动，特别是美元汇率大幅度上升或下跌，对发展中国家的经济影响很大。第二次世界大战后，美元的两次贬值，使初级产品生产国的外汇收入普遍遭受损失，而它们的美元债务，由于订有黄金保值条款，丝毫没有减轻，至于其他非美元债务，有的则相对加重。此外，若美元贬值，以美元计价国家的外汇储备将遭受损失。

（2）汇率的变动加剧了发达国家之间的矛盾，促使区域性经济集团的加强和反对美元霸权的发展，进一步激发了美、日、西欧之间的贸易战和货币战。同时，主要货币的汇率不稳定还会给国际储备体系和国际金融体系带来巨大影响。

第三节　外汇市场基础知识

一、外汇市场的概念

外汇市场，是指进行外汇买卖或者货币兑换的交易场所。从全球范围来看，外汇市场是一个 24 小时全天候运作的市场。每天凌晨，大洋洲的惠灵顿、悉尼最先开盘，接着向西移到亚洲的东京、中国香港、新加坡，然后是欧洲的法兰克福、苏黎世、巴黎和伦敦。由于英国将传统的格林威治时间改为欧洲标准时间，英国与欧洲大陆间一个小时的时差已经消失，英国与欧洲各国形成了一个大规模的同时市场。到欧洲时间下午 2 点，大西洋彼岸美国的纽约、旧金山和洛杉矶陆续开市。当纽约市场闭市时，大洋洲的外汇市场又将开始新的一天的外汇交易了。外汇市场最活跃的时间是欧洲的下午，此时欧洲和美国东海岸两大市场均在营业，是大额交易成交的最佳时间；而美国西海岸市场闭市，东京、中国香港市场刚开市时，外汇交易最为清淡，中央银行以及大的外汇投机商均倾向于选择在这一段时间影响外汇汇率，从而影响第二天欧美市场的行情。

二、外汇市场的分类

1. 有形市场与无形市场

外汇市场就其组织形式而言，可以分为有形市场和无形市场两类，其中以无形市场为主。

有形市场是指具体存在的外汇交易场所。与股票交易所相似，有形市场有固定的营业场所和规定的交易时间。在每个营业日的规定时刻，各大银行的代表面对面进行外汇交易洽谈，从而确定该国货币对一些主要货币的当日汇率。欧洲大陆除了瑞士的苏黎世外，巴黎、法兰克福、阿姆斯特丹、米兰等外汇市场均属于有形市场。有形市场是早期的外汇市场，现在即使在欧洲，外汇市场也在交易所外得到了迅速发展。在有形市场内进行的交易仅限于决定对顾客交易的公定汇率，或用于调整各自即期外汇交易的余额，大部分交易实际上都在有形市场之外完成。

无形市场是指没有具体的外汇交易场所的市场。在无形市场中，交易双方通过电话、电报等通信设施来达成外汇交易。各种通信工具构成了错综复杂的、庞大的信息网络，外汇买卖从询价到成交都是通过现代化的电信联系完成的。无形市场不仅大大提高了外汇市场的运作效率，而且也消除了地点套汇的可能。世界上较大的外汇市场都是无形市场，例如伦敦、纽约、东京、苏黎世等。

2. 即期外汇市场、远期外汇市场、外汇期货市场与外汇期权市场

根据经营业务的种类，外汇市场可分为即期外汇市场、远期外汇市场、外汇期货市场和外汇期权市场四大类。从市场份额来看，2004 年以来，即期、远期、互换和场外衍生品交易的市场占比分别为 20%、6%、32%和 42%。从市场形态来看，即期、远期外汇市场均属于无形市场，而外汇期货、期权市场则有固定的交易场所。1972 年 5 月，美国芝加哥商业交易所开设的国际货币市场，成为最早的外汇期货市场。到 21 世纪初，世界上共有 20 多家期货交易所交易外汇期货、期权及其他衍生金融工具。

三、外汇市场的主要特征

外汇市场的飞速发展与外汇市场本身的特点密切相关，其主要特点如下。

1. 有市无场

其他金融市场的“有市有场”。西方工业国家的金融业基本上有两套系统，即集中买卖的中央操作和没有统一固定场所的行商网络。股票买卖是通过交易所买卖的，如美国的纽约证券交易所、中国的上海证券交易所。集中买卖的金融商品，其报价、交易时间和交收程序都有统一的规定，并成立了同业协会，制定了同业守则。投资者通过经纪公司买卖所需的商品，这就是“有市有场”。

外汇市场的“有市无场”。外汇买卖是通过没有统一操作市场的行商网络进行的，不像股票交易有集中统一的地点。但是，外汇交易的网络却是全球性的，并且形成了没有组织的组织。市场是由大家认同的方式和先进的信息系统所联系，经纪商也不具有任何组织的会员资格，但必须获得同行业的信任和认可，部分国家逐步开始对经纪商进行监管。这种没有统场地的外汇交易市场被称为“有市无场”。

全球外汇市场每天平均有 4 万亿美元的交易，只有这种“有市无场”的外汇市场才能在如此大交易量的情况下，保证交易的即时性和成交的可靠性，市场资金就是在这种既无集中的场所又无中央清算系统的管制，并且没有政府的监督下完成安全清算和转移的。

2. 24 小时循环作业

外汇市场是一个全球性的市场，由于全球各金融中心的地理位置不同，亚洲市场、欧洲市场、美洲市场因时间差的关系，刚好连接成一个全天 24 小时连续作业的全球外汇市场。

以北京时间为例，每个交易日的凌晨 4 点，一般看作上一个交易日的收盘时间；04:00，新西兰的惠灵顿市场开盘，拉开了新一天交易的序幕；06:00，澳大利亚悉尼市场开盘；08:00，日本东京市场开盘；09:00，中国香港市场开盘；14:30，德国法兰克福市场开盘；15:30，英国伦敦市场开盘；20:30，美国纽约市场开盘。

如此 24 小时不间断运行，外汇市场成为一个不分昼夜的市场，只有星期六、星期日以及各国的重大节日，外汇市场才会关闭。这种连续作业，为投资者提供了没有时间和空间障碍的理想投资场所，投资者可以寻找最适合的时机进行交易。无论是白天或者晚上发生的全球经济、社会和政治事件都能在汇市随时做出反应，这也决定了除了每周一早上开盘之外，外

汇市场的其他交易时间都不会出现跳空的行情，汇率走势极其连续。20 世纪 90 年代以来，网络技术的迅猛发展使得在线交易逐渐普及。不管投资者在哪里，只要有网络，他都可以参与任何市场、任何时间的买卖。因此，可以说外汇市场是一个没有时间和空间障碍的市场。现在，我国绝大多数银行都提供 24 小时的在线外汇交易；欧美以及中国香港的众多外汇经纪商也提供非常适合个人投资者操作的 24 小时运转的保证金外汇交易平台。

3. 零和游戏

在股票市场上，某种股票或者整个股市出现上升或者下降，那么某种股票的价值或者整个股票市场的股票价值也会上升或下降。例如，中国股市某只股票的价格从 20 元下跌到 10 元，那么这只股票的价值也随之减少一半，股东资产也会相应的缩水。股票市场是通过上市公司的发展而产生价值的。然而，在外汇市场上，汇价的波动所表示的价值量的变化和股票价值量的变化完全不一样，这是由于汇率反映的是两国货币的交换比率，汇率的变化也就是一种货币价值的减少与另一种货币价值的增加。

【例 1.3】 在 2004 年年底，欧元兑美元的汇率达到 1.366 6，到 2006 年 6 月 30 日，欧元兑美元的收盘汇率为 1.279 0，这说明这一年半的时间欧元币值在下降，而美元币值在上涨，但从总的价值上来讲，并不会增加价值，也不会减少价值。

尽管外汇汇价变化很大，但是只要国家不消亡货币就不会变成废纸，即使某种货币一直下跌，它总会代表一定的价值，无非是在这种货币下跌的过程中增加了其他货币的价值。因此，我们说外汇交易是“零和游戏”，更确切地说是财富的转移，每天都在进行的“财富重新分配”。

上述外汇市场的三个基本特点决定了：①外汇市场是全球最大的市场；②外汇市场是全球最公平、最透明的市场；③外汇市场各汇率的走势最为规范，最符合技术分析原理。

【小知识 1.4】

外汇市场最佳交易时段

1. 两大外汇交易地区重叠交易时段，如亚洲和欧洲市场重叠（北京时间 15:00—16:00），欧洲和北美洲市场重叠（北京时间 20:00—24:00）的交易时段市场最活跃。

2. 伦敦、纽约外汇市场交易时段，伦敦、纽约两个市场交易时间的重叠区（北京时间 20:00—24:00），是各国银行外汇交易的密集区，因此是每天全球外汇市场交易最频繁、市场波动最大、大宗交易最多的时段。

3. 每周中间时段（北京时间周二至周四区间）是一周交易较活跃时期，较适宜交易。

【小知识 1.5】

外汇市场不适宜交易时段

1. 周五：可能会有一些出乎意料的消息产生，此时交易风险较大。
2. 节假日：一些银行可能休市，交易量清淡，不宜交易。
3. 重大事件发生时：此时入市风险较大。

四、外汇市场的主要参与者

一般而言，在外汇市场上，外汇交易的参与者主要分为两个层面、五大类别。两个层面是：银行间批发交易和银行对顾客的零售交易。银行间交易，包括商业银行之间、商业银行和中央银行之间的交易，一般每次交易的成交起点是 100 万美元或等值的其他货币。银行对顾客的交易金额大小不限，银行往往通过分支机构汇聚百万美元以下的交易，然后转到批发市场上成交。五大类别是：外汇银行、经纪人、一般客户、外汇投机者和中央银行。这五大参与者之间的相互交易，形成了整个外汇市场的交易。外汇市场的交易范围包括外汇银行与外汇经纪人或顾客之间，同一外汇市场的外汇银行之间，不同外汇市场的外汇银行之间，中央银行与外汇银行之间以及各中央银行之间。

1. 外汇银行

外汇银行是外汇市场的主体，一般经中央银行指定或授权而经营外汇业务。它包括以经营外汇业务为主的本国专营银行，兼营外汇业务的本国银行和其他金融机构，设在本国的外国银行分支机构、代办处或其他金融机构。外汇银行可以与外汇市场中的所有其他参加者发生交易，包括外汇经纪人、顾客、其他外汇银行和中央银行。

外汇银行在外汇交易中主要有两个渠道获利，直接代顾客买卖外汇。外汇银行在向顾客报出的外币买卖价格中存在一个价差，例如 1 USD = 0.849 0/0.849 6 CHF，即银行买入美元价为 0.849 0 瑞士法郎，而卖出美元的价格为 0.849 6 瑞士法郎，价差为 0.006 瑞士法郎。外汇银行通过代顾客买卖外汇而赚取这一价差。除了传统的价差赢利外，外汇银行还开展了诸如掉期、期货、期权等外汇创新业务，通过这些业务来为客户安排外汇保值或套利，从中收取高额的服务费和手续费。现在，此项收入已成为外汇银行的主要收入来源。当然，外汇银行也可以在本行的经营方针和限额之内，通过调动外汇头寸进行一定的外汇投机而赢利。

2. 经纪人

经纪人包括外汇经纪人和外汇交易员。外汇经纪人是专门介绍外汇买卖业务、促使买卖双方成交的中间人。外汇经纪人主要依靠提供最新、最可靠、对客户最有利的信息而生存。外汇经纪人在外汇市场上是一支非常活跃的队伍，即使许多大银行能够独立地进行外汇买卖，他们也愿意通过经纪人进行交易，因为经纪人不仅能报出最有利的价格，而且大银行免于暴露自己的经营活动，可以保护自己，顺利实施其市场战略。

外汇交易员是外汇银行中专门从事外汇交易的人员，交易员向客户报价，代银行进行外汇买卖。根据承担工作的责任不同，交易员可分为首席交易员、高级交易员、交易员、初级交易员和实习交易员。首席交易员一般负责好几种主要外汇的买卖，交易金额不受限制；高级交易员负责较重要的外汇交易，在交易金额上也很少限制；交易员、初级交易员和实习交易员则负责一种货币的交易，而且根据经验规定交易限额，超限额时要请示高级交易员或首席交易员。

3. 一般客户

一般客户是指外汇市场上除外汇银行之外的企业、机关、团体和个人。他们是外汇的最初供应者和最终需求者，比如从事进出口贸易的企业、进行跨国投资的企业和偿还外币负债的企业，以及需要外汇的个人等。一般客户的外汇买卖活动反映了外汇市场的实质性供求，尽管这部分交易在外汇市场交易中所占比重不大,但其对一国的国民经济会产生重要的影响。

4. 外汇投机者

外汇投机者是通过预测汇率的涨跌趋势，利用某种货币汇率的时间差异，低买高卖，赚取投机利润的市场参与者。

5. 中央银行

中央银行是外汇市场的特殊参与者，它进行外汇买卖不是为了谋取利润，而是为了监督和管理外汇市场，引导汇率变动方向，使之有利于本国宏观经济政策的贯彻或符合国际协定的要求。美国、英国官方对外汇市场的干预均利用外汇平准账户进行。中央银行干预外汇市场的另一直接手段则是外汇管制。纽约联邦储备银行和英格兰银行定期做市场调查，监督外汇市场的交易。而日本对外汇活动的监督则相对要更严一些，外汇经纪人完成的每一笔交易详情都必须呈报日本银行。中央银行是承担该国国际储备的银行，它还通过在外汇市场上买卖外汇来增减其外汇储备或调整外汇储备的结构。

【小知识 1.6】

国际清算银行（BIS）于 2013 年 9 月 5 日发布了每三年一次的全球外汇调查报告，报告显示 2013 年 4 月外汇交易市场平均交易额达到 5.3 万亿美元，高于 2010 年 4 月的 4 万亿美元。外汇掉期在外汇交易市场中交易最为活跃，日均交易量达到 2.2 万亿美元，其次是外汇现货日均交易量 2 万亿美元。全球外汇交易市场的增长主要由金融机构所推动，美元仍是全球交易最为活跃的货币，其成交量占据 87%。其次是欧元，其交易份额由 2010 年的 39%下降至 33%。日元以及新兴市场货币交易量出现上升，墨西哥比索以及人民币成为最大 10 种交易货币之一。交易越来越集中在全球最大的金融中心，英国、美国、新加坡、日本的外汇交易份额占 71%。

五、外汇市场的作用

外汇市场对于各国来说有以下几点作用。

（1）有利于实现各国货币购买力国际间的转移。实现各国货币购买力国际间的转移是外汇市场的基本功能。外国货币的购买力在本国得以实现必须借助外汇市场，通过兑换本币实现其购买力。

（2）有利于国际间债权、债务的清算和提供国际间资金融通。通过外汇市场，国际间的交易、投资和借贷所产生的债权、债务得以清偿，使国际支付及国际清算工作得以顺利进行。

（3）有利于提供避免外汇风险的手段。有些公司或银行，特别是一些未来支出与收入以外币表示的进口商、投资者以及跨国企业等会产生汇率风险。因有远期外汇的收支活动，为了避免由于远期汇率变动而蒙受损失，他们可通过外汇市场进行远期外汇买卖或通过其他外汇金融衍生品进行套期保值，避免外汇风险。

（4）有利于提供投资（投机）机会。外汇市场上的投机者，利用各国货币利率的差异和汇率的变动进行投机。例如，当投机者预测未来汇率的升值率大于两国货币利率差时，就通过借入高利率国家的货币购买低利率国家的货币从中套取汇差；反之，从中套取利差。

（5）有利于为各国政府和跨国企业提供运作服务。当国际收支出现暂时性不平衡时，政府通过外汇买卖平衡国际收支；跨国企业为了全球业务发展的需要，在外汇市场上买卖各国货币以满足此方面的需求。中央银行可进行稳定汇率的操作。中央银行通过在外汇市场上大量抛出或买进汇价过分涨跌的货币，使汇率趋于稳定。

（6）有利于提高国际间资金的使用效率。世界各国的闲置资金多半是在外汇市场上调剂运用。例如，中国的外汇储备主要存放在各主要外汇市场上或购买外国的有价证券，这就为国际性银行资金运营提供了条件。通过银行的运营，既给外汇资金盈余方带来了利息收入，又通过银行的运作提高了外汇资金使用效率，并且调剂外汇资金的余缺。

六、世界主要外汇市场

目前，世界上大约有 30 多个主要的外汇市场，遍布世界各大洲的不同国家和地区。根据传统的地域划分，可分为亚洲、欧洲、北美洲三大部分。其中，最重要的有伦敦、纽约、东京、新加坡、法兰克福、苏黎世、中国香港、巴黎、洛杉矶、悉尼等。另外，一些新兴的区域性外汇市场如巴拿马、开罗和巴林等也大量涌现，并逐渐走向成熟。

每一个市场又都有其自身的不同特点。外汇市场是从事外汇交易和外汇投机的系统。随着交易日益电子化和网络化，取而代之的是通过计算机网络来进行外汇的报价、询价、买入、卖出、交割及清算。

1. 伦敦外汇市场

伦敦是历史悠久的国际金融中心，其货币市场、资本市场都是国际化的市场。外汇市场的繁荣反过来又巩固了伦敦作为国际金融中心的地位。伦敦之所以能成为最大的外汇市场，有历史、地理和软环境等多种原因。

伦敦外汇市场由经营外汇业务的银行及外国银行在伦敦的分行、外汇经纪人、其他经营外汇业务的非银行金融机构和英格兰银行构成。伦敦外汇市场有约 300 家领有英格兰银行执照的外汇指定银行，其中包括各大清算银行的海外分行。世界 100 家最大的商业银行几乎都在伦敦设立了分行。它们向顾客提供了各种外汇服务，并相互间进行大规模的外汇交易。伦敦外汇市场上的外汇经纪人有 90 多家，这些外汇经纪人组成经纪协会，支配了伦敦外汇市场上银行同业之间的交易。

伦敦外汇市场没有固定的交易场所，是通过电传、电报、电话及计算机控制系统进行交易。市场上的交易货币几乎包括所有的可兑换货币，规模最大的是英镑兑美元的交易，其次是英镑兑欧元和日元的交易。此外，像美元兑欧元、欧元兑日元、日元兑美元等多边交易，在伦敦外汇市场上也普遍存在。

2. 纽约外汇市场

纽约外汇市场不仅是美国外汇业务的中心，也是世界上最重要的国际外汇市场之一，其每日的交易量居世界第二位，也是全球美元交易的清算中心。

纽约外汇市场是抽象的外汇市场，通过电报、电话、电传、计算机终端机与国内外联系，没有固定的交易场所。纽约外汇市场由三部分组成：一是银行与客户之间的外汇交易市场；二是纽约银行间的外汇交易市场；三是纽约各银行与国外银行间的外汇交易市场。在纽约外汇市场上交易的货币主要有欧元、英镑、加拿大元、日元等。纽约外汇市场是一个完全自由的外汇市场，汇率报价既采用直接标价法（指对英镑）又采用间接标价法（指对欧洲各国货币和其他国家货币），便于在世界范围内进行美元交易。交易货币主要是欧洲主要国家货币、加拿大元、日元和中南美洲主要国家货币。

3. 东京外汇市场

东京外汇市场是随着日本对外经济和贸易发展而发展起来的，是与日本金融自由化、国际化的进程相联系的。从交易货币和种类看，因为日本的进出口贸易多以美元结算，所以东京外汇市场90%以上的交易是美元对日元的买卖，日元对其他货币的交易较少。交易品种有即期、远期和掉期等。即期外汇买卖分为银行对客户当日结算和银行同业间的次日结算交易。东京外汇市场上即期、远期交易所占比重都不高，但掉期业务量很大，其中又以日元/美元的掉期买卖为最大。

东京外汇市场是一个无形市场，交易者通过现代化通信设施联网进行交易。东京外汇市场的参加者有五类：一是外汇专业银行，即东京银行；二是外汇指定银行，指可以经营外汇业务的银行，共 340 多家，其中日本国内银行 243 家，国外银行 99 家；三是外汇经纪人 8 家；四是日本银行；五是非银行客户，主要是企业法人、进出口企业商社、人寿财产保险公司、投资信托公司、信托银行等。

4. 中国香港地区外汇市场

香港是个自由港，是世界第五大外汇交易中心。每天开市的正式时间是上午 9 点，但许多金融机构半小时以前就有行市显示。到下午 5 点，各大银行都已冲平当日外汇头寸，基本上不再做新的成交，一般可以认为下午 5 点是收市时间。但实际上，许多机构在香港的外汇市场结束后，继续在相继的伦敦市场、纽约市场完成交易，直到纽约市场收市才停止。香港外汇市场由两个部分构成：一是港元兑外币的市场，其中包括美元、日元、欧元、英镑、加元、澳元等主要货币和东南亚国家的货币，当然也包括人民币；二是美元兑其他外汇的市场。这一市场的交易目的在于完成跨国公司、跨国银行资金的国际调拨。

香港外汇市场是一个无形市场，没有固定的交易场所，交易者通过各种现代化的通信设施和计算机网络进行外汇交易。香港地理位置和时区条件与新加坡相似，可以十分方便地与其他国际外汇市场进行交易。

5. 新加坡外汇市场

新加坡外汇市场是随着亚洲美元市场的发展而发展起来的，是全球第四大外汇市场。新加坡外汇市场的主要参与者是外汇银行、外汇经纪人、商业客户和新加坡金融管理局。

新加坡外汇市场是一个无形市场，大部分交易由外汇经纪人办理，并通过他们把新加坡和世界各金融中心联系起来。交易以美元为主，约占交易总额的85%。大部分交易都是即期交易，掉期交易及远期交易合计占交易总额的 1/3。汇率均以美元报价，非美元货币间的汇率通过套算求得。

6. 苏黎世外汇市场

瑞士苏黎世外汇市场是一个有历史传统的外汇市场，在国际外汇交易中居于重要的地位。在苏黎世外汇市场上，外汇交易是由银行自己通过电话或电传进行的，并不依靠经纪人或中间商。由于瑞士法郎一直处于硬货币地位，汇率坚挺稳定，并且瑞士作为资金庇护地，对国际资金有很大的吸引力，同时，瑞士银行能为客户资金严格保密，吸引了大量资金流入瑞士，所以，苏黎世外汇市场上的外汇交易大部分是由于资金流动而产生的，只有小部分是出自对外贸易的需求。

7. 法兰克福外汇市场

法兰克福是德国中央银行（德国联邦银行）所在地。法兰克福外汇市场分为定价市场和一般市场。定价市场由官方指定的外汇经纪人负责撮合交易，它们分属法兰克福、杜赛尔多夫、汉堡、慕尼黑和柏林五个交易所。它们接受各家银行外汇交易委托，如果买卖不平衡，汇率就继续变动，一直到买卖相等，或通过中央银行干预以达到平衡，定价活动方结束，时间大约是中午 12:45。

8. 巴黎外汇市场

巴黎外汇市场是巴黎国际金融市场的重要组成部分。巴黎之所以能够成为世界最大的国际金融中心之一，是由于法国的对外贸易、资本输出和旅游业比较发达。原则上巴黎外汇市场中所有银行都可以以中间人的身份为其本身或客户进行外汇买卖。外汇交易可以在银行之间通过电话直接进行，也可以通过经纪人进行。经常参加外汇交易的银行大约有 100 家，有外汇经纪人约 20 名。进行交易的货币主要有美元、英镑、瑞士法郎等。汇率的标价以欧元作为单位货币，采用间接标价法。

第四节　中国外汇市场

自改革开放以来，我国外汇市场的发展经历了三个重要。

一是 1978—1993 年，改革开放刚开始起步，以双轨制为特征。实行外汇留成制度，建立和发展外汇调剂市场，建立官方汇率与调剂市场汇率并存的双重汇率制度，实行计划和市场相结合的外汇管理体制。

二是 1994 年到 21 世纪初，适应建立社会主义市场经济体制的要求，取消外汇留成与上缴，实施银行结售汇，实行以市场供求为基础的、单一的、有管理的浮动汇率制度，建立统一规范的全国外汇市场，实现人民币经常项目可兑换，初步确立了市场配置外汇资源的基础地位。特别值得指出的是，这一时期我们成功抵御了亚洲金融危机的冲击。

三是进入 21 世纪以来，市场体制进一步完善，我国加速融入经济全球化，对外开放进一步扩大，外汇形势发生根本性变化。外汇管理从“宽进严出”向均衡管理转变，有序推进资本项目可兑换，进一步发挥利率、汇率的作用，促进国际收支平衡，注重防范国际经济风险。从 2009 年 12 月到 2011 年 4 月这一年多的时间，银行间外汇市场取得了一定发展，包括：人民币外汇做市商实行分层制度，调整人民币外汇市场交易时间，增加外汇期权交易品种，增加人民币兑林吉特、人民币兑卢布、美元兑新加坡元三个货币对，外汇交易系统增加单独远期报价页面，调整外币对市场流动性限额等。从 2012 年 11 月到 2014 年 6 月，修订了银行间即期外汇市场人民币兑美元交易价浮动幅度，增加了人民币对日元、人民币对林吉特、人民币对卢布、人民币对澳元、人民币对新西兰元、人民币对英镑直接交易做市商定义，增加了货币掉期无本金交换形式及期权 Delta[①]头寸交换相关内容，增加远期掉期净额清算方式。

【小知识 1.7】

中国外汇市场的通用定义

基准货币（base currency）指在一个货币对中被计价标的的货币。

非基准货币（term currency /quote currency）也称计价货币、相对货币。指在一个货币对中用于计量 1 个货币单位基准货币价格的货币。

交易货币（dealt currency）指外汇交易时作为交易标的的货币。交易货币可以是基准货币，也可以是非基准货币。通常发起方发出交易请求时需指明交易货币及交易货币金额。

对应货币（contra currency）指一个货币对中与交易货币相对应的货币。

【例 1.4】 在美元/人民币（USD/CNY）货币对中，假设美元/人民币汇率为 6.832 1，即 1 美元兑换 6.832 1 元人民币，美元是基准货币，人民币是非基准货币；在欧元/美元（EUR/USD）货币对中，假设欧元/美元汇率是 1.417 00，即 1 欧元兑换 1.417 00 美元，欧元是基准货币，美元是非基准货币；机构 A 与机构 B 达成一笔外汇交易，买入 USD/CNY 1 000 万美元，则美元是交易货币，人民币是对应货币；买入 USD/CNY 1 000 万人民币，则人民币是交易货币，美元是对应货币。

一、中国外汇市场的构成

中国外汇市场一般分成柜台市场和同业市场。

柜台市场又称为零售市场，是外汇指定银行与客户之间的交易市场。

同业市场又称为银行间市场，是外汇指定银行为了轧平其外汇头寸，互相进行交易而形成的外汇买卖市场。

二、人民币兑外币市场和外币兑外币市场

1. 人民币兑外币市场

人民币兑外币市场（inter-bank RMB/FX market），指市场参与者之间通过交易中心进行人民币外汇交易的市场。在这一市场内，截至 2014 年 6 月从事美元/人民币（USD/CNY）、日元/人民币（JPY/CNY）、港币/人民币（HKD/CNY）、欧元/人民币（EUR/CNY）、英镑/人民币（GBP/CNY）、人民币/林吉特（CNY/MYR）、人民币/卢布（CNY/RUB）、澳元/人民币（AUD/CNY）、加元/人民币（CAD/CNY）、新西兰元/人民币（NZD/CNY）、人民币/泰铢（CNY/THB）（区域交易）11 种货币兑人民币的即期交易，不能实现外币兑外币的买卖。中国外汇市场的本币兑外币，是以设在上海外滩的中国外汇交易中心为核心进行运作的。

2. 外币兑外币市场

由于外币兑外币市场不涉及人民币业务，对国内经济的直接冲击较小，所以国家外汇管

① Delta 指外汇即期价格单位变动带来外汇期权价格的绝对变动值，是用以衡量外汇期权风险状况的重要指标，通常用来衡量头寸的风险，详见第七章第二节“二、外汇期权交易的常规事项”中的介绍。

理部门对外币兑外币的交易限制较少。目前，凡是持有国家外汇管理局颁发的外汇业务经营许可证的银行和非银行金融机构几乎都可办理外币兑外币交易的代理业务。该市场的参与者不仅包括公司和企业，还包括持有外汇的居民个人，他们也委托银行或有权经营外汇业务的金融机构参与市场交易。

在这一市场内，截至2014年6月从事欧元/美元（EUR/USD）、英镑/美元（GBP/USD）、美元/日元（USD/JPY）、美元/加元（USD/CAD）、美元/瑞士法郎（USD/CHF）、澳元/美元（AUD/USD）、美元/港币（USD/HKD）、欧元/ 日元（EUR/JPY）、美元/新加坡元（USD/SGD）9种货币对的交易。

三、中国银行间外汇市场参与者

市场参与者（market participant）指在银行间外汇市场进行交易的机构，包括会员、尝试做市机构和做市商。具体包括以下几种参与者。

1. 会员

会员（member）指经批准进入银行间外汇市场交易的机构，分为人民币外汇会员和外币对会员。会员应签署《外汇交易系统会员协议》并应遵守银行间外汇市场交易规则等规章制度。

2. 尝试做市机构

尝试做市机构（trial market maker）指经批准在银行间人民币外汇市场向市场尝试持续提供相应交易品种买、卖双向报价的机构，分为即期尝试做市机构和远期掉期尝试做市机构。尝试做市机构仍属于人民币外汇会员，不具备人民币外汇做市商的权利与义务。

即期尝试做市机构（spot trial market maker）指经批准在人民币外汇即期上尝试持续提供买、卖双向报价的机构。

远期掉期尝试做市机构（forward-swap trial market maker）指经批准在人民币外汇远期、掉期和货币掉期上尝试持续提供买、卖双向报价的机构。

3. 做市商

做市商（market maker/liquidity provider）是指经批准在银行间外汇市场向市场持续提供买、卖双向报价并在规定范围内承诺按所报价格成交的机构，分为人民币外汇做市商和外币对做市商。做市商须签署《做市主协议》并遵守银行间外汇市场做市商相关规章制度。

人民币外汇做市商分为综合做市商、即期做市商和远期掉期做市商。

综合做市商（general market maker）指在人民币外汇即期、远期、掉期和货币掉期等各交易品种持续提供买、卖双向报价并在规定范围内承诺按所报价格成交的机构。

即期做市商（spot market maker）指在人民币外汇即期竞价和询价上提供买、卖双向报价并在规定范围内承诺按所报价格成交的机构。

远期掉期做市商（forward-swap market maker）指在人民币外汇远期、外汇掉期和货币掉期上持续提供买、卖双向报价并在规定范围内承诺按所报价格成交的机构。

这里我们要注意以下几点。

（1）同一机构经批准可以具备人民币外汇会员、人民币外汇做市商、外币对做市商、外币对会员中的一个或多个身份，但人民币外汇做市商必须是人民币外汇会员，外币对做市商则并非必须为外币对会员。

（2）申请人民币外汇做市商资格必须首先申请相应做市品种的尝试做市资格。

（3）对于人民币外汇市场新批准交易品种，综合做市商经批准该交易品种的交易资格后，可自动获得该交易品种的做市资格。

四、中国银行间外汇市场

中国外汇交易中心设在上海，是中央银行领导下的、独立核算、非营利性的事业法人。其主要功能是提供外汇交易的系统，组织外汇交易品种的买卖，办理外汇交易的清算以及有关信息服务。外汇交易市场每周一至周五开市，时间为9:30—16:30，国内法定节假日不开市。如涉及交易币种国家或地区的节假日时，则该货币只进行交易，交割日顺延至营业日。具体情况见表1.3和表1.4。

表1.3　中国银行间外汇市场基本情况

<table>
<tr><th>银行间外汇市场</th><th>交易品种</th><th>交易模式</th><th>清算模式</th><th>交易时间</th></tr>
<tr><td rowspan="10">人民币外汇市场</td><td rowspan="3">即期</td><td>竞价</td><td>集中净额清算</td><td rowspan="9">周一至周五（法定节假日除外）
北京时间 9:30—16:30</td></tr>
<tr><td rowspan="2">询价</td><td>双边全额清算</td></tr>
<tr><td>集中净额清算</td></tr>
<tr><td rowspan="2">远期</td><td rowspan="2">询价</td><td>双边全额清算</td></tr>
<tr><td>双边差额清算</td></tr>
<tr><td>掉期</td><td>询价</td><td>双边全额清算</td></tr>
<tr><td>货币掉期</td><td>询价</td><td>双边全额清算</td></tr>
<tr><td rowspan="3">期权</td><td rowspan="3">询价</td><td>期权费：双边清算</td></tr>
<tr><td>全额交割期权行权产生的即期交易：双边全额清算或集中净额清算</td></tr>
<tr><td>差额交割期权行权产生的轧差金额：双边差额清算</td><td></td></tr>
<tr><td rowspan="4">外币对市场</td><td rowspan="2">即期</td><td>竞价</td><td>集中净额清算</td><td rowspan="4">周一至周五（法定节假日除外）
北京时间 7:00—19:00</td></tr>
<tr><td>询价</td><td>双边全额清算</td></tr>
<tr><td>远期</td><td>询价</td><td>双边全额清算</td></tr>
<tr><td>掉期</td><td>询价</td><td>双边全额清算</td></tr>
</table>

注：若某外币对即期起息日为人民币假日，则该外币对竞价交易当天休市，但询价仍可正常进行。

交易中心实行会员制，凡经国家外汇管理局批准经营外汇业务的金融机构及其分支机构提出申请，经核准后都可成为会员。外资银行目前只能代理，而不能自营外汇买卖。会员入市可以通过两种方式进行：一是现场交易，会员指派其交易员进入交易中心固定的交易场所，通过交易中心为其设立的专用交易台进行交易；二是远程交易，即会员通过其与交易中心系统的计算机联网，在自己设置的交易台进行交易。

中国银行间外汇市场交易模式（trading model）指银行间外汇市场提供的外汇交易业务模式，包括竞价交易和询价交易。竞价交易（anonymous）也称匿名交易，指交易双方通过外汇交易系统匿名报价，系统按照“价格优先、时间优先”的原则进行匹配，达成交易，交易达成后双方通过集中清算模式进行清算的交易模式。竞价交易仅适用于外汇即期。询价交易（bilateral）指有双边授信关系的交易双方，通过外汇交易系统双边直接协商交易要素达成交易，交易达成后通过双边清算模式或其他模式进行清算的交易模式。

表 1.4 中国银行间外汇市场货币对基本参数

银行间外汇市场	货币对	报价精度						最小交易金额	流动性限额单位：百万（M）
		即期	远期	掉期	货币掉期	期权			
						隐含波动率	期权费		
人民币外汇市场	美元/人民币（USD/CNY）	0.000 1			0.01				USD 5M
	日元/人民币（100JPY/CNY）	0.000 1							JPY 500M
	港币/人民币（HKD/CNY）	0.000 01				0.000 1	非基准货币百分比：0.000 1，基点：0.01，期权费金额：0.01		HKD 50M
	欧元/人民币（EUR/CNY）	0.000 1	0.01	0.01					EUR 5M
	英镑/人民币（GBP/CNY）	0.000 1							GBP 5M
人民币外汇市场	澳元/人民币（AUD/CNY）							USD10 000	AUD 5M
	加元/人民币（CAD/CNY）								CAD 5M
	新西兰元/人民币（NZD/CNY）	0.0001							
	人民币/林吉特（CNY/MYR）	0.000 01							CNY 5M
	人民币/卢布（CNY/RUB）	0.000 1							CNY 5M
	人民币/泰铢(CNY/THB)（区域交易）	0.000 1							
外币对市场	欧元/美元（EUR/USD）	0.000 1							EUR 2M
	英镑/美元（GBP/USD）	0.000 1							GBP 5M
	美元/日元（USD/JPY）	0.000 1							USD2M
	美元/加元（USD/CAD）	0.000 1							USD 5M
	美元/瑞士法郎（USD/CHF）	0.000 1	0.01					USD50000	USD5M
	澳元/美元（AUD/USD）	0.000 1							AUD 5M
	美元/港币（USD/HKD）	0.000 1							USD 10M
	欧元/日元（EUR/JPY）	0.01							EUR 10M
	美元/新加坡元（USD/SGD）	0.000 1							USD 2M

注：（1）表格中的报价精度以小数形式表示，0.01 表示报价精度为 2，0.000 1 表示报价精度为 4，0.000 01 表示报价精度为 5，0.000 001 表示报价精度为 6；

（2）远期和掉期的报价精度均为远期点和掉期点的报价精度；

（3）货币掉期的报价精度为美元兑人民币的浮动利率/浮动利率的报价精度；

（4）期权报价精度包括波动率报价精度与期权费报价精度。

中国银行间外汇市场清算（clearing）指交易的匹配确认、盈亏以及双方支付或交割权利义务的计算、结算指令的发送和到账确认等过程。清算包括集中清算和双边清算两种模式，也可以分为全额清算和净额清算两种方式。集中清算（centralized settlement）指外汇交易达成后，第三方作为中央清算对手方分别向交易双方独立进行资金清算。在银行间外汇市场的竞价交易模式中（包括人民币外汇交易和外币对交易），交易中心作为中央清算对手方与交易双方按集中清算模式进行资金清算。双边清算（bilateral settlement）指外汇交易达成后，由交易双方按交易要素直接进行资金清算。

【例 1.5】 20×4 年 4 月 21 日，机构 A 和机构 B 达成一笔美元兑人民币即期交易，机构 A 以 6.160 0 的价格向机构 B 买入 USD 10 000。

双边清算：20×4 年 4 月 23 日，机构 A 向机构 B 支付 CNY 61 600，同时机构 B 向机构 A 支付 USD 10 000。

集中清算：20×4 年 4 月 23 日，机构 A 向中央清算对手方支付 CNY 61 600，同时中央清算对手方向机构 A 支付 USD 10 000；机构 B 向中央清算对手方支付 USD 10 000，同时中央清算对手方向机构 B 支付 CNY 61 600。

> 扩展学习提示
>
> **中国外汇交易中心产品指引（外汇市场）**
>
> 进入中国外汇交易中心网站“市场指南→外汇市场指南”（chinamoney）栏目，了解我国外汇市场的情况，包括我国外汇市场的构成、外汇交易中的基本名词、外汇交易类型等。

全额清算（gross settlement）指交易双方对彼此之间达成的交易按照交易要素逐笔进行资金清算。净额清算（netting settlement）指对同一清算日的交易按币种进行轧差，并根据轧差后的应收或应付资金进行结算。

在银行间外汇市场的询价交易模式中（包括人民币外汇即期交易），交易中心作为中央清算对手方与指定会员按净额清算方式进行资金清算。

【例 1.6】 20×4 年 4 月 21 日，机构 A 和机构 B 达成了三笔美元兑人民币即期交易：机构 A 以 6.157 3 的价格向机构 B 买入 10 000 USD；机构 A 以 6.157 5 的价格向机构 B 卖出 10 000 USD；机构 A 以 6.156 0 的价格向机构 B 买入 10 000 USD。

双边全额清算：20×4 年 4 月 23 日，机构 A 分三次向机构 B 支付 CNY 61 573、USD 10 000、CNY 61 560；同时机构 B 分三次向机构 A 支付 USD 10 000、CNY 61 575、USD 10 000。

双边净额清算：20×4 年 4 月 23 日，机构 A 只需向机构 B 轧差支付 CNY 61 558 (61 573 + 61 560−61 575)，同时机构 B 只需向机构 A 轧差支付 USD 10 000 (10 000−10 000+10 000)。

这里要注意：在竞价交易模式中，人民币外汇交易和外币对交易只在各自内部净额清算，不互相轧差清算。

本章小结

本章介绍了外汇的定义。从动态的角度看，外汇是指人们将一种货币兑换成另一种货币，清偿国际间债权债务关系的行为，是国际间的一种汇兑活动。从静态的角度看，外汇一般是指以外币表示的用于进行国际结算的支付手段。广义的外汇是指国际货币基金组织和各国外汇管理法令中的外汇。国际货币基金组织把外汇定义为：“外汇是货币行政当局以银行存款、财政部库券、长短期政府债券等形式所保有的、在国际收支逆差时可以使用的债权。”我国对外汇的解释是：外汇是指下列以外币表示的可以用作国际清偿的支付手段和资产。狭义的外汇即我们通常所说的外汇，是指以外币表示的用于国际结算的支付手段。

从不同角度，根据不同的分类标准，可以对外汇进行不同的分类。汇率标价方法：商品的标价是以货币表示的，汇率的标价有其特殊性，既可以用本国货币表示外国货币的价格，也可以用外国货币来表示本国货币的价格。由于折算的标准不同，外汇汇率有三种标价方法，即间接标价法、直接标价法和美元标价法。

在实际应用中汇率的种类极其繁多，可以从不同角度将其分类，主要有以下几类：按是否受货币当局管制划分为法定汇率与市场汇率；根据资金性质和用途划分为贸易汇率和金融汇率；根据适用范围划分为单一汇率与多元汇率；根据外汇交易交割期限长短不同划分为即期汇率与远期汇率；根据银行买卖外汇的角度划分为买入汇率、卖出汇率和中间汇率；根据汇率制定划分为基本汇率与套算汇率；根据外汇交易支付通知方式划分为电汇汇率、信汇汇率与票汇汇率；根据外汇市场开盘与收盘的时间划分为开盘汇率与收盘汇率；根据汇率制度不同，划分为固定汇率和浮动汇率。

汇率的变动会对一国的国际收支、国内经济和国际间经济关系发生不同程度的影响。一般来说，汇率变动对经济开放、对外依赖程度较高、外汇管制较松的国家影响较大，对外汇管制较严、对外依赖程度较小的国家影响较小。

外汇市场，是指进行外汇买卖或者货币兑换的交易场所。从全球范围来看，外汇市场是一个 24 小时全天候运作的市场。目前，世界上大约有 30 个主要的外汇市场，它们遍布世界各大洲的不同国家和地区。根据传统的地域划分，可分为亚洲、欧洲、北美洲三大部分，其中，最重要的有伦敦、纽约、东京、新加坡、法兰克福、苏黎世、中国香港、巴黎、洛杉矶、悉尼等。另外，一些新兴的区域性外汇市场如巴拿马、开罗和巴林等也大量涌现，并逐渐走向成熟。

基本训练

一、填空题

1. 动态的外汇是指一种（ ）行为。
2. 按外汇的交割期限可分为（ ）和（ ）。
3. 汇率是指两种货币之间的（ ）。
4. 用本国货币作为标准货币的表示汇率的标价方法是（ ）。
5. 我国规定外汇是指以外币表示的可以用做（ ）的支付手段和资产。
6. 一个国家的货币要在国际上被广泛运用和接受并成为通用的外汇，必须具备（ ）、（ ）、（ ）及可偿性等特点。
7. 在国际标准 ISO 4217—2008 货币代码的三个字符中，前两个字符代表（ ），第三个字符表示（ ）。
8. 外汇按是否能自由兑换分为（ ）和（ ）。
9. 按买卖外汇的对象，汇率可分为（ ）和（ ）。
10. 外汇按来源和用途可分为（ ）和（ ）。

二、判断题

1. 外汇就是指日常中所说的外币。（ ）
2. 相对物价上涨率高，本币趋于贬值；相对物价上涨率低，本币趋于升值。（ ）
3. 以直接标价法表示的外汇汇率升降与本币对外价值的高低成正比例变化。（ ）
4. 从短期看，本国利率上升，本币汇率走强；本国利率下跌，本币汇率走弱。（ ）
5. 货币的标准表示为三个大写字母，前两个字符代表该货币所属的国家或地区，第三个字符表示货币单位。（ ）
6. 在间接标价法中，本国货币的数额保持不变，外国货币的数额随着本国货币币值的对比变化而

变动。　　（　　）

7. 中间汇率是外汇买卖业务中实际成交的价格。　　（　　）

8. 商人汇率是银行与银行之间买卖外汇时采用的汇率。　　（　　）

三、案例分析与计算

太顺公司是我国一家生产向美国出口旅游鞋的厂家，其出口产品的人民币底价原来为每箱 5 500 元，按照原来市场汇率 USD 1 = CNY 6.56，公司对外报价每箱为 838.41 美元。但是由于外汇市场供求变动，美元开始贬值，美元对人民币汇率变为 USD 1 = CNY 6.46，此时太顺公司若仍按原来的美元价格报价，其最终的人民币收入势必减少。因此，公司经理决定提高每箱旅游鞋的美元定价，以保证最终收入。

请问：太顺公司要把美元价格提高到多少，才能保证其人民币收入不受损失？若公司为了保持在国际市场上的竞争力而维持美元价格不变，则在最终结汇时，公司每箱旅游鞋要承担多少人民币损失？

四、主要观念

1. 汇率变动对经济的影响。

2. 外汇市场的作用。

第二章　外汇交易原理

【学习目标】

理论目标：掌握外汇交易的概念、特点及交易规则；掌握外汇交易的报价技巧，能熟练地报出各种外汇的价格；了解银行同业间的外汇交易程序及通过经纪人进行外汇交易的程序；知道外汇交易程序中应该注意的事项；理解外汇的基本面分析及技术分析，会通过分析进行外汇交易；理解外汇保证金交易。

技术目标：掌握外汇交易的基本原理、程序，能进行外汇交易基本面和技术分析，通过外汇行情预测进行外汇交易从而赚取利润。

能力目标：通过学习使学生具备从事外汇交易的能力，能熟练进行外汇报价和进行外汇交易一般操作。

引例

外汇交易的新手经常有一种误解，就是400倍的杠杆比100倍的杠杆风险大，事实并非如此。首先要明确，你账户的盈亏和杠杆的大小没有关系，只与仓位有关。比如下单0.1标准手欧元/美元，不管多少倍杠杆，行情波动1点的盈亏都是1美元。

那么杠杆影响的是什么？是保证金的占用。

举个例子，相同的资金、相同的交易量的情况下，1 000美元购买0.1标准手即10 000欧元/美元货币对，拿某日ODL证券有限公司的MT4平台的报价为例，100∶1的杠杆条件下，购买0.1标准手欧元/美元所要占用的保证金为142.97美元，称为已用保证金。这时账户里还剩1 000－142.97＝857.03美元，称为可用保证金。也就是说账户里还有857.03美元的可用保证金可以扛价格的波动，当可用保证金为0的时候，平台就会强制平仓，这个时候账户里就只剩下了已用保证金142.97美元。

在400∶1的条件下，购买0.1标准手欧元/美元，所要占用的保证金为：35.74美元（已用保证金），此时账户里还剩1 000－35.74＝964.26美元（可用保证金），这个时候可以扛964.26美元的价格波动。

从上面可以看出，在相同资金相同交易量的情况下，杠杆越大，占用的保证金越少，可用保证金越多，从而可以扛的价格波动越大。因此，同样的仓位杠杆越大占用的保证金越少，你抗风险的能力（可支持的点数）就越强。为什么经常有人觉得400∶1的风险大？因为没有控制住仓位。比如，你有1 000本金，用100倍杠杆都不能做1标准手，最多做0.7标准手；而400倍杠杆可以做2标准手以上，这时候波动一点你的盈亏就同比放大了。因此，要引入实际杠杆的概念：你仓位的市值/你的本金。比如1万美元本金操作1标准手欧元，实际杠杆就是100 000/10 000 = 10倍。控制好实际杠杆，就控制了仓位，也就控制了风险。否则，无论用多少的杠杆，满仓操作都可能爆仓。

以上是外汇交易的具体操作，那么什么是外汇交易，它有哪些规则，如何进行外汇交易呢？本章将重点讲述外汇交易的内容。

第一节　外汇交易概述

外汇交易，即俗称的外汇买卖，是指外汇买卖的主体为了满足某种经济活动或其他活动的需要，按特定的汇率和特定交割日而进行的不同货币之间的兑换行为，即以本国货币兑换成外国货币，或以外国货币兑换成本国货币，或是外国货币之间的相互兑换。

外汇交易的要素包括交易日、交易对手、货币、汇率、数额、交割日、支付指令等。外汇交易所产生的货币收付，一般并不发生实际的资产运送，而是由银行通过账户互相转账结算的。因此，外汇买卖、外汇交易、买卖外汇讲的都是同一个概念。需要注意的是，这种货币买卖一般只针对国际上可自由流通的货币，而非所有的货币。

一、外汇交易的分类

从交易的本质和实现的类型来看，外汇交易可以分为以下两大类。

（1）为满足客户真实的贸易、资本交易需求进行的基础外汇交易；

（2）在基础外汇交易之上，为规避和防范汇率风险或出于外汇投资、投机需求进行的外汇衍生工具交易。

属于第一类的基础外汇交易主要是即期外汇交易，而外汇衍生工具交易则包括远期外汇交易、外汇择期交易、掉期交易以及互换交易等。

外汇交易主要有两个原因。大约每日交易周转的5%是由于公司和政府部门在国外买入或销售他们的产品和服务，或者必须将他们在国外赚取的利润转换成本国货币；而另外95%的交易是为了赚取赢利或者投机。

对于投机者来说，最好的交易机会总是交易那些最通常交易的（流动量最大的）货币，叫作“主要货币”。现今，约每日交易的85%是这些主要货币，它包括美元、日元、欧元、英镑、瑞士法郎、加拿大元和澳大利亚元。

从表2.1可以看出，国际外汇市场是一个即时的24小时交易市场，外汇交易每天从惠灵顿开始，并且随着地球的转动，全球每个金融中心的营业日将依次开始，首先是东京，然后伦敦和纽约。外汇市场相对其他金融市场，对随时发生的经济、社会和政治事件更加敏感，更容易产生波动。

表 2.1　外汇市场交易时间表

地　区	城　　市	开市时间（北京时间）	收市时间（北京时间）	活 跃 品 种	活跃程度
大洋洲	新西兰惠灵顿	4:00	13:00	AUD、NZD	较小
	悉尼	7:00	15:00	AUD、NZD	较小
亚洲	东京	8:00	16:00	JPY	一般
	香港	9:00	17:00	JPY、HKD	一般
	新加坡	9:00	17:00	NZD、JPY	一般
	巴林	14:00	22:00	USD	较小
欧洲	法兰克福	16:00	0:00	JPY、EUR、GBP、CHF	较好
	苏黎世	16:00	0:00	CHF	一般
	巴黎	17:00	1:00	EUR	一般
	伦敦	18:00	2:00	所有币种	活跃
北美洲	纽约	20:00	4:00	所有币种	活跃
	洛杉矶	21:00	5:00	所有币种	一般

外汇交易市场主要是场外交易（OTC）或“银行内部”交易市场，因为事实上外汇交易是交易双方通过电话或者一个电子交易网络而达成的，外汇交易不像股票和期货交易那样集中在某一个交易所里进行。

二、外汇交易的特点

外汇投资作为一种理财产品，市场相当广阔。外汇交易的主要特点如下。

1. 利润较高

由于外汇投资的信息全球公开，完全透明，投资者可以在第一时间掌握到各种外汇信息，方便投资者进行投资理财；并且与股票等其他投资相比，外汇交易的利润回报率较高，且所得收益缴纳税费较低。

2. 交易时间灵活

外汇交易市场一般没有具体的交易地点，而是通过银行、经纪行、企业和个人之间的电子网络展开货币交易。由于没有固定的中心交易所，所以外汇市场能够 24 小时不间断地运作。投资者可以根据情况灵活安排交易时间，迅速应对市场的变化。

3. 利用杠杆作用，以小博大

用保证金的形式来交易外汇，成本小、灵活度高。投资者只要在银行设立保证金交易账户并存入一定的保证金后，进行的交易金额就可以放大几十倍以上，从而扩大流动购买力和抗风险能力，并有效地增加了投资回报。

4. 交易方式灵活，风险容易控制

世界上大多数国家的外汇交易都可以在低位买升，也可以在高位买跌，即所说的卖空买空。另外，投资者可以根据自身所能承受的亏损幅度设置止损位和预期获利目标设置限价位，进行风险管理，确保自己的投资和收益安全。

5. 市场空间巨大，资金流动性最强

外汇所投资的目标不是一个上市公司，而是一个国家。一个国家的货币汇率不可能降为

零，所以绝对不会出现有价无市或有市无价的风险。据统计2007年每天外汇成交量可达3.3万亿美元，到2010年则达到4万亿美元，而2013年4月则达到5.3万亿美元。除极特殊情况很难被某个集团或个人所操控，所以说外汇市场是世界上规模最大、流通最迅速、交易最公平的金融市场。

三、外汇交易的规则

国际外汇市场是一个以无形市场为主的市场，每天都有巨额的外汇交易达成。在银行间外汇交易中存在着一些约定俗成的习惯和做法，最后被外汇交易员们认定为规则，在外汇交易中经常使用。这些规则主要有以下几点。

1. 使用统一的标价方法

为使交易能迅速顺利地进行，交易各方都使用统一的标价方法，即除了英镑、欧元、澳大利亚元和新西兰元等采用间接标价法以外，其他交易货币一律采用直接标价法，并同时报出买入价（bid price）和卖出价（offer price）。

2. 采取以美元为中心的报价方法

由于美元的特殊地位，除非特别说明者外，各国外汇市场现已形成了一个规则，在外汇市场上报出的货币汇率都是针对美元的，非美元的货币之间的汇率通过以美元为中介套算得出。在银行间外汇交易中，使用统一报价，有利于简化信息处理的工作量，也便于计算交易损益。

3. 使用小数报价

外汇交易员在报出汇价时，按交易惯例，一般省略大数（big figure）汇价，而仅仅报出小数（small figure）汇价。例如，美元/瑞士法郎 = 0.849 2/97，其中0.84为大数汇价，92/97为小数汇价。交易员未报大数汇价的原因是，交易员进行询价、报价以及成交的过程，可能只有几秒钟的时间，汇价的变动一般不可能影响大数汇价的变动。在报价中，对即期外汇交易，只报出最后两位数，即小数汇价。需要注意的是，对远期外汇交易要同时报出即期汇价和远期点数。

4. 交易单位为100万美元

外汇交易通常以100万美元的整数倍作为外汇交易额，如交易中的“one dollar”表示100万美元。需要注意的是，这种交易规则仅适用于银行间大批量的外汇交易，一般的进出口商或投资者感兴趣的是适用于小规模交易的汇率，则需要在询价时预先说明，并报出具体的交易金额。在这种情况下，银行报出的价格与银行间的外汇交易价格是不同的。

5. 客户询价后，银行有义务报价

银行在接受客户询价时，应有义务报出某种货币的买入价和卖出价。银行对客户报出某种货币的买入价和卖出价后，按照商业惯例，银行应承担按此汇价买进或卖出该货币的义务，但对此有一个交易时间和成交金额的限制，即交易一方不能要求另一方按照其在10分钟以前给出的报价成交，交易金额一般应在100万至500万美元（或其等价的其他货币）之间。

6. 交易双方遵守“一言为定”的原则

外汇交易双方必须恪守信用，遵守“一言为定”的原则，买卖一经成交就不得反悔。以

电话达成的交易有电话交易录音，以电传达成的交易有电传机打印的交易记录，以交易系统达成的交易有该系统打印的文字记录。因此，交易双方不得以种种借口加以抵赖、变更或要求注销。

7. 交易术语规范化

为了能在汇率频繁变动的环境下迅速无误地成交，在外汇交易的磋商过程中交易员经常使用简洁语言和行话来节省交易的时间。例如，“five yours”即表示“我卖给你500万美元”。在进行外汇交易时要注意其语言的规范化。表2.2是常用的交易术语的简单介绍。

表2.2 外汇交易的报价术语

外汇交易术语	含 义	外汇交易术语	含 义
bid（buy，take，pay）	买入	square	平仓
mine	我方买入	premium/discount	升水/贴水
offer（give，sell）	卖出	odd date，broken date	不规则起息日
yours	我方卖出	roll over	展期
buying rate/selling rate	买价/卖价	libor	伦敦同业借款利率
middle rate	中间价	libid	伦敦同业存款利率
done（ok）	成交	full up	额度用尽
forward rate	远期汇价	direct dealing	银行直接交易
spot rate	即期汇价	normal	正常资金
market maker	报价行（做市商）	bear market	熊市
delivery date，value date，maturity date	交割日，起息日，结算日	bull market	牛市
ask price/ask rate	卖方开价/还价	go north	上升
over bought，long	多头	go south	下降
over sold，short	空头	open interest	空盘
position	头寸	which way are you	你想买还是想卖
call/put	买权/卖权	mp（moment period）	稍候
currency future	外汇期货	dealing price	交易汇价
currency option	外汇期权	indication rate	参考汇价

四、外汇交易的报价技巧

在外汇交易中，需要按照外汇交易的规则进行报价，除了遵循按小数报价和以美元为中心的原则外，在询价者未指明买卖方向时，需要同时报出买入价（bid price）和卖出价（offer price）。在外汇市场中，买入价和卖出价是相对的，即你卖我买，你买我卖。对于买入价，从报价者的角度来看，就是报价者在报价时愿意买入被报价货币的最高价格。就询价者而言，报价者所报出的买入价代表询价者可以卖出被报价货币的最高价格。同样道理，对于卖出价，从报价者的立场来看，就是报价者在报价时愿意卖出被报价货币的最低价格。以询价者立场来看，代表询价者可以买入被报价货币的最高价格。通过表2.3可以看出报价者和询价者在汇率报价上的相互关系。

表 2.3　报价者和询价者在汇率报价上的相互关系

	115.20	115.30
USD/JPY＝115.20/30	报价者——买入被报价货币	报价者——卖出被报价货币
	报价者——卖出报价货币	报价者——买入报价货币
	询价者——卖出被报价货币	询价者——买入被报价货币
	询价者——买入报价货币	询价者——卖出报价货币

对于报价者来说，当然希望买入价越低越好，卖出价越高越好，询价者则恰恰相反。因此在报价时就需要参考当时市场上的价格、外汇市场的预期、买卖货币的未来趋势以及自己本身的头寸等多方面因素。

交易员在报价时通常同时报出某种货币的买卖汇价，买卖汇价之间的价差就是交易员为银行赚取的利润和所承担的风险。一般而言，在实际外汇交易中。报出的买卖汇价的差额越小，其报价越好。因此，交易员的报价好坏取决于其所报买卖汇价的差额的大小。交易员报价要从市场竞争力和银行利润出发，如何报出一个汇价使其既有市场竞争力，而又能为银行赚取较好利润，这是衡量银行交易员的业务水平和报价技巧的一个重要方面。

通常外汇交易员在报出价格时，应考虑到以下五个因素。

（1）交易员本身已持有的外汇头寸（position）。每位外汇交易员都有被授权的外汇头寸额度（position limit），在额度之内，交易员尽其最大可能来赚取利润。为了控制风险，交易员是不允许其持有的头寸（holding position）超过其被授权的头寸额度。交易员报价时必须考虑目前所持有的头寸在当前市场的波动幅度之下，其所报之价格是否对其现有头寸有利。

（2）各种货币的极短期走势。交易员必须对欲进行报价的货币之极短期走势有准确的预测，在此所谓极短期，可能是一小时、五分钟或五秒钟之久。一般而言，在银行从事报价的交易员大多是属于 intra-day trader，亦即交易员所持有的外汇头寸不会超过一日以上。交易员会随着市场波动状况，随时改变自己的持有头寸，以伺机获利。因此交易员对各种货币的极短期走势应有准确的预测，才能报出理想的价格。

（3）市场的预期心理。若市场有明显的预期心理，货币的走势就较易往预期的价位波动。交易员必须了解当前市场的预期心理，而调整本身的持有头寸，使本身的头寸处于有利的状况。如此报出来的价格才不会违反市场走势，遭到重大的损失。

（4）各种货币的风险特性。每种货币如同人一样，各有其个性。交易员必须了解每种货币的特性，才能在报价时，报出适当的价格。

（5）收益率与市场竞争力。报价者在报出价格之后，就是希望询价者愿意以其所报出之价格来交易；然而为增加市场竞争力，需缩小买卖价差（spread），即利润会相对减少。因此交易员在报价时，必须顾及市场竞争力与利润。

综合上述五个考虑因素之后，交易员的基本报价技巧可归类为四种。

（1）市场预期被报价币上涨。当市场预期被报价币上涨时，此时市场的参与者倾向买入被报价币，以期获取利润。则报价银行应将被报价币的价格报高，以降低风险或取得有利之头寸，因为报价银行卖出被报价币的价格越高，报价者以较低的价格来平仓的概率越大，赚钱的机会越多。以范例来说明：预期被报价币的价格上扬时，银行报价见表 2.4 和表 2.5。

表 2.4　预期被报价币的价格上扬时的银行报价

USD/CHF＝0.849 2/97	市场价格 market leve		报价者的报价 quoting price	
	bid	offer	bid	offer
	0.849 2	97	94	99

表 2.5　预期被报价币的价格上扬时的银行报价

GBP/USD＝1.787 0/ 80	市场价格 Market Leve		报价者的报价 quoting price	
	bid	offer	bid	offer
	1.787 0	80	75	80

（2）预期被报价币下跌。当市场预期被报价币会下跌时，市场的参与者会倾向卖出被报价币以期获取利润。此时报价者所报出之价格会比市场价格略低，以降低风险或取得有利之头寸。由于报价者买入的价格较市场为低，因此报价者有比较大的几率以较高的银行间价格平仓，而赚取利润。以范例说明：预期被报价币价格下跌时，银行报价见表 2.6。

表 2.6　预期被报价币的价格下跌时的银行报价

USD/CHF＝0.849 2/97	市场价格 market leve		报价者的报价 quoting price	
	bid	offer	bid	offer
	0.849 2	97	90	95

（3）银行不愿意持有头寸。当报价者的头寸已经平仓，或者市场波动的幅度过大，报价者不愿意买入或卖出被报价币，报价者会拉大价差。因为报价者的价差比市场相对宽，即询价者若想要与报价者成交时，不论买入价或卖出价一定比市场价格差，因此询价者愿意成交的意愿就降低了。例如，市场价格 USD/CHF = 0.849 2/97，报价者报价 0.849 0/99，此时询价者不论是买美元还是卖美元价格都不利，因此询价者不愿意做交易。

（4）银行有强烈愿望成交。报价者以市场竞争力为主要考虑因素时，其报价与市场价格相比更窄，即报价者报价的价差会比市场的小，不论买入或卖出价格均比市场价格好，因此，询价者会有较高的意愿来进行交易。例如，市场价格 USD/CHF = 0.849 2/97，报价者报价 0.849 4/95，此时询价者会愿意做交易。

第二节　外汇交易的程序

一、银行同业间的外汇交易程序

外汇银行都有专门的外汇交易室。交易室是银行专门从事外汇交易的部门，其工作人员都是从事外汇交易的专业技术人员，主要包括：首席交易员（chief dealer），其职责是负责整个外汇交易过程；高级交易员（senior dealer），其职责是负责大宗外汇交易；交易员（dealer）和低级交易员（junior dealer），其职责是负责在交易额度内进行一般性外汇交易；头寸管理员（position clerk），其职责是负责外汇头寸管理以及提供外汇头寸的即时动态等。

银行同业间的外汇交易程序通常按如下过程进行。

（1）询价行进入交易系统。询价行叫通对方银行的电话、电传或在路透社等交易系统终端机上输入自己的终端密码并输入对方银行的代码进行呼叫，接通后要说明自己的行号。

（2）询价行询价（asking）。询价内容包括买卖货币的名称、交易金额和交割日等，并要求报价行报价。询价行的买入价就是报价行的卖出价，反之亦然。例如，USD/CNY = 8.276 0/80，8.278 0 是询价行买入美元支付人民币的价格，也是报价行卖出美元收进人民币的价格。

（3）报价行报价（quotation）。报价行要根据询价行的要求快速报出某种货币的买入价与卖出价。对于无法直接给出，需要进行简单的计算得出的报价，报价行可以要求询价行稍候，但时间不宜过长。报价行买入价就是询价行卖出价，反之亦然。如上例中 8.276 0 是报价行买入美元并卖出人民币的价格，同时也是询价行要求卖出美元收进人民币的价格。

（4）成交（done）。询价行先表示买入或卖出某种货币的价位和金额，然后报价行接受询价行的要求并做出承诺，即表示成交。

（5）证实（confirmation）。交易成交后，需要得到双方的证实确认，一般的方法是报价行复述询价行要求买入或卖出某种货币的汇价、金额、交割日期和提出资金清算指示，同时询价行也向报价行提出自己的资金清算指示。一旦双方确认交易内容无误，即可通过记录仪或打印机打印交易“合约”。然后，交易员根据交易内容填写交易单（dealer slip）并在头寸登记表（position sheet）上记录交易头寸。交易合约和交易单将作为清算机构进行资金清算和会计记账的凭证，头寸登记表可以帮助交易员掌握头寸情况和盈亏状况，也便于事后检查。

（6）交割（delivery）或结算（settlement）。即交易双方各自按照对方的要求，将卖出货币的金额及时准确解入对方指定的银行存款账户上。

二、通过经纪人进行外汇交易的程序

大多数外汇市场上的外汇交易都是通过外汇经纪人（broker）来完成银行与银行或银行与客户之间的外汇交易。询价行（客户）通过路透社等交易系统、电话或电传直接呼叫外汇经纪人，请其报价，经外汇经纪人报价后，询价行（客户）即可决定买入或卖出某种货币，向经纪人明确作出一系列交易请求，包括交易货币的汇价、金额、交割日以及清算指示等，其交易程序与银行同业间的外汇交易程序基本相同。一旦成交，外汇经纪人就可通知该笔交易的买卖双方进行货币交付并开出该笔交易佣金收取通知单。有时银行（客户）通过电话以订单形式通知经纪人，经纪人根据订单的要求进行外汇买卖，一旦买卖双方订单的要求获得满足即可达成交易，然后以电传的形式通知买卖成交的双方进行确认，确认无误后进行货币交付并开出该笔交易的佣金收取通知单。

通过外汇经纪人进行外汇买卖的清算交割与银行间外汇交易的清算交割一样，即交易双方各自按照对方的要求，将卖出货币的金额及时准确解入对方指定的银行存款账户上。

【小知识 2.1】

外汇交易的指令

止损指令（stop order）：在某一价位（这一价位相对于现价而言，对于操作的方向来说是不利的）设定一个指令，到达后，自动执行指令当中的买入或卖出。

例如，相对于买入（buy），止损指令中规定的价位要高于现价（这个高于现价的价位，相对于现价买入而言，是不利的）。当汇价上升到这一水平后，系统会自动执行指令，买入指定的货币对。当时汇价为 1.212 0，设置止损买入指令于 1.217 5。如果汇价上升到 1.217 5，系统会自动买入指定货币对。

相对于卖出（sell），止损指令中规定的价位要低于现价（这个低于现价的价位，相对于现价卖出而言，是不利的）。当汇价下跌到这一水平后，系统会自动执行指令，卖出指定的货币对。当时汇价为 1.212 0，设置止损卖出指令于 1.208 0，如果汇价下跌到 1.208 0，系统会自动卖出指定货币对。

限价指令（limit order）：在某一价位（这一价位相对于现价而言，对于操作的方向来说是有利的）设定一个指令，到达后，自动执行指令当中的买入或卖出。例：相对于买入（buy），限价指令中规定的价位要低于现价（这个低于现价的价位，相对于现价买入，是有利的）。当汇价下跌到这一水平后，系统会自动执行指令，买入指定的货币对。当时汇价为 1.212 0，设置限价买入指令于 1.208 0，如果汇价下跌到 1.208 0，系统会自动买入指定货币对。

相对于卖出（sell），限价指令中规定的价位要高于现价（这个高于现价的价位，相对于现价卖出而言，是有利的）。当汇价上升到这一水平后，系统会自动执行指令，卖出指定的货币对。当时汇价为 1.212 0，设置限价卖出指令于 1.217 5。如果汇价上升到 1.217 5，系统会自动卖出指定货币对。

市价指令（market order）：指示经纪商按照当时市场价格买入或者卖出指定货币对。当时价格为 1.212 0，发出市价指令买入（卖出），则经纪商将以最快的速度按当时市场价格成交。

OCO 指令（one cancel other）：同时下两个不同的指令，当一个成交时，就取消另外一个。

GTC 指令（good till cancel）：这个意思是指令的时效直到取消之前一直有效。

埋单（entry orders）：是由交易者预定一个特定的价格，当市场到达这个价格后，埋单才会成交。埋单会由交易商的交易系统自动执行，除非交易者在价格到达前就取消。

止损进场单（stop entry orders）：如果你认为当汇率突破某一个特定的价格后，市场会朝着那个方向一直持续下去的话，你可以做这种委托单，当汇率突破某一个特定的价格时，止损进场单才会成交。

这种动作是对原有的仓位做一个止损动作，然后又同时开立与原仓位交易方向相反的操作单。

限价单（limit entry orders）：您认为市场触及某一个特定的价格后，汇率会朝着原市场趋势的反方向回弹时，可以提前下这种委托单。当汇率触及 （而不是突破）某一个特定的价格时，限价才会成交。

止损单（stop- loss orders）：必须和一个未平仓的仓位头寸联结起来，其目的是为了防止未平仓的外汇头寸遭受更大的损失，而在特定的价格下平仓。一个联结买入仓位的止损单必定是卖出单。除非投资人自己平仓或是取消止损单，否则止损单会一直保持有效。

止赢单（limit orders）：与一个未平仓的头寸联结起来，其目的是锁定未平仓外汇头寸的最低利润，而在特定的价格下平仓。一个联结买入头寸的止赢单必定是卖出单。除非投资人自己平仓或是取消止赢单，否则止赢单会一直保持有效直到成交为止。下单时，同时下止损单，一旦出现一定利润时，就马上下止赢单，这样做可以限制风险，锁定利润。而随着利润上升，可以再下新的止赢单。层层推进使利润最大化。

三、交易程序中应该注意事项

1. 询价

外汇交易询价（price hitter）时应注意以下几个问题：①如果是即期交易则要表明“spot”字样，如没有表明，则默认为即期；②遵循被报价币的国际惯例；③询价者的买卖行为不需要明示，否则报价者会根据你的意图而报价；④可以说明要买卖的商品的数量（被报价币的数量），如没有则默认交易数量 100 万美元。

2. 报价

外汇交易报价（price market）时应注意以下两个问题：①价格一经报出，就承担买卖义务；②语言简单明了，不含糊，用肯定语气。

3. 决定

决定（price done）进行外汇交易时应注意以下两个问题：①询价行要迅速决定，如不快速决定，报价行自行中止报价；②决定方式：同意→成交；不同意→谢绝→再次重复询价。

4. 证实

证实（price certificate）进行外汇交易时应注意以下几个问题：①买卖行为 agree / ok done；②买卖数量；③价格（买入价或者卖出价），必须要完整的价格；④交割、起息日（value date）、银行账户（A/C No.）。

四、外汇交易技巧

交易者除了在询价、报价上要根据自己本身的头寸情况、交易的要求对如何选择交易对象、交易的类型、在什么价位上成交进行合理的选择外，同时也需要对什么时候入市、出市进行准确的判断，使自己获得最大的收益。

1. 入市技巧

交易员入市无非是买入某种货币（多头）或卖出某种货币（空头），动机在于利用外汇价差从中获利。要想在瞬息万变的市场汇率中入市获利，选择正确的入市点，对于交易员来说，既是外汇交易获利的首要条件，又是对交易员业务水平考察的重要方面。因此，交易员必须熟练掌握入市技巧。

首先，交易员入市时应准确掌握市场上各种交易货币汇率变化的规律。在买入和卖出时应选择恰当的入市点，一旦看准入市机会，应果断进入市场买入或卖出某种货币，否则就可能错过良好的入市机会。要注意避免出现入市后市场已上涨或回落的情况，否则买入的汇价被高位套牢，卖出的汇价较低，就会减少收益甚至造成损失。

其次，交易员要牢记市场永远是对的，依市场气氛而走。因为市场变幻莫测，交易员了解市场的能力毕竟有限，对市场汇价的走势情况交易员不能有先入为主的思想。如何判断市场的未来走势有很多种方法，例如基本面分析、技术分析等，本书将在后面的章节做详细的介绍。

【小知识 2.2】

炒汇怎样确定进场点

首先在确认进场点之前要判断好本次操作的方向，也就是要“买”还是“卖”。

方法一，寻找近期的重要阻力或支撑带。

当我们判断好方向时，比如向上买进。这时我们就可以找寻相应的支撑位作为我们进场点的参考价位，若到达这个支撑汇价未能跌破，则可在此买入，反之则可再看下一支撑位附近。

方法二，等待短线移动平均线（MACD）背离。这里所指的短线背离一般为 5 分钟或 15 分钟 K 线图中的移动平均线背离。当我们要向上买进时，则在其回调的时候就要十分留心短线图中移动平均线的底背离，当做出底背离后则能确定相对的低点，在这一点附近买入则视为合适的进场机会。

方法三，切线位附近。此种情况为图形走出突破形态，汇价突破后，回探到突破切线附近的测试。此时再做顺切线突破的操作将是良好的进场时机，同时在切线的另一侧放好止损以免汇价的假突破。

2. 出市技巧

交易员选择恰当的出市时机直接关系到入市后利润或损失的数额。因此，交易员选择入市时机只是外汇买卖获利的机会，而选择出市时机才是交易员外汇买卖获利的关键。交易员出市的动机无非是平仓获利或平仓止损两种，无论哪一种动机，决定出市时机时应掌握的技巧如下。

（1）持仓应有耐心，跟着市场气氛走，不要急于获利了结。入市后，要特别关注市场汇率走势，切忌急躁，要有赚满全程利润的心理准备，对市场的极短期汇率变化要坦然处之，要坚信自己对市场汇率预测的看法。但是当市场汇率走势出现了与自己预测相反时应果断平仓出市，不可逆势而行。

（2）确立止损位，切勿平均损失。在入市后，如果市场汇率走势与自己的预测相反，要确立止损位，将损失限制在某一幅度内。一旦损失达到确立的止损位时要果断平仓，切勿平均损失。

所谓平均损失是指在面对有损失的交易时，持有多头头寸的交易者，往往市场汇价越跌越买，即空头走势下的逆向操作，以摊低交易成本，减少损失；持有空头头寸的交易者，市场汇价越高越卖，即多头走势下逆向操作，以摊低交易成本，减少损失。这两种平均损失存在着很大的风险：空头走势的逐步买入，可能面临资金用尽的危机；多头走势的逐步卖出，难免有轧空的危机。

止损位一般是关键技术的点位，即技术分析图中的拐点，此点位往往是市场难以越过的阻力价位或难以跌穿的支撑价位。市场汇率一旦突破此关键技术点位，就有可能出现大涨或大跌。一般可借助技术分析，确定市场汇率的关键技术点位。

【小知识 2.3】

外汇均线止损技巧

炒外汇时，止损是很重要的一个概念，很多的炒汇者对于止损这个概念的掌握都很片面。

作为技术分析的一部分，移动均线能指引投资者进行外汇交易，获得更多的利润，虽然它看上去很简单，但在交易过程中能帮上不少的忙。比如，在 2010 年 12 月 10 日做欧元兑日元（135.63，0.000 0，0.00%）的时候，日图中的汇价已有效地突破了 5 日均线和 10 日均线，并且 5 日均线成功地上穿了 10 日均线，这说明短期空头势力很可能被多头所替代，市场上将会出现很多的停损盘。而停损盘的大量产生，将有助于行情进一步沿着多方延续下去。于是，炒汇者可以顺应市场的趋势，在 120.78 的价位买入一手欧元/日元，止赢 100 点，止损 40 点。随后，汇价果然沿着移动平均线给出的方向上涨，而交易者也很顺利地获得了 100 点的利润。

但是当投资者进行长线交易的时候，宜看日、周乃至月均线图；进行短线交易的时候，则应综合看分钟图、小时图和日图，这样才能更好地帮助投资者进行外汇交易。

（3）不要预先设定利润目标。交易员要根据市场汇率的变化掌握头寸，随时获利了结或进行止损，而不能根据自己设定的利润目标进行平仓，以不达目的不收手的心理完成交易。

【小知识 2.4】

外汇交易小技巧

1. “顺势而为”最重要

外汇买卖不同于股票买卖。人们在买卖外汇时，常常片面地着眼于价格而忽视汇价的上升和下跌趋势。当汇率上升时，价格越来越贵，越贵越不敢买；在汇率下跌时，价格越来越低，越低越觉得便宜。因此实际交易时往往忘记了“顺势而为”的格言，成为“逆市而为”的错误交易者。

在汇率上升的趋势中，只有一点是买错的，那就是价格上升到顶点的时候。汇价犹如从地板上升到天花板，无法再升。除了这一点，任意一点买入都是对的。

在汇率下跌的趋势中，只有一点是卖错的，那就是汇价已经落到最低点，犹如落到了地板，无法再低，除此之外，任意一点卖出都是对的。

2. 尽量使利润延续

缺乏经验的投资者，在开盘买入或卖出某种货币之后，一见有赢利，就立刻想到平盘收钱。获利平仓做起来似乎很容易，但是捕捉获利的时机却是一门学问。有经验的投资者，会根据自己对汇率走势的判断，决定平盘的时间。如果认为市势会进一步朝着对他有利的方向发展，他会耐着性子，明知有利而不赚，任由汇率尽量向着对自己更有利的方向发展，从而使利润延续。一见小利就平盘不等于见好即收，到头来，搞不好会盈少亏多。

3. 处境不明，不沾为宜

当你感到汇市的走势不够明朗，自己又缺乏信心时，以不沾为宜。如果自己感到没有把握，不如什么也不做，耐心等候入市的时机。如果已经开盘，大有“食之无味，弃之可惜”的感觉时，不如平盘离场。切勿过分计较赚蚀，冒无把握之风险。

4. 于传言时买入（卖出），于事实时卖出（买入）

外汇市场，经常传出一些消息，有些消息事后证实是真实的，有的消息事后证实只不过是谣传。外汇投资者的做法是，在听到好消息时立即买入，一旦消息得到证实，便立即卖出。反之亦然在坏消息传出时，立即卖出，一旦消息得到证实就立即买回。外汇市场是一个非常敏感的交易市场，所谓见微知著、见风即雨，是投机者的心理反映。从赢利的目的出发，必须跟着市场走。

5. 把输赢置之度外

投资外汇买卖，具有很大的风险性。盈亏是必然发生的。希望盈多亏少，不希望做常胜将军，没有输的思想准备，一心想着赚大钱的人很难保证到头来不亏。正确的态度是，既有赚的希望，也有赔的准备。买进一种外汇之后，要分析市势的动向，“如果市势对自己有利，就耐心等待，争取利润延续，但是，当市势于己不利时，特别是自己已感到市势不对头时，不要太计较得失。输一点就输一点，斩仓离场。

6. 不要被几个“点”误事

在外汇交易中，有时为了强争几个点而误事。有的人在做完一笔交易后，给自己定下一个赢利的目标，才准备平盘。心里不停地盘算着这一时刻的到来。有时价格已经接近目标，机会很好，只是还差几个“点”未到位，本来可以平盘收钱，但是碍于原来的目标，心里总在那里祈求到位。经验告诉我们，有时几个点不到就不到，别为着多赚几个点反而坐失良机，造成亏损。

如果你对汇率走势有信心，最好不要计较小小的差价，该买的买，该抛的抛，把握最好的时机。犹豫不决往往耽误时机，该赚的赚不到，不该亏的却亏了，市场就是这样捉弄人。

7. 在盘局突破时建立头寸

盘局，指市价牛皮，波幅狭窄。盘局是买家和卖家力量势均力敌，暂时处于平衡状态的表现。无论上升行程中的盘局还是下跌行程中的盘局，一旦盘局结束突破阻力线或支持线，市价就会破关而上/下，呈突跃式前进。这是入市建立头寸的良好时机。如果盘局属长期关口，突破盘局时所建立的头寸，必获大利。

8. “金字塔”加码

“金字塔”加码的意思是：在第一笔买入某一货币之后，该货币价格上升，眼看投资正确，在兴高采烈之余，便想加码增加投资。但是加码应当遵循“每次加买的数量应比上一次少”的原则。这样，逐次加买，数量越来越少，犹如“金字塔”的模式，层次越高，面积越少。有些人在交易时，一见买对，就加倍购买，一旦市势急跌，难免损失惨重。而金字塔式的投资，一旦市势下跌，由于在高位建立的头寸较少，损失相对轻些。

第三节　外汇汇率的预测

一、外汇的基本面分析

基本面分析是对宏观基本因素的状况和变化对汇率走势造成的影响进行研究，得出货币间供求关系的结论，以判断汇率走势的分析方法。研究对象包括经济、政治、军事、人文、地理、突发事件等各个方面。一般用以判断长期汇率变化的趋势。在某些书籍中，将基本面分析只定义为对经济因素的分析是片面的。

由基本面分析得来的汇率长期发展的趋势较为可靠，并具有提前性。但其缺点是无法提供汇率涨跌的起止点和发生变化的时间，并且在一些时候，汇率的变化并不是严格遵从于基本面的变化。因此，对于基本面的分析一定要结合技术面以及市场心理等因素进行研究。

（一）影响汇率的主要因素

影响汇率的主要因素包括以下几点。

（1）政治局势。国际、国内政治局势变化对汇率有很大影响，局势稳定，则汇率稳定；局势动荡，则汇率下跌。所需要关注的方面包括国际关系、党派斗争、重要政府官员情况、动乱、暴乱等。

（2）经济形势。一国经济各方面综合效应的好坏是影响本国货币汇率最直接和最主要的因素，其中主要考虑经济增长水平、国际收支状况、通货膨胀水平、利率水平等几个方面。

（3）军事动态。战争、局部冲突、暴乱等将造成某一地区的不安全，对相关地区以及弱势货币的汇率将造成负面影响，而对于远离事件发生地国家的货币和传统避险货币的汇率则有利。

（4）政府、央行政策。政府的财政政策、外汇政策和央行的货币政策对汇率起着非常重要的作用，有时是决定作用。如政府宣布将本国货币贬值或升值，央行的利率升降，市场干预等。

（5）市场心理。外汇市场参与者的心理预期严重影响着汇率的走向。对于某一货币的升值或贬值，市场往往会形成自己的看法，在达成一定共识的情况下，将在一定时间内左右汇率的变化，这时可能会发生汇率的升降与基本面完全脱离或央行干预无效的情况。

（6）投机交易。随着金融全球化进程的加快，充斥在外汇市场中的国际游资越来越庞大，有些为某些投机机构所掌控，由于其交易额非常巨大并多采用对冲方式，有时会对汇率走势产生深远影响。如量子基金狙击英镑、泰铢，使其汇率在短时间内大幅贬值等。

（7）突发事件。一些重大的突发事件会对市场心理形成影响，从而使汇率发生变化，其造成结果的程度也将对汇率的长期变化产生影响。如美国“9·11”事件使美元在短期内大幅贬值等。

（二）主要经济指标解读与公布时间

由于美元在外汇市场中的主要地位，以及绝大多数的外汇交易都以美元为中心等原因，美国的经济数据在汇市中最为引人注目。以下是一些美国重要经济指标理论上的观察方法和结论，但在实际运用中情况会复杂得多。

1. 国内生产总值

国内生产总值（GDP）是指某一国在一定时期其境内生产的全部最终产品和服务的总值，它反映一个国家总体经济形势的好坏，与经济增长密切相关，被大多数西方经济学家视为“最富有综合性的经济动态指标”，国内生产总值主要由消费、私人投资、政府支出、净出口额四部分组成。数据稳定增长，表明经济蓬勃发展，国民收入增加，有利于美元汇率；反之，则利淡。一般情况下，如果国内生产总值连续两个季度下降则被视为衰退。此数据每季度由美国商务部进行统计，分为初值、修正值、终值。一般在每季度末某日的北京时间21:30公布前一个季度的终值。

2. 工业生产总值

工业生产总值（industrial production）指某国工业生产部门在一定时间内生产的全部工业产品的总价值，在国内生产总值中占有很大比重，由于工业部门雇佣了大量工人，其变动对整个国民经济有着重大影响，与汇率呈正相关，尤其以制造业为代表。此数据由美联储统计并在每月15日左右的北京时间21:15或22:15发布。

3. 失业率

失业率（unemployment rate）是经济发展的“晴雨表”，与经济周期密切相关。数据上升说明经济发展受阻，反之则看好。对于大多数西方国家来说，失业率在4%左右为正常水平，但如果超过 9%，则说明经济处于衰退。此数据由美国劳工部编制，每月第一个周五的北京时间21:30公布。

4. 贸易赤字

国际间的贸易是构成经济活动的重要环节。当一国出口大于进口时称为贸易顺差；反之，称逆差。美国的贸易数据一直处于逆差状态，重点在于赤字的扩大或缩小。赤字扩大不利于美元，反之则有利。此数据由美国商务部编制，每月中、下旬某日的北京时间21:30公布前一个月数据。

5. 经常项目收支

经常账户是一国收支表上的主要项目，内容记载一国与外国包括因为商品/劳务进出口、投资所得、其他商品与劳务所得以及片面转移等因素所产生的资金流出与流入的状况。如果为正数，为顺差，有利本国货币；反之，则不利于本国货币。此数据由美国商务部编制，每月中旬某日的北京时间 21:30 公布。

6. 资本账户收支

资本账户主要描述一国的长、短期资本流动情况，包括长期资本、非流动性短期私人资本、特别提款权、误差与遗漏以及流动性短期私人资本等项目。资本项目在金融日益国际化、自由化的今天，其影响不亚于经常账户项目，金融市场对外开放程度越高，影响越大。其对汇率的影响的观察方法与经常账户基本相同。

7. 利率

利率（intrest rate）是借出资金的回报或使用资金的代价。一国利率的高低对货币汇率有着直接影响。高利率的货币由于回报率较高，则需求上升，汇率升值；反之，则贬值。美国的联邦基金利率由美联储会议决定。

8. 生产物价指数

生产物价指数（PPI）主要衡量各种商品在不同生产阶段的价格变化的情形。数据上升说明生产旺盛，通胀有上升的可能，联储倾向于提高利率，有利于美元；反之，则不利于美元。此数据由美国劳工部编制，每月第二个周五的北京时间 21:30 公布。

9. 消费物价指数

消费物价指数（CPI）是以与居民生活有关的产品及劳务价格统计出来的物价变动指标，是判定是否为通胀的最主要的数据。数据上升，则通胀可能上升，联储趋于调高利率，对美元有利；反之，则不利于美元。但是，通胀应保持在一定的幅度里，太高（恶性通胀）或太低（通缩），都不利于汇率。此数据由美国劳工部编制，每月第三个星期某日的北京时间 23:00 公布。

10. 趸售（批发）物价指数

趸售（批发）物价指数（WPI）是根据大宗物资批发价格的加权平均价格编制而成的物价指数，包括在内的产品有原料、中间产品、最终产品与进出口品，但不包括各类劳务。它是讨论通货膨胀时，最常提及的三种物价指数之一，观察方法与消费物价指数、生产物价指数基本相同，每月中旬公布前一个月的数据。

11. 领先指标

领先指标由股价、消费品订单、周均失业救济金索求、建筑批则、消费者预期、制造厂商交货订单变动、货币供应、销售业绩、敏感原料价格变动、厂房设备订单、平均工作周等项目构成，是观察未来 6～12 个月内经济走向的指标。数据好，汇率上升；反之则下降。

12. 个人收入

个人收入（personal income）代表个人从各种所得来源获得的收入总和，包括工资薪水、社会福利、支出储蓄、股利收入等。数据提高，代表经济好转，消费可能增加，有利于本国货币；反之则不利。此数据由美国经济研究局编制，每月月初某日的北京时间 21:30 公布。

13. 商业库存

商业库存（inventories）包括工厂存货、批发业存货、零售业存货，主要用以评估生产循环状况。存货低于适当水准，将增加生产，经济向好，对货币有利；反之则不利。此数据由美国商务部编制，每月中旬某日的北京时间 21:30 或 23:00 公布。

14. 采购经理人指数

采购经理人指数（purchase management index）是衡量制造业的重要指标，考察制造业生产、新订单、商品价格、存货、雇员、订单交货、新出口订单和进口等方面的情况。数据以 50 为强弱分界点，以上表示制造业向好，对货币有利；反之则意味着衰退，对货币不利。此数据由供应管理协会（ISM）编制，每月初某日的北京时间 23:00 公布。

15. 耐久财订单

所谓耐久财是指不易耗损的财物，如汽车、飞机等重工业产品和制造业资本财，其他诸如电器用品等也是。耐久财订单（durable good orders）代表未来一个月内制造商生产情形的好坏，数据与货币汇率呈正相关，但需要注意其国防订单所占的比重。耐久财订单由美国商务部统计，一般在每月的 22 日至 25 日北京时间 21:30 或 23:00 公布。

16. 设备使用率

设备使用率（capacity utilization）是工业总产出对生产设备的比率。涵盖的范围包括生产业、矿业、公用事业、耐久财、非耐久财、基本金属工业、汽车和小货车业及汽油等 8 个项目。代表上述产业的产能利用程度。当设备使用率超过 95%以上，代表设备使用率接近极限，通货膨胀的压力将随产能无法应付而急速升高，在市场预期利率可能升高情况下，对美元是利多。反之如果产能利用率在 90%以下且持续下降，表示设备闲置过多，经济有衰退的现象，在市场预期利率可能降低的情况下，对美元是利空。每月中旬公布前一个月的数据。

17. 房屋开工率

一般新屋兴建分为两种，即个别住屋与群体住屋。新屋开工率与建筑许可的增加，理论上对于美元来说偏向利多，不过仍须合其他经济数据一同考虑。每月的 16—19 日间公布。

【小知识 2.5】

外汇交易机会如何把握

外汇市场是由一连串的交易日组成，完全不关联的两个相邻交易日并不常见。多数的情况是：上一个交易日的市场情绪延续到次日，直到遇到外力使它改变，然后新的市场情绪又影响到下一个交易日……如此循环往复，构成涨跌互现的价格运动。其中，有一些特征明显的交易日，它明确地指示出目前市场的真实意图，把握好这些获胜几率较高的交易机会，对于赢利有很大的帮助。

总结起来，轻松“捡钱”的机会有如下几个。

1. 强趋势交易日

从开盘至收盘都由单方力量控制市场，汇价往一个方向运动。这是顺势建仓的绝好机会，同时又仅冒很小的风险。因为下一个交易日的价值区间通常都会延续，可以确保在足够的时间内获利退出而不遭受损失。

2. 高收/低收的平衡市

当日是上下波动的平衡市，但是收盘高收（或低收），显示出某一方取得了假想中的胜利，下一个交易日的早期交投通常都会有利于收盘这一端。因此，顺应收市方向建仓不失为一着好棋。

3. 突破盘整区

当维持了一段时间的盘整区被突破时，汇价变动会很快，很剧烈。这是由于市场人士对价值的看法已经改变，长线力量非常有信心地介入而导致的。此时，应及时跟随突破方向入市，享受坐轿之乐趣。

4. 突破失败陷阱

当汇价冲击阻力位（或支持位）失败后，它通常都会全力返回原来的价值区间，被冲击的参考点时间周期越长，返回的幅度就越宽，这是缘于市场平衡的概念。此时，应反应敏捷，掉转枪头反戈一击。

5. 空跳缺口

开市阶段由于长线力量猛烈入市，形成空跳缺口。它的特性是起到支持或阻力的作用。沿跳空方向建仓也有很高的获胜率。不过，由于缺口的种类有普通型、突破型、中继型、衰竭型等好几种，最好还是结合整体环境区分清楚之后再行动。

以上这些交易机会并不是绝对不会失败，而是相对而言比较安全可靠。如果一个交易者能够耐心等待机会的出现，并且敏锐地识别它的真假，再配合科学的资金管理方法，采取果断的行动，那他一定能够取得良好的绩效！

二、主要货币的属性

下面我们介绍几种最主要货币的属性，因为这些货币是外汇市场最主要的交易货币，为了能顺利地进行外汇交易，我们必须牢记这些货币的属性。

1. 欧元

欧元的属性有以下几点。

（1）欧元是除美元外交易量最大的货币品种。可作为美元的对立面对冲，在美元指数里占有较大比重。

（2）活跃时间是欧洲交易时段和美国交易时段。

（3）属性较为稳定，走势较为规范，假、破的现象较少；每当美国或者欧洲有重要经济数据公布时，其受到的冲击在欧系货币中最大。

（4）起重要影响的交叉汇率：欧元/日元（EUR/JPY）、欧元/英镑（EUR/GBP）、欧元/瑞士法郎（EUR/CHF）。

2. 瑞士法郎

瑞士法郎（以下简称瑞郎）的属性有以下几类。

（1）走势基本和欧元相同，由于瑞郎交叉盘在短期内一般较为稳定，因此，短线的涨跌一般情况下和欧元保持一致，但瑞士法郎交叉如果大幅变动，也会出现某一个币种短期相对较强的现象。

（2）具有避险属性，如果世界局势不稳定，瑞郎一般会受到避险需求的青睐。

（3）走势相对欧元较为不稳定。因此，在用技术分析的时候，要注意假、破现象的出现。

（4）起重要影响的交叉汇率：欧元/瑞士法郎（EUR/CHF）、英镑/瑞士法郎（GBP/CHF）。

3. 英镑

英镑的属性有以下几点。

（1）英镑和欧元、瑞郎同属欧系币种，大的方向较为一致，偶尔会出现单独走强/走弱的行情。

（2）英镑的利息较高，有时会受到高息货币走强的利好刺激而表现较为出色。

（3）波动点数较大，但从百分比上来看，与欧元、瑞郎相近。

（4）起重要影响的交叉汇率：英镑/日元（GBP/JPY）、欧元/英镑（EUR/GBP）、英镑/瑞士法郎（GBP/CHF）。

4. 日元

日元的属性有以下几点。

（1）走势较为独立。

（2）容易受到交叉盘的影响。

（3）每年 3 月为日本财政年结算月，历史上经常在这个月份出现较大的走强行情。

（4）每年 9 月为日本半年财政结算月，也经常会出现大幅走强行情。

（5）日本政府经常对汇市进行直接干预，而且干预的方向一般是推低日元。

（6）在单边走势中，有时候会出现较长时间的盘整。

（7）起重要影响的交叉汇率：欧元/日元（EUR/JPY）、英镑/日元（GBP/JPY）。

5. 加拿大元

加拿大元（以下简称加元）的属性有以下几点。

（1）高息币种。

（2）走势和石油等商品期货有较大联系（因为加拿大是全球第二大石油出口国）。

（3）走势方向性很强，一旦出现一个中线方向，比较容易走出较大的单边行情。

（4）主要活跃时段是在美国交易时段（这个时段也是加拿大市场开市的时间）。

6. 澳大利亚元

澳大利亚元（以下简称澳元）的属性有以下几点。

（1）高息币种。

（2）走势和黄金等商品期货有较大联系（因为澳大利亚黄金产量较大）。

（3）由于日本在澳大利亚投资较多，在日本财政年结算前后，经常出现大幅下跌行情（由于日本的资金回流国内）。

（4）受新西兰元（NZD）走势影响较大。

（5）起重要作用的交叉汇率：新西兰元/澳大利亚元（NZD/AUD）。

三、美元指数

在初涉外汇市场时，交易者经常会用到一种衡量各种货币强弱的指标，那就是美元指数（US dollar index&reg，USDX）。美元指数类似于显示美国股票综合状态的道·琼斯工业平均数（Dow Jones industrial average），美元指数显示的是美元的综合值。

美元指数是参照 1973 年 3 月 6 种货币对美元汇率变化的几何平均加权值来计算的，并以

100.00 点为基准来衡量其价值，如 105.50 点的报价，是指从 1973 年 3 月以来其价值上升了 5.50%。

1973 年 3 月被选做参照点，是因为当时是外汇市场转折的历史性时刻，从那时起主要的贸易国允许本国货币自由地与另一国货币进行浮动报价。该协定是在华盛顿的史密斯索尼安学院（Smithsonian Institution）达成的，象征着自由贸易理论家的胜利。史密斯索尼安协议（Smithsonian Agreement）代替了 1948 年在新汉普郡布雷顿森林达成的固定汇率体制。

美元指数是综合反映美元在国际外汇市场的汇率情况的指标，用来衡量美元对一篮子货币的汇率变化程度。它通过计算美元和对选定的一篮子货币的综合变化率，来衡量美元的强弱程度，从而间接反映美国的出口竞争能力和进口成本的变动情况。如果美元指数下跌，说明美元对其他的主要货币贬值。美元指数是每周 7 天，每天 24 小时连续计算的。

美元指数期货的计算原则是以全球各主要国家与美国之间的贸易结算量为基础，以加权的方式计算出美元的整体强弱程度，并以 100 点为强弱分界线。在 1999 年 1 月 1 日欧元推出后，这个期货合约的标的物进行了调整，从 10 个国家减少为 6 个国家，欧元也一跃成为了最重要、权重最大的货币，其所占权重达到 57.6%，日元为 13.6%，英镑为 11.9%，加元为 9.1%，瑞典克朗为 4.2%，瑞郎为 3.6%。因此，欧元的波动对美元指数的强弱影响最大。

【小贴士 2.1】

日元升值趋势已形成 汇率破 80 指日可待

自 2008 年年底全球金融危机爆发，发达国家为了摆脱经济衰退的泥潭，纷纷采取了史无前例的财政扩张政策和包括低利率及量化宽松在内的宽松货币政策。但美国、日本和欧洲三大发达经济体在 2010 年第一季度经历短暂复苏后开始放缓，世界经济出现二次下滑，未来半年内看不到实质性的曙光。2010 年以来发达国家由于其巨额的财政赤字和债务负担，财政刺激的空间已经缩小殆尽，利率长时间徘徊在零水平，货币政策几近失灵。在失业率居高不下、消费疲软的情况下，各国都抓住汇率这根“救命稻草”，寄希望于通过货币贬值以促进出口来拉动经济增长。全球汇率战争一触即发，日元率先尴尬地处在浪尖上。以 2010 年 10 月 12 日的收盘价格 81.9 计算，日元在近 4 个月时间内累计升值已超过 13%。尽管如此，日元仍具有升值压力，日元/美元汇率年内势必破 80。

首先，日本经济具有特别的结构性问题，其通货紧缩、贸易顺差、汇率升值和流动性陷阱可长期共存。日元升值的基本经济逻辑是长期巨额的外贸顺差和经济通货紧缩。日本较高的生产率以及由经济通货紧缩导致的国内工资低增长降低了日本产品的生产成本，出口部门的竞争力长期强于欧盟和美国等发达国家。1980—2009 年，日本连年顺差，美国却是连年逆差。日本对全球的贸易顺差占其国内生产总值的年平均值为 1.92%，而美国对全球的贸易逆差占其国内生产总值的年平均值为 2.59%。长期的外贸顺差提供了日元升值的经济基础。根据货币需求理论，市场对贸易顺差国货币的需求增加，对贸易逆差国货币的需求减少，顺差国货币存在升值压力，逆差国货币存在贬值压力。另外，根据购买力平价定律，通货膨胀高的国家货币将出现同等贬值幅度。日本自经济泡沫破灭后经济一直深陷通货紧缩的局面，当前日本的贸易顺差和通货紧缩仍在持续，日元具有升值趋势。

其次，除了上述基本面因素外，资产面因素也支撑日元汇率走强。日元资产较高的安全性和国际投资者较大的需求空间推动了国际外汇市场对日元资产的需求。日本 2009 年年末的海外净资产创 2.958 万亿元的新高，连续 19 年荣登全球最大债权国地位。从净债权债务存量看，日元资产高达 95%的份额为日本国内持有，且日本国民具有保守性格，日元在国际市场被大量抛售的风险远远低于美元和欧元等资产。美国是全球最大的债务国，高达 60%的美元资产为美国国外持有，美国国外对美元资产的需求几近饱和。而且在经济危机背景下，各国金融机构为了保持充足的流动性，随时有抛售美元资产的可能。欧盟笼罩着主权债务危机的阴霾，财政赤字和公共债务占比已经达到难以为继的地步，以希腊为首的欧元区国家主权信用评级还遭到不同程度的降级，在此情况下，欧元资产已难言安全。相比较而言，日元资产较高的安全性成为金融危机下各国投资者争相奔赴的避风港。另外，由于大部分的日元资产都由日本国内持有，外国持有的日元资产份额很小，在各国外汇资产储备多元化的背景下，日元资产具有很大的需求空间，备受国际市场青睐。

最后，从技术上分析，国际外汇市场日元升值预期已形成，日元屡次贬值都受到抑制。从日元的周线均衡图来看，美元兑日元自 5 月触及年内高点 94.99 水平后，汇价一直处于下行趋势。从日线图上看，美元兑日元仍然处于转换线以及基线下方，汇价任何反弹都将受限。我们认为，美元兑日元下行趋势仍在延续，任何小的反弹都将受阻，日元升值的市场趋势已经形成，日元汇率破 80 指日可待。

（盛宏清，2010）

第四节　外汇保证金交易

外汇保证金交易，也叫外汇按金交易，是利用杠杆投资的原理，在金融机构之间及金融机构与投资者之间进行的一种远期外汇买卖方式。在交易时，交易者只付出 1%～10%的按金（即保证金，下同），就可进行 100%额度的交易，使得每一位小额投资人亦可在金融市场中买卖外国货币，而赚取利益。

一、外汇保证金交易的运用

举例而言，赵先生要做等值 100 000 美元的交易，采用保证金方式，假设保证金比例为 1%，赵先生只需要有 100 000 × 1% = 1 000 的美元资金，便可以进行此交易。换句话说，只要 1 000 元的资金便可以进行 100 000 元的交易，即资金放大了 100 倍。因此，若投资 1 万美元，即可从事 100 万美元的交易。

下面我们再通过具体的实例来了解外汇保证金交易。

假设在 1 美元兑换 135.00 日元时买日元：

	实盘交易	保证金交易
购入 12 500 000 日元需要美元	92 592.59 美元	1 000 美元
若日元汇率上升 100 点，赢利为	691 美元	691 美元
赢利率为	691/92 592.59 × 100% = 0.734%	691/1 000 × 100% = 68%
若日元汇率下降 100 点，亏损为	681 美元	681 美元
亏损率为	681/92 592.59 × 100% = 0.734%	681/1 000 × 100% = 68%

从以上分析中，可以发现，实盘交易与保证金交易在买卖赢利和亏损的金额上是完全相同的，所不同的是投资者投入的资金在数量上的差距，实盘交易要投入 9 万多美元才能买卖

12 500 000 日元，而采用保证金的形式中只需 1 000 美元，两者投入的金额相差 90 多倍。因此，采取合约形式对投资者来说投入小、产出多，比较适合大众的投资，可以用较小的资金赢得较多的利润。

但是，采取保证金形式买卖外汇特别要注意的问题是，由于保证金的金额虽小，但实际撬动的资金却十分庞大，而外汇汇价每日的波幅又很大，如果投资者在判断外汇走势方面失误，就很容易造成保证金全部损失。以上面分析为例，同样是 100 点的亏损幅度，投资者的 1 000 美元就亏掉了 681 美元，如果日元继续贬值，投资者又没有及时采取措施，就要造成不仅保证金全部赔掉，而且还可能要追加投资。因此，高收益和高风险是对等的，但如果投资者方法得当，风险是可以管理和控制的。

在保证金外汇交易中，投资者还可能获得可观的利息收入。保证金外汇交易的计息方法不是以投资者实际的投资金额，而以合约的金额计算。例如，投资者投入 10 000 美元做保证金，共买了 5 个合约的英镑，那么，利息的计算不是按投资人投入的 10 000 美元计算，而是按 5 个合约的英镑的总值计算，即英镑的合约价值乘合约数量。这样一来，利息的收入就很可观了。当然，如果汇价不升反跌，那么，投资者虽然拿了利息，怎么也抵不了亏掉的价格变化的损失。

利息兼收也不意味着买卖任何一种外币都有利息可收，只有买高息外币才能有利息收入，卖高息外币不仅没有利息收入，投资者还必须支付利息。由于各国的利息会经常调整，因此，不同时期不同货币的利息的支付或收取是不一样的，投资者要以从事外币交易的交易商公布的利息收取标准为依据。

利息的计算公式有两种：一种是用于直接标价的外币，像日元、瑞士法郎等；另一种用于间接标价的外币，如欧元、英镑、澳元等。

日元、瑞士法郎的利息计算公式为

$$合约金额\times（1/入市价）\times 利率\times（天数/360）\times 合约数$$

欧元、英镑的利息计算公式为

$$合约金额\times 入市价\times 利率\times（天数/360）\times 合约数$$

采用合约现货外汇买卖的方法，既可以在低价先买，待价格升高后再卖出，也可以在高价先卖，等价格跌落后再买入。外汇的价格总是在波浪中攀升或下跌的。这种既可以先买又可以先卖的方法，不仅可以在上升的行情中获利，也可以在下跌的形势下赚钱。投资者若能灵活运用这一方法，无论升市还是跌市都可以左右逢源。投资者如何计算合约现货外汇买卖的盈亏呢？主要有三个因素要考虑。

首先，要考虑外汇汇率的变化。投资者从汇率的波动中赚钱是合约现货外汇投资获取利润的主要途径。赢利或亏损的多少是按点数来计算的。所谓点数，实际上就是汇率，比如说 1 美元兑换 130.25 日元，130.25 日元可以说成 13 025 点，当日元跌到 131.25 时，即下跌了 100 点，日元在这个价位上，每一点代表了 7.3 美元。日元、英镑、瑞士法郎等每种货币的每一点所代表的价值也不一样。在合约现货外汇买卖中，赚的点数越多，赢利也就越多，赔的点数越少，亏损也就越少。例如，投资者在 1.600 0 价位时买入 1 个合约的英镑，当英镑上升到 1.700 0 时，投资者把这个合约卖掉，即赚 1 000 点的英镑，赢利高达 6 250 美元。而另一个投资者在 1.700 0 时买入英镑，英镑下滑至 1.690 0 时，他马上抛掉手中的合约，那么，他只赔了 100 点，即赔掉 625 美元。当然，赚和赔的点数与赢利和亏损的多少是成正比的。

其次，要考虑利息的支出与收益。先买高息外币会得到一定的利息，但先卖高息外币就要支付一定的利息。如果是短线的投资，例如当天买卖结束，或者在一两天内结束，就不必考虑利息的支出与收益，因为一两天的利息支出与收益很少，对赢利或者亏损影响很小。对中、长线投资者来说，利息问题却是一个不可忽视的重要环节。例如，投资者在 1.700 0 价位时先卖英镑，一个月以后，英镑的价格还在这一位置，如果按卖英镑要支付 8%的利息计算，每月的利息支付高达 708 美元，这也是一个不小的支出。从目前一般居民投资的情况来看，有很多投资者对利息的收入看得比较多，却忽视了外币的走势，从而都喜欢买高息外币，结果造成了以少失多。例如，当英镑下跌时，投资者买了英镑，即使一个合约每月收息 708 美元，但一个月英镑下跌了 500 点，在点数上赔掉 3 125 美元，利息的收入弥补不了英镑下跌带来的损失。所以，投资者要把外汇汇率的走势放在第一位，而把利息的收入或支出放在第二位。

最后，要考虑手续费的支出。投资者买卖合约外汇要通过金融机构进行，因此，投资者要把这一部分支出计算到成本中去。金融公司收取的手续费是按投资者买卖合约的数量，而不是以赢利或亏损的多少来计算，因此，这是一个固定的量。

以上三个方面构成计算合约现货外汇赢利及亏损的计算方法。

日元、瑞士法郎的损益计算公式为

合约金额×（1/卖出价－1/买入价）×合约数－手续费 +/– 利息

而欧元、英镑的损益计算公式为

合约金额×（卖出价－买入价）×合约数－手续费 +/– 利息

二、外汇保证金交易的特点

这种外汇交易方式在 20 世纪 80 年代产生于伦敦，后流入中国香港。除了与期货交易一样也实行保证金制度外，外汇按金交易（保证金外汇交易）还有不同于其他交易的特点。

（1）外汇按金交易的市场是无形的、不固定的，在客户与银行之间直接进行，中间没有交易所这样的中介机构；

（2）外汇按金交易没有到期日，交易者可以无限期持有头寸；

（3）外汇按金交易市场规模巨大，参与者很多；

（4）外汇按金交易的币种丰富，所有可兑换货币都可作为交易品种；

（5）外汇按金的交易时间是 24 小时不间断的；

（6）外汇按金交易要计算各种货币之间的利率差，金融机构须向客户支付或从客户按金中扣除。

投资者如何进行外汇保证金操作赚取利润呢？下面我们通过具体的实例来分析。

【小贴士 2.2】

图 2.1 为 2008 年 7 月至 2010 年 6 月欧元/美元走势图。

赵先生投入 1 万美元做外汇投资，选择杠杆比例为 1∶100，1 万美元可以做 2 手，配合仓位管理，赵先生每次交易 1 手，2008 年 7 月 18 日在 1.603 5 卖出欧元/美元，到 10 月 31 日在 1.234 0 位置平仓，中间历时 3 个半月，赢利情况如何呢？我们计算一下。

1.603 5－1.234 0＝0.369 5，也就是说赵先生在 3.5 个月投资外汇赢利近 3 700 个点，1 标准手 1 个点是 10 美元，赵先生实现赢利 3.7 万美元。

同理，赵先生用 4.7 万美元交易 1 手，在 10 月 31 日平仓后买进欧元/美元，12 月 19 日平仓，1 个半月赢利 1 × (4 700 - 2 340) × 10 = 2.36 万美元；5 个月时间总资金已达 7.06 万美元！7.06 万美元 12 月 19 日卖出欧元/美元，次年 3 月 6 日平仓，可获利 7 × (4 700 - 2 480) × 10 = 15.54 万美元；2009 年 3 月 6 日在 1.248 0 位置买进 22 手欧元/美元，到 11 月 25 日平仓，为时 8 个月的获利 22 × (5 144 - 2 480) × 10 = 58.608 万美元；11 月 25 日卖出 81 手欧元，2010 年到 6 月 7 日平仓，6 个月获利为 81 × (5 144 - 1 877) × 10 = 264.627 万美元，到 2010 年 6 月 7 日，资金共计 345.835 万美元，不到两年的时间资金涨了 345 倍！

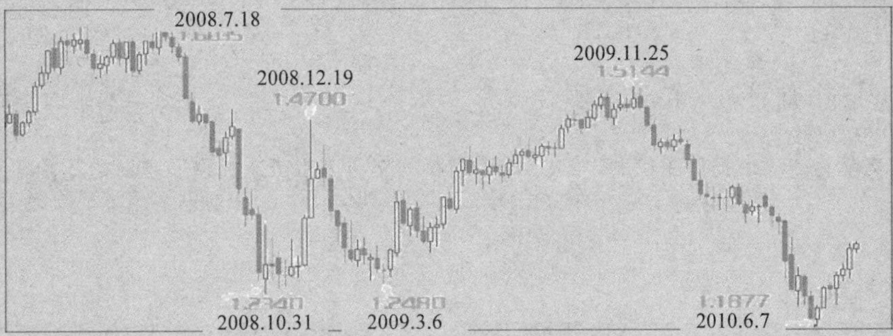

图 2.1 欧元/美元走势图（一）

我们可以猜测到，赵先生在交易过程中并没有花费太大的时间和精力，有人说亏损了怎么办，我们可以比较一下，即使赵先生全部亏损，损失的仅仅是 1 万美元而已，与 345 万美元的赢利相比，孰优孰劣一目了然。

我们仍以赵先生 1 万美元为例，如图 2.2 所示，2010 年 4 月 15 日在 1.368 0 位置卖出 1 手欧元/美元，6 月 7 日在 1.187 7 位置平仓，1.5 个月赢利为(3 680 - 1 877) × 10 = 1.803 万美元；6 月 7 日买进 3 手欧元/美元，7 月 15 日在 1.300 0 位置平仓，期间获利 3 × (3 000 - 1 877) × 10 = 3.369 万美元，即赵先生从 4 月 15 日到 7 月 15 日 3 个月的时间，资金由 1 万变成 6.172 万，净赢利 5.172 万美元。

图 2.2 欧元/美元走势图（二）

中线投资对于工薪阶层非常适合，不影响工作，同时可获得额外收益。

以赵先生 1 万美元为例，如图 2.3 所示，7 月 1 日 17 时在 1.220 0 位置买入 1 手欧元/美元，7 月 16 日在 1.300 0 位置平仓，半个月时间获利(3 000 - 2 200) × 10 = 0.8 万美元，15 天实现赢利 80%。中短线投资相比股市而言，具有更易操作性的特点，收益率较为可观。

以赵先生 1 万美元作为初始资金，如图 2.4 所示，7 月 16 日 15:30 在 1.290 0 买入 1 手欧元/美元，当晚 20 点在 1.300 0 附近平仓，4.5 小时获利(3 000 - 2 900) × 10 = 0.1 万美元，7 月 17、18 日休市，7 月 19 日 15 时在 1.287 0 附近再度买入 1 手欧元/美元，16:30 在 1.299 0 附近平仓，1.5 个小时获利为(2 990 - 2 870) × 10 = 0.12 万美元，两天时间获利 2 200 美元也是较为可观的赢利。

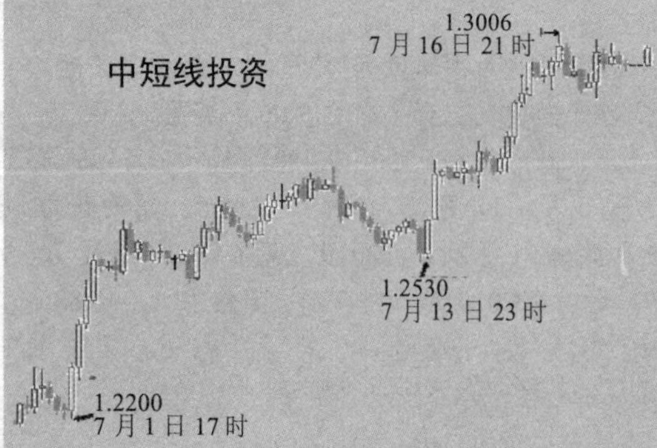

图 2.3　欧元/美元走势图（三）

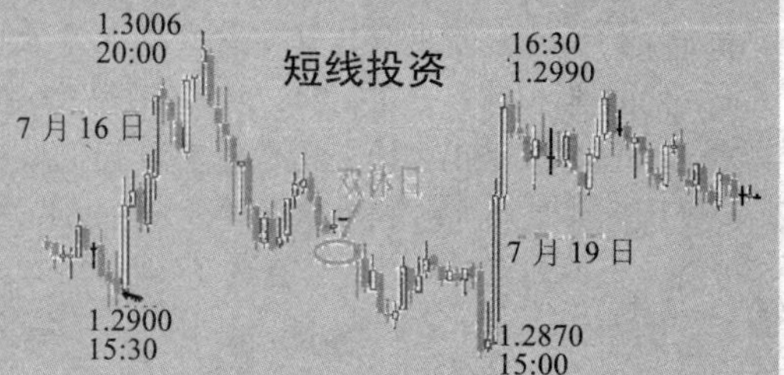

图 2.4　欧元/美元走势图（四）

短线交易为上班族提供了便利，24 小时不间断的交易为上班族提供了理财的宽裕时间。

扩展学习提示

读者可搜索后登录以下外汇交易网站，了解外汇交易的原理与技巧，做外汇模拟交易，以掌握更多外汇交易知识。

中国外汇交易网	中国外汇网	环球外汇网	和讯外汇网	外汇通	FX168 财经网
(zgwhjyw)	(waihuiwang)	(cnforex)	(hexun)	(forex)	(fx168)

本章小结

外汇交易，即俗称的外汇买卖，是指外汇买卖的主体为了满足某种经济活动或其他活动的需要，按特定的汇率和特定交割日而进行的不同货币之间的兑换行为，即以本国货币兑换成外国货币，或以外国货币兑换成本国货币，或是外国货币之间的相互兑换。

从交易的本质和实现的类型来看，外汇买卖则可以分为以下两大类：①为满足客户真实的贸易、资本交易需求进行的基础外汇交易；②在基础外汇交易之上，为规避和防范汇率风险或出于外汇投资、投机需求进行的外汇衍生工具交易。

外汇交易的主要特点有：利润较高、交易时间灵活、利用杠杆作用，以小博大、交易方式灵活，风险容易控制、市场空间巨大，资金流动性最强。

银行同业间的外汇交易程序通常按如下过程进行：询价行进入交易系统、询价行询价（asking）、报价行报价（quotation）、成交（done）、证实（confirmation）、交割（delivery）或结算（Settlement）。

基本训练

一、翻译下列专业词语

1. mine　2. yours　3. position　4. big figure　5. delivery date

二、填空题

1. 外汇交易是指买卖的主体为了满足某种经济活动的需要，按特定的（　　）、特定的（　　）进行不同的（　　）兑换行为。

2. 对于银行的交易员，如果他预计某一种外汇将发生升值，则他报出的价格应该比市场的价格（　　）。

3. 对于银行的交易员，如果他不想进行交易，则他报出的买卖价差应该比市场的价差（　　）。

4. 在外汇交易中，为了有效地防止损失，交易者应该设定（　　）。

5. 外汇市场上，通常汇率采取双向报价方式，即同时报出（　　）及（　　）。

6. 银行所报出的买入汇率和卖出汇率之差，称为买卖价差，价差越小，市场竞争力（　　），但同时其风险也将（　　）。

7. 当某种货币购入过多，将形成这种货币多余的情况，称该货币为（　　）。

8. 当某种货币卖出过多，将形成这种货币不足的情况，称该货币为（　　）。

9. 在我国，企业进口需要用本币到银行购买外汇，对于银行这一过程称为（　　）。

10. 交易员在报价中，当认为被报价货币将会发生下跌时，其报出的交易价格往往要比市场价格（　　）。

三、单项选择题

1. 某银行交易员今天做了如下交易，（−/+代表空头/多头）：

被报价货币	汇率	报价货币
（1）USD + 100 000	1.352 0	CHF − 135 200
（2）USD − 200 000	130.20	JPY + 26 040 000
（3）GBP − 100 00	1.800 0	USD + 180 000

则美元、英镑、瑞士法郎、日元分别为（　　）。

A. 多头、空头、空头、多头　B. 多头、多头、空头、空头

C. 空头、空头、空头、多头　D. 空头、多头、多头、多头

2. 某银行的汇率报价 AUD/USD = 0.697 0/80，若询价者购买美元，若询价者要买入被报价货币，若询价者要买入报价货币，下列表述正确的是（　　）。

A. 0.697 0，0.697 0，0.698 0　B. 0.698 0，0.698 0，0.697 0

C. 0.697 0，0.698 0，0.697 0　D. 0.698 0，0.697 0，0.698 0

3. 甲、乙、丙三家银行的报价分别为 USD/SGD = 1.615 0/57，1.615 2/58，1.615 1/56，若询价者要购买美元，哪家银行的报价最好？哪家银行的报价最具竞争性？（　　）

A. 甲、乙　B. 乙、丙　C. 甲、甲

D. 丙、丙　E. 甲、丙

4. 如果你是银行，你向客户报出美元兑港元汇率 7.805 7/67，客户要以港元买美元 100 万元，你给客户什么汇价？（　　）

A. 7.805 7　　B. 7.806 7　　C. 7.806 2　　D. 7.801 0

5. 接上题，如果客户以你的上述报价向你购买了 500 万美元，卖给你港元，随后，你打电话给经纪人想买回美元平仓，几家经纪人的报价如下，你该同哪一个经纪人交易，对你最有利的经纪人是（　　）。

A. 7.805 8/65　　B. 7.806 2/70　　C. 7.805 4/60　　D. 7.805 3/63

6. 昨日开盘价为 EUR/USD=1.245 0，今日开盘价为 EUR/USD=1.232 0，下列说法正确的是（　　）。

A. 美元升值，欧元贬值　　B. 美元贬值，欧元升值

C. 美元贬值，欧元贬值　　D. 美元升值，欧元升值

7. 某银行的汇率报价 USD/JPY=112.40/50，若询价者购买美元，若询价者要买入被报价货币，若询价者要买入报价货币，下列表述正确的是（　　）。

A. 112.40，112.50，112.50　　B. 112.50，112.50，112.40

C. 112.40，112.40，112.40　　D. 112.50，112.50，112.50

8. 甲、乙、丙三家银行的报价分别为 EUR/USD =1.215 3/60、1.215 2/58、1.215 4/59，若询价者要购买美元，哪家银行的报价最好？哪家银行的报价最具竞争性？（　　）

A. 甲、丙　　B. 甲、乙　　C. 乙、丙　　D. 丙、丙

9. 假设美元兑日元的汇率是 103.73/103.87，某客户想买入 1 万日元，需支付给银行（　　）美元。

A. 96.27　　B. 96.34　　C. 96.40　　D. 100

10. 在外汇交易中，为了防范风险，一般都需要以订单的形式确定某一（　　）。

A. 买入点　　B. 赢利点　　C. 限价位　　D. 止损位

四、多项选择题

1. 以下是外汇交易的规则的有（　　）。

A. 以美元为中心报价　　B. 双方遵循一言为定的原则

C. 使用统一的标价方法　　D. 交易术语规范化

2. 对于汇率预测的方法主要有（　　）。

A. 直觉判断法　　B. 技术分析法

C. 市场对比法　　D. 基本面分析法

3. 对于技术分析中的趋势分析，主要是通过过去的运行轨迹找出（　　）。

A. 阻力线　　B. 支撑线　　C. 价格上的折点　　D. 汇率上下的通道

4. 交易员在报价时需要参考的方面有（　　）。

A. 当时的市价　　B. 未来的预期　　C. 自身的头寸　　D. 货币的特性

5. 交易员出市的目的有（　　）。

A. 平仓获利　　B. 持仓获利　　C. 平仓损失　　D. 持仓损失

五、判断题

1. 在外汇交易的报价方式中，报出的买卖差价越小，表明银行承受的风险越大，货币的交易性越高。（　　）

2. 在通过无形市场进行外汇交易时，交易双方通过电话口头确定的外汇交易价格可以无效，因为双方没有签订正式的书面合同。 ( )

3. 外汇交易是透明性很强的交易，因为交易双方都可以获得相关的市场信息。 ( )

4. 外汇交易中，银行间的直接交易和通过经纪人进行的交易的程序完全不同。 ( )

5. 对于银行的多头和空头都存在风险，因此要进行对冲交易来规避风险。 ( )

六、案例分析与计算

1. 表 2.7 为甲、乙、丙三家银行的报价，就每一个汇率的报价而言，若询价者要购买美元，哪家银行的报价最好？哪家银行的报价最具有竞争性？

表 2.7 三家银行的报价

	甲	乙	丙
USD/SGD	1.615 0/57	1.615 2/58	1.615 1/56
USD/JPY	110.43/49	110.42/47	110.44/48
GBP/USD	1.547 2/79	1.547 2/80	1.547 3/78
EUR/USD	1.215 3/60	1.215 2/58	1.215 4/59
USD/CHF	0.849 0/97	0.849 2/98	0.849 3/99
AUD/USD	0.712 0/25	0.712 2/26	0.711 9/25

2. 市场 USD/JPY = 101.45/50，现：A 行持美元多头或市场超买，该行欲卖出美元头寸，应如何报价？并说明理由。

3. 某日现汇市场美元对日元汇率为美元/日元：101.55/60。如果 A 银行持美元多头或市场已超买，预期美元转跌，该银行须卖出部分或全部美元。该银行交易员报出的价格是多少？并说明理由。

4. 你希望卖出瑞士法郎买入日元，已知市场信息如下：美元/瑞士法郎、美元/日元 A 银行 1.494 7/57，141.75/05；B 银行 1.494 6/58，141.75/95；C 银行 1.494 5/56，141.70/90；D 银行 1.494 8/59，141.73/93；E 银行 1.494 9/60，141.75/85。

请问：①你将从哪家银行卖出瑞士法郎买入美元？汇率为多少？②你将从哪家银行卖出美元买入日元？汇率又为多少？

5. 你希望卖出澳元买入港币，已知市场信息如下：澳元/美元、美元/港币，A 银行 0.711 7/25，7.807 0/80；B 银行 0.711 5/24，7.806 9/79；C 银行 0.711 8/26，7.807 1/81；D 银行 0.711 9/25，7. 807 2/80；E 银行 0.711 6/27，7.807 1/78。请问：①你将从哪家银行卖出澳元买入美元？汇率多少？②你将从哪家银行卖出美元买入港币？汇率多少？

6. 现在市场相对平静，你现在拥有汇率为 127.00 的 1 000 万美元的空头头寸。你从纽约获得以下消息："美联储将对美元进行干预，使之更加坚挺。买入美元的数额估计将会很大。"市场上其他交易商美元/日元报价如下：A. 127.91/01 B. 127.92/02 C. 127.93/03 D. 129.89/99，这时你接到了一个询价，请问你将如何回复询价？请具体分析。

7. 市场消息显示：英国上月贸易赤字为 23 亿英镑，而不是市场预测的 5 亿英镑。你现在的头寸是多空持平，但你接到一个即期英镑/美元询价，市场上其他交易商报价是：A. 1.950 5/15 B. 1.950 7/17 C. 1.950 0/10 D. 1.950 2/12 E. 1.950 3/13 F. 1.950 6/16，请问你将如何回复？

七、翻译与填空

1.

A bank: GBP AG 5USD，PLS

B bank: 37/41

A bank: 5 yours

A bank: Ok done at （ ） we buy USD 5MIO against GBP value JAN 20， 2010 USD to mantrust for our A/C 632-9-52781

B bank: Ok， all agreed GBP to stanchart bank london for our A/C 483 726， TKS

2.

BCGD GTCX SP HKD 2

GTCX 7.103 5/40

BCGD Yours

GTCX Ok done

CFM At （ ） we buy USD 2MIO AG hkd

VAL 25 june 2010

USD To a bank

TKS For deal， bi

BCGD All agreed

HKD to B bank TKS，bi

八、主要观念

1. 外汇交易的特点有哪些？
2. 外汇交易的规则是什么？
3. 外汇交易的报价技巧有哪些？
4. 银行同业间的外汇交易程序是什么？

第三章　即期外汇交易

【学习目标】

理论目标：掌握即期外汇交易的含义、交割日的确定、即期汇率的分类以及即期外汇交易中的报价技巧；了解即期外汇交易的程序，即期外汇交易的具体应用等；重点掌握即期外汇交易中的各种汇率的计算。

技术目标：通过学习，可以在实例中确定即期外汇交易的交割日，能够准确计算即期外汇交易中汇率的套算以及电汇汇率和信汇汇率、票汇汇率之间的转换，对即期汇率进行准确的报价。

能力目标：能够理解即期交易的含义和特点，具有对即期外汇交易的过程准确把握的能力。

引例

2008年8月19日，刘先生在交通银行上海静安支行存入澳元现金8 000元，银行向他出具个人存款凭条上注明："收款人户名刘先生，实收现金澳大利亚元8 000元，账户性质储蓄丙钞"等，刘先生在该存款凭条上签字确认。同时，刘先生用该款向银行申购"得利宝——新绿"理财产品。银行受理后，向他出示客户须知、产品说明书、章程等资料。刘先生在产品说明书后签字，银行还向刘先生出示购买理财产品业务受理通知书和业务回单。其中业务受理通知书中注明"交易名称理财产品认购、产品名称得利宝FH 08153期、代码FH 081529、币种AUD、投资金额8 000元、现钞标志钞"等；在业务回单中注明"刘先生户名、卡号、产品期号、产品代码、现钞金额数量和收益期限标明"，刘先生在业务回单上签字确认。

事后刘先生发现现汇与现钞差价人民币1 840元，遂以澳大利亚元8 000元系以现汇购入为由，要求该银行在理财产品认购中将现钞更改为现汇，并起诉到法院，法院受理后，认为其存款凭条上和理财产品相关手续上均出现了"现钞"字样，于是驳回了刘先生的起诉。

现钞与现汇之间有一定的区别，而作为从事外汇操作的银行，其现钞和现汇的价格也是不一样的，两者既有联系又有区别。

第一节　即期外汇交易概述

一、即期外汇交易与即期外汇市场

即期外汇交易（spot exchange transaction），又称现汇交易，是指买卖双方约定于成交后的两个营业日内交割的外汇交易。“即期”的意思是交易当时就完成，但由于全球外汇市场需要 24 小时才能运行一周，这样因各市场时差问题给交割带来障碍，因此在两个营业日内进行交割都算是即期外汇交易。具体见图 3.1。

图 3.1　即期外汇交易示意图

即期交易是外汇市场上最常见、最普遍的交易形式，其基本作用在于：满足临时性的付款需求、实现货币购买力的转移、调整货币头寸、进行外汇投机等。其交易汇率构成整个外汇市场汇率的基础。一般而言，在国际外汇市场上进行外汇交易时，除非特殊指定日期，一般都视为即期交易。

即期外汇市场根据交易中所使用的金融工具或金融资产的不同，分为外汇零售市场和外汇批发市场。外汇零售市场又称外币现钞市场（cash market），是外汇银行与客户之间的外汇交易市场，在这个市场上交易的主要是外币现钞和外币旅行支票。外汇批发市场是银行与银行之间的外汇交易市场，主要参与者是银行、外汇经纪公司及各国中央银行。市场交易中所指的即期外汇市场一般是指后者，即银行间的外汇批发市场。

在即期外汇市场中，交易者众多，其目的也各不相同，中央银行进行即期外汇交易主要是出于平稳一国汇率的目的；银行间的交易目的是平衡自身的外汇头寸，防范汇率风险，也包括一部分外汇投机目的，银行间的即期外汇交易金额巨大，构成了外汇市场的主体；而最基础的交易是银行与客户的交易，客户进行即期外汇交易包括外汇汇款、出口收汇、进口付汇、外汇投机等，银行与客户之间的即期外汇交易一般是零售外汇交易，交易金额比较小。银行一般不马上平盘，而是累计到一定金额时，才进行对冲。

二、即期外汇交易的交割日

1. 即期外汇交易交割日的分类

外汇交易的双方达成交易外汇协议的这一天称为成交日。达成交易后双方履行资金划拨、实际收付相应货币金额的行为称为交割，这一天称为交割日（delivery date），又称结算日（maturity date）。此日也是双方的货币资金划拨到指定账户，并开始计息之日，因此也称起息日（value date）。即期外汇交易的交割日根据不同的日期，包括以下三种情况。

（1）标准交割日（value spot，VAL SP），指采用 T + 2 的交割方式，即成交后的第二个营业日交割。目前大部分的即期外汇交易都采用这种方式，无论是银行报出的买卖价格，还是在金融报刊中出现的报价，都是采用 T + 2 交割方式下的报价。

（2）隔日交割（value tomorrow，VAL TOM），又称现金交割，是指即期外汇交易一般采用 T+1 的交割方式，即成交后的第一个营业日交割。某些国家或地区因时差的原因而采用此交割方式。例如，在中国香港外汇市场上，港元兑日元、新加坡元、澳元的即期交易的交割日都为成交后的次日；美元兑加拿大元、墨西哥比索的即期交易也是成交后的次日为交割日。因为上述这些国家或地区基本上属于同一时区，使交易后次日到账成为可能。

（3）当日交割（value today，VAL TOD），指即期外汇交易采用 T + 0 的交割方式，即在成交当日进行交割。银行与当地客户的零星即期外汇买卖一般是当天就可以实现外汇的收付。

例如，我国居民到中国银行用欧元兑换日元，就可立即兑换与结算。

2. 即期外汇交易交割日的确定

需要指出的是，两个营业日是以成交地的时间为准而不是以结算地的时间为准。成交地与结算地是两个不同的概念。成交地是指双方买卖货币的地点；结算地是指该种被买卖货币的发行国家或地区。例如，在伦敦的两家银行进行美元兑日元的买卖，伦敦是成交地，纽约和东京则是结算地。因此，在即期外汇交易中，交割日最好是结算地银行的营业日，否则就不能实现外汇存款的转移，从而不能收取利息。

根据市场惯例，交割日必须是两种货币的发行国家或地区的各自银行的营业日，并且遵循“价值补偿原则”，即外汇交易的双方必须在同一时间内进行交割或结算，以避免任何一方因交割时间不同而蒙受损失。所以，确定即期交割日的规则如下。

（1）交割日必须是两种货币共同的营业日，至少应该是付款地市场的营业日；

（2）交易必须遵循“价值抵偿原则”，即一项外汇交易合同的双方必须在同一时间进行交割，以免任何一方因交割不同时而蒙受损失；

（3）成交后的两日若不是营业日，则即期交割日必须向后顺延。

三、即期外汇交易的报价

在即期外汇市场上，一般把提供交易价格（汇价）的机构称为报价者（也称为做市商），通常由外汇银行充当这一角色；与此相对，外汇市场把向报价者索价并在报价者所提供的即期汇价上与报价者成交的其他外汇银行、外汇经纪人、个人和中央银行等称为询价者。

表 3.1 是路透中文网 2014 年 8 月 29 日的外汇报价。

表 3.1 路透中文网 2014 年 8 月 29 日外汇报价

货币	汇率	最高	最低	波动%	买价	卖价
美元/人民币	6.1450	6.1470	6.1421	+0.05%	6.1450	6.1452
港元/人民币	0.79358	—	—	—	0.79358	0.79386
日元/人民币	5.9161	5.9161	5.9161	—	5.9161	5.9199
美元/日元	103.80	103.86	103.62	+0.09%	103.80	103.83
美元/瑞郎	0.91510	0.916 10	0.91450	+0.00%	0.91510	0.91560
美元/加元	1.0944	—	—	+0.02%	1.0944	1.0950
欧元/美元	13175	1.3186	1.3159	-0.02%	1.3175	1.3177
英镑/美元	1.6568	—	—	+0.00%	1.6568	1.6573
澳元/美元	0.93580	0.93610	0.93430	+0.03%	0.93580	0.93630

（一）银行报价惯例

在即期外汇市场上，为了保证外汇交易的正常运行，各个外汇银行都遵循一定的交易惯例，这些惯例主要有以下几种。

1. 双向报价

外汇银行的报价一般都采用双向报价方式，即银行同时报出买入价（bid rate）和卖出价（offer rate）。

当报价银行的外汇交易员对询价方报出某种货币买卖价的同时，这一银行也就承担了以这一价格买进或卖出一定数额货币的义务，询价方如同意则必须在该价格上成交。买入价和卖出价的差额称为差价（spread），价差越大，报价者的利润越大，但市场竞争力越弱。所报的汇率一般用5位有效数字表示，由大数和小数两个部分组成。大数（big figure）是汇价的基本部分，通常交易员不会报出，只有在需证实交易的时候，或是在变化剧烈的市场才会报出；小数（small figure）是汇价的最后两个数字。

【例3.1】 某银行的即期外汇报价为

EUR/USD =（1.19）81/86

公式斜线左边的货币欧元称基准货币（base currency），斜线右边的货币美元称标价货币（quoted currency）；1.19是大数，外汇银行可以不报出，81是小数，81和86之间的差额5称为差价。

即期外汇交易中，报价的最小单位，市场称基本点（basic point），是标价货币最小价格单位的1%，例如人民币的最小单位是1%元（即分），则美元兑人民币的交易价格应标至0.000 1元。

【例3.2】 美元兑换日元的汇率从120.53上升到120.63，则称外汇市场的汇率上升了10个基本点或10个点。

2. 以美元为中心报价

除特殊标明外，所有货币的汇价都是针对美元的，即采用以美元为中心的报价方法，即1或100单位美元折合多少该种货币。如东京银行报出日元的开市价是117.30/40，指的是USD/JPY = 117.30/40。

3. 英镑、爱尔兰镑、澳大利亚元和新西兰元的汇率报价

英镑、爱尔兰镑、澳大利亚元和新西兰元的汇率报价方式是采用以这些货币为基准货币折合成多少美元的方式，如GBP/USD = 1.402 5，AUD/USD = 0.674 1。

4. 通过电信手段报价

在通过电信手段（如电话、电传等）报价时，报价银行只报汇价的最后两位数。例如，美元对加元的汇价如果是USD/CAD = 1.542 5/35，报价银行的交易员一般只报为25/35。

（二）进出口报价

在进出口贸易中，往往有这样的情况：一是一方以本币报价，但对方要求以某种外币报价；二是一方以某种外币报价，但需要折算可以获得多少本币或对方要求以其本币报价；三是一种外币报价但是需要折算成另一种外币报价。这些都涉及一个问题，就是在外汇交易中，当银行既报买入价又报卖出价，把一种货币报价折算成另一种货币报价时，到底应该选择买入价还是卖出价。对于这个问题的解决，应遵循的基本的原则是：无论如何改变报价，其收益（或成本）不应该有变化。具体来说有以下几点规律。

（1）本币报价改为外币报价时，应按买入价计算。

【例3.3】 我国某出口商出口机器设备，原来以人民币报价，每件6万元人民币，但进口商要求以美元报价，即期美元对人民币的汇率为100 USD = 826.46/828.94 CNY，则该出口商在报价时应该遵循的原则为经过美元报价之后获得的美元卖到银行换得的人民币的数目应与原报价的数目相同。很明显，出口商在获得美元后，要以826.46的价格把每100美元卖给

银行，因此要获得 6 万人民币应该报出的美元价格为 60 000/8.264 6 = 7 259.88 美元。因此在把 6 万元人民币折算成美元的时候使用买入价，如果使用卖出价，则出口商将会遭受损失。

（2）外币报价改为本币报价时，应该按卖出价计算。

【例 3.4】 某瑞士出口商原来以美元报价，为每件 100 美元，现在进口商要求以瑞士法郎报价，即期汇率为 USD/CHF = 1.331 3/18，这种情况下遵循的原则还是出口商把收回的瑞士法郎卖到银行后可以换回原报价数量的美元。出口商把 1 单位瑞士法郎卖到银行会获得 1/1.331 8 美元，因此报价应该用卖出价，需要 100 × 1.331 8 = 133.18 瑞士法郎。

（3）一种外汇报价改为另一种外汇报价时的处理。一种外汇报价改为另一种外汇报价时，先依据外汇市场所在地确定本币和外币，然后再按照一、二两项原则处理。

【例 3.5】 我国某出口商原以美元报价，为每件 1 万美元，现在应客户的需要，改为以日元报价，纽约外汇市场当日的即期汇率为美元/日元 = 118.57/62，外汇市场所在地在美国，则可以把美元作为本币，那么应该以买入价折算，间接标价法，买入价在后，所以日元报价为 1 186 200 日元。

【小知识 3.1】

中国人民银行关于进一步完善银行间即期外汇市场的公告

2006 年 1 月 3 日发布的[2006]第 1 号公告为《中国人民银行关于进一步完善银行间即期外汇市场的公告》，内容如下。

为完善以市场供求为基础、参考一揽子货币进行调节、有管理的浮动汇率制度，促进外汇市场发展，丰富外汇交易方式，提高金融机构自主定价能力，中国人民银行决定进一步完善银行间即期外汇市场，改进人民币汇率中间价形成方式。现就有关事宜公告如下。

一、自 2006 年 1 月 4 日起，在银行间即期外汇市场上引入询价交易方式，同时保留撮合方式。银行间外汇市场交易主体既可选择以集中授信、集中竞价的方式交易，也可选择以双边授信、双边清算的方式进行询价交易。同时在银行间外汇市场引入做市商制度，为市场提供流动性。

二、自 2006 年 1 月 4 日起，中国人民银行授权中国外汇交易中心于每个工作日上午 9 时 15 分对外公布当日人民币对美元、欧元、日元和港币汇率中间价，作为当日银行间即期外汇市场（含询价交易方式和撮合方式）以及银行柜台交易汇率的中间价。

三、引入询价交易方式后，人民币兑美元汇率中间价的形成方式将由此前根据银行间外汇市场以撮合方式产生的收盘价确定的方式改进为：中国外汇交易中心于每日银行间外汇市场开盘前向所有银行间外汇市场做市商询价，并将全部做市商报价作为人民币兑美元汇率中间价的计算样本，去掉最高和最低报价后，将剩余做市商报价加权平均，得到当日人民币兑美元汇率中间价，权重由中国外汇交易中心根据报价方在银行间外汇市场的交易量及报价情况等指标综合确定。

四、人民币兑欧元、日元和港币汇率中间价由中国外汇交易中心分别根据当日人民币兑美元汇率中间价与上午 9 时国际外汇市场欧元、日元和港币兑美元汇率套算确定。

五、本公告公布后，银行间即期外汇市场人民币对美元等货币交易价的浮动幅度和银行对客户美元挂牌汇价价差幅度仍按现行规定执行。即每日银行间即期外汇市场美元对人民币交易价在中国外汇交易中心公布的美元交易中间价上下千分之三的幅度内浮动，欧元、日元、港币等非美元货币对人民币交易价在中国外汇交易中心公布的非美元货币交易中间价上下 3%的幅度内浮动。银行对客户美元现汇挂牌汇价实行的最大买卖价差不得超过中国外汇交易中心公布交易中间价的 1%的非对称性管理，只要现汇卖出价与买入价之差不超过当日交易中间价的 1%，且卖出价与买入价形成的区间包含当日交易中间价即可；银行对客户美元现钞卖出价与买入价之差不得超过交易中间价的4%。银行可在规定价差幅度内自行调整当日美元挂牌价格。

中国人民银行负责根据国内外经济金融形势，以市场供求为基础，参考篮子货币汇率变动，对人民币汇率进行管理和调节，维护人民币汇率的正常浮动，保持人民币汇率在合理、均衡水平上的基本稳定，促进国际收支基本平衡，维护宏观经济和金融市场的稳定。

2014 年 7 月 2 日，中国人民银行发布了银发[2014]188 号关于《中国人民银行关于银行间外汇市场交易汇价和银行挂牌汇价管理有关事项的通知 》。

扩展学习提示

在国家外汇管理局网站（safe）"政策法规——结售汇与外汇市场管理" 栏目内可查阅 2014 年 7 月 2 日公布的《中国人民银行关于银行间外汇市场交易汇价和银行挂牌汇价管理有关事项的通知》，了解中国银行间外汇交易的管理规定。掌握人民币对美元、欧元、日元、港币、英镑、马来西亚林吉特、俄罗斯卢布、澳大利亚元、加拿大元和新西兰元汇率的报价方法，人民币对美元汇率中间价的形成方式，以及每日银行间即期外汇市场人民币对主要货币的浮动幅度。

第二节　即期汇率与套算汇率

一、即期汇率

即期外汇交易使用的汇率称为即期汇率，进行即期外汇交易时银行之间进行结算按操作的方式不同可以分为电汇、信汇、票汇，相应的其汇率也分为电汇汇率、票汇汇率、信汇汇率三种。

电汇（telegraphic transfer，T/T）是指汇出行以电信方式（电报、电传或其他电子通信方式）向汇入行发出付款委托的一种汇付方式。汇入行在对收到的付款委托经核对密押无误后，将款项解付给收款人。

票汇（remittance by bank's demand draft，D/D）是银行以即期汇票作为支付工具的一种汇付方式，汇出行应汇款人的申请，开立以汇入行为付款人的汇票，交由汇款人自行寄交给收款人，收款人凭票向付款行取款。

信汇（mail transfer，M/T）是指汇出行以邮政航空信件向汇入行发出汇款委托的一种汇付方式，汇入行对汇出行支付委托书的签字或印鉴核对无误后，将款项解付给收款人。

在实际交易中，票汇和信汇的使用较少，大部分外汇交易的货币收付是采用电汇方式。因此，电汇汇率是计算信汇汇率和票汇汇率的基础，银行所报出的即期汇率指的也是电汇汇率。

电汇之所以受到普遍使用，是因为其效率高，时间短，只需一两天货币资金即可到账。电汇通常采用美国银行间清算支付系统（CHIPS）、环球银行间金融电讯协会（SWIFT）这两个结算系统完成货币资金的收付。21 世纪初，在纽约经营的外汇银行（包括外国银行在纽约的分支行）都已加入美国银行间清算支付系统，全球国际性大银行都已加入环球银行间金融电讯协会。银行间外汇交易的结算通过这两个支付系统即可完成它们之间的货币转账。没有加入该系统的银行之间的结算，通过交易双方代理行的账户划拨货币存款。

由于通过电汇划拨货币的时间最短，早期的时候，银行一般通过电报的方式将其支付指令传递给付款行，因此花费较高。为了节省成本，银行往往在交易达成后的第二天凌晨通过电报公司发出电报，这时的电报费用较低，这样，往往需要两个营业日才能完成资金的交割，也就是标准交割。现在，由于交易手段的更新，即期交割指令往往通过电信系统来完成，但由于时区的原因，资金也难以立即到账，因此仍沿用了以往两个营业日到账的传统，不过现在有很多的即期交易已经实现了当日交割或者次日交割，也就是 T + 0 和 T + 1 的交割模式。电汇即期交易能够实现很短的时间就完成双方资金的交割，交易双方互不占用对方资金，因此，它也是最贵的汇率。

信汇或票汇都存在着一方占用另一方资金的问题，例如，某伦敦客户需要一笔 100 美元的资金，他将一定的英镑通过账户支付给银行，银行为其签发一张以美国某银行作为付款人的即期汇票，由本人将其带往美国进行结算交割。这时，客户的资金已经支付出去，但客户的美元由于邮程的原因不能及时到账，这就存在伦敦银行占用了客户的资金问题，为了解决这一问题，银行需要按特定的方式将该笔资金合理的邮程天数所产生的利息返还给客户，因此，银行卖给客户美元的汇率就要适当低一些。同样，如果客户拿着一张美国银行开具的即期美元汇票来购买英镑，银行即时将英镑支付给客户，而将汇票流转到美国银行进行美元的划入需要一定的天数，这时又存在了客户占用银行资金的问题，银行需要按一定的方式将这笔资金在一定的邮程天数内产生的利息计算进来，也就是买入美元的汇率也要低一些。因此，由于资金占用产生的利息问题，信汇汇率和票汇汇率的买入价和卖出价都要比即期汇率低一些。其计算公式为

$$\text{信汇汇率（票汇汇率）} = \text{电汇汇率} \times [1 - \text{占用资金货币的利率} \times (\text{邮程天数} - 2)/360]$$

需要特别指出的是，邮程天数减去 2 是由于电汇汇率沿用的是两个营业日交割的，因此信汇汇率（票汇汇率）按电汇汇率计算需要扣除两天；占用资金货币的利率一般指的是本币的利率。

【例 3.6】 假设在苏黎世外汇市场上即期汇率为 USD/CHF = 1.546 0/80，瑞士法郎利率为 5%，美元的利率为 8%，瑞士到美国的邮程为 7 天，则美元/瑞士法郎的信汇汇率或票汇汇率为

$$\text{信汇汇率（票汇汇率）买入汇率} = 1.546\,0 \times [1 - 5\% \times (7 - 2)/360] = 1.544\,9$$

$$\text{信汇汇率（票汇汇率）卖出汇率} = 1.548\,0 \times [1 - 5\% \times (7 - 2)/360] = 1.546\,9$$

二、套算汇率

在国际外汇市场上，银行一般报出以美元为中心的汇率，即美元与其他货币之间的即期汇率。如果客户要求非美元货币之间的即期汇率，则可通过非美元货币分别与美元货币的即期汇率套算出来，即套算汇率（cross rate）。套算汇率的规则有以下两点。

1. 两个即期汇率美元在同一边

如果两个即期汇率美元在同一边，即要么都为基础货币，要么都为报价货币，那么，计算非美元货币之间的即期汇率应通过交叉相除套算得出。

【例 3.7】 已知 SR：1 USD = 7.726 0/7.735 6 HKD；SR：1 USD = 1.496 0/1.497 0 CHF。求：CHF/HKD = ?

在本例中，美元在两个即期汇率中同为基础货币，要求两个报价货币之间的比价关系，通过规则，我们可以知道通过交叉相除方式获得，其原理如下。

因为美元对港币的买入汇率可以表示为

以及美元对瑞士法郎的卖出汇率可以表示为

因此，当该银行同时做以上两笔交易时，可以表示为

所以，瑞士法郎的买入汇率应为

同样道理，我们可以知道，由于美元对港币的卖出价为

美元对瑞士法郎的买入汇率为

因此，当银行进行以上两笔交易时，可以表示为

所以，瑞士法郎的卖出汇率应为

这样，我们就可以推断出，瑞士法郎对港币的双向汇率应为

CHF/HKD =（7.726 0 ÷ 1.497 0）/（7.735 6 ÷ 1.496 0）= 5.161 0/5.170 9

从例 3.7 中我们可以看出，当美元作为两个即期汇率中的基础货币，其非美元货币的双向汇率可以通过交叉相除的方式获得。当美元作为两个即期汇率中的报价货币，其计算方式也类似，采取交叉相除的方式，这里就不再进一步说明了。

2. 两个即期汇率中美元在异边

如果两个即期汇率中美元在异边，即其中一个以美元作为基础货币，另一个以美元作为报价货币，那么，计算非美元货币之间的即期汇率应通过两边相乘套算得出。

【例 3.8】 已知 SR：1 USD = 1.496 0/1.497 0 CHF；SR：1 GBP = 1.701 0/1.702 0 USD。求：GBP/CHF = ?

在本例中，美元在两个即期汇率中，一个为基础货币，另一个为报价货币，要求两个非美元货币之间的比价关系，通过规则，我们可以知道通过同边相乘方式获得。其原理如下。

因为美元对瑞士法郎的买入汇率可以表示为

以及英镑对美元的买入汇率可以表示为

所以，当银行买入 1.701 0 美元时，需要支付给客户 1.496 0 × 1.701 0 = 2.544 7 瑞士法郎，可表示为

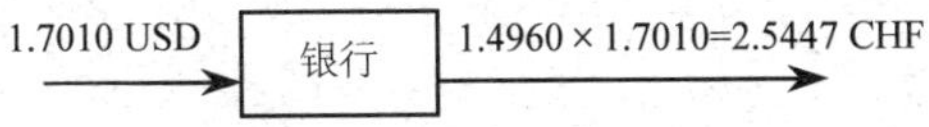

因此，当该银行同时做以上两笔交易时，即买入 1 英镑，付出 1.701 0 美元；买入 1.701 0 美元，支付 1.496 0 × 1.701 0 = 2.544 7 瑞士法郎，其结果如下：

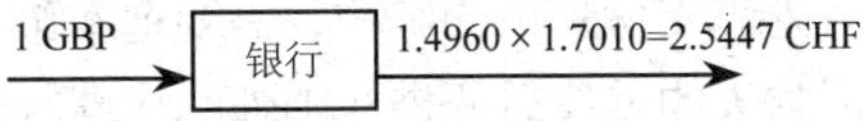

所以，英镑对瑞士法郎的买入汇率应为 1 GBP = 2.544 7 CHF。

同样道理，我们可以知道，由于美元对瑞士法郎的卖出价为

英镑对美元的卖出汇率为

所以，当银行卖出 1.702 0 美元时，需要向客户收 1.497 0 × 1.702 0 = 2.547 9 瑞士法郎，表示为

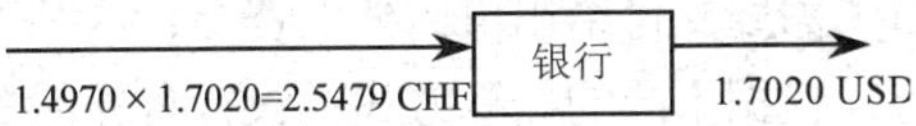

因此，当该银行同时做以上两笔交易时，即卖出 1 英镑，收入 1.702 0 美元；卖出 1.702 0 美元，收入 1.497 0 × 1.702 0 = 2.547 9 瑞士法郎，其结果如下：

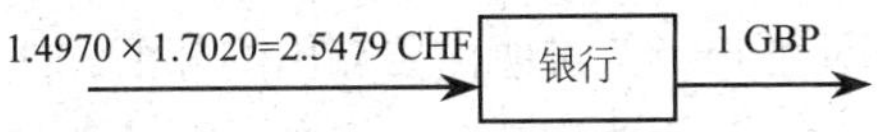

所以，英镑对瑞士法郎的卖出汇率应为 1 GBP = 2.547 9 CHF，英镑与瑞士法郎双向汇率为 GBP/CHF = 2.544 7/2.547 9。从中我们可以看出，当美元分别作为两个即期汇率中的基础货币和报价货币，其非美元货币的双向汇率可以通过同边相乘的方式获得，即左边的汇率相乘得出买入汇率，右边汇率相乘得出卖出汇率。

从例 3.8 和例 3.9 中可以看出，套算汇率存在着很大的买卖差价。主要是因为通过美元为中介套算出来的即期汇率是将两个买卖差价结合起来，这就使交易会产生双倍的交易成本。而许多非美元货币之间的交易无需通过美元来过渡，这样就可以避免交易成本的增加，许多报价行也以此来吸引客户。因此在交易成本比较小时，套算汇率只要出现一点偏离，报价行就会抓住机会进行套利。

第三节 即期外汇交易的作用与范例

一、即期外汇交易的作用

即期外汇交易作为最基本的外汇交易，其基本的作用有：满足临时性的付款需要，实现货币购买力的转移；调节各种货币头寸，规避外汇风险；进行外汇投机等作用，其具体表现如下。

1. 满足临时性的需要

满足临时性的付款需要，实现货币购买力的转移是即期外汇交易中最常见的作用，经常应用于对外贸易的结算、对外的资本投资等经济活动，具体包括以下几点。

（1）汇出汇款，即需要对外国支付外币的客户，需要把本币兑换成外币后委托银行向国外的收款人汇款。银行接受汇款人的委托后便委托国外的代理行从本行的外币结算账户中支付一定金额外币给收款人。

（2）汇入汇款，即收款人从国外收到以外币支付的款项后，可以存入自己的外币账户，也可以将外汇结售给银行换成本币。通常情况下，办理汇款的外国银行事先将外币资金转入到接受汇款银行的结算账户中。

（3）出口收汇，出口商将出口货物装船后，根据不同的结算方式，如采用托收或信用证结算时，立即开立以双方商定的结算货币计价的汇票，并附上有关的单据，通过银行进行托收或议付，这时，付款行将其外币款项记入议付行或托收行的外币结算账户，议付行或托收行将即期汇率计算的等值本币支付给收款人。

（4）进口付汇，在进口中需要支付给出口商外汇资金，这时进口商需要按即期汇率支付相应金额的本币支付给银行，根据不同的结算方式，银行将外汇资金支付给出口方所在国的银行，一般通过本国银行在国外的结算账户完成外汇的划转。

2. 即期抛补，避免汇率风险

即期抛补是指利用即期外汇市场买进所需要支出的外汇，或卖出自己的外汇资金，防止汇率波动而带来的风险的行为。利用即期外汇市场进行抛补来避免汇率变动的风险能否成功取决于抛补者资金的流动性或融资的难易程度，以及对未来即期汇率预测的准确性。下面举例进行说明。

假如某进口商在 4 个月后有 500 万美元的进口支出，如果该进口商担心到支出时美元升值，则该进口商可以在目前的即期外汇市场上以目前的即期汇率买进 500 万美元，然后存入银行，到时便可用此存款支付进口所需。这种方式下，是以牺牲了 500 万美元在 4 个月的流动性为代价的，同时还要考虑美元和本币在这 4 个月的收益的大小。

3. 外汇投机

即期外汇的投机是一种根据对将来汇率变化作出预测为前提的交易行为。在外汇市场上，投机者预期某种货币将上升或下跌时，在即期外汇市场上买入或卖出该种货币，利用即期外汇交易来进行外汇投机需要有足够的资金基础。当今外汇市场上投机盛行，与汇率波动不定、不同的时间的价差存在套汇机会有直接的关系。比如投机者预期港元将在某日升值，则投机者立即在香港外汇市场买入港元，等港元升值后卖出港元从中获得差价收益。

【小知识 3.2】

我国外汇交易市场发展回顾

1994 年 1 月 1 日起，我国外汇管理体制进行重大改革：汇率并轨，实行以市场供求为基础的、单一的、有管理的浮动汇率制度；取消外汇留成和上缴，实行银行结售汇制度；建立全国统一、规范的银行间外汇市场。同年 4 月 4 日，银行间外汇市场（即中国外汇交易系统）正式启动运营。银行间市场主要为外汇指定银行平补结售汇头寸余缺及其清算提供服务，外汇指定银行为交易主体，外汇管理部门对银行结售汇周转头寸实行上下限额管理，对于超过或不足限额的部分，银行可通过银行间市场售出或补充。其后，市场不断发展和完善。1994 年 4 月 5 日增设港币交易。1995 年 3 月 1 日开办日元交易。2002 年 4 月 1 日增加欧元交易币种。在增加交易品种的同时，交易时间进一步延长。从 2003 年 2 月 8 日开始，外汇市场交易时间从过去的 9:20～11:00 延长到 9:30～15:30。2003 年 10 月 1 日起，允许交易主体当日进行双向交易。2005 年 5 月 18 日开办了 8 种外币对交易。2005 年 8 月 15 日推出远期外汇交易。2006 年 1 月 4 日引入做市商和询价交易方式。从此形成了银行间市场可全天候进行满足结售汇业务的双向外汇资金买卖、进行头寸平补和资金调度的市场运行现状。2007 年 4 月 6 日推出利率互换交易。2010 年 6 月 7 日新增美元对新加坡元外币对交易；8 月、11 月银行间外汇市场开办人民币对马来西亚吉林特和俄罗斯卢布交易。2011 年 4 月 1 日在银行间外汇市场推出人民币对外汇期权交易。我国外汇市场在支持人民币汇率稳定、传导央行货币政策、服务金融机构和监管部门等方面发挥了重要作用。

二、即期外汇交易范例

范例 1　美元作为被报价货币

ABC:	SP CHF 1	请报出美元对瑞士法郎的即期汇率，交易金额 100 万美元
XYZ:	1.321 3/18	美元对瑞士法郎即期汇率为 1 美元 = 1.321 3/18 瑞士法郎
ABC:	13 Done my CHF to ABC Zurich A/C XXX	我方卖出美元 100 万，请把我的瑞士法郎汇入到苏黎世 ABC 银行账户上
XYZ:	Agree at 1.321 3　we buy USD 1 MIO AG CHF VAL May 20 USD to XYZ N.Y. A/C XXX	同意，证实在 1.321 3 的价位上我方买入美元 100 万兑瑞士法郎，交割日为 5 月 20 日，我的美元请汇入纽约 XYZ 银行账户上
	TKS for calling N deal bibi	谢谢询价和交易，再见。
ABC:	TKS for price　bibi	谢谢报价，再见

范例 2　美元作为报价货币

ABC:	SP GBP 5 MIO	请报出英镑兑美元的即期汇率，交易金额 500 万英镑
XYZ:	1.824 3/47	英镑兑美元的即期汇率为 1.824 3/47
ABC:	My risk	我不满意这个价格

…………………

ABC:	Now pls	现在请从新报价
XYZ:	1.824 4 choice	1.824 4 任选交割方向（一般而言，当报价银行报出 choice 时一定要做交易，不可以用价格不好做借口而不做交易。）
ABC:	Sell PLS My usd to ABC N.Y. A/C XXX	我方卖出，请将我的美元汇入到 ABC 银行账户上
XYZ:	Ok done，At 1.824 4 we buy GBP 5 MIO AG usd VAL May 20，GBP to my London A/C XXX，	成交，证实在 1.824 4 的价格上，我方买入英镑 500 万兑美元，交割日是 5 月 20 日，我的英镑请汇入伦敦 XYZ 银行账户，
	TKS for deal， Bibi	谢谢交易，再见

范例 3　交叉盘得报价

ABC:	SP EUR/YEN 3 EUR	请报出欧元兑日元的即期汇率，交易金额 300 万欧元
XYZ:	129.70/76	欧元兑日元的即期汇率为 129.70/76
XYZ:	Our risk　off price	我方取消前次报价
ABC:	Now PLS 6 EUR PLS	现在请从新报价，交易金额 600 万欧元
XYZ:	129.71/75	欧元兑日元的即期汇率为 129.71/75
ABC:	Sell EUR 6 My YEN to ABC Tokyo A/C XXX	我方卖出欧元 600 万兑日元，日元请汇入东京 ABC 的银行账户上
XYZ:	Done，at 129.71，We buy EUR 6 MIO AG YEN VAL May 20 EUR TO XYZ my Frankfurt A/C XXX	成交，证实在 129.71 价位上，我方买入欧元 600 万兑日元，5 月 20 日交割，欧元请汇入我在法兰克福的 XYZ 银行账户上

本章小结

即期外汇交易又称现汇交易或现期交易，是指外汇交易成交后第二个营业日之内办理交割的外汇买卖业务。外汇交易的双方达成交易外汇协议的这一天称为成交日。达成交易后双方履行资金划拨、实际收付相应货币金额的行为称为交割；交割的这一天称为交割日，也称为结算日或起息日。

在即期外汇市场上，一般把提供交易价格（汇价）的机构称为报价者，通常由外汇银行充当这一角色；与此相对，外汇市场把向报价者索价并在报价者所提供的即期汇价上与报价者成交的其他外汇银行、外汇经纪、个人和中央银行等称为询价者。报价银行在报出外汇交易价格时一向采用双向报价法，并且遵循着相应的交易规则；对于进出口的报价中，往往需要进行不同货币的转换。对于即期汇率，有电汇汇率、信汇汇率和票汇汇率，电汇汇率是其他汇率计算的基础。在银行的即期交易的报价中，一般报出的价格都是针对美元的，对于非美元货币之间的汇率，可以通过非美元与美元的即期汇率套算出来。

即期外汇交易的作用主要有满足临时性需要、外汇抛补以及投机交易，这三种功能在即期外汇市场上较为常见。

基本训练

一、填空题

1. 即期外汇交易又称（　　）或（　　），是指外汇交易成交后（　　）之内办理交割的外汇买卖业务。

2. 在电汇汇率、信汇汇率、票汇汇率中，汇价最高的是（　　）。

3. 在进出口的报价中，出口方如果把本币改成外币报价，应按银行的（　　）进行计算得出。

4. 在进出口的报价中，出口方如果把外币改成本币报价，应按银行的（　　）进行计算得出。

5. 即期外汇交易的层次可以分为（　　）、（　　）、（　　）。

二、单项选择题

1. 当某一交易者未来将有一笔美元的支出，为了防止美元汇率变动的风险，该投资者可以在即期市场上进行（　　）来规避风险。

A. 买入美元　B. 卖出美元　C. 先买后卖美元　D. 先卖后买美元

2. 一笔美元与日元的即期外汇交易，成交日为 5 月 12 日，采用标准交割日，13 日是美国银行的假日，日本银行的营业日，14 号是两国银行的营业日，则交割日应该在哪一天？（　　）

A. 12　B. 13　C. 14　D. 15

3. 昨日开盘价为 GBP/USD = 1.561 0，今日开盘价为 GBP/USD = 1.582 0，下列说法正确的是（　　）。

A. USD 升值，GBP 贬值　B. USD 贬值，GBP 升值

C. USD 贬值，GBP 贬值　D. USD 升值，GBP 升值

4. 某银行承做 4 笔外汇交易：

（1）卖出即期英镑 400 万；（2）买入即期英镑 300 万；（3）买入即期英镑 250 万；

（4）卖出即期英镑 150 万。则，这 4 笔业务的风险情况（　　）。

A. 银行头寸为零，无风险　B. 银行头寸为零，有风险

C. 银行头寸不为零，无风险　D. 银行头寸不为零，有风险

5. 当银行的报价为 USD/JPY = 110.15/25，GBP/USD = 1.587 5/80 时，某一交易者欲用英镑购买日元，银行给他的价格应该是（　　）。

A. 174.86　B. 175.08　C. 67.364　D. 67.449

三、多项选择题

1. 即期外汇交易的动机有（　　）。

A. 套期保值　B. 即期抛补　C. 套利投机　D. 弥补差额

2. 即期外汇的交割可以分为（　　）。

A. 标准交割　B. 当日交割　C. 约定交割　D. 次日交割

3. 现汇的三种具体形式是（　　）。

A. 电汇　B. 信汇　C. 平汇　D. 票汇

4. 即期外汇交易的交割日又被称为（　　）。

A. 起息日　　B. 到账日　　C. 汇款日　　D. 结算日

5. 即期外汇交易的询价者可以是（　　）。

A. 央行　　B. 外汇银行　　C. 经纪人　　D. 客户

四、判断题

1. 票汇汇率是外汇市场上的基准汇率，是计算其他各种汇率的基础。（　　）
2. 即期外汇买卖双方的权利和义务是不对等的。（　　）
3. 在进出口报价中，本币报价改为外币报价时，应按买入价计算。（　　）
4. 银行间即期外汇交易，主要在外汇银行之间进行，不需外汇经纪人参与外汇交易。（　　）
5. 在外汇市场上，如果投机者预测日元将会贬值，美元将会升值，即进行卖出美元买入日元的即期外汇交易。（　　）

五、案例分析与计算

1. 一天某银行当天公布的外汇牌价是 USD 1 = CAD 1.799 0/1.801 0，USD 1 = CHF 1.499 0/ 1.501 0，客户现欲以瑞士法郎向银行购买加拿大元，问银行应给该客户什么价格？

2. 香港外汇市场美元对港币的电汇汇率是 USD 1 = HKD7.706 0/7.746 0，港币的年利率为 8%，香港到美国的邮程为 10 天，求美元对港币的信汇汇率。

3. 我国某公司从瑞士进口一种小仪表，瑞士公司有两种报价，一种是 100 瑞士法郎，另一种是 66 美元，已知当天的汇率为 CHF 1 = CNY 2.978 4/2.993 3，USD 1 = CNY 4.710 3/4.733 9，问我国该公司应接受哪种货币报价？

4. 某年 8 月 15 日我国某公司按当时汇率 USD 1 = EUR 0.705 6 德国马克向德国某商人报出销售核桃仁的美元和欧元价，任其选择，该商人决定按美元计价成交，与我某公司签订了数量为 1 000 吨的合同，价值 750 万美元。但到了同年 11 月 20 日，美元与欧元的汇率却变为 USD 1 = EUR 0.704 8，于是该商人提出该按 8 月 15 日所报欧元价计算，并以增加 3%的货价作为交换条件。你认为能否同意该商人要求？为什么？

六、主要观念

1. 即期外汇的交割分类。
2. 即期外汇的报价。
3. 套算汇率的规则。

第四章　远期外汇交易

【学习目标】

理论目标：通过本章的教学，使学生清楚远期外汇交易的概念，熟悉远期汇率的报价和远期外汇交易的操作，并了解择期外汇交易的含义及特点，掌握择期外汇交易的定价；掌握远期外汇交易交割日的确定、远期汇率的报价及计算、远期外汇业务的操作及择期外汇交易的定价原则及定价步骤。

技术目标：掌握远期外汇交易的报价原理及一般流程，能指导客户完成远期外汇交易的前期工作；掌握远期外汇交易的业务操作，能独立为客户完成各项远期外汇交易业务。

能力目标：通过学习使学生具备从事远期外汇交易的一般能力，包括指导客户开户、交易，为客户提供交易咨询服务及解决交易中一般突发问题的能力；使学生具备为客户完成远期结售汇业务能力及解决国际贸易中风险问题的能力。

引例

小张和高明在银行做完一笔远期外汇交易，小张突然想起一个问题："高明，3个月后是12月6日，万一出点意外，那天外方款付不到怎么办？"高明微笑着说："正是考虑到这种情况，我们银行提供择期交易，择期最长3个月，就是说企业可以在12月6日到明年3月6日期间内任意一天都可以按照114.75的价格来交割日元。"他们所做的"择期外汇买卖"业务是指客户可以在约定的将来某一段时间内的任何一个工作日，按规定的汇率进行交割的外汇买卖业务，它是一种可选择交割日的远期外汇买卖。

这种业务适用于将来某段时间内有外币之间买卖需求又不确定具体交割日的客户，用于公司进出口贸易结算、支付信用证保证金等。客户需在银行开立有外币账户，可以在交割日不确定的时候，于交易日将未来某段时间的汇率确定在一个水平，将汇率风险完全锁定，并降低客户因贸易项下合同未正常履约而导致外汇买卖合约违约的概率。

交易货币包括可自由兑换的各类外币。交易期限是2个银行工作日以上，1年以内，最终交割日为到期日，根据客户需要确定具体交易期限。

以上我们看到的是择期外汇买卖，而择期外汇交易只是远期外汇交易的一种，本章我们将介绍有关远期外汇交易的内容。

第一节　远期外汇交易概述

远期外汇交易（forward exchange deals）又称期汇交易，是指外汇交易合约成立时，双方并无外汇或本币的支付，而是双方约定于将来某一特定日期，以原约定的汇率买卖外汇交易。简言之，现在先约定未来外汇买卖的汇率，到时按约定的汇率、币种以及金额办理交割的外汇交易。从另一角度来讲，远期外汇交易指的是比任何传统的即期市场交割日都晚的外汇交易。对于接受即期交割国际惯例的市场来说，任何交割日超过交易日两个工作日的交易都可视为远期外汇交易。

远期外汇交易的汇率以及交易规模取决于交易日的相关指标，而与交割日或实际交割日的即期汇率无关。交割时间可以自第三个工作日至第几年。通常在到期时，采取全额交割制，具体见图 4.1。

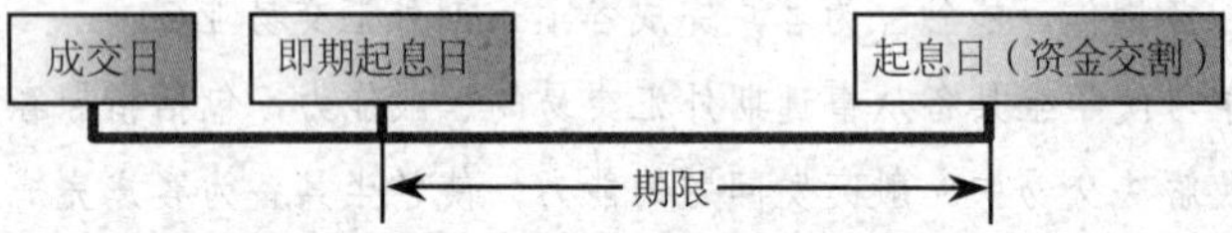

图 4.1　远期外汇交易示意图

一、远期外汇交易的作用和特点

远期外汇交易是为了防范国际贸易中的外汇风险而发展起来的。一般从事贸易的进出口商，在报价完成到实际外汇支付之间通常有一段时间，而这段时间的汇率风险需要自己承担。如果进出口商在签订贸易合同时便与银行进行购买或出售远期外汇来锁定汇率，则可避免远期外汇因汇率变动所带来的损失。远期外汇交易可以被用来创造一个投机头寸，投机者利用预期汇率与远期汇率不一致这一特点，通过与银行买卖远期外汇合约从中套利。

远期外汇交易主要有以下四个特点：

（1）远期外汇合约中的条款，如汇率、交割方式、金额等由交易双方自行协商确定；

（2）远期外汇交易一般在场外进行，属于无形市场，没有固定的场所和交易时间，可以 24 小时进行交易；

（3）交易的规模较大；

（4）信用风险较大，很难规避违约风险。银行和客户之间的远期外汇交易是否缴纳保证金视客户的诚信而定。银行间的远期外汇交易通常是标准化的远期外汇交易，基本上没有信用风险。

【小知识 4.1】

我国外汇交易中心的远期外汇交易的标准期限包括 TODAY（T+0）、TOM（T+1）、1D（T+3）、1W、2W、3W、1M、2M、3M、4M、5M、6M、9M、1Y、18M、2Y、3Y 等。

二、远期外汇交易的类型

远期外汇交易根据交割日的不同，可以分为固定交割日远期交易和择期交易两种类型。

1. 固定交割日远期交易

固定交割日远期交易是指交割日期固定的远期外汇交易活动。这种交易的特点在于交割日一旦确定，交易双方的任何一方都不能随意变动。我们通常所说的远期外汇交易指的就是这种固定交割日远期外汇交易。

2. 选择交割日的远期交易

择期外汇交易（forward option，option forward，简称择期交易），是指在做远期交易时，不规定具体的交割日期，只规定交割的期限范围。在规定的交割期限范围内，客户可以按预定的汇率和金额自由选择日期进行交割。

客户签订贸易合同后经常不能把未来收付款的具体日期确定下来，只能预期在将来某一段时间内将收、付一定的外汇款项，为了防止收付款时汇率变化产生的损失，客户可以通过银行为其叙做择期外汇买卖，这样，在约定的时期内，客户可以自由选择交割日期。客户在做择期外汇买卖时，应尽可能地缩短未来不确定时间，以便获得更有利的远期汇率。

【例 4.1】 某公司于 2011 年 5 月 10 日向银行提出用美元购买欧元，预计付款日为 8 月 7 日至 9 月 5 日，但目前无法确定准确的交割日期。公司可与银行叙做择期外汇买卖，交割日为 8 月 7 日至 9 月 5 日中的任何一银行工作日，当时的远期汇率为 1.417 2。无论汇率如何变化，公司都可以选择 8 月 7 日至 9 月 5 日中的任何一银行工作日按汇率 1.417 2 从银行买入欧元。

三、远期外汇交易的起息日和交割日

远期外汇交易的起息日为成交后的第二个营业日，即即期日；而远期外汇交易的交割日则是远期交割月的最后一个营业日，可按照外汇交易的通用惯例来确定。这些惯例可以概括为“日对日”“月对月”“节假日顺延”“不跨月”。

（1）“日对日”，是指远期交易的起息日与即期交易的交割日相对应。也就是说交割期限是从起息日开始计算，而不是从成交日开始计算。例如，在 3 月 15 日达成一笔 3 个月期的远期外汇交易，则其起息日为 3 月 17 日，交割日为 6 月 17 日。

（2）“月对月”，也称“月底日对月底日规则”。月底日是指每个月的最后一个营业日，而不是指某个月的最后一天。按照外汇市场交易的惯例，如果即期日为月底日，那么远期交易的交割日也应该为月底日。

【例 4.2】 某月的月底日为 28 日，29 日、30 日为周末，31 日为法定节假日，如果即期日就为该月的 28 日，那么一月期远期交易的交割日为下一月的 30 日或 31 日，而不是下一月的 28 日，因为下一月的月底日，即最后一个交易日为 30 日或 31 日。

（3）“节假日顺延”，是指远期交易的交割日为周末或公共假日时，则交割日顺延到下一个营业日。

（4）“不跨月”，当交割日向后顺延时，一定不能跨越其所在的月份，这就是“不跨月”。那么在这种情况下远期外汇交易的交割日是哪一天呢？应该返回到该月的最后一天作为交割日。

【例 4.3】 假定即期交割日为 7 月 30 日，3 个月远期美元对日元的交易交割日如表 4.1 所示。

在表 4.1 中，本来 3 个月期的远期交割日应为 10 月 30 日，但该日正好是纽约市场的节假日，是非营业日。按“节假日顺延”的原则应该顺延至 10 月 31 日，但 10 月 31 日依然不是营业日，如果再顺延就要跨越 10 月进入 11 月了，因此，按照惯例和规则，这笔外汇交易的交割日应该返回到 10 月 29 日。

表 4.1 远期外汇交易的交割日推算

日　期	东　京	纽　约
10 月 29 日	营业	营业
10 月 30 日	营业	假期
10 月 31 日	营业	假期

【小知识 4.2】

中国外汇交易中心的远期交易相关起息日规则

（1）远期交易起息日等于即期起息日加上双方约定的期限。遇美元假日或货币对中任一货币节假日，100 万以下标准期限遵循“下一营业日”准则，100 万以上（包括 100 万）标准期限遵循“经调整的下一营业日”准则。非标准期限的起息日由交易双方直接约定。

例如 2009 年 8 月 20 日成交了一笔 1 万英镑/人民币远期交易，即期起息日为 2009 年 8 月 24 日，远期起息日本应为 2009 年 8 月 31 日，但因为 2009 年 8 月 31 日是英国假日，根据“下一营业日”准则，该笔远期交易的起息日调整至 2009 年 9 月 1 日。

2009 年 7 月 29 日成交一笔 100 万英镑/人民币远期交易，即期起息日为 2009 年 7 月 31 日，远期交易起息日本应为 2009 年 8 月 31 日，但因 2009 年 8 月 31 日是英国假日，根据“经调整的下一营业日”准则，该笔远期交易的起息日调整至 2009 年 8 月 28 日。

（2）月末规则。若即期起息日为某个月的最后一个营业日，那么 100 万以上（包括 100 万）标准期限远期（掉期）交易的起息日也应落在相应月份的最后一个营业日。

第二节　远期汇率的决定与报价

一、远期汇率的决定

（一）远期外汇的单向报价

远期汇率价格的决定因素有三个：①即期汇率价格；②买入与卖出货币间的利率差；③期间长短。下面举例说明远期汇率的决定。

【例 4.4】 假设：出口商 A 在 6 个月（180 天）后会得到货款 1 000 000 美元，则出口商通过即期市场及资金借贷以规避此远汇风险的成本。市场现状（为方便解说，市场价格暂以单向报价表示）如下：①即期汇率美元/瑞士法郎为 1.600 0；②6 个月美元利率为 3.5%；③6 个月瑞郎利率为 8.5%。

出口商为规避此汇率风险，所采取的步骤如下。

（1）出口商先行借入美元，并在即期市场预先卖出 1 000 000 美元以规避 6 个月后出口收到的美元外汇风险，借入美元的期间为 6 个月，利率为 3.5%，同时可使用因卖出美元所获的瑞郎资金 6 个月，利率为 8.5%。

（2）借入 1 000 000 美元的利息成本为

USD 1 000 000 × 3.5% × 180/360 = USD17 500

USD 17 500 × 1.600 0 CHF/USD = CHF 28 000

（3）卖出即期美元所享用瑞郎 6 个月的利息收益为

CHF 1 600 000 × 8.5% × 180/360 = CHF 68 000

（4）客户通过上述方式规避外汇风险的损益如下：

CHF 1 600 000（卖出即期美元所得之瑞郎金额）

（减）－ CHF 28 000（借入美元 6 个月的利息成本）

（加）+ CHF 68 000 （使用瑞郎 6 个月的利息收益）

CHF 1 640 000

CHF 1 640 000 ÷ USD 1 000 000 = 1.64

1.64 即远期外汇的价格。

由例 4.4 计算可求出以即期交易方式规避远期外汇风险的损益，据此便可求得远期外汇价格。运用上述计算理念，可以得出远期外汇的计算公式：

远期外汇价格 = 即期外汇价格 + 即期外汇价格 ×（报价币利率 – 被报价币利率）× 天数/360

换汇汇率 = 即期外汇价格 ×（报价币利率 – 被报价币利率）× 天数/360

将例 4.4 代入上式：

卖出 6 个月远期外汇之价格 = 1.60 + 1.60 ×（8.5% – 3.5%）× 180/360 = 1.64

在上述公式中，若报价币利率大于被报价币利率，其利率差为正数，此时远期汇率减其即期汇率大于零，称为升水；若报价币利率小于被报价币利率，其利率差为负数，此时远期汇率减其即期汇率小于零，称为贴水。

上述公式为一简易的换汇汇率计算方法，并未将交易期间被报价币所得利息头寸的风险计算在内，而较精确的计算公式为

$$q = s \times \frac{(i-i^*)\times(t/360)}{1+i^*\times(t/360)} \tag{4.1}$$

其中：q 为远期掉期率；s 为即期汇率；i 为报价币利率；i^*为被报价币利率；t 为远期天数。

由于式（4.1）中的分母近似等于 1，因此，远期掉期率近似值计算公式为

$$q = s \times (i - i^*) \times (t/360) \tag{4.2}$$

所以，远期外汇价格是由即期汇率价格加上承做若干天数时买卖两种币别的利率差转换成汇率形态而得出的，即远期汇率与即期汇率、两种货币利差及远期天数有关。

（二）远期外汇的双向报价

从远期外汇的报价中我们知道，远期外汇采用双向报价方法，在这种报价法中，远期汇率是如何求得的呢？下面我们在不同的报价法下来讨论这个问题。

1. 价格报价法

下面举例说明价格报价法（美元为被报价币）。

【例 4.5】 假设市场情况如下：①USD/CHF = 1.641 0/20；②3 个月美元的双向利率为

3.125%～3.25%；③3 个月瑞士法郎的双向利率为 7.75%～7.875%。则 3 个月美元/瑞士法郎的远期外汇报价汇率是多少呢？

首先我们看到，此报价中美元为被报价币，在这种情况下的思考过程如下。

我们要算出 3 个月美元/瑞士法郎的远期汇率，即 3 个月美元/瑞士法郎的远期买入价和卖出价，前面的买入价是银行买入美元同时卖出瑞士法郎的价格，为了轧平此笔交易的头寸，银行应该即期卖出美元同时买入瑞士法郎。银行的操作为即期借入一笔同金额的美元并在即期市场卖出换回瑞士法郎，为防止利息损失，把手里的瑞士法郎贷出去 3 个月。3 个月后，收回贷出的瑞士法郎，卖给客户而买入相应的美元。所以我们看到，美元的利率为贷款利率，瑞士法郎的利率为存款利率，而即期汇率为买入价。把此思考过程代入公式为

$$
\begin{aligned}
\text{买入价} &= 1.641\,0+1.641\,0\times(7.75\%-3.25\%)\times 90/360\\
&= 1.641\,0+0.018\,461\\
&= 1.659\,461\\
&= 1.659\,5
\end{aligned}
$$

我们要算出 3 个月美元/瑞士法郎的远期汇率，即 3 个月美元/瑞士法郎的远期买入价和卖出价，后面的卖出价是银行卖出美元同时买入瑞士法郎的价格。为了轧平此笔交易的头寸，银行应该即期买入美元同时卖出瑞士法郎。银行的操作为即期借入一笔同金额的瑞士法郎并在即期市场卖出换回美元，为防止利息损失，把手里的美元贷出去 3 个月。3 个月后，收回贷出的美元，卖给客户而买入相应的瑞士法郎。所以我们看到，美元的利率为存款利率，瑞士法郎的利率为贷款利率，而即期汇率为卖出价。把此思考过程代入公式为

$$
\begin{aligned}
\text{卖出价} &= 1.642\,0+1.642\,0\times(7.875\%-3.125\%)\times 90/360\\
&= 1.642\,0+0.019\,499\\
&= 1.661\,499\\
&= 1.661\,5
\end{aligned}
$$

2. 数量报价法

下面举例说明数量报价法（美元为报价币）。

【例 4.6】 假设市场情况如下：①GBP/USD = 1.483 0/40；②3 个月英镑的双向利率为 5.75%～6.00%；③3 个月美元的双向利率为 3.125%～3.25%。则 3 个月英镑/美元的远期外汇报价的双向汇率是多少？

首先我们看到，此报价中美元为报价币，在这种情况下的思考过程如下。

我们要算出 3 个月英镑/美元的远期汇率，即 3 个月英镑/美元的远期买入价和卖出价，前面的买入价是银行买入英镑同时卖出美元的价格，为了轧平此笔交易的头寸，银行应该即期卖出英镑同时买入美元。银行的操作为即期借入一笔同金额的英镑并在即期市场卖出换回美元，为防止利息损失，把手里的美元贷出去 3 个月。3 个月后，收回贷出的美元，卖给客户而买入相应的英镑。所以我们看到，英镑的利率为贷款利率，美元的利率为存款利率，而即期汇率为买入价（美元的卖出价）。把此思考过程代入公式为

$$
\begin{aligned}
\text{买入价} &= 1.483\,0+1.483\,0\times(3.125\%-6\%)\times 90/360\\
&= 1.483\,0-0.010\,659\\
&= 1.472\,341\\
&= 1.472\,3
\end{aligned}
$$

我们要算出 3 个月 GBP/USD 的远期汇率，即 3 个月英镑/美元的远期买入价和卖出价，后面的卖出价是银行卖出英镑同时买入美元的价格，为了轧平此笔交易的头寸，银行应该即期买入英镑同时卖出美元。银行的操作为即期借入一笔同金额的美元并在即期市场卖出换回英镑，为防止利息损失，把手里的英镑贷出去 3 个月。3 个月后，收回贷出的英镑，卖给客户而买入相应的美元。所以我们看到，英镑的利率为存款利率，美元的利率为贷款利率，而即期汇率为卖出价（美元的买入价）。把此思考过程代入公式为

$$
\begin{aligned}
\text{卖出价} &= 1.484\,0 + 1.484\,0 \times (3.25\% - 5.75\%) \times 90/360 \\
&= 1.484\,0 - 0.009\,275 \\
&= 1.474\,725 \\
&= 1.474\,7
\end{aligned}
$$

由例 4.6 我们得出结论，在远期外汇的双向报价中：

$$
\begin{aligned}
\text{远期买入价} = &\ \text{即期买入价} + \text{即期买入价} \times (\text{报价币低利率} \\
&- \text{被报价币高利率}) \times \text{天数}/360
\end{aligned} \tag{4.3}
$$

$$
\begin{aligned}
\text{远期卖出价} = &\ \text{即期卖出价} + \text{即期卖出价} \times (\text{报价币高利率} \\
&- \text{被报价币低利率}) \times \text{天数}/360
\end{aligned} \tag{4.4}
$$

3. 畸零期间远期汇率的计算

畸零期间的远期合约（odd-date forward）是指交割日期不是月的倍数而是天的倍数。此类远期合约是银行应客户某种特殊需要与其签订的特殊日期的远期外汇合约。其汇率计算有两种方法：一种方法直接采用相关期间的利率，根据标准方式进行计算，即根据利率来插补（polation）；另一种方法根据标准期间的远期利汇率，进行向内插补（interpolation），即根据汇率插补。下面我们用实例来说明此类远期汇率的计算方法。

【例 4.7】 某客户与银行签订了一份远期合约，卖出远期美元，买入远期 CHF，交易日为 5 月 6 日，交割日为 7 月 18 日，有关利率与汇率如下：5 月 6 日即期汇率美元/瑞士法郎 = 1.560 0；瑞士法郎的年利率为 6%，美元的年利率为 4%；2 月期 USD 升水为 50；3 月期美元升水为 90。

银行向客户报出 7 月 18 日美元/瑞士法郎的远期汇率，其计算方法有以下两种。

方法一：直接根据相关期间的利率计算出美元/瑞士法郎的远期汇率。

因 5 月 6 日至 7 月 18 日期间的天数为 73 天，我们可以根据公式计算出 7 月 18 日美元/瑞士法郎

$$f = s + s \times (i + i^*) \times t/360 \tag{4.5}$$

其中 f 为远期汇率，s 为即期汇率，t 为天数，i 和 i^* 分别为报价货币和基础货币的利率。远期汇率为

$$\text{美元/瑞士法郎} = 1.560\,0 + 1.560\,0 \times (6\% - 4\%) \times 73/360 = 1.566\,3$$

方法二：根据汇率插补计算出美元/瑞士法郎的远期汇率。

因 5 月 6 日进行两个月远期交易的交割日为 7 月 8 日，3 个月远期交易的交割日为 8 月 8 日，7 月 18 日交割的远期交易比 7 月 8 日交割的远期交易多了 10 天，而 7 月 8 日至 8 月 8 日间隔为 31 天，在这 31 天美元升水 40（90 - 50）点，10 天升水为 12.9（40 × 10/31）

点。因此5月6日成交而7月18日交割的远期交易美元升水为62.9（50 + 12.9）点，则银行报出7月18日远期汇率为

美元/瑞士法郎 = 1.560 0 + 0.006 29≈1.566 3

相对于方法一来说，方法二汇率插补计算法有一个明显缺点，因它假设两个日期间，掉期点数与时间呈线性关系。如果两个日期相隔较短，此假设比较合理，但若两个日期间隔较长，误差可能较大，因此根据相关期间的利率计算远期汇率比较准确。

二、远期汇率的报价方式

远期汇率的标价方法主要有两种：一种直接标出远期外汇的实际汇率，采用这种标价方法的外汇市场较少；另一种是只标出远期汇率与即期汇率的差额。在外汇市场上以升水、贴水和平价来表明远期汇率与即期汇率的差额。升水表示远期外汇比即期外汇贵，贴水表示远期外汇比即期外汇贱，平价表示两者相等。

（一）直接报价法

直接报价法即直接标出远期外汇的实际汇率。该法简单明了，与即期外汇的报价相似，只是表现的期限不同而已。

到21世纪，采用此法的国家越来越少，但日本和瑞士等国仍采用此法。

【例4.8】 日元对美元的即期汇率和3个月的远期汇率可表示为

即期汇率 USD/JPY = 134.50/60

3个月远期汇率 USD/JPY = 133.70/90

（二）点数报价法

在点数报价法下，须注意以下几个问题。

1. 升水与贴水

在实际交易中，远期汇率不是直接报出，而是报出以"点数"来表示的远期升水（at premium）与远期贴水（at discount）。升贴水的最大意义也在于它代替远期汇率。如果远期汇率等于即期汇率，就是远期平价（at par）。

升水与贴水是两个相对的概念，在一个标价中，如果单位货币升水，报价货币就是贴水；反之，单位货币贴水，报价货币就是升水。因为升水或贴水是两种货币价值的相对变动。例如：

即期汇率 USD 1 = CHF 1.660 0　CHF 1 = USD 0.607 3

远期汇率 USD 1 = CHF 1.640 0　CHF 1 = USD 0.613 9

在左边的报价中，1美元贴水0.02瑞士法郎，在右边的报价中，1瑞士法郎升水0.006 6美元，在远期外汇市场中，报价货币相对于基准货币或单位货币在未来更贵，报价货币便是升水，或者说基准货币相对报价货币处于贴水。在上例左边的报价中，远期美元兑换的瑞士法郎要比即期少200点，故美元贴水、瑞士法郎升水，升水值为200点。

表4.2为2010年9月14日中国银行人民币远期外汇牌价。

表 4.2 2014 年 8 月 22 日中国银行人民币远期外汇牌价（中间价）

		美元	欧元	日元	港元	英镑	瑞郎	澳元	加元
7 天	买入	614.42	814.32	5.9067	79.17	1017.21	673.33	570.72	560.68
	卖出	618.41	822.91	5.9734	79.9	1026.21	679.57	577.11	566.04
1 个月	买入	615.9	816.45	5.923	79.36	1019.43	674.9	571.07	561.62
	卖出	620.09	825.19	5.9892	80.12	1028.84	681.68	577.78	567.36
3 个月	买入	619.35	821.28	5.9582	79.81	1024.57	679.02	571.83	563.93
	卖出	623.59	830.1	6.0266	80.59	1034.09	685.88	578.6	569.73
6 个月	买入	622.27	825.87	5.9945	80.23	1028.65	683.11	571.11	565.54
	卖出	627.01	834.76	6.0632	81.01	1038.32	690.06	577.91	571.38
9 个月	买入	624.02	828.95	6.0196	80.48	1030.38	685.95	569.4	566.05
	卖出	629.26	838.14	6.0895	81.29	1040.39	693.22	576.46	572.11
12 个月	买入	625.92	832.48	6.0483	80.74	1032.11	689.31	567.9	566.75
	卖出	631.46	841.93	6.1195	81.56	1042.34	696.66	574.98	572.94

注：（1）每 100 外币兑换人民币。

（2）以上人民币牌价系当日市场开盘价，仅作参考。中国银行交易报价随市场波动而变化，如需交易，价格以我行当时报价为准。

2. 汇率的标价方法与汇水的关系

由于汇率的标价方法不同，计算远期汇率的方法也不相同，设 Ft 为远期汇率，St 为即期汇率，P 为升水点数，D 为贴水点数，则：在直接标价法下，远期外汇汇率等于即期汇率加上升水数字或即期汇率减去贴水数字。如在苏黎世外汇市场，即期汇率为 1USD = 1.268 0 CHF，3 个月美元远期外汇升水 0.25 生丁，则 3 个月美元远期汇率为 1 USD = 1.268 0 + 0.002 5 = 1.270 5 CHF；如 3 个月美元远期外汇贴水 0.25 生丁，则 3 个月美元远期汇率为 1 USD = 1.268 0 - 0.002 5 = 1.265 5 CHF。

> **扩展学习提示**
>
> 读者可从中国银行 (boc) 网站查询最新人民币远期外汇牌价。

$$Ft = St + P\text{（本币数额增大、远期外汇升水）}$$

$$Ft = St - D\text{（本币数额减少、远期外汇贴水）}$$

【例 4.9】 在瑞士苏黎世外汇市场上（直接标价）

USD/CHF 即期汇率	1.684 8/1.685 8
－美元 3 个月贴水	248/238
3 个月远期汇率	1.660 0/1.662 0
USD/CHF 即期汇率	1.684 8/1.685 8
+美元 6 个月升水	520/530
6 个月远期汇率	1.736 8/1.738 8

在间接标价法下，远期外汇汇率等于即期汇率减去升水数字或即期汇率加上贴水数字。如在伦敦外汇市场，即期汇率为 1 GBP = 1.508 0 USD，3 个月美元远期外汇升水 0.46 美分，则 3 个月美元远期汇率为 1 GBP = 1.508 0 − 0.004 6 = 1.503 4 USD；如 3 个月美元远期外汇贴水 0.46 美分，则 3 个月美元远期汇率为 1 GBP = 1.508 0 + 0.004 6 = 1.512 6 USD。

$$Ft = St - P\text{（远期外汇升水、外币数额减少）}$$

$$Ft = St + D\text{（远期外汇贴水、外币数额增加）}$$

【例 4.10】　在伦敦外汇市场上（间接标价）

GBP/USD 即期汇率	1.481 5/1.482 5
－美元 3 个月升水	216/206
3 个月远期汇率	1.459 9/1.461 9
GBP/USD 即期汇率	1.481 5/1.482 5
+美元 6 个月贴水	135/145
6 个月远期汇率	1.495 0/1.497 0

在实际外汇交易中，有时银行在报价的同时说明远期价格是升水还是贴水，有时则不作说明。点数表示的是汇率中的小数点后第四位数字。无论何种标价法，凡是点数前高后低，即远期汇率等于即期汇率减去点数；凡是点数前低后高，即远期汇率等于即期汇率加上点数。如在伦敦外汇市场，即期汇率为 1 GBP = 1.508 0/1.509 0 USD，3 个月远期汇水为 20/40，则 3 个月远期汇率为 1 GBP = 1.508 0 + 0.002 0/1.509 0 + 0.004 0 = 1.510 0/1.513 0 USD；若 3 个月远期汇水为 40/20，则 3 个月远期汇率为 1 GBP = 1.508 0 − 0.004 0/1.509 0 − 0.002 0 = 1.504 0/1.507 0 USD。当标价中即期汇率的买卖价格全部列出，并且远期汇水也有两个数值时，则具体的计算规则是将汇水点数（亦称调期点）分别对准即期汇率的买入与卖出价相应的点数部位；然后，按照汇水点“前小后大往上加”，如上例中的 520/530 和 135/145 的汇水点数及其计算过程，或“前大后小往下减”，如上例中的 248/238 和 216/206 的汇水点数及其计算过程。即期汇率、远期汇水与远期汇率的关系可分别用表 4.3 及公式总结如下：

表 4.3　即期汇率、远期汇水与远期汇率的关系

汇水的形式	计算方法	基准货币	报价货币
小/大	加	升水	贴水
大/小	减	贴水	升水

即期汇率		远期汇水		远期汇率
小大	+	小大	=	小大
大小	−	大小	=	小大

不论即期汇率还是远期汇率，斜线左边的数字总是小于斜线右边的数字，即单位货币的买入价总是小于单位货币的卖出价。并且与即期汇率相比，远期汇率的买入价与卖出价之间的汇差总是更大。如果计算出的结果与此相反，说明计算方法错误。

表 4.4 为结售汇综合头寸日报表。

表 4.4 “结售汇综合头寸日报表”及报送说明

______银行结售汇综合头寸日报表

年　月　日　　　　　　　　（单位：万美元）

项　目	差　额		结汇/买入	售汇/卖出	备　注
上一日结售汇综合头寸	（1）				
当日对客户即期结售汇	（2）				
当日自身结售汇	（3）				
当日银行间即期外汇交易	（4）				
其中：竞价交易	（5）				
询价交易	（6）				
当日对客户远期结售汇签约	（7）				
当日银行间远期外汇交易签约	（8）				
其中：与其他银行的远期签约	（9）				
当日结售汇综合头寸	（10）				
当日末对客户远期结售汇累计未到期	（11）				
当日末银行间远期外汇交易累计未到期	（12）				
其中：与其他银行的远期累计未到期	（13）				
当日收付实现制头寸	（14）				
附加项					
当日对客户远期结售汇履约	（15）				
当日银行间远期外汇交易履约	（16）				
当日对客户人民币对外币掉期履约	（17）				
当日银行间人民币对外币掉期履约	（18）				
其中：与其他银行的掉期履约	（19）				
当日对客户人民币对外币掉期累计未到期	（20）				
当日银行间人民币对外币掉期累计未到期	（21）				
其中：与其他银行的掉期累计未到期	（22）				
备注：					

第三节　择期交易

择期外汇交易又称时间期权或弹性交割日的远期外汇交易，是指交易双方约定于未来某一段时期，依交易当时所约定的币别、汇率及金额可随时进行交割的交易活动。这种远期交易，银行给予客户在收支货币时间上一定的灵活性，客户只要在成交后从第二个营业日起在约定期限内的任何一天，都可按约定的汇率办理交割。

一、择期外汇交易的注意事项

择期外汇交易交割日的期限范围可以是从第二个营业日至到期日的整个期间，也可以是该期间内某一具体时间。一般而言，交割期限越长，银行承担汇率的风险越大，因而银行总是给客户最差的汇率报价，客户遭受的损失也就越大，因此，客户在择期交易中应尽可能缩短交割期间。在实务中，通常为 1 月内的交割期间，更长交割期间的择期合约很少见。有关择期合约，有两点注意事项：

（1）择期合约规定的第一个与最后一个交割日，都必须是银行的营业日。

（2）每一次交割的金额有最低限额，对于大金额的交割通常要提前通知银行。

例如，如果客户希望在某一天交割 100 万美元以上的金额，银行需要在前一天做好准备。银行估计每天的现金流量，大额的金额预先通知，有利于银行有效地管理现金流动性。

二、择期外汇交易的特点

1. 交割日有一定的灵活性，有利于规避汇率风险

择期外汇交易克服了传统远期交易固定交割日期的缺点，赋予客户选择交割日期的灵活性，客户通过使用具有时间期权性质的远期外汇交易可有效地规避风险。

例如，进出口商签订了买卖商品的合同，往往只知道发生货款收付的时间范围，还不能确定知道哪一天收到出口的货款，或哪一天货物能到达并支付货款。如果进出口商签订了固定交割日期的远期外汇合约，一旦到期时应收的货款尚未到或应付的货款难以汇出，则进出口商需要承担违约责任。在此情况下，如果进出口商采用择期外汇合约，既可以锁定贸易成本与收益，又避免了外汇风险以及违约责任。同时，客户使用具有时间期权性质的远期交易事先锁定了自己进行交易的汇率，并不承担汇率变动的风险。在远期交易中，由于远期汇率将不断地根据掉期率的变动而进行调整，因此客户要承担利率变动的风险。

2. 择期外汇交易的成本较高，买卖差价大

银行在为择期外汇进行定价时，总是假设客户会在银行最不利的时候与其进行货币交割。因此，银行将总是选择在交割期间对客户最不利的价格与其进行货币交割。换言之，银行在为择期交易的报价中始终收取交割期间的最高远期升水的货币，而付出最低远期贴水的货币；让客户付出最高远期升水的货币，收进最低远期贴水的货币。总之，在择期交易中，择期汇率对银行最有利，对客户最不利，银行给定的买卖差价大，且交割期限越长，买卖差价越大。

3. 时间期权与货币期权有明显的区别

首先，货币期权的客户必须事先缴纳保证金，才能得到选择是否进行交易的权利；时间期权的客户无需缴纳保证金，就可以得到选择是否进行交易的权利。其次，货币期权允许客户放弃交割的权利，没有义务到期一定办理货币交割；时间期权的客户仅仅有权在交割期限内选择具体交割日期，必须在规定的期限内按约定的外汇、金额和汇率履行货币交割的义务，不得放弃交割义务。最后，货币期权的客户所承担的损失是期权费；时间期权的客户将比远期交易损失更多的风险收益。

三、择期外汇交易的定价

择期外汇定价的核心问题是确定选择交割期间内外汇的远期升水或贴水。银行和客户进行择期交易，并将交割日的选择权主动让给客户，自身将承担更多的汇率风险以及资金流量管理的成本。如果银行按择期第一天的汇价卖给客户一种升水货币，客户在择期的最后一天

办理交割，则银行就需要支付该笔升水货币；反之，如果银行按择期第一天的汇价买进一种贴水货币，客户在择期最后一天办理交割，则银行就需要收进该笔贴水货币。因此，银行采取与此相反的方式进行定价。买入的货币，升水按择期的第一天定价，贴水则按择期的最后一天定价；卖出的货币，贴水按择期的第一天定价，升水则按择期最后一天定价。所以银行在择期外汇定价时，首先列出客户选择执行交割期限的第一天和最后一天，并计算出两天的汇价，然后从中选择对自己最有利的汇价与客户进行交割。具体原则如下。

（1）当美元有远期升水，其他货币有远期贴水时，银行买进美元，卖出其他货币。如果择期从现在开始，则按即期汇率报价；如果择期从未来某一天开始，则按择期开始的第一天的远期汇率报价。反之，银行卖出美元，买进其他货币，按择期最后一天的远期汇率报价。

（2）当美元有远期贴水，其他货币有远期升水时，银行买进美元，卖出其他货币，按择期最后一天的远期汇率报价。反之，银行卖出美元，买进其他货币。如果择期从现在开始，按即期汇率报价；如果择期从未来某一天开始，则按择期开始的第一天远期汇率报价。

（3）在其他货币从远期升水到远期贴水或从远期贴水到远期升水时，银行买进美元，卖出其他货币，按择期最低美元贴水报价或按择期最高美元升水报价；反之，银行卖出美元，买进其他货币，按择期最高美元升水报价或按择期最低美元贴水报价。

我们以美元兑换瑞士法郎为例，说明择期外汇交易中银行报价的三种情况。

【例 4.11】 美元有远期升水，瑞士法郎有远期贴水。即期汇率：USD/CHF = 1.601 0/30；1 月期掉期率：230/250；3 月期掉期率：300/320。

择期从现在开始到 1 个月，银行买进美元，卖出瑞士法朗，用即期汇率报价，即 1.601 0；卖出美元，买进瑞士法郎，则按择期最后一天的远期汇率报价，即 1.628 0（1.603 0 + 0.025 0）。

择期从 1 个月到 3 个月，银行买进美元，卖出瑞士法郎，按 1 个月远期汇率，即 1.624 0（1.601 0 + 0.023 0）；卖出美元，买进瑞士法郎，则按择期最后一天的远期汇率报价，即 1.635 0（1.603 0 + 0.032 0）。

【例 4.12】 美元有远期贴水，瑞士法郎有远期升水。即期汇率：USD/CHF = 1.601 0/30；1 月期掉期率：250/230；3 月期掉期率：320/300。

择期从现在开始到 1 个月，银行买进美元，卖出瑞士法郎，则按择期最后一天的远期汇率报价，即 1.576 0（1.601 0 − 0.025 0）；卖出美元，买进瑞士法郎，用即期汇率报价，即 1.603 0。

择期从 1 个月到 3 个月，银行买进美元，卖出瑞士法郎，则按择期最后一天的远期汇率报价，即 1.569 0（1.601 0 − 0.032 0）；卖出美元，买进瑞士法郎，按 1 个月远期汇率报价，即 1.580 0（1.603 0 − 0.023 0）。

【例 4.13】 瑞士法郎从远期升水到远期贴水。即期汇率：USD/CHF = 1.601 0/30；1 月期掉期率：250/230；3 月期掉期率：300/320。

择期从现在开始到 1 个月，此时瑞士法郎为升水，而美元为贴水，银行买进美元，卖出瑞士法郎，按择期最低美元贴水或最高瑞士法郎升水报价，即 1.576 0（1.601 0 − 0.025 0）；卖出美元，买进瑞士法郎，则按择期最高美元升水或最低瑞士法郎贴水报价，即 1.603 0。

择期从 1 个月到 3 个月，此时瑞士法郎为贴水而美元为升水，银行买进美元，卖出瑞士法郎，按择期最低美元贴水或最高瑞士法郎升水报价，即 1.576 0（1.601 0 − 0.025 0）；卖出美元，买进瑞士法郎，则按择期最高美元升水或最低瑞士法郎贴水报价，即按择期最后一天远期汇率报价，即 1.635 0（1.603 0 + 0.032 0）。

由上述几例可见，在择期的交割期限内，择期汇率对银行最有利，对客户最不利，银行始终收取择期交割期间的最高远期升水货币，付出最低远期贴水货币；让客户付出最高远期升水货币，收获最低远期贴水货币。所以，银行报出的择期交易价格是在择期期间内对客户最不利的买入价和最不利的卖出价，即最低的买入价和最高的卖出价。

【例 4.14】 美元/日元即期汇率：110.20/30，5 月期掉期率：5/4，6 月期掉期率：6/5，求 5 个月至 6 个月的择期汇率。

5 个月至 6 个月的买入价有两个，即 110.20 − 0.05 = 110.15 和 110.20 − 0.06 = 110.14；

5 个月至 6 个月的卖出价有两个，即 110.30 − 0.04 = 110.26 和 110.30 − 0.05 = 110.25；

5 个月至 6 个月的最小买入价是 110.14，5 个月至 6 个月的最大卖出价是 110.26，所以 5 个月至 6 个月的择期汇率是 110.14/26。

【例 4.15】 远期结汇（以择期交易方式签约）：某年 6 月 5 日，港元兑换人民币的即期结汇价为 105.98，根据远期牌价显示，期限为 8 个月的远期结汇价为 106.26，对应的起息日（即交割日）为第二年 2 月 6 日，12 个月档期对应的起息日为第二年 6 月 6 日。B 公司预计 8 个月后将有 5 000 万港元汇入要结汇，则该公司与银行签订 8 个月的港元远期结汇合同，并择期至 12 个月，约定 8 个月后，即第二年 2 月 6 日开始到 6 月 6 日止的 4 个月时间内，采用 106.26 的价格一次或多次结 5 000 万港元。

8 个月后（在第二年 2 月 6 日至 2004 年 6 月 6 日之间的任意工作日内），当 B 公司办理 5 000 万港元结汇时将获得人民币：

$$50\,000\,000 \times 1.062\,6 = \text{CNY } 53\,130\,000$$

如果当时港元兑换人民币的即期结汇价仍为 105.98，则 B 公司除了能成功锁定人民币成本外，还能够多获得汇兑收益人民币 140 000 元。具体计算如下。

即期结汇：　HKD 50 000 000.00 × 1.059 8 = CNY 52 990 000.00

远期结汇：　HKD 50 000 000.00 × 1.062 6 = CNY 53 130 000.00

收益：　CNY 53 130 000.00 − CNY 52 990 000.00 = CNY 140 000.00

汇兑收益率：CNY 140 000.00 / CNY 52 990 000.00 = 0.264%

第四节　远期外汇交易的作用与范例

一、保值动机

远期外汇交易产生的主要原因是企业、银行、投资者规避风险的需要，具体包括以下几个方面。

1. 进出口商预先买进或卖出期汇，以避免汇率变动风险

汇率变动是经常性的，在商品贸易往来中，时间越长，由汇率变动所带来的风险也就越大，而进出口商从签订买卖合同到交货、付款又往往需要相当长时间（通常为 30～90 天，有的则更长），因此，有可能因汇率变动而遭受损失。进出口商为避免汇率波动所带来的风险，就要想办法在收取或支付款项时，按成交时的汇率办理交割。

【例 4.16】 某一日本出口商向美国进口商出口价值 10 万美元的商品，共花成本 1 200 万日元，约定 3 个月后付款。双方签订买卖合同时的汇率为 USD1 = JPY130。按此汇率，出口该批商品可换得 1 300 万日元，扣除成本，出口商可获得 100 万日元。但 3 个月后，若美元汇价跌至 USD 1 = JPY 128，则出口商只可换得 1 280 万日元，比按原汇率计算少赚了 20 万日元；若美元汇价跌至 USD 1 = JPY 1.20 以下，则出口商可就得亏本了。可见美元下跌或日元升值将对日本出口商造成压力。因此，日本出口商在订立买卖合同时，就按 USD 1 = JPY 130 的汇率，将 3 个月的 10 万美元期汇卖出，即把双方约定远期交割的 10 万美元外汇售给日本的银行，届时就可收取 1 300 万日元的货款，从而避免了汇率变动的风险。

【例 4.17】 某一中国香港进口商向美国买进价值 10 万美元的商品，约定 3 个月后交付款，如果买货时的汇率为 USD 1 = HKD 7.81，则该批货物买价为 78.1 万港元。但 3 个月后，美元升值，港元对美元的汇率为 USD 1 = HKD 7.88，那么这批商品价款就上升为 78.8 万港元，进口商得多付出 0.7 万港元。如果美元再猛涨，涨至 USD 1=HKD 8.00 以上，中国香港进口商进口成本也猛增，甚至导致经营亏损。所以，中国香港进口商为避免遭受美元汇率变动的损失，在订立买卖合约时就向美国的银行买进这 3 个月的美元期汇，以此避免美元汇率上升所承担的成本风险，届时只要付出 78.1 万港元就可以了。

由此亦可见，进出口商避免或转嫁风险的同时，也就是银行承担风险的开始。

2. 外汇银行为了平衡其远期外汇持有额而交易

远期外汇持有额就是外汇头寸（foreign exchange position）。进出口商为避免外汇风险而进行期汇交易，实质上就是把汇率变动的风险转嫁给外汇银行。外汇银行之所以有风险，是因为它在与客户进行了多种交易以后，会产生一天的外汇“综合持有额”或总头寸（overall position），在这当中难免会出现期汇和现汇的超买或超卖现象。这样，外汇银行就处于汇率变动的风险之中。为此，外汇银行就设法把它的外汇头寸予以平衡，即要对不同期限不同货币头寸的余缺进行抛售或补进，由此求得期汇头寸的平衡。

【例 4.18】 中国香港某外汇银行发生超卖现象，表现为美元期汇头寸“缺”10 万美元，为此银行就设法补进。假定即期汇率为 USD 1 = HKD 7.70，3 个月远期汇率为 USD 1 = HKD 7.88，即美元 3 个月期汇汇率升水港币 0.18 元。3 个月后，该外汇银行要付给客户 10 万美元，收入港币 78.8 万元。该银行为了平衡这笔超卖的美元期汇，它必须到外汇市场上立即补进同期限（3 个月）、相等金额（10 万）的美元期汇。如果该外汇银行没有马上补进，而是延至当日收盘时才成交，这样就可能因汇率已发生变化而造成损失。假定当日收市时美元即期汇率已升至 USD 1 = HKD 7.90，美元 3 个月期汇仍为升水港币 0.18 元，这样，该外汇银行补进的美元期汇就按 USD 1 = HKD 8.08（7.90 + 0.18）的汇率成交。10 万美元合 80.8 万港元，结果银行因补进时间未及时而损失 2 万港元（80.8 万 -78.8 万）。

所以，银行发现超卖情况时，就应立即买入同额的某种即期外汇。如例 4.17，即期汇率为 USD 1 = HKD 7.70，10 万美元合 77 万港币。若这一天收盘时外汇银行就已补进了 3 个月期的美元外汇，这样，即期港元外汇已为多余，因此，又可把这笔即期港元外汇按 USD 1 = HKD 7.90 汇率卖出，因此可收入 79 万港元，该外汇银行可获利 2 万港元（79 万 -77 万）。

由例 4.18 可知，首先，在出现期汇头寸不平衡时，外汇银行应先买入或卖出同类同额现汇，再抛补这笔期汇。也就是说，用买卖同类同额的现汇来掩护这笔期汇头寸平衡前的外汇风险。其次，银行在平衡期汇头寸时，还必须着眼于即期汇率的变动和即期汇率与远期汇率差额的大小。

3. 短期投资者或定期债务投资者预约买卖期汇以规避风险

在没有外汇管制的情况下，如果一国的利率低于他国，该国的资金就会流往他国以谋求高息。假设在汇率不变的情况下纽约投资市场利率比伦敦高，两者分别为 9.8%和 7.2%，则英国的投资者为追求高息，就会用英镑现款购买美元现汇，然后将其投资于 3 个月期的美国国库券，待该国库券到期后将美元本利兑换成英镑汇回国内。这样，投资者可多获得 2.6%的利息。但如果 3 个月后，美元汇率下跌，投资者就得花更多的美元去兑换英镑，因此就有可能换不回投资的英镑数量而遭受损失。为此，英国投资者可以在买进美元现汇的同时，卖出 3 个月的美元期汇，这样，只要美元远期汇率贴水不超过两地的利差（2.6%），投资者的汇率风险就可以消除。当然如果超过这个利差，投资者就无利可图而且还会遭到损失。这是就在国外投资而言的，如果在国外有定期外汇债务的人，则要购进期汇以防债务到期时多付出本国货币。

【例 4.19】 我国一投资者对美国有外汇债务 1 亿美元，为防止美元汇率波动造成损失，就购买 3 个月期汇，当时汇率为 USD 1 = CNY 6.4442，现汇率变动为 USD 1 = CNY 6.4452，如果未买期汇，该投资者就得付出 6.4452 亿元人民币才能兑换 1 亿美元，但现已购买期汇，则只需花 6.4442 亿元人民币就够了。

二、投机交易

汇率的频繁、剧烈波动会给外汇投机者进行创造有利的投机条件，尤其在浮动汇率制下更是如此。

所谓外汇投机，是指利用外汇市场汇率涨落不一，纯粹以赚取利润为目的的外汇交易。

投机交易的特点是：①投机者主动置身于汇率的风险之中，从汇率变动中谋利；②投机活动并非基于对外汇的实际需求，而是想通过汇率涨落赚取差额利润；③投资收益大小决定于本身预期的正确程度。

投机交易的方式有买卖现汇和期汇两种方式。

当投机者预期某种外汇汇率将剧烈变动时，就通过买卖现汇与买卖期汇来获取投机利润。由于买卖即期外汇投机者必须持有外汇资金，交易规模大小就视这个资金多寡而定。故大部分投机者是通过买卖远期外汇来谋取利润。因为期汇投机只需缴纳少量保证金，无需付现汇，到期轧抵，计算盈亏，因此不必持有巨额资金就可进行交易。也由于期汇买卖仅凭一份合同就可办理，因此，期汇投机较容易，成交额较大，但风险也较高。

外汇投机有先卖后买和先买后卖两种形式。

先卖后买，即卖空（sell short）或称“空头”（bear）。当投机者预期某种外币如美元将贬值或汇率将大幅度下跌时，就在外汇市场趁美元价格相对较高时先行预约卖出，到期如果美元汇率真的下跌，投机者就可按下跌的汇率买进美元现汇来交割美元远期，赚取差价利润。该投机方式的特点就是以预约的形式进行交易，卖出时自己手边实际并无外汇，也因为如此，称为“卖空”。

先买后卖，即买空（buy long）或称“多头”（bull）。当投机者预期某种货币将升值，就在外汇市场上趁该币价格相对较低时先行预约买进该种货币的远期，到期该货币汇率真的上升，投机者就按上升的汇率卖出该货币现汇来交割远期，从中赚取投机利润。这种交易是预约交易。由于这种投机者不少仅仅是在到期日收付汇价涨落的差额，一般不具有实足的交割资金，故称为“买空”。

【例 4.20】 有一瑞士外汇投机商预期英镑有可能贬值。当时，英镑 3 个月期汇汇率为 GBP 1 = CHF3.344 8，他就在苏黎世外汇市场上卖出 10 万英镑的 3 个月期汇，即在交割日他应交付 10 万英镑现汇，收入 33.448 万瑞士法郎。若 3 个月后，苏黎世外汇市场的英镑现汇价格果然像预期这样下跌，跌至 GBP 1 = CHF 3.240 8，这时他就以原先约定汇率所得的 33.448 万瑞士法郎中的 32.408 万瑞士法郎在市场上买进 10 万英镑现汇，来履行期汇合同。这样，该投机商通过卖空就赚取了 1.04 万（33.448 万－32.408 万）瑞士法郎的差价利润。当然，如果汇率变动与投机者预期正好相反，则该投机商就可能遭受损失。

【例 4.21】 有一美国外汇投机商预期瑞士法郎可能会大幅度升值。若当时瑞士法郎 3 个月期汇汇率为 USD 1 = CHF 1.90，投机商就在纽约外汇市场上买入 19 万瑞士法郎 3 个月期汇，即到交割日他须付出 10 万美元，收入 19 万瑞士法郎。若 3 个月后，纽约外汇市场的瑞士法郎汇率果然升至 USD 1 = CHF 1.80，投机商就把按原先约定的汇率所得到的 19 万瑞士法郎，拿出 18 万到纽约外汇市场上去卖，换回 10 万美元的现汇去履行期约合约。可见，投机商通过这种买空，赚取了 1 万瑞士法郎，合 5 556 美元。

买空与卖空或空头与多头，是一种反向的期汇投机活动。这种活动建立在以下两个基础上：一是必须有远期外汇买卖市场的存在，二是外汇汇率必须有较大较频繁的变化。而投机能否成功则又依赖于投机者的预期是否正确，以及投机技巧和投机经验如何。

目前，理论界对外汇投机一般持辩证的看法，认为投机活动有其有利一面，也有其不利一面。在业务中，投机作为买卖交易的一种行为有其存在的必要性与合理性。在远期外汇市场上，主要使用者进出口商和银行等大多不愿承担外汇风险，需要觅途转嫁。而该类投机者又正好甘冒风险，因而成了需要转嫁风险者的最佳对象。他们成了远期外汇市场所必需的构成部分。但由于外汇投机并不代表真实的外汇供求，因而过度投机容易扰乱金融秩序。

三、远期结售汇

我们以中国银行的远期结售汇业务为例说明该业务。远期结售汇业务是指客户与银行签订远期结售汇协议，约定未来结汇或售汇的外汇币种、金额、期限及汇率，到期时按照该协议订明的币种、金额、汇率办理的结售汇业务。

【小贴士 4.1】

中国银行远期结售汇业务情况介绍

1. 适宜客户

境内机构及经国家外汇管理局批准的其他客户。

2. 产品优势

（1）采取实需原则。

（2）一日多价。

3. 产品功能

锁定当期成本，保值避险。

4. 交易货币

美元、港币、欧元、日元、英镑、瑞士法郎、澳大利亚元、加拿大元。

5. 交易期限

7 年以内任意期限。

6. 交易流程

申请办理远期结售汇业务的客户应在中国银行开立相关账户；与中国银行签署《远期结汇/售汇总协议书》，并逐笔提交申请书。协议书及申请书应使用规定格式，并由客户的法定代表人或其授权签字人签署（客户事先应向中国银行提供有权签字人签样及印模授权书）；中国银行视具体的客户及业务情况酌情收取保证金或扣除授信额度；逐笔提交申请书及有效凭证或商业单据，与中国银行签订远期结售汇合同。根据要求，提供办理结售汇业务所需的相应单据和有效凭证，进行交割。

7. 风险提示

（1）风险与收益并存。

（2）未来实际交割时，即期汇率可能优于当时签约汇率，所以，客户在锁定汇率风险的同时，无法享受在汇率于己有利波动时的额外收益。

8. 产品范例

某公司是一家大型纺织出口企业，20×0 年 6 月，该公司来中国银行咨询一笔远期保值业务。该公司将于 20×0 年 7 月与一日本客户签订一笔价值 800 万美元的远期出口合同。考虑到所收货币非本国货币，希望中国银行提供保值工具。根据公司的实际情况，中国银行建议其在签订出口合同的同时叙做远期结汇业务，避免在远期美元收入的过程中因汇率波动而造成的汇兑损失，使公司预先锁定换汇成本。20×0 年 7 月 1 日，该公司与中国银行叙做了期限为 10 个月的 800 万美元远期结汇业务，客户成交汇率为 6.785 8。20×1 年 5 月 7 日，该公司收到日本客户的美元货款后，即办理交割手续。当天即期结汇价为 6.500 3，因此，该公司叙做远期结汇业务比办理即期结汇业务增加收益人民币 2 283 994 元。

【例 4.22】 美元远期与超远期结汇业务

A 企业对美元汇率走势较敏感，在 20×7 年 4 月起就根据企业自身的业务发展情况对 20×7 年和 20×8 年的收汇业务做了整体规划，以较高的结汇汇率分批、分段、分散的办法叙做了远期和超远期结汇业务。

A 公司成立于 2002 年 6 月，作为集团化纤织造板块的龙头具有重要的地位。公司主要生产销售包复丝、复合纺丝、化纤丝等，企业收汇比较稳定。自 2005 年 7 月 21 日汇改以来，企业一直在关注汇率走势，有较强的汇率风险意识。某商业银行通过分析汇率改革带来的人民币升值预期，并结合企业对规避汇率风险的需求，适时地推广了以锁定远期汇率为目的的远期结售汇和一年以上的超远期结售汇。

所谓远期结售汇业务指银行与客户约定于未来某一特定日期或时期，依交易当时所约定的币种、金额及汇率进行交割的结售汇交易。超过一年以上的远期结售汇业务为超远期结售汇业务。远期结售汇交易的币种为美元、日元、欧元、港币、澳大利亚元、瑞士法郎、丹麦克朗。期限为 7 天、20 天、1～12 个月。交易可以是固定期限交易，也可以是择期交易。远期结售汇的交割日为签订“远期结售汇申请书”的日期加约定日期。交割日如遇节假日，则顺延到下一个银行工作日。下面以 A 企业旗下一企业的签约情况为例，具体见表 4.5。

截至20×8年8月31日，A企业共实现交割3 720万美元。企业在锁定汇率成本、规避市场汇率波动的风险的同时，获得了1 690.2万元的汇差收益，收益丰厚。

远期结售汇是银行基础类理财产品，在汇率波动较大的今天，仍然不失为一种企业规避汇率风险的理财产品。本案中，A企业以独到的眼光及大胆的预测，与银行签订了远期、超远期结汇合约。事实证明，企业在该远期、超远期合约中成功避免了汇率风险。随着客观环境的变化，出口企业需要积极面对挑战，尽快掌握各种外汇避险工具和手段，增强自身适应汇率浮动和应对汇率变动的能力。

表4.5 A企业下属企业远期、超远期结汇明细 （单位：万美元）

交割日	汇价	金额
20×7.09.20	7.616 8	200
20×7.10.10	7.606 8	300
20×7.11.12	7.590 1	300
20×7.12.13	7.565 4	100
20×8.01.12	7.577 8	180
20×8.02.05	7.534 3	180
20×8.03.07	7.528 8	300
20×8.04.07	7.524 3	350
20×8.06.16	7.448 8	600
20×8.07.15	7.434 1	600
20×8.08.15	7.418 3	600
20×8.09.15	7.402 6	600
合计		4 320

四、超远期外汇买卖

超远期外汇买卖业务是指起息日在一年以后的远期外汇买卖，即客户指定将来一年后的交割日，委托银行买入一种货币，卖出另一种货币。

（1）适宜客户。适用于将来某天有外币之间买卖需求的客户，用于公司进出口贸易结算或借入外汇债务等。客户需在银行开立外币账户。

（2）产品优势。可以在交易日就将未来交割日的汇率水平确定下来，将汇率风险完全锁定。

（3）产品功能。客户委托银行在指定的交割日以合同约定的汇率买入一种货币，卖出另一种货币，实现不同外币之间的转换。

（4）交易货币。可自由兑换的各类外币。

（5）交易期限。1年以上。

（6）交易流程。由客户发起指令，通过委托书形式确定交易细节，成交后，银行出具交易证实单，并在交割日实现收付。

（7）风险提示。无法利用在未来交割日即期汇率优于合同约定汇率的市场机会，只能按照约定汇率进行交割。

【例4.23】 某公司借入1 000万欧元贷款，期限3年，固定利率6%，每年3月20日与9月6日付息。因公司今后只有美元收入，这样在以后还本付息时，都需要用美元买入欧元。为避免欧元升值的汇率风险，公司可以采用购买超远期欧元的方式，将今后3年期间的汇率风险全部锁住。这样，公司向银行卖出远期美元，买入远期欧元，所用远期汇率及金额为（即期汇率EUR 1 = USD 1.321 1）

20×6年9月20日，买入欧元30万，EUR 1 = USD 1.329 7

20×7年3月20日，买入欧元30万，EUR 1 = USD 1.334 7

……

20×9年9月20日，买入欧元1030万，EUR 1 = USD 1.354 0

公司在当日就将以后 3 年的各次付息及还本所需欧元以美元形式锁定，从而避免了汇率风险。

在上述这种一揽子超远期外汇买卖中，还可以采用平均超远期汇率的形式。如在例 4.22 中，平均远期汇率为 EUR 1 = USD 1.348 4（此汇率并非以上各远期汇率的简单算术平均值）。在这种方式下，将来所有买欧元卖美元，均使用同一远期汇率 1 EUR = 1.348 4 USD。

五、可敲出远期外汇买卖

可敲出远期外汇买卖业务是指买卖双方签订远期合约，一方可在交割日按照优于正常远期汇率的价格，买入或卖出约定数量的货币。上述远期合约得以实现的前提条件是：双方设定一个"敲出"汇率。如果在交割日前市场即期汇率从未触碰过该"敲出"汇率，上述合约得以履约；否则，上述合约自动取消。

（1）适宜客户。适用于将来某天有外币之间买卖需求的客户，用于公司进出口贸易结算、支付信用证保证金等。客户需在银行开立外币账户。

（2）产品优势。该产品通过将两笔外汇期权相结合的方式（即同时买卖两笔期权），有效组合出比传统远期外汇买卖约定价格更优的汇率水平；同时由于买卖期权费用相抵，可以为客户实现"零成本"。

（3）产品功能。实现不同外币之间的转换，锁定远期汇率，从而降低因汇率波动带来的风险。

（4）交易货币。可自由兑换的各类外币。

（5）交易期限。根据客户需要确定具体期限。

（6）交易流程。由客户发起指令，通过委托书形式确定交易细节，成交后，银行出具交易证实单，并在交割日实现收付。客户可根据需要，在交易期中要求银行对该交易进行平仓或在交易到期日前要求银行对该交易进行一次展期。

（7）风险提示。一旦敲出汇率被触碰而接触合约，交易即被取消，客户将暴露在汇率风险之下。

【例 4.24】 某企业须于 2006 年 6 月支付货款 150 万欧元，而收入货币为美元，支付货币与收入货币存在不匹配，使企业承担欧元升值的风险。客户经理建议企业叙做远期产品固定汇率成本。按照市场价格，欧元兑美元即期汇率为 1.329 0，3 个月远期价格为 1.334 0。企业认为远期报价较高，希望等待更好的价格购买欧元，可是等待无异于令其现金流暴露于汇率风险的敞口下。银行针对客户的需求为其提供可"敲出"的远期外汇买卖产品，即可锁定远期汇率在 1.330 0，敲出汇率在 1.410 0。如果在交割日前市场汇率从未触碰过 1.410 0，则客户可以按照 1.330 0 的价格购买欧元（仅比即期价格高 10 个点，而比远期价格低 40 个点）；否则，合约自动取消。交易完成后的 3 个月中，欧元兑美元汇率始终持续在一个窄幅区间波动，未触碰过敲出汇率 1.410 0，企业最终在交割日以 1.330 0 的价格购入欧元，企业非常满意。

六、远期交易范例

远期交易过程范例及中文翻译如下所示。

A：JPY 6 USD 3 months	A：询问 3 个月远期美元/日元价位，金额为 600 万美元。
B：JPY120.26/63 SPD30/25	B：美元/日元三个月即期汇率为 120.26/63，兑换点数为 30/25。
A：26 yours，my JPY to my tokyo	A：请以 120.26 的即期汇率卖出美元兑日元汇入我东京的账户。
B：Ok，done at 119.96 We buy USD 6 MIO against JPY Val MAR-28 USD to my N.Y. TKS and bi	B：好的，成交在 119.96，即（120.26－0.30）。 我买入 600 万美元兑日元，3 月 28 日交割，美元请汇入我在纽约的账户， 谢谢，再会。
A：Ok. agreed， TKS，bi	A：好的，同意你的条件。 谢谢，再会。

第五节　无本金交割远期交易

无本金交割远期交易（non-deliverable forward，NDF）常用于衡量海外市场对人民币升值的预期。人民币无本金交割远期是 21 世纪以来常见的一个财经词汇，常用于衡量海外市场对人民币升值的预期。无本金交割远期合约在离岸场外市场（offshore OTC market）交易，所以又常被称为海外无本金交割远期。

一、无本金交割远期交易起源与发展

无本金交割远期交易市场起源于 20 世纪 90 年代，它为中国、印度、越南等新兴市场国家的货币提供了套期保值功能，几乎所有的无本金交割远期交易合约都以美元结算。人民币、越南盾、韩元、印度卢比、菲律宾比索等亚洲新兴市场国家货币都存在无本金交割远期交易市场，与这些国家存在贸易往来或设有分支机构的公司可以通过无本金交割远期交易进行套期保值，以此规避汇率风险。无本金交割远期交易市场的另一功能是可用于分析这些国家汇率的未来走势的预期，由于人民币目前还不可自由兑换，了解无本金交割远期交易市场的基本知识对关注人民币汇率走势很有益处。

无本金交割远期交易实际上是远期交易的一种。与一般意义上的远期交易（指有本金交割，即 DF）不同的是，无本金交割远期交易不做本金的实物交割，而是根据契约所订立的远期汇率与到期时即期汇率之差进行差额交割。无本金交割远期交易可让投资人押注不可自由兑换货币的走势或进行避险，它提供了一种近似于投资人民币的方式。从技术上来说，无本金交割远期交易市场不会对人民币产生直接影响，因为这些合约是在中国以外地区以美元结算的。

无本金交割远期外汇交易主要用于实行外汇管制国家的货币，2001 年以来亚洲地区的人民币、韩元、新台币等货币的非交割远期交易相当活跃。无本金交割远期外汇交易由银行充当中介机构，供求双方基于对汇率看法（或目的）的不同，签订非交割远期交易合约，该合约确定远期汇率。合约到期时，只需将该汇率与实际汇率差额进行交割清算，结算的货币是自由兑换货币（一般为美元），无需对无本金交割远期交易的本金（受限制货币）进行交割。无本金交割远期交易的期限一般在数月至数年之间，主要交易品种是一年期和一年以下的品种，超过一年的合约一般交易不够活跃。

表 4.6　2014 年 7 月 7 日人民币无本金交割远期合约（NDF）报价

人民币无本金交割远期交易	买入价	卖出价
1 周	6.467 0	6.470 0
1 月	6.466 0	6.469 0
2 月	6.458 0	6.463 0
3 月	6.448 0	6.453 0
9 月	6.410 1	6.416 4
1 年	6.390 0	6.397 5
2 年	6.288 3	6.302 2
3 年	6.154 5	6.206 6
4 年	6.015 8	6.084 1
5 年	5.883 2	5.967 2

国际清算银行表示，随着无本金交割远期交易市场的发展，投资者的基础也扩大了。活跃在市场的不仅有投机分子，比如对冲基金，还有一些跨国公司。一般企业和避险基金是推升人民币远汇交易量的主要来源。国际清算银行发现，人民币无本金交割远期交易合约显示出的波动性始终大于中国国内外汇市场中人民币汇率的波动。通过无本金交割远期交易市场持有人民币的海外投资者愿意接受低于人民币官方利率的利率水平，其一个主要原因是：人民币升值预期使得海外的人民币持有者减少了对低利率导致人民币存款收益低的担忧，因为他们更指望从人民币的升值中获利。表 4.6 为 2014 年 7 月 7 日人民币无本金交割远期合约的报价。

二、远期合约

远期合约（forward contract）是一种常见的金融衍生品（derivatives），它不但被广泛应用于外汇市场，也应用于债券投资等其他场合。

远期合约是指双方同意在未来某一日期按照固定价格交换金融资产的合约，远期合约中需要规定标的物、有效期和执行价格等内容。

远期合约与期货合约的区别主要在于远期合约的灵活性大，而期货合约则是标准化合约。由于期货合约交易实行每日无负债结算制度，因此履约风险低，流动性也更大。远期合约由于灵活性大、流动性差，因此一般在场外交易，而期货合约一般在交易所交易。

三、人民币无本金交割远期交易合约价格的计算

远期汇率合约价格，不但与预期的汇率走势有关，而且与两种货币的利率也有很大关系。国内媒体常将人民币一年期无本金交割远期交易汇率等同于海外市场对 1 年后人民币汇率的预期，这是一种不严谨的计算方法，当中美利差过大时，这种错误的算法就容易误导投资人的决策。

国内媒体常用的计算方法忽略了中美利差，是一种很不严谨的计算方法，投资者务必要注意这一点。在这里不妨用 2014 年 8 月 23 日的数据举个例子：人民币 1 年期无本金交割远期交易汇率为 6.2345，人民币 1 年期利率为 4.14%，美元 1 年期利率为 2.00%，那么，人民币 1 年远期汇率应为 $F = 6.2345 \times (1 + 2.00\%) / (1 + 4.14\%) = 6.1064$。可以看出，8 月 23 日，6.2345 的人民币 1 年期无本金交割远期交易合约价格代表的是：海外市场预期人民币汇率 1 年后会升值至 6.106 4。由于近期存在人民币加息预期，因此人民币无本金交割远期交易合约价格有小幅上扬。投资者看了上面提出的正确计算方法，就容易知道这不是因为人民币

升值压力减小的原因。

假设某客户 3 个月后有美元货款收入 1 000 万美元，但同时又担心人民币升值。这时，该客户可以进行远期结汇交易，从而避免汇率风险。设定当日中国人民银行公布的即期汇率为 8.277 0，四大国有商业银行的 3 个月远期美元/人民币结汇价格为 8.270 0。那么远期购汇交易后，该客户的美元收入折算成人民币锁定为 8.270 0 × 1 000 万 = 8 270 万人民币。

无本金交割远期交易也可以达到避免汇率风险的目的。设定 3 个月人民币无本金交割远期交易报价为（-0.040 0/0.030 0），因此客户卖出 3 个月人民币无本金交割远期交易的执行价格为 8.237 0（8.277 0 - 0.04）。3 个月到期后，如果人民币升值，即期价格为 1 美元兑换 8 元人民币，则银行将补偿给客户的美元金额为：（8.237 0 - 8）/8×1 000 万 = 29.625 万美元。同时，该客户将收到的 1 000 万美元货款收入按照 1：8 即期结汇，结汇收入为 8 000 万人民币。将无本金交割远期交易差额交割的美元收入 USD 296 250.00 按照 1：8 即期结汇，结汇收入为 237 万人民币。两项结汇收入相加，合计收入为 8 237 万人民币。实际上相当于按照无本金交割远期交易的执行价格 8.237 0 进行了美元结汇。这就是无本金交割远期交易的避险作用：客户进行无本金交割远期交易时，就已经把美元远期结汇汇率固定在了执行价格 1 美元兑 8.237 0 人民币，3 个月后无论人民币是升值还是贬值，客户都无须担心汇率风险。

四、人民币升值预期决定

人民币升值预期主要由以下几方面决定，即美国官员讲话、中国贸易顺差、中国外汇储备、中国经济增速、中国通货膨胀率。除此之外，人民币无本金交割远期交易合约价格还受以下因素影响，即中国利率调整和美国利率调整。

人民币无本金交割远期交易合约在离岸场外交易市场交易，人民币无本金交割远期交易合约的种类包括 1 月期、3 月期、6 月期、9 月期、12 月期五种合约。一般来讲，公司的财政年度（fiscal year）一般就是 1 年，因此超过 1 年的套期保值需求不大，因此也就没有开设。人民币无本金交割远期（无本金交割远期交易）市场可以用于外贸和跨国企业规避人民币汇率风险，也可以用于评判人民币升值的预期。但是，需要注意的是，简单地将 1 年期无本金交割远期交易合约价格等同于海外市场对人民币 1 年后汇率的预期是不正确的。在中国利率高于美国利率的情况下，海外市场对人民币汇率的预期要比媒体简单根据无本金交割远期交易合约价格得出的错误结论略高。投资者如能掌握根据无本金交割远期交易合约价格正确计算人民币升值预期的知识，就能避免因错误的资讯造成投资失误的可能性，这是非常重要的。

【链接知识 4.1】

一年期无本金交割远期交易报价低于即期价，为五年来首见

据路透社上海 2008 年 9 月 16 日电（林琦译）海外无本金交割（NDF）市场人民币兑美元远期报价周二大幅下跌，其中 1 年期无本金交割远期交易报价甚至低于今日人民币兑美元中间价，为 2003 年 9 月以来首见。北京时间 9 月 16 日 16:50，1 年期海外无本金交割人民币兑美元中间价 6.821 0 元，较上周五收盘价 6.755 0 元大幅下跌。而周二国内人民币兑美元中间价为 6.820 3 元，询价系统即期价为 6.842 0 元。

1 年期无本金交割远期交易报价低于当日中间价，意味着 1 年后的人民币兑美元汇价将贬值。自 2003 年底起，人民币兑美元无本金交割远期交易价格一直高于现货价，而在 2005 年 7 月汇改后，人民币升值趋势更是明显。但最近几周，海外无本金交割远期交易市场大幅调低未来人民币升值预期，因此国际美元汇率持续反弹并且中国经济增速开始放缓。

【链接知识 4.2】 无本金交割远期交易报价显示人民币升值预期未触及年内低点

据 2010 年 9 月 15 日《每日经济新闻》报报道：无本金交割远期交易报价显示人民币升值预期未触及年内低点。

尽管近日美元兑人民币中间价连创汇改以来新低，但海外无本金交割远期（NDF）市场上美元兑人民币 1 年期报价却仍远高于年内低点水平。

数据对比发现，9 月以来，无本金交割远期交易市场上的美元兑人民币走势弱于其中间价表现。1 日至 14 日，美元兑人民币汇率中间价由 6.812 6 下滑至 6.737 8，下跌达 748 个基点，跌幅逾 1%。而无本金交割远期交易美元兑人民币 1 年期报价 9 月 1 日至 13 日下跌 561 个基点，跌幅为 0.8%，14 日更是出现反弹走势。截至北京时间 18 时，无本金交割远期交易美元兑人民币 1 年报价为 6.659 5，较上一交易日上升 120 个基点。

> **扩展学习提示**
>
> **中国工商银行的远期外汇交易**
>
> 在中国工商银行网站“金融市场”专区，“个人产品介绍”栏目中可了解中国工商银行远期结售汇、外汇平价远期、单边终止型外汇远期、累计终止型外汇远期、双币远期结售汇等业务的概念、适用对象、优势和开办条件。

此外，在美元兑人民币中间价连创新低的同时，无本金交割远期交易反映的人民币升值预期却并未能触及年内高点。近期无本金交割远期交易美元兑人民币 1 年报价低点为 9 月 13 日的 6.647 5，比 4 月 22 日创下的 6.604 5 的年内低点水平还高出 430 个基点。

无本金交割远期交易美元兑人民币报价一向被看作市场对未来人民币汇率变动预期的直观指标。分析人士指出，近期无本金交割远期交易美元兑人民币的走势，反映出投资者对未来人民币汇率走势的判断仍较为谨慎，也预示本轮人民币升值或难以持续。

本章小结

远期外汇交易（forward exchange deals）又称期汇交易，是指外汇交易合约成立时，双方并无外汇或本币的支付，而是双方约定于将来某一特定日期，以原约定的汇率买卖外汇交易。简而言之，现在先约定未来外汇买卖的汇率，到时按约定的汇率、币种以及金额办理交割的外汇交易。

远期外汇交易主要有以下四个特点：远期外汇合约中的条款由交易双方自行协商确定；远期外汇交易一般在场外进行；交易的规模较大；信用风险较大，很难规避违约风险。

远期外汇交易，根据交割日的不同可以分为固定交割日远期交易和择期交易两种类型。

我们得出结论，在远期外汇的双向报价中，远期买入价 = 即期买入价 + 即期买入价 ×（报价币低利率 - 被报价币高利率）× 天数/360；远期卖出价 = 即期卖出价 + 即期卖出价 ×（报价币高利率 - 被报价币低利率）× 天数/360。

基本训练

一、翻译下列专业词语

1. premium　2. discount　3. forward exchange deals　4. sell short　5. buy long

二、填空题

1. 远期外汇交易按交割日的不同分为（　　）和（　　）。
2. 在远期外汇交易中，如果交割期不是月的整数倍则称为（　　）。
3. 择期交易又被称为（　　）或（　　）的远期外汇交易。
4. 择期交易的交割日的第一天和最后一天必须是（　　）。
5. 远期汇率的报价方式是（　　）和（　　）。

三、单项选择题

1. 在直接标价法下，对于远期的汇率大于即期的汇率，我们可以知道这是（　　）。

A. 升水　B. 贴水　C. 平价　D. 都不是

2. 对于远期外汇交易的交割下列说法正确的是（　　）。

A. 在固定日交割　B. 在非固定日交割

C. 可固定也可不固定交割日　D. 可不交割

3. 某投机商预测将来某种外汇会贬值，则现在就卖出该种外汇，待将来便宜的时候再把这种外汇买回来从而获利的外汇交易是（　　）。

A. 卖空　B. 买空　C. 买卖掉期交易　D. 卖买掉期交易

4. 下列属于择期交易特点的是（　　）。

A. 交易成本较低　B. 买卖差价大

C. 客户事先必须缴纳保证金　D. 可以放弃交割

5. 如果某时刻即期汇率为 SPOT GBP/USD 1.673 2/42，掉期率为 SPOT/3MONTH 80/70，则三个月远期汇率为（　　）。

A. 1.629 2/1.667 2　B. 1.681 2/32　C. 1.629 2/1.681 2　D. 1.665 2 /1.667 2

6. 如果某时刻即期汇率为 SPOT USD/CHF= 1.641 0/20，掉期率为 SPOT/3MONTH 184/195，则远期外汇报价为（　　）。

A. 1.659 4/1.661 5　B. 1.661 5/1.659 4　C. 1.622 6/1.622 5　D. 1.622 5 /1.622 6

7. 择期与远期外汇合约的区别在于（　　）。

A. 远期外汇合约和择期均可在合约有效期内任何一天交割

B. 远期外汇合约只能在到期日交割，择期可在合约有效期内任何一天交割

C. 远期和择期都只能在到期日交割

D. 远期外汇合约可在合约有效期内任何一天交割，择期只能在到期日交割

8. 对于下列说法错误的是（　　）。

A. 利率高的货币远期趋于升水　B. 利率低的货币远期趋于贴水

C. 远期升贴水与利率无关　　　　　　　D. 远期升贴水与利率有关

四、多项选择题

1. 远期外汇的特点是（　　）。

A. 远期外汇合约中的条款，如汇率、交割方式、金额等由交易双方自行协商确定

B. 远期外汇交易一般在场外进行，它属于无形市场，没有固定的场所和交易时间，可以 24 小时进行交易

C. 交易的规模较大

D. 信用风险较大，很难规避违约风险

2. 远期外汇交易的类型分为（　　）。

A. 固定交割日期交易　B. 择期交易　　C. 期货交易　　D. 期权交易

3. 远期外汇交易的交割日的通用惯例是（　　）。

A. 日对日　　B. 月对月　　C. 节假日顺延　　D. 不跨月

4. 在直接标价法下，外汇的远期价格应等于（　　）。

A. 即期价格加贴水点数　　　　B. 即期价格减贴水点数

C. 即期价格加升水点数　　　　D. 即期价格减升水点数

5. 远期外汇交易的动机有（　　）。

A. 保值　　B. 持有　　C. 投机　　D. 套现

6. 在远期外汇进行保值时，正确的是（　　）。

A. 未来有收入，则买入远期外汇　　B. 未来有收入，则卖出远期外汇

C. 未来有支出，则买入远期外汇　　D. 未来有支出，则卖出远期外汇

7. 在远期外汇进行投机时，可以进行（　　）。

A. 空头交易　　B. 多头交易　　C. 卖空交易　　D. 买空交易

8. 对于择期交易下列说法正确的是（　　）。

A. 一次性交割完毕　B. 可分次交割　　C. 必须交割　　D. 可以放弃不交割

9. 时间期权和货币期权的区别有（　　）。

A. 时间期权无需缴纳保证金而货币期权需缴纳

B. 货币期权无需缴纳保证金而时间期权需缴纳

C. 时间期权客户可放弃交割而货币期权不能放弃

D. 货币期权客户可放弃交割而时间期权不能放弃

10. 如果投机者预测外汇汇率上涨，先买进期汇，等到汇率上涨后再卖出现汇的投机活动称为（　　）。

A. 做多头　　B. 做空头　　C. 买空

D. 卖空　　E. 投机

五、判断题

1. 1 月 29 日 A 银行与 B 银行进行了一笔远期外汇交易，期限 1 个月，2 月 29 日为 2 月的最后一天，且为非营业日，在这种情况下，交割日应在 3 月 1 日。（　　）

2. 对债务进行套期保值时，在外汇市场上应做先买入后卖出的套期保值。（　　）

3. 利率低，远期汇率趋于升水。（　）

4. 为避免外汇交易的风险，外汇银行需不断进行轧平头寸交易。（　）

5. 投资者若预测外汇将会贬值，便会进行买空交易。（　）

6. 远期外汇交易既可以用来保值，又可以用来投机。（　）

7. 择期合约规定的第一个与最后一个交割日，都必须是银行的营业日。（　）

8. 择期外汇交易的成本较高，买卖差价大。（　）

9. 本国利率相对较高时，将导致本国货币汇率上升，本国货币升值，外国货币贬值。（　）

10. 投资者若预测外汇价格将上升，采取先买后卖方式获利为空头投机。（　）

六、案例分析与计算

1. 2011 年 1 月 15 日，伦敦外汇市场上英镑美元的即期价格汇价为：GBP 1 = USD 1.615 8/1.616 1，假设六个月后美元发生升水，升水幅度为 177/172 点，威廉公司卖出六月期远期美元 3 000 元，问折算成英镑是多少？

2. 2010 年 7 月中旬外汇市场行情为：即期汇率 GBP/USD = 1.615 8/61 两个月掉期率 105/100；一美国出口商签订向英国出口价值为 10 万英镑仪器的协定，预计两个月后才会收到英镑，到时需将英镑兑换成美元核算盈亏。假若美国出口商预测两个月后英镑会贬值，即期汇率水平会变为 GBP/USD = 1.600 0/10，如不考虑交易费用，美国出口商现在不采取避免汇率变动风险的保值措施，则两个月后将收到的英镑折算为美元时相对 4 月中旬进行远期保值换成美元将会损失多少？

3. 2011 年 7 月中旬外汇市场行情为：即期汇率 USD 1 = JPY 79.150/79.200，3 个月远期汇率 USD 1 = JPY 79.080/79.130。可以看出美元表现为贴水，一美国进口商从日本进口价值 10 亿日元的货物，在 3 个月后支付。为了避免日元兑换美元升值所带来的外汇风险，进口商从事了远期外汇交易的套期保值。此例中：

（1）进口商不采取避免汇率变动风险的保值措施，现在就支付 10 亿日元需要多少美元？

（2）设 3 个月后的汇率为 USD 1 = JPY 78.950/79.000，则到 2011 年 10 月中旬才支付 10 亿日元需要多少美元？比现在支付日元预计要多支出多少美元？

（3）美国进口商如何利用远期外汇市场进行套期保值？

4. 下列为各货币之即期汇率报价，请按照题目指示计算其远期汇率。

（1）美元/新加坡元：1.415 0，3 个月美元利率为 3.25%，3 个月新加坡元利率为 6.875%，试计算三个月美元/新加坡元之汇率。

（2）美元/日元：108.20，6 个月美元利率为 3.5%，6 个月日元利率为 3.75%，试计算六个月美元/日元之汇率。

（3）英镑/美元：1.542 0，6 个月英镑利率为 5.875%，6 个月美元利率为 3.5%，试计算 6 个月英镑/美元之汇率。

（4）美元/新加坡元：1.623 0/40，3 个月美元利率为 3.25%/3.875%，3 个月新加坡利率为 7.5%/7.875%，试计算 3 个月美元/新加坡元之双向汇率。

（5）英镑/美元：1.586 0/70，3 个月英镑利率为 5.75%/6.125%，3 个月美元利率为 3.5%/3.75%，试计算 3 个月英镑/美元之双向汇率。

（6）澳元/美元：0.685 0/60，6 个月澳元利率为 6.375%/6.875%，6 个月美元利率为 3.5%/3.75%，试计算 6 个月澳元/美元之双向汇率。

（7）英镑/瑞士法郎：2.496 0/70，2 个月英镑利率为 5.375%/5.75%，2 个月瑞士法郎利率为 7.875%/8.25%，试计算 2 个月英镑/瑞士法郎之双向汇率。

（8）美元/新加坡元：1.415 0/60，3 个月美元利率为 3.25%/3.75%，3 个月新加坡元利率为 6.875%/7.25%，试计算 3 个月美元/新加坡元之双向汇率。

5. 假设英镑/美元：即期利率 1.834 0/50，2 月期掉期率 96/91，3 月期掉期率 121/117，报价银行要报出 2 ~ 3 个月的择期汇率是多少？

6. 假设美元/英镑：即期利率 1.575 0/60，2 月期掉期率 152/156，3 月期掉期率 216/220，报价银行要报出 2～3 个月的择期汇率是多少？

7. 假设一家瑞士公司在 6 个月后将收到货款 100 万美元，目前市场条件是：即期汇率 USD/CHF = 1.600 0，美元利率为 3.5%，瑞郎利率为 8.5%，问该公司进行 6 个月远期外汇交易收到货款后换得多少瑞郎？

8. 假设即期汇率 USD/CNY = 8.264 0/60，6 个月美元的利率为 3%/6%，6 个月人民币利率为 5%/8%，计算 6 个月期的 USD/CNY 的远期汇率。

9. 设某港商向英国出口商品，3 个月后收入 100 万英镑。签订进出口合同时，伦敦外汇市场的即期汇率为 GBP 1 = HKD 12.000/10，3 个月掉期率 50/60 点。若付款日的即期汇率为 11.500/60，那么，该出口商若采用远期外汇交易进行保值，他可以减少多少损失？

10. 以报价银行的角度，报出下列择期交易的汇率。

（1）美元/新加坡元 即期汇率 1.598 0/90，2 月期掉期率 154/157，3 月期掉期率 219/221.5，报出 2 个月至 3 个月的择期汇率。

（2）英镑/美元 即期汇率 1.547 0/80，1 月期掉期率 61/59，2 月期掉期率 123.5/121，报出 1 ~ 2 个月的择期汇率。

（3）澳元/美元 即期汇率 0.688 0/90，3 个月掉期率 137/134.5，4 个月掉期率 179.5/177，报出 3 ~ 4 个月的择期汇率。

11. 上海某企业采取远期结售汇。去年 9 月 1 日与国外客商签订进口一批设备，价值 1 000 万美元，定于今年 3 月 2 日收妥付款。如按过去的即期结售汇方式，则 3 月 2 日当天，该公司货到付款，按即期价格向银行买汇，中国银行当日美元即期售汇牌价为 829.10，公司需支付人民币：10 000 000 × 829.10% = 82 910 000 元。由于该公司在去年 9 月 1 日与中国银行签订了远期结售汇协议，当日该行 6 个月美元远期售汇牌价为 825.79，公司需支付人民币多少元？公司节省了人民币多少元？

12. 某银行择期交易报价如表 4.6 所示。

结合表 4.7 说出什么是择期交易？择期交易的特点是什么？如果有人要做即期对 3 个月的择期交易，在美元升水和贴水时汇率分别是多少？

表 4.7 择期交易报价表

美元/港币	美元升水（买入/卖出）	美元贴水（买入/卖出）
即期汇率	7.800 0/7.803 0	7.800 0/7.803 0
一个月远期汇率	7.807 0/7.811 5	7.791 5/7.796 0
两个月远期汇率	7.814 0/7.820 0	7.783 0/7.789 0
三个月远期汇率	7.821 5/7.827 5	7.775 5/7.781 5
三个月择期 1～3 月	7.800 0/7.827 5	7.775 5/7.803 0
三个月择期 2～3 月	7.807 0/7.827 5	7.775 5/7.796 0
三个月择期 3 月内	7.814 0/7.827 5	7.775 5/7.789 0

七、翻译并填空

1. A: GBP 0.5 MIO

B: GBP/USD 1.892 0/25

A: Mine PLS adjust to 1 month

B: Ok,done

Spot 1 month 95/90 at （ ）

We sell GBP 0.5 MIO VAL JULY/22/2003，USD to my NY

A: Ok,all agreed,my GBP to my London TKS,BI

B: Ok,BI AND TKS

2. A: GBP 0.5 MIO

B: GBP/USD 1.422 0/30

A: Mine PLS adjust to 1 month

B: Ok,done

Spot 1 month 55/50 at （ ）

We sell GBP 0.5 MIO VAL JUNE/22/98，USD to my NY

A: Ok,all agreed,my GBP to my London TKS,bi

B: Ok,BI and TKS

八、主要观念

1. 远期外汇交易的特点有哪些？
2. 远期外汇交易的起息日和交割日的推算有哪些规则？
3. 我国远期结售汇业务有哪些特点？
4. 择期外汇交易的特点有哪些？

第五章　个人外汇买卖与结算

【学习目标】

理论目标：了解个人外汇买卖的含义、特点、一般交易策略；掌握个人外汇买卖的开户流程、交易方式及手段；了解我国个人外汇结算业务的品种，掌握个人外汇结算业务操作流程。

技术目标：掌握个人外汇交易的一般流程及交易方式，能指导客户完成个人外汇交易的前期工作；掌握个人外汇结算业务操作，能独立为客户完成各项外汇结算业务。

能力目标：通过学习使学生具备从事个人外汇交易的一般能力，包括指导客户开户、交易，为客户提供交易咨询的能力及解决交易中突发一般问题的能力；使学生具备为客户完成个人外汇结算业务能力及解决交易中突发问题的能力。

引例

一笔实盘个人外汇交易

张先生有一笔1万美元的投资用款，由于对国外股票不熟悉，对外汇存款收益也不满意，于是选择了实盘外汇买卖。当前银行普遍开设了个人外汇买卖业务，因此张先生很顺利地就完成了外汇买卖的准备工作，接下来张先生根据专业人员的分析最终决定在2007年4月18日以1∶1.226 0的汇率卖出美元买入欧元。这样，账上的1万美元变成了8 156.6欧元。五一休假期间，张先生外出旅游，黄金周过后他通过对欧元走势进行分析，最终决定在5月10日以1.280 5的汇率将手中欧元兑成了美元，8 156.6 × 1.280 5 = 10 444.5美元，这样，张先生在短短3周便获利444.5美元，收益率超过4.4%。

仅22天就赚了444.5美元，折合成人民币相当于3 000多元，外汇投资有这么大的赚头？居民可以进行的是个人外汇实盘买卖业务，可以通过手中的外汇（现钞、现汇均可）按照所在银行公布的国外外汇市场报价来进行交易。张先生采取的是实盘操作的模式，这种模式在交易的过程中没有任何的信用因素以及放大效应。主要交易货币为欧元/美元、英镑/美元、美元/日元、美元/瑞郎、澳元/美元、美元/加元以及相应交叉盘。当前大部分银行已经实现连续24小时交易，并开通了网上交易、电话交易等交易方式。此外，个人实盘外汇交易的风险相对最低，交易成本也相对透明，容易被广大投资者所认同。与股市不同，国际外汇市场的日均波幅为1.5%，这样的空间为投资者提供了实现赢利的可能性，但同时也限制了实际的波动风险。

不过外汇投资并不是一本万利的买卖。外汇市场其实和股票市场是一样的道理，都是在低位买入，高位抛出的。唯一不同的是，在股市人们用的是人民币，买的是股票，而外汇市场投资者手里用的是美元，买的是日元等，这两个市场都有风险，投资者在投资时需谨慎。

在个人外汇交易领域，中国一直持谨慎态度，在1993年年底，中国人民银行开始允许国内银行开展面向个人的实盘外汇买卖业务（一种封闭型外汇交易，在国际上并不存在）。自1993年中国银行率先推出个人外汇买卖实盘交易以来，到目前为止，除个别银行外，全国各大商业银行均开通了此项业务。随着股票市场的规范，买卖股票的赢利空间大幅缩小，于是投资者纷纷进入外汇市场，国内外汇实盘买卖逐渐成为一种新兴的投资方式，进入了快速发展的阶段。个人外汇买卖业务迅速发展，已成为我国除股票以外最大的投资市场。

与国内股票市场相比，外汇市场要规范和成熟得多，外汇市场每天的交易量大约是国内股票市场交易量的1 000倍，所以尽管在交易规则上不完全符合国际惯例，国内银行开办的个人实盘外汇买卖业务还是吸引了越来越多的参与者。

总体来看，国内绝大多数的外汇投资者参与的是国内银行的实盘交易，而保证金交易，由于国内尚未开放，以及国家的外汇管理政策，国内投资者尚需待以时日。

第一节　个人外汇买卖

个人外汇买卖又称“外汇宝”，是指银行参照国际外汇市场汇率，为境内居民将一种外汇直接兑换成另外一种外汇的业务。也就是个人客户在银行进行的可自由兑换外汇（或外币）间的交易。个人外汇买卖一般有实盘和虚盘（保证金）之分。

一、个人外汇买卖的用处、政策和特点

通过外汇买卖，个人可以卖出手中持有的外币，买入存款利率较高或处于升值中的另一种外币，从而获取更高的利息收益或者获得外汇升值的好处，避免汇率风险。如买入利率较高且处于升值中的货币，可获得汇差、利息两方面的收入。通过外汇买卖，个人还可以调整手中所持外汇的币种结构，既方便使用，也有利于保值。

目前按国家有关政策规定，只能进行实盘外汇买卖，还不能进行虚盘外汇买卖。所以个人外汇买卖业务均为实盘交易（不能进行透支、保证金等交易），个人在银行规定的交易时间内，通过柜面服务人员或其他电子金融服务方式，进行实盘外汇买卖。银行接受客户的委托，按照银行个人外汇买卖业务的报价，为客户把一种外币买卖成另一种外币。目前人民币还没有实现完全可兑换，人民币与外汇之间还不能进行自由买卖。居民个人可以持现钞去银行开户，也可以将已有的现汇账户存款转至开办个人外汇买卖业务的银行。在交易手段上，既可以到银行柜台办理交易，也可以通过电话、互联网进行外汇买卖。

与股票、债券、期货等投资品种相比，个人外汇买卖有其自身的特点，这主要表现在以下几个方面。

（1）交易时间长。由于全球外汇市场连续24小时在运作，因此，外汇交易的时间最长。只要银行能够提供服务，居民个人可以进行24小时的外汇买卖。

（2）汇率波动大。由于目前全球汇率体制主要是浮动汇率，加之国际外汇市场受国际上各种政治、经济因素以及各种突发事件的影响，汇率波动已经成为一种正常现象，有时甚至会出现大幅波动。国际外汇市场汇率涨跌幅没有限制。汇价波动给个人外汇买卖业务既带来

机遇，也带来风险。

（3）交易方式多样、灵活。目前个人外汇买卖业务可以通过银行柜面服务人员、电话或者自助交易设备等方式进行。

（4）个人外汇买卖的货币均为国际上可以自由兑换的货币。由于美元是国际外汇市场交易的媒介货币，多数外汇买卖都涉及美元，如美元/日元、欧元/美元、英镑/美元、美元/瑞士法郎等。在欧元面世后，欧元与主要可兑换货币之间的买卖也日益受到市场的重视。

（5）个人外汇买卖报价与国际惯例相同。银行在国际外汇市场即时汇率（国际外汇市场报价是双边报价，银行同时报出买入价和卖出价，正常情况下买卖价差大约为 5 个基本点，买卖价差为银行赢利部分）基础上扩大买卖价格的差距（买卖价差），产生个人外汇买卖价，并随着国际外汇市场行情而变动。

（6）资金结算时间短。当日可进行多次反向交易，起息日采取 T + 0 方式，即居民个人可以把当天买入（卖出）的货币当天卖出（买入），交易次数没有限制。

二、个人外汇买卖的通用策略

无论是投资国内市场，还是投资国外市场，不论是投资一般商品，还是投资金融商品，投资的基本策略是一致的，在更为复杂的外汇市场上尤为如此。各人投资的策略虽有不同之处，但有一些是基本的和通用的。下面的策略总结对各种投资者来说，都有相当的参考价值。

（1）以闲余资金投资。如果投资者以家庭生活的必需费用来投资，万一亏蚀，就会直接影响家庭生计的话，在投资市场里失败的机会就会增加。因为用一笔不该用来投资的钱来生财时，心理上已处于下风，故此在决策时亦难以保持客观、冷静的态度。

（2）知己知彼。要了解自己的性格，容易冲动或情绪化倾向严重的人并不适合这个市场，成功的投资者大多数能够控制自己的情绪且有严谨的纪律性，能够有效地约束自己。

（3）切勿过量交易。要成为成功投资者，其中一项原则是随时保持 3 倍以上的资金以应付价位的波动。假如资金不充足，应减少手上所持的买卖合约，否则，就可能因资金不足而被迫"斩仓"以腾出资金来，纵然后来证明眼光准确亦无济于事。

（4）正视市场，摒弃幻想。不要感情用事，过分憧憬将来和缅怀过去。一位美国期货交易员说：一个充满希望的人是一个美好和快乐的人，但他并不适合做投资家，一位成功的投资者是可以分开他的感情和交易的。

（5）勿轻率改变主意。预先定下当日入市的价位和计划，勿因眼前价格涨落影响而轻易改变决定，基于当日价位的变化以及市场消息而临时做出决定是十分危险的。

（6）做出适当的暂停买卖。日复一日的交易会令你的判断逐渐迟钝。一位成功的投资家说：每当我感到精神状态和判断效率低至 90%，我开始赚不到钱，而当我的状态低过 90%时，便开始蚀本，故此，我会放下一切而去度假数周。暂短的休息能令你重新认识市场，重新认识自己，更能帮你看清未来投资的方向。投资者格言：当太近森林时，你甚至不能看清眼前的树。

（7）切勿盲目。成功的投资者不会盲目跟从旁人的意思。当每人都认为应买入时，他们会伺机沽出。当大家都处于同一投资位置，尤其是那些小投资者亦都纷纷跟进时，成功的投资者会感到危险而改变路线。这和逆反的理论一样，当大多数人说要买入时，阁下就该伺机沽出。

（8）拒绝他人意见。当把握了市场的方向而有了基本的决定时，不要因旁人的影响而轻易改变决定。有时别人的意见会显得很合理，因而促使改变主意，然而事后才发现自己的决定才是最正确的。简而言之，别人的意见只是参考，自己的意见才是买卖的决定。

（9）当不肯定时，暂时观望。并非每天均需入市，初入行者往往热衷于入市买卖，但成功的投资者则会等机会，当他们入市后感到疑惑时亦会先行离市。

（10）当机立断。投资外汇市场时，导致失败的心理因素很多，一种颇为常见的情形是投资者面对损失，亦知道已不能心存侥幸时，却往往因为犹豫不决，未能当机立断，因而越陷越深，损失增加。

（11）忘记过去的价位。“过去的价位”也是一项相当难以克服的心理障碍。不少投资者就是因为受到过去价位的影响，造成投资判断有误。一般来说，见过了高价之后，当市场回落时，对出现的新低价会感到相当不习惯；当时纵然各种分析显示后市将会再跌，市场投资气候十分恶劣，但投资者在这些新低价位水平前，非但不会把自己所持的货币售出，还会觉得很“低”而有买入的冲动，结果买入后便被牢牢地套住了。因此，投资者应当“忘记过去的价位”。

（12）忍耐也是投资。投资市场有一句格言说“忍耐是一种投资”。这一点相信很少投资者能够做到。从事投资工作的人，必须培养良好的忍耐力，这往往是成败的一个关键。不少投资者，并不是他们的分析能力低，也不是他们缺乏投资经验，而是欠缺了一份耐力，过早买入或者沽出，于是招致无谓的损失。

（13）订下止损位置。这是一项重要的投资技巧。由于投资市场风险颇高，为了避免万一投资失误时带来的损失，因此每一次入市买卖时，我们都应该订下止损盘，即当汇率跌至某个预定的价位还可能下跌时，立即交易结清。因此这种订单是限制损失的订单，这样我们便可以限制损失的进一步扩大了。

三、个人外汇交易方式

外汇交易主要可分为现钞、现汇、合约现汇、期货、期权、远期交易等。具体来说，现钞交易是旅游者以及由于其他各种目的需要外汇现钞者之间进行的买卖，包括现金、外汇旅行支票等；现汇交易是大银行之间以及大银行代理大客户的交易，买卖约定成交后，最迟在两个营业日之内完成资金收付交割；合约现汇交易指投资人与金融公司签订合同来买卖外汇的方式，适合大众投资；期货交易是按约定的时间，并按已确定汇率进行交易，每个合同的金额是固定的；期权交易是针对将来是否购买或者出售某种货币选择权而预先进行的交易；远期交易是根据合同规定在约定日期办理交割，合同可大可小，交割期也灵活。

从外汇交易的数量来看，由国际贸易而产生的外汇交易占整个外汇交易的比重不断减少，据统计，目前这一比重只有 1%左右。那么，可以说现在外汇交易的主流是投资性的，是以在外汇汇价波动中营利为目的的。因此，现汇、合约现汇及期货交易在外汇交易中所占的比重较大。

1. 现货外汇交易

现货交易（实盘交易）是大银行之间以及大银行代理大客户的交易，买卖约定成交后，最迟在两个营业日之内完成资金收付交割。我们主要介绍国内银行面向个人推出的，适于大众投资者参与的个人外汇交易。

在我国个人外汇交易中，由于投资者必须持有足额的要卖出外币，才能进行交易，较国际上流行的外汇保证金交易缺少保证金交易的卖空机制和融资杠杆机制，因此也被称为实盘交易。

自从 1993 年 12 月上海工商银行开始代理个人外汇买卖业务以来，随着我国居民个人外汇存款的大幅增长，新交易方式的引进和投资环境的变化，个人外汇买卖业务迅速发展，目前已成为我国除股票以外最大的投资市场。到目前为止，除个别银行外，全国各大商业银行均开通了此项业务，银行关于个人外汇买卖业务的竞争会更加激烈，服务也会更加完善，外汇投资者将享受到更优质的服务。

国内的投资者，凭手中的外汇，到任何一家办理个人外汇交易的银行办理开户手续，存入资金，即可通过互联网、电话或柜台方式进行外汇买卖。

2. 合约现货外汇交易

合约现货外汇交易，又称外汇保证金交易、按金交易、虚盘交易，指投资者和专业从事外汇买卖的金融公司（银行、交易商或经纪商）签订委托买卖外汇的合同，缴付一定比率（一般不超过 10%）的交易保证金，便可按一定融资倍数买卖 10 万美元、几十万美元甚至上百万美元的外汇。因此，这种合约形式的买卖只是对某种外汇的某个价格做出书面或口头的承诺，然后等待价格出现上升或下跌时，再做买卖的结算，从变化的价差中获取利润，当然也承担了亏损的风险。由于这种投资所需的资金可多可少，所以近年来吸引了许多投资者的参与。

外汇投资以合约形式出现，主要的优点在于节省投资金额。以合约形式买卖外汇，投资额一般不高于合约金额的 10%，而得到的利润或付出的亏损却是按整个合约的金额计算的。外汇合约的金额是根据外币的种类确定的，具体来说，每一个合约的金额分别是 12 500 000 日元、62 500 英镑、125 000 欧元、125 000 瑞士法郎，每张合约的价值为 10 万美元。每种货币的每个合约的金额是不能根据投资者的要求改变的。投资者可以根据自己定金或保证金的多少，买卖几个或几十个合约。一般情况下，投资者利用 1 000 美元的保证金就可以买卖一个合约，当外币上升或下降，投资者的赢利与亏损是按合约的金额即 10 万美元来计算的。具体内容我们在第二章已经进行了分析。外汇保证金交易，作为一种投资工具，在欧美、日本等国家及我国香港、台湾地区是合法的，交易商和交易行为受到政府的监管。

3. 期货外汇交易

期货外汇交易是指在约定的日期，按照已经确定的汇率，用美元买卖一定数量的另一种货币。期货外汇买卖与合约现货买卖有共同点亦有不同点。合约现货外汇的买卖是通过银行或外汇交易公司来进行的，期货外汇买卖是在专门的期货市场进行的。目前，全世界的外汇期货市场主要有：芝加哥商品交易所、纽约商品交易所、悉尼期货市场、新加坡期货市场、伦敦期货市场。期货市场至少要包括两个部分：一是交易市场，另一个是清算中心。期货的买方或卖方在交易所成交后，清算中心就成为其交易对手，直至期货合同实际交割为止。期货外汇交易具体运作方式我们将在第六章详细介绍。

四、个人外汇交易账户的开立

投资者要进行外汇交易，首先要到银行开设外汇交易账户。目前我国工商银行、中国银行、交通银行等都办理个人外汇买卖业务，俗称“外汇宝”交易。

首先，投资者可以到自己认为比较便利、就近的银行，询问该银行是否办理个人外汇买卖交易业务。通常比较大的银行分支机构均可办理个人外汇买卖交易业务。如果该银行分支机构没有办理该项业务，营业员也会引导投资者到附近有办理该项业务的分支机构。现代电话网络遍布，投资者可以利用电话系统进行电话委托交易，不需要考虑到交易银行地理位置的远近。

在选择好银行后，投资者凭有效身份证件（居民凭居民身份证、军人凭军官证或士兵证、非居民凭有效身份证件）和开设外汇交易账户所需的外汇到银行办理开户手续。开户的手续主要包括：开立一个外汇交易账户，不同的银行对开立外汇交易账户的要求也不同，有的要求开立一个专门的外汇交易账户，有的要求开立活期一本通账户；填写“个人外汇买卖交易开户申请书”“个人外汇买卖交易协议书”。此外，投资者还可以根据实际需要开设电话交易委托、多媒体自助交易、个人计算机交易和网络交易等。

投资者开设外汇交易账户的外汇可分为外汇现钞和外汇现汇，两种都可以进行外汇买卖交易。外汇现钞是以现金形式从境外直接携入或由境内居民持有的，外汇现汇是从境外以汇款形式汇入的。按照我国外汇管理机构规定，现汇可以直接汇往境外，也可以兑换为现钞提取出来，但是现钞不能直接汇往境外，也不能兑换为现汇。现汇或现钞兑换成人民币时，两者的兑换价格也不同，现钞的兑换价格总是低于现汇的兑换价格，这是因为银行兑入的外币要运抵这种外钞的发行国或运往能出售这种外钞的国际金融中心才能进账或出售，银行需承担部分外钞的运输、保险等费用，还需要垫付其间的利息，这些费用和利息均需在现钞汇率中扣除。

以外汇现钞账户或外汇现汇账户进行外汇交易时，都是按照同一个价格进行，并没有价格上的差别。虽然外汇现钞和外汇现汇都可以进行外汇买卖交易，但是按国家外汇管理机关规定，一种外币现汇只能兑换成另一种外币现汇，一种外币现钞只能兑换成另一种外币现钞。投资者办好外汇交易账户之后，就可以进行外汇买卖交易。

五、个人外汇交易的手段

现在，商业银行对个人开办的外汇买卖业务主要是外汇宝交易，个人投资者可以通过外汇宝交易委托银行按委托价格或按市价将一种外币兑换成另一种外币。中国银行、交通银行、工商银行、农业银行等多家银行均开设了外汇宝业务，而且外汇宝可以通过柜面交易、电话委托、自助式交易多种方式进行。

投资者开立外汇宝账号时，应持有效证件。不同的银行还会要求申请人开立不同名称的账户，如活期一本通账户、外汇资金账户和借记卡等，其实账户的性质是一样的。开立外汇宝账户有最低的资金要求，不同的银行最低要求也不同，一般是100美元或等值的其他外汇。申请人必须真实有效地填写“个人外汇宝（实盘）交易开户申请书”“个人外汇买卖（实盘）交易协议书”等。投资者在申请时，最好同时办理电话委托、自助交易等，增加这些交易方式，并不需要增加申请费用，但可以方便以后交易的进行。如实填写以后将申请书、协议书、有效身份证件、资金账户等递交给银行。银行会在很短的时间内为投资者办理好外汇宝账户。办好外汇宝账户后，投资者最好设定一个密码，通过柜台的密码输入器自行设定密码，输入两遍相同的数字后，密码就会生效。密码在电话交易和自助交易时，需自行输入，在密码输入正确后，才能进入委托系统。

投资者在进行外汇宝交易时，可以有多种交易方式的选择，我们在此只以其中常见的和新的交易方式为例介绍如何进行外汇交易。

1. 柜台交易

柜台交易即投资者直接到银行进行的交易。投资者选择柜台交易时，需填写“个人外汇买卖水单”，上面要清楚填写要买进或卖出的外汇的名称和数额及交易的价格（也就是汇价或汇率），连同本人身份证件和个人外汇买卖专用存折交与经办人员。成交以后，银行有“外汇买卖回单”给投资者加以确认成交价和成交金额。交易的价格需要认真填写，交易价格分为时价交易（又称市价交易）和限定价格交易。时价交易不制定交易价格，由银行交易员根据外汇市场的即时价格为投资者完成交易。投资者选择时价交易，银行会在最短时间内为投资者完成交易。银行为迅速完成交易，会按低于、等于或高于外汇市场现时价格成交。外汇市场现时价格是时时波动的，因此时价交易的价格也是波动的，不是投资者可以控制的，可能会高于或低于投资者希望的价格。时价交易的优点在于投资者可迅速实现买入或卖出某种外汇的意愿，不足之处是实际成交价可能会偏离投资者的心理价位，投资者可能会处于一个不利的境况：投资者得到了所需要的外汇，但却付出了较高的价格。

限定价格交易是投资者明确定下一个买入价（或者卖出价），银行只能在外汇市场现时价格低于或等于（高于或等于）投资者规定的买入价（卖出价）时为投资者买入（卖出）外汇。由于外汇市场现时价格不一定等于或优于投资者的限定价格，因此投资者可能需要等待一段时间才能完成交易。限定价格交易的成交顺序按价格优先、时间优先的顺序排列。就是说，有甲和乙两个投资者，当甲的买入限定价高于乙的买入限定价时，甲将优先成交，相反，当甲的卖出限定价低于乙时，也是甲优先成交；当他们的买入限定价格一样时，如果甲比乙更早向银行递交交易单据，从时间顺序排列甲在乙前面，当外汇市场现时价格下降到他们的限定价格时，甲的交易先完成，然后才能轮到乙的交易。利用外汇宝进行时价交易，虽然不限最低交易金额，但是较低的交易金额会比较高的交易金额付出的手续费多。银行的外汇交易手续费体现在外汇买入价和卖出价的差价上。如果投资者的交易金额达到 2 万美元或等值外币时可享受一定的交易优惠，即在中间价不变的基础上买卖差价适当缩小；交易金额达到 20 万美元或等值外币时，可享受进一步的优惠。

利用外汇宝进行限定价格交易委托时，银行一般规定一个最低交易额，只有超过这个最低交易额时，比如当投资者的交易金额达到 2 000（包括 2 000）美元或等值外币时，才可以进行交易委托。限定价格交易委托有有效期，交易委托的有效期一般到当个交易日的结束，如果在当个交易日未能成交，限定价格交易委托自动取消，若投资者还希望进行外汇交易，需在第二个或其他交易日再行委托。投资者的交易委托被接受后，银行将冻结投资者账户相应的交易资金，直至交易完成或投资者撤销交易委托，或当个交易日结束时，委托仍未成交，交易委托自动失效。如账户内资金不足则银行不接受投资者的交易委托。有的银行还规定非美元货币间的交易不能进行交易委托，交易委托也不享受大额优惠。

2. 电话交易

电话交易是指投资者利用电话直接进行外汇交易，而不需要亲自去银行柜台办理有关的交易手续。投资者在利用电话交易前，需要和银行签订“电话交易协议书”，银行给投资者一个用户号码，投资者自已设定密码。在此要提醒一下投资者，所设定的密码只能自己知晓，不要告诉别人，因为银行在协议书上写明“凡因客户密码泄露造成的损失，银行概不负责”。

投资者还需要有一部音频拨号电话，脉冲拨号方式电话机不能使用电话委托系统。若电话机是音频/脉冲拨号方式，需将电话机上的“音频/脉冲（T/P）”开关置于“音频（T 或 Tone）”上。

投资者拨通银行外汇交易电话，会有语音提示输入用户号码和密码。若拨通后三分钟内不输入，系统将自动断线。在电话机上输入时应匀速按键，不可过快或过慢，以免误操作造成损失。若连续三次输入无效键，系统将自动断线。

在用户号码和密码输入准确无误且电话交易系统接受后，会有语音提示各种功能。比如：查询活期一本通账户请按 1，查询活期一本通未登录交易请按 2，查询货币代码请按 5，外汇买卖请按 8，修改密码请按 9 等。

假设我们要通过电话交易买入日元，同时卖出美元，我们将按照下面的步骤进行。

第一步：已经拨通系统，并且用户号码和密码输入准确无误，电话交易系统接受了，有语音提示各种功能。

第二步：我们选择外汇买卖，在电话上按 8。

第三步：会有语音提示选择交易的货币，交易货币的代码在签订协议时银行已经给了投资者，货币符号均由货币代码表中相应的两位有效数字表示。比如，英镑的代码为 12，港币的代码为 13，美元的代码为 14，瑞士法郎的代码为 15，日元为 27 等。

我们要买入日元，在电话上输入 27。

第四步：系统语音提示投资者选择时价交易或限定价格交易，时价交易为 1，限定价格交易为 2。如果我们选择时价交易，按 1，然后直接输入交易金额，不需要输入汇率。若我们选择限定价格交易，按 2，系统语音提示输入汇率。系统对每一个汇率都自动保留 4 位小数，投资者输入汇率的最后 4 位数字分别表示小数点后的第一、第二、第三和第四位小数，汇率输入结束时按一次“#”。例如，输入“17856#”，表示 1.785 6；输入“1234500#”，表示 123.45；输入“6789#”表示 0.678 9。日元对美元的汇率是 JPY110.12/USD，按“1101200#”。“#”功能是在输入金额、汇率等不定长数据时，需按“#”表示结束。

第五步：系统语音提示输入买入货币金额和卖出货币金额时，投资者只需输入其中一种货币金额，另一种货币金额可直接按一次“#”表示，系统将根据已输入的货币金额，成交汇价自动计算得出另一种货币的金额，即成交金额。除日元、比利时法郎外，其余货币金额输入时必须保留两位小数，金额输入结束按一次“#”。例如：输入美元金额“456723#”表示美元 4 567.23 元；输入日元金额“90000#”表示日元 900.00 元整。如果我们用 5 000 美元买入日元，按“500 000#”。

第六步：最后系统要求投资者对上述交易加以确认时，投资者须在语音提示后一段时间内，比如说 15 秒内按键确认，银行才会接受投资者的委托。若规定时间内不确认，则该笔输入不成功，系统将退回到上一级菜单。和柜台交易相似，电话交易委托的有效期也为当个交易日，超过当个交易日结束时间，则交易委托自动取消。

进行电话交易时，无论电话线路因何原因中断，断线前未完成的电话服务自动失效，断线前已完成的电话服务依旧有效。

与柜台交易一样，进行时价交易和限定价格交易委托时，客户账户内必须有足够的资金，否则时价交易和限定价格交易委托将不被系统接受。电话交易比柜台交易有利的地方在于，每个交易日的起止时间比柜台交易长，除我国以及有关国际市场的公共假期和法定假期以外的工作日，均可进行电话交易。由于在国际外汇市场上，外汇交易是 24 小时不间断的，一般情况下，银行也进行每日十几个小时以上的外汇交易，投资者可在银行进行外汇交易的时间内进行电话交易，而银行的柜台交易时间每天只有八九个小时。

此外，外汇宝电话交易还有其他的服务功能：查询账户余额、查询未登折交易、查询货币代码、查询外汇宝即时汇率、查询交易委托状况、撤销交易委托和修改密码等。有的银行还在电话系统上提供市场动态分析，利用外汇宝电话交易就可以参考这些市场动态分析。

3. *网络交易*

网络交易是指投资者利用计算机、调制解调器、电话线路、网络系统与银行的计算机系统相连接后进行交易。

网络交易有两种方式：一种是投资者用个人计算机中的网络浏览器软件，进入银行网站的主页，在银行网站的主页上投资者可以非常直观地看到银行所提供的服务。投资者要进行外汇买卖，在主页上按下外汇交易按钮，计算机会显示出一个对话框，要求投资者输入外汇交易账号和投资者自己所设定的密码。在外汇交易账号和密码被银行计算机系统接受之后，计算机会出现一个新的外汇交易的网页，投资者可以根据自己的需要选择买入或卖出的按钮，然后在其下面几个空白的框里填入相应的交易货币名称、汇率、时价交易或限定价格交易、交易金额。投资者在对这些交易因素确认无疑时，单击确认按钮，银行就会接受投资者的委托。

还有一种网络交易方式是：投资者和银行签订网络交易协议书时，银行会给投资者一个授权号，投资者利用该授权号上网进入银行网络系统中的主页，将专门的外汇交易软件下载到自己的计算机中，然后把这个外汇交易软件安装在投资者的个人计算机上。进行外汇交易的时候，投资者启动外汇交易软件，外汇交易软件自动利用电话线路连接到银行的网络，进入银行网站的主页。和上面一种网络交易方式相似，在银行的主页上投资者可以非常直观地看到银行所提供的服务。投资者要进行外汇买卖，在主页上按下外汇交易按钮，计算机会显示出一个对话框，要求投资者输入外汇交易账号和投资者自己所设定的密码。在外汇交易账号和密码被银行计算机系统接受之后，计算机会出现一个新的外汇交易的网页，投资者可以根据自己的需要选择买入或卖出的按钮，然后在其下面几个空白的框里填入相应的交易货币名称、汇率、时价交易或限定价格交易、交易金额。投资者在对这些交易因素确认无疑时，单击确认按钮，银行就会接受投资者的委托。

两种网络交易的区别在于交易的安全性，第二种网络交易比第一种网络交易方式多了一重安全保障。网络交易有着电话交易和柜台交易无法比拟的优势，投资者可以参考网页中的许多分析资料，并能够直观地以图表形式对汇率变动的走势进行判断，同时能够清楚掌握自己的资金状况。网络交易的缺陷是，一旦许多投资者同时用网络交易要登录到银行的主页时，可能会发生网络拥挤的情况，此时投资者很难连接到银行的主页，就不能及时进行外汇交易了。

投资者无论用何种交易方式进行外汇交易，实际成交价应以银行计算机成交记录为准。

如果投资者的交易金额达到一定数额时，比如说 2 万美元或等值外币时，就可享受前面所述的交易优惠。

扩展学习提示

各商业银行个人外汇买卖操作

打开招商银行“外汇”首页(fx.cmbchina)，在“业务产品”栏目单击“外汇买卖”，根据“外汇买卖”页面中的介绍了解招商银行提供哪些货币对的外汇交易，交易起点金额是多少？交易时间和如何下达交易指令？如何进行操作？（其他商业银行操作类似，读者应多查询几家以做对比分析）。

扩展学习提示

我国个人外汇兑换的管理规定

在国家外汇管理局网站（safe）首页单击“政策法规－经常项目外汇管理”，打开“经常项目外汇管理”页面后，在左侧导航栏单击“个人经常项目外汇管理”，查看相关文件了解我国个人外汇兑换、个人存入外币现钞和旅行支票兑付、个人公务出国购汇的规定。

第二节　个人外汇结算

随着经济的发展，个人因出国留学和旅游等事由而需通过银行办理外汇汇款汇入、汇出、托收、外币兑换、旅行支票购买与兑付等业务，即是个人外汇结算业务。

一、汇入汇款

汇入汇款（inward remittance in foreign exchange）是指国外或我国港澳地区汇款人将款项通过境外汇款行汇入境内银行，由境内银行根据其汇款指示将款项付给收款人的结算方式。

目前，我国银行开展的汇入汇款业务是根据电汇、信汇和票汇三种结算方式进行解付的。电汇速度最快，有利于收款人及时收款，加快资金周转速度；票汇费用较低，有利于降低财务费用和控制成本；信汇适用范围广，操作简单易行。

我国居民个人汇入的汇款主要是经常项目下的专利、版权、稿费、咨询费、保险金、利润、红利、利息、年金、退休金、雇员报酬、遗产、赡家款和捐赠等外汇收入。

（一）汇入汇款业务申办的条件

当客户（收款人）到银行进行汇入汇款业务申办时，要符合下列条件。

（1）收款人须凭身份证领取款项。

（2）境内居民从境外汇入的属于经常项目外汇收入，一次性提取外币现钞或兑换人民币等值 5 万美元以上（含 5 万美元）的，应持相应经常项目收入证明材料向所在地外汇管理局申请，经外汇管理局审核真实性后，凭外汇管理局核准件到银行办理。

【小知识 5.1】

居民个人经常项目外汇收入

（1）专利费和版权费。它是指居民个人将属于个人的专利、版权许可或转让给非居民，而取得的外汇。

（2）稿费。它是指居民个人在境外发表文章和出版书籍获得的外汇稿费。

（3）咨询费收入。它是指居民个人为境外提供法律、会计和管理等咨询服务而取得的外汇。

（4）保险金。它是指居民个人从境外保险公司获得的赔偿性外汇。

（5）利润和红利。它是指居民个人对境外直接投资的收益及持有境外货币有价证券而获得的利润和红利。

（二）汇入汇款的解付原则

办理汇入汇款解付需遵循以下原则。

1. “收妥头寸”原则

银行办理汇入汇款解付的前提必须是收妥头寸。头寸又称头衬，源自旧中国商业和金融用语。不论是商业还是金融业，营业结束后，都要“轧头寸”。收入大于支出称“多头寸”，支出大于收入称“少头寸”。货币头寸又称现金头寸，是指商业银行每日收支相抵后，资金过剩或不足的数量，它是同业拆借市场的重要交易工具。

2. “随到随解”原则

电汇最迟不超过 2 个工作日完成，信汇最迟不超过 5 个工作日完成。解付电汇款时应注意早于起息日的汇款不得解付；收到国外汇出行发出的只提供收款人地址而没有收款人账号的付款电报，必须在 1～2 个工作日内对收款人发出解付通知书，有收款人电话的，应予以电话通知；对于发出解付通知书已满 1 个月，但客户尚未来领取的，应再次挂号寄发解付通知书，并继续做好跟进工作，对于距第一次通知已满 3 个月，客户仍未来领取的，应主动向汇出行查询。

3. “谁款谁收”原则

凡私人为收款人，解付时必须交验、记录收款人的有效身份证明（身份证、护照和军人证等）。如系他人代领，则除交验、记录收款人身份证件外，还须交验、记录代领人本人的身份证件。除协议另有规定外，对于养老金汇款还应提供健康证明；境内居民汇入款，可按当天牌价支付人民币、办理丙种存款或按有关规定并视库存情况支取外币现钞。解付境内居民汇入款后，不向汇出行寄送“正收条”；汇入汇款货币与收款人账户货币不同，按付款指示入账。

4. “为客户保密”原则

非汇款人和收款人查询不予受理。公检法等部门因公了解汇款情况，须出示有关介绍信及证件后予以办理。

（三）汇入汇款的操作

汇入汇款的业务处理包括汇入汇款的审核、汇入汇款的解付、汇入汇款的修改与退汇、汇入汇款的查询和业务归档五个主要环节。

1. 汇入汇款的审核

汇入行收到汇入款项后，应做好汇入汇款登记和汇款内容的审核两项工作。

汇入汇款登记主要有电/函的登记和业务登记。汇入行电/函管理部门收到境外代理行的汇入汇款电/函后，在"来电/函登记簿"上登记。银行在收到汇入汇款时，应编制汇入汇款参考号，汇入汇款业务参考号编制好后，应在"汇入汇款登记簿"上登记，并在汇款来电/函的右上角注明汇入汇款业务编号。"汇入汇款登记簿"应包括：银行业务编号、汇入日期、汇款币别和金额、汇出行、汇出行业务参考号、收款人、解付日期及备注等栏目。

不同的汇款方式下对汇入汇款内容的审核有一些差异。

汇入汇款为电汇凭证时审核需要注意以下几点。

（1）来电是否已经密押管理部门核实并加盖"押符"戳记。

（2）来电/函是否有"避免重复（PLS AVOID DUPLICATION 或 REPEAT MESSAGE）"字样。若有，应查看"汇入汇款登记簿"是否收到或办理过同笔汇款，以防止重复解付。

（3）汇款币别和金额。

（4）汇款日期及起息日。

（5）收款人详细名称及地址。

（6）汇款人详细名称及地址。

（7）汇款附言（汇款用途）。

（8）汇款费用情况。

（9）核对头寸登记簿，注意不要将汇入款与头寸调拨款混淆。汇入行原则上应在头寸落实后方可解付款项。

汇入汇款的信汇凭证可以是信汇委托书，也可能是汇票，其审核要点也不完全相同。

收到国外银行寄来的"信汇委托书"，并经核实属汇入汇款业务后，应签收并审核以下内容。

（1）委托书上是否有印鉴部门加盖的"印鉴相符"戳记。

（2）委托书上是否有明显的"付款委托书"字样。

（3）委托书上的付款指示是否明确。

（4）币别是否正确，金额的大小写是否一致。

（5）汇款头寸调拨方式是否正常。

（6）委托书上有无"电报证实书"或"副本"字样。对有类似字样的委托书，在查明确未凭电报或正本委托书解付款项的情况下，方可视作有效委托书。如凭副本委托书解付款项，汇入行应向收款人说明"系凭副本解付，保留追索权"。

（7）委托书的发出与收到日期是否正常。如超过正常的邮寄时间，应注意仔细核对登记簿，防止重复。

上述审核中遇到疑难问题时，应及时向汇出行查询。

如果收到的信汇凭证是银行汇票，对它的审核需要注意以下几点。

客户提交以我行为付款人的汇票要求解付时，经办人员需对汇票仔细审核如下。

（1）汇票上的印鉴是否相符，若相符，是否有印鉴管理部门加盖的"印鉴相符"戳记；

（2）汇票金额是否在签字人签字权限之内；

（3）汇票是否在有效期内；

（4）汇票的付款行是否为我行；

（5）汇票上是否注明收款人详细名称、地址或收款人、开户银行及账号；

（6）汇票上是否注明头寸偿付条款；

（7）汇票上的货币名称是否正确，金额大小写是否一致；

（8）背书手续是否齐全；

（9）有无特殊条款。

2. 汇入汇款的解付

上述内容审核无误后，汇入行即可按下述不同情况办理汇入汇款解付手续。

（1）汇入行收到以个人为收款人的汇入汇款时，应根据汇出行提供的收款人详细名址、电话等有关资料通知收款人本人携带身份证/护照来汇入行取款。

（2）仔细核对取款人的身份证/护照等证件与来人和收款人是否相符。核对无误后，应将证件名称和号码登记在汇款收据上，并请收款人在上面签字确认。如系汇票，需将证件名称和号码登记在汇票背面并背书。

（3）由他人代领汇款的，代领人除出示收款人的证件外，还需出示本人证件。代领人在汇款收据上签名时，应同时注明代领人和收款人的证件名称及号码，并注明“代领”字样。

（4）上述手续办妥后，汇入行按总行及外汇管理部门的规定，根据收款人要求，将汇入汇款原币转为外汇存款、支付外币现钞或结成人民币；若有费用，须扣收。

解付汇款后，汇入行应按照总行及外汇管理部门的要求，做好国际收支统计申报工作。

3. 汇入汇款的修改

汇入行收到汇出行的汇款修改或止付通知应首先核对来电/函的印押是否相符；其次，对尚未解付的汇入汇款，若收到汇入行的修改通知，应停止按原汇款指示解付，并按汇出行新的汇款指示办理；对已经解付的汇入汇款或因其他原因已无法修改原汇款指示的，汇入行应及时通知汇出行。

4. 汇入汇款退汇

对于汇出行要求退（撤）汇的，汇入行收到汇出行的退（撤）汇通知时，应区别以下情况进行处理：

（1）汇入汇款未解付。停止该笔汇款的解付，按汇出行的退（撤）汇指示，扣收相关费用后将汇入款项退汇出行。

（2）汇入汇款已解付。汇入汇款已解付的，必须征得收款人的同意方可退汇。对于收款人同意退汇的，在确认头寸已入我行账户后，按汇出行的退（撤）汇指示，扣收相关费用后将款项退汇出行。收款人不同意退汇的，应要求收款人出具书面的拒绝退汇通知，凭以通知汇出行。

对于属下列情况下的汇入汇款由汇入行主动退汇。

（1）汇入汇款来电/函中收款人名称、地址、账号不明或因其他原因不能按时解付，虽经汇入行多次查询未得到明确答复的；

（2）汇入汇款自收到款项并通知收款人之日起 3 个月内无人领取的；

（3）收款人出具书面申请拒收的；

（4）汇入汇款电/函不清、与汇出行联系无法解决、长期无法解付的。

对于上述四种情况，汇入行扣收有关费用后，将余款退汇出行。

因汇入汇款修改或退汇引起的外汇资金汇出，凡是在解付时办理结汇手续的，应再予以办理售汇手续。

5. 汇入汇款的查询

汇入汇款的查询工作是一项重要的工作，对于不同原因引起的查询，汇入行应做不同的处理。

（1）若收到的境外代理行/总行的汇入汇款电/函存在印/押不符、收款人名址不详、收款人户名与账号不符等问题，应及时以加押电传或环球银行间金融电讯协会系统向代理行/总行查询，以保证款项的及时解付。

（2）若汇入行未按期收到汇出行调拨的头寸，应以电/函向汇出行查询，超过规定的期限仍未收妥的，应向其计收利息。

（3）对于客户的查询，汇入行应要求其出示相关的汇款证明，代其向有关部门查询。

（4）对于汇出行的有关查询电/函，汇入行应做到有查必复。

6. 业务归档

一笔汇入汇款业务处理完毕后，汇入行按业务发生顺序将有关业务凭证和往来电/函归入汇入汇款业务档案夹。汇款业务较多的经办行也可采取定期装订成册的归档方式。汇款业务档案的保存期为一年，期满后移至档案管理部门保管。

二、外币兑换

外币兑换（exchange of foreign currencies）是指银行和银行指定的外币兑换机构办理的居民、非居民在非贸易项目下的外币与外币、外币与人民币及人民币与外币的兑换。外币包括外币现钞、现汇存款、外币支票、外币信用卡、旅行支票和旅行信用证等。我们主要介绍外币现钞和现汇的兑换。

目前，我国可兑换的外币主要有美元、日元、港币、英镑、瑞士法郎、澳大利亚元、新加坡元和欧元等。兑换手续比较简便，兑换网点分布广泛，在各商业银行外币储蓄网点及大型商场、旅馆和机场等兑换点均可办理。按当日挂牌买卖价格兑换，不收费用。

1. 外币兑入业务

外币兑入即结汇，是指银行按规定的人民币汇率买入企事业单位或个人的外汇，并支付相应人民币的业务。

（1）凡属中国人民银行公布的“人民币外汇汇率表”内所列的各种外国货币，银行均可办理收兑。银行办理收兑外币，按当天牌价兑付，没有收兑牌价的外币不予收兑。已停止流通的旧版货币，不能直接兑现，只能办理托收。

（2）兑入外币现钞时，银行要审定外币的币别，识别真伪并鉴定其流通情况，合乎兑换条件后才能办理收兑。发现外币为假钞时，将没收假钞，并开具没收假钞证明。

【小知识 5.2】

外币防伪常识

大众化的外币防伪常识主要靠“看”。

一看制版：真钞主景、主建筑和正面人像制版，采取手工雕刻和机器雕刻相结合，防伪效果较好，底纹和边缘位置线条复杂。

二看纸张：真钞纸张光洁度好，耐磨，对水和油有耐腐蚀性，长时间流通不易发毛。

三看印刷：真钞有凹凸感。

四看油墨：真钞长时期流通不脱色，假钞则色彩暗淡，易脱色。

真钞内还加入了水印、纤维丝和安全线等防伪措施。真钞水印加在纸内，影像逼真，立体感强，水印有一定阴影，且过渡自然；假钞缺少立体感，有些较为模糊，透光性不好，有的水印印在钞纸的表面。

（3）兑入外币现钞，应付人民币金额=兑入外币金额×现钞买入价；兑入外币现汇，应付人民币金额=兑入外汇金额×现汇买入价。

【例 5.1】 150 美元兑换人民币是多少？美元现钞买入价为 6.690 8。

USD 150 × 6.690 8 CNY/USD = 1 003.62 CNY

【例 5.2】 10 000 港币兑换人民币是多少？港币现钞买入价为 0.862 5。

HKD 10 000 × 0.862 5 CNY/HKD = CNY 8 625

2. 外币兑出业务

外币兑出即售汇，售汇是指银行按规定的人民币汇率卖给企事业单位或个人外汇，并收取相应人民币的业务。

（1）申请购买国家公布的可自由兑换的外币时，应按外汇管理局的有关规定向银行申请购买，经银行审核无误后办理兑付。

（2）兑出外币的折算方法如下：

兑出外币金额 = 人民币金额 ÷ 卖出价

应收人民币金额 = 兑出外汇主币金额 × 卖出价

找回人民币金额 = 实收人民币金额 − 应收人民币金额

兑出外币时只能兑付外币主币金额。

【例 5.3】 100 元人民币可换得港元是多少？港元卖出价为 0.863 0。

CNY 100 ÷ 0.863 0 CNY/HKD = HKD 115.87

HKD 110 × 0.863 0 CNY/HKD = CNY 94.93

CNY 100 − CNY 94.93 = CNY 5.07

兑 110 港元，找 5.07 元人民币。

【例 5.4】 200 元人民币可换得美元是多少？美元卖出价为 6.691 3。

CNY 200 ÷ 6.691 3 CNY/USD = USD 29.89

USD 29.00 × 6.691 3 CNY/USD = CNY 194.05

CNY 200 − CNY 194.05 = CNY 5.95

兑 29 美元，找 5.95 元人民币。

3. 外币互兑业务

外币互兑是指一种外币兑换成另一种外币的业务。在我国，外币互兑是银行按挂牌人民币汇率，以一种外汇通过人民币折算，兑换成另一种外汇的业务活动。它包括两种情况：一是两种外币之间的套算，即一种外币兑换为另一种外币，通过人民币进行套算，也就是先买入一种外币，按买入价折成人民币数额，再卖出另一种外币，把人民币数额按卖价折算为另一种外币；二是同种货币之间的套算包括钞兑汇或汇兑钞，因为同一种外币体现在汇率上现钞和现汇价值有所差异，所以要按外币套算处理。本单元主要介绍第一种情况。

外币互兑计算公式如下：

应付人民币金额 = 兑入外汇金额 × 现钞（现汇）买入价

兑出外币金额 = 应付人民币金额 ÷ 卖出价

应收人民币金额 = 兑出外汇主币金额 × 卖出价

找回人民币金额 = 应付人民币金额 − 应收人民币金额

【例 5.5】 以 50 英镑能兑换多少日元呢？英镑买入价为 10.670 2，日元卖出价为 0.086 248。首先，英镑兑换成人民币：

$$\text{GBP } 50 \times 10.670\,2 = \text{CNY } 533.51$$

然后，将人民币兑换成日元：

$$\text{CNY } 533.50 \div 0.086\,248 = \text{JPY } 6\,185.65$$

由于兑出外币时只能兑付外币主币金额：

$$\text{JPY } 6\,000 \times 0.086\,248 = \text{CNY } 517.49$$

最后，兑换后外币辅币以人民币支付：

$$\text{CNY } 533.51 - \text{CNY } 517.49 = \text{CNY } 16.02$$

可兑换日元为 6 000，找人民币 16.02 元。

三、光票托收

光票托收（clean collection）是指不附带商业单据的外币票据的托收。经办银行将委托人委托收款的票据寄到境外代收行或出票行，待收到托收款项后，为委托人办理票据兑现。光票托收主要用于非贸易结算和贸易结算中合同尾款、佣金和样品费等款项的收取以及不能或不便提供商业单据的交易，如寄送样品和软件等高科技产品交易、时令性商品交易以及服务和技术转让等。

随着我国对外开放、对内搞活政策的深入贯彻执行，近年来我国对外经济贸易交往日益频繁、活跃，银行各项业务不断发展，光票托收业务量以及服务对象和业务范围也随之不断扩大。

【小知识 5.3】

银行不受理的托收业务

下列票据的托收业务银行不予受理：非自由兑换货币的票据，来历不明、异常的大额票据，已经背书转让过的票据，票面遭毁损、有更改痕迹的票据，曾遭退票的票据， 票据影印件，美国财政支票（treasury check），美国邮政汇票（postal money order）和表面注明流通地区限制的票据。

（一）光票托收的优点

光票托收业务具有以下四个优点。

（1）方便。国际化银行的网络遍布全球，使得银行托收全球各地的款项十分方便。

（2）安全。通过银行间的国际网络收款可以避免汇款的潜在风险。

（3）快捷。假如托收行与付款行（代收行）之间签有“立即贷记”协议，则会大大缩短收款时间。

（4）费用低廉。光票托收的银行费用相对较低。

【小知识 5.4】

托收业务常识

（1）商业银行一般不接受美国政府出具的债券，如美国邮政汇票、美国政府国库支票或由美国联邦政府出具的票据，以及表面注明限制流通地区的票据。

（2）已背书转让的票据，易发生伪造、变造等欺诈风险；金额特别巨大、出票行陌生或资信有疑问的票据，易发生欺诈风险；用于投资、贷款或抵押等目的的大额票据，易发生欺诈行为。

（3）立即贷记方式下的光票托收由于国外付款机构享有追索权，银行一般要求客户存放一段时间，不能提前支取。

（4）居民个人到银行办理托收时，应填写托收申请书，持本人有效证件办理，有关国外票据付款机构、清算机构和代出售残损货币机构发生的费用，由委托人负担。

（二）光票托收业务规定

1. 光票托收业务的受理条件

光票托收业务的受理需要满足如下条件。

（1）若是委托人本人办理光票托收业务，本人应持有效身份证件和票据正本（票据抬头人应为委托人本人），填写光票托收申请书；若是代办，代办人除须提供委托人本人有效证件和委托人票据正本外，还须提供代办人证件，并填写光票托收申请书，银行核验委托人及代办人有效身份证件无误，视做委托人授权代办人代为办理托收业务，且授权有效。

（2）对未曾受理过的或金额较大的金融单据，须向金融单据开立人查询有关付款要求，并视具体情况确定是否受理托收申请，为此，有关查询费用须由委托人来承担。

（3）票据背书应与票据抬头人一致，背书不可为私人印章。

（4）倘因票据为伪冒背书或票面经涂改（包括金额、受益人和日期等）而导致退票， 按有关法律规定保留向委托人行使追索的权利，并对伪冒票据予以没收。

（5）如在邮寄过程中金融单据丢失，托收银行依据国际惯例不负任何责任。

（6）托收过程中所产生的费用，均由委托人承担，银行照实向委托人收取。

【小知识 5.5】

客户办理光票托收业务须知

客户办理光票托收业务须知如下几点。

（1）到柜台办理光票托收业务时须携带本人身份证明，如由他人代办须携带票据抬头人身份证明和代办人的身份证明。

（2）票据可以付款时，客户须在付款单据上承诺“同意银行保留追索权”，以符合国外票据法的各种规定。

（3）客户在托收时可先开立个人银行账户，银行开办托收票据代转存业务，支票款收妥后须在银行存满 1 个月（1 个月为追索期）才可取现，其余汇票和本票款项收妥后就可取现。

2. 光票托收业务的受理费用

光票托收业务的受理费用有如下两种。

（1）个人外币票据（除外币现钞以外的其他光票）按托收金额的 0.1%收费，最低 20 元/笔，最高 250 元/笔，另收邮费；退票费 10 元/笔。

（2）现钞托收按托收金额的 0.5%收费，最低 20 元/笔，最高 250 元/笔，另收邮费。

（三）光票托收的程序

办理光票托收的程序如下。

首先由委托人填写托收申请，开具托收汇票一并交与托收行；然后托收行依据托收申请制作托收指示，一并航寄代收行。对即期汇票，代收行收到汇票后应立即向付款人提示付款，付款人如无拒付理由，应立即付款。付款人付款后代收行将汇票交与付款人入账。对于远期汇票，代收行接到汇票后，应立即向付款人提示承兑，付款人如无拒绝承兑的理由，应立即承兑。承兑后，代收行持有承兑汇票，到期再做付款提示，此时付款人应付款。如遇付款人拒付，除非托收指示另有规定，代收行应在法定期限内做成拒绝证书，并及时将拒付情况通知托收行。光票托收流程如图 5.1 所示。

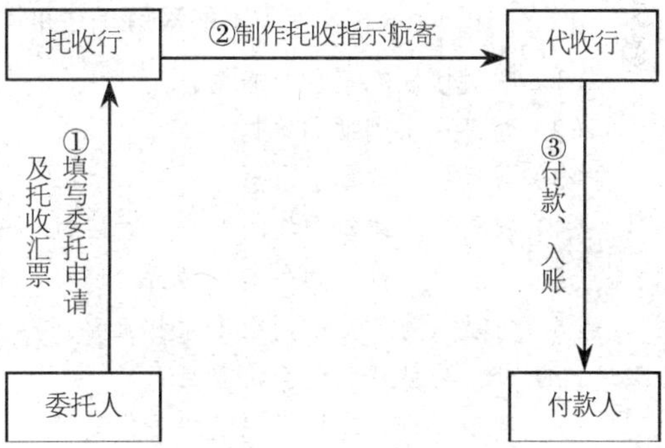

图 5.1 光票托收流程

【小知识 5.6】

托收小技巧

在办理光票托收业务时，对于 5 000 美元以上的私人票据，银行将采取“独立托收”方式，但此种方式费用较高（平均每笔 65 美元以上）、时间较长（两个月左右），接受此类票据时应向客户解释清楚并要求客户在“备注栏”填写“同意采取独立托收方式”，以免日后引起纠纷。

（四）托收行的具体业务内容

托收行的具体业务内容包括业务受理与票据审核、托收票据处理两方面内容。

1. 业务受理与票据审核

受托银行在受理托收业务时，应注意以下几个方面。

（1）客户委托银行办理光票托收业务时，须提交“光票托收申请书”。“光票托收委托申请书”是客户与托收行之间的责任契约。

（2）托收行在受理托收业务时，应审核申请书填写的票据内容与票据所载是否一致，票据的要素是否齐全、完善，表面是否存在缺陷等。如经背书转让，该转让是否符合票据流通和我国外汇管理的规定。

（3）当发现下列情况时，银行可以不受理。如客户持影印件而非正本办理托收业务；客户所持票据为伪冒的；票据货币为非自由兑换货币等。

2. 托收票款处理

（1）托收票款处理方式。托收行在受理托收业务后，应针对不同客户的委托，根据票据的种类、币别、金额、付款地区和收款人的资信情况，决定采用“立即贷记”或“收妥贷记”的托收方式。

【小知识 5.7】

不能采用“立即贷记”托收方式的情况

（1）超过协议规定金额的票据。

（2）过期或未到期的票据。

（3）曾遭拒付的票据。

（4）票面有更改或损坏的票据，无磁性油墨号码的票据。

（5）非支票项目，如存单、存折、债券、股票和息券。

（6）付款人为企业的商业本票和汇票。

（7）外币现钞及其他有价单证。

（8）其他不符合立即贷记协议条件的票据。

“立即贷记”方式收汇（入账时间）快和费用低，但贷记款项不具终局性，因票据正面或背面的风险导致退票的可能性较大。“收妥贷记”方式安全稳定，退票可能性最小，适用的票据范围最广。但收汇时间长，费用较高，小额票据不宜采用此方式收款。

【小知识 5.8】

关于立即贷记、最终贷记和收妥贷记（标准托收）

在我国，票据托收方式包括立即贷记、最终贷记和收妥贷记（标准托收）。

（1）立即贷记。“立即贷记”是指托收行将符合要求的票据寄给代收行，代收行收到票据后通过票据交换中心进行清算，并在保留追索权的情况下将票款贷记托收行账户。

（2）最终贷记。“最终贷记”适用于美国境内付款的美元票据托收。托收行将符合要求的票据寄给代收行，由代收行在规定的时间内，或者贷记托收行，或者通知退票。“最终贷记”项下，票款一经贷记托收行，客户不再承担票据正面的风险。

（3）收妥贷记。“收妥贷记”也是标准托收。它是指托收行将票据委托代收行办理托收，票据经付款人付款后由代收行贷记托收行。

（2）解付原则。托收行在收到代收行的贷记报单后，应根据不同的托收方式分别进行处理。采用“立即贷记”方式的，须在协议规定的退票期未收到退票通知的情况下，方可解付，但根据协议需要代收行通知确认付款的，须在收到代收行的付款确认电后，方可办理入账；采用“收妥贷记”方式的，待起息日后即可解付。

（3）解付规定。如委托人选择入账方式，收款账户为委托人本人账户，托回款项应直接转入委托人账户；如委托人选择入账方式，收款账户非委托人账户，原则上，受理行不予办理入账，可以解付现金。除直接转入委托人账户的解付方式外，凡以其他方式办理解付的，受理行必须核验来人的证件和托收申请书回执。

【小知识 5.9】

银行对解付验证的规定

银行对解付验证的规定一般分为三种情况。

（1）来人为委托人本人，须核验委托人的有效身份证件和托收申请书回执。

（2）业务受理之初为代办，且解付时来人为代办人，除核验代办人的有效身份证件外，还须核验委托人的有效身份证件及托收申请书回执。一切经核验无误，视做委托人授权代办人代为办理有关业务且授权有效。

（3）业务受理之初为委托人本人办理或代办，解付时来人既非委托人本人，也非代办人本人，受理行除须核验来人的有效身份证件外，还须核验委托人的有效身份证件及托收申请书回执。一切经核验无误，且选择收款账户为委托人账户，视做委托人授权来人代为办理有关业务且授权有效，受理行方可予以办理解付入账。否则，受理行应拒绝办理。

（4）退票处理。①采用“收妥贷记”方式的，在收到代收行的退票通知及退回的票据后，银行将通知委托人办理退票手续。②采用“立即贷记”方式托收的，如退票在协议规定的退票期通知的，已收到的头寸银行不予解付，通知委托人办理退票手续；如超过退票期限，银行已将票款解付的，银行将视情况不予接受退票，或退回票款，或协助代收行向客户追索。③退票在协议规定的退票期内通知的，已收到的头寸不予解付，通知委托人办理退票手续。④代收行退回的票据，须对托收行的背书做注销处理后方可将正本票据签退委托人。⑤退票所产生的费用由委托人负担。

【小知识 5.10】

托收方式下，账务管理要点

（1）托收方式下，作为委托方（出口商）一般通过“应收账款”或“应收票据”科目核算；作为付款人（进口方）一般通过“应付账款”或“应付票据”科目核算。若收取（或支付）的是外汇，则应在应收（或应付）科目下设置相应的外汇明细科目进行明细核算。

（2）根据财务制度的规定，对于“应收账款”每年末要按一定比例计提坏账准备。“应收票据”不用计提。

（3）企业对于应收未收的账款，要按照未收的期限长短分别进行管理。特别是对即将到期或已经逾期的应收款项，要加强提示和催收，避免和减少风险的发生。

四、旅行支票

对于出门在外的人来说，最怕的是小偷，最担心的问题莫过于失窃。一方面，现金失窃会为愉快的旅途蒙上阴影；另一方面，身处异地他乡，失窃还关系到自己的人身安全和影响后续的行程。所以，现金的遗失或失窃是旅行者最不幸的事，更糟糕的是现金无法获得赔偿。不过我们完全有办法避免这种尴尬的情形发生，一种风行国外的现金代替金融工具已经进入中国——旅行支票。

（一）旅行支票的起源与发展

旅行支票（travelers cheque）是指银行或旅游公司为方便国际旅行者在旅行期间安全携带和支付旅行费用而发行的一种固定面额票据。它可在全球广泛使用，是因公因私出境人员安全携带和支付日常费用及学杂费的极佳选择。

旅行支票最初见于美国运通公司，该公司在 1891 年首创了一种购票人自己证明身份的美元旅行支票，以后又逐渐发行了英镑、加拿大元、瑞士法郎、法国法郎、日元 6 种货币的旅行支票。第二次世界大战后，随着旅游事业的发展，旅行支票逐渐被其他银行采用推广。由于它具有方便、安全、经济的优点，便很快成为国际旅游者常用的支付凭证之一。

按照货币的不同，旅行支票分为外币旅行支票和人民币旅行支票。中国银行可以收兑的外币旅行支票只限于中国银行与发行旅行支票的银行洽妥代兑，并备有旅行支票样本以供核验者。

目前，我国居民可选的旅行支票品牌有美国运通国际股份有限公司发行的美国运通（american express）旅行支票、日本住友银行发行的日元和美元旅行支票等。我们主要以运通旅行支票为例进行介绍。

【小知识 5.11】

1891 年 4 月 25 日，美国运通公司员工马沙乐斯·贝利（Marcellus F. Berry）发明了世界上第一张旅行支票。如今，在全世界使用旅行支票的游客中，绝大多数使用美国运通旅行支票，已使美国运通成为全球最大的旅行支票发行公司。

如果旅行支票不慎丢失或被窃，就要尽快致电旅行支票发行机构或前往当地银行申报挂失，以便获得相应补偿。

（二）旅行支票的出售及挂失

1. 旅行支票的出售

发行旅行支票的银行或旅行社，除自己（包括其分支机构）发售旅行支票外，还可委托国内外的代理行发售。

旅客购买旅行支票时，只要填写申请书，注明要买哪家银行发行的旅行支票，什么货币及面额和张数即可。若用本币购买，按当天外汇牌价的卖出价折算，另收手续费，代售行代售旅行支票，应立即从发行银行划收。

按照旅行支票的基本规定，购买者应在代售银行的柜台，在每张旅行支票的“初签栏”签名，以便在兑付时与复签栏的签名核对。这是对旅行支票采取的安全措施。

2. 旅行支票的挂失

旅行支票遗失或被盗窃，可向银行挂失，说明丢失的时间、地点、支票的面额、号码和数量，以及是否已按规定在购买时做了初签，有没有复签。发行银行关于挂失后的旅行支票的退款或补发新旅行支票的规定各有不同。旅行支票的有效期，一般是出售之日起 1 年内有效，但现在由于银行间业务竞争激烈，许多银行已不对旅行支票规定有效期。

（三）外币旅行支票的兑付

目前，我国可以接受的外币旅行支票有十多种，兑付时的基本做法和要求如下。

1. 检查旅行支票的真伪

要熟悉旅行支票票样，遇到有疑问的旅行支票，应检查原票样，以鉴别其真伪。收兑银行具有发行旅行支票银行名单，凡在名单之内的支票，可予收兑，不在名单之内者，应做托收处理。

【小知识 5.12】

旅行支票验证方式——滴水试验

当对旅行支票的真实性有怀疑时，可进行滴水试验，即在支票背面左方及右方面额处滴一点水，真实的旅行支票只有左方的油墨会化开，右方没有反应，如图 5.2 所示。

图 5.2　旅行支票滴水试验

2. 检查护照

证明持票人的身份，并验对旅行支票上的签名是否与护照一致。

3. 验证复签与初签是否相符

若复签走样，应再请其背书一次，若持票人交来已复签的支票，应请持票人在支票上背书，以便核对是否与正面的初签、复签相符。若接待单位送来已复签的支票，应请该单位证明持票人身份、姓名、护照号码等。若交来的支票，既无初签也无复签，不能确定持票人是否为支票原主时，一般不予收兑。

【小知识 5.13】

银行不予办理兑付的旅行支票情况

（1）没有初签的旅行支票。

（2）转让的旅行支票。

（3）规定有效期的旅行支票，若已逾期。

（4）限制在英镑区及其他有限制兑付的旅行支票。

旅行支票再次复签的情况

如果发生以下情况，柜员应要求客户在右下角总裁签名下或旅行支票背面空白处再次“复签”。

（1）当客户兑现已经“复签”的旅行支票。

（2）当客户“复签”时柜员的视线受到遮挡。

（3）当柜员忙于其他工作时客户已经签妥旅行支票“复署签名”。

（4）旅行支票不在柜员视线范围之内就已复签。

4. 兑付与转让

没有抬头人（pay to the order of），或者已经证明“non negotiable”的旅行支票不能用以直接支付费用或转让给服务企业，只能由持票人向银行兑付票款。

有抬头人的旅行支票，如受让人是我国的服务企业，例如 pay to the order of beijing hotel，可以收兑，也可寄国外托收。如个人之间的转让，一般应予婉拒，特殊情况，应再请示业务主管研究后另定。

5. 逾期托收

对于超过有效期限的旅行支票不能收兑，只能办理托收。

6. 填写兑付申请

兑付时，请客户填写“购买外钞申请书”一式两份，注明旅行支票的行名、号码和面额。

7. 填制兑换水单

填制兑换水单一式两联，抬头人姓名要按护照上的全名写清楚，并注明护照号码，以便考查。

8. 不盖印章

旅行支票上不得盖任何印章。

9. 收取贴息

收兑旅行支票时，按面额扣收 7.5‰的贴息。即按当天外汇牌价的买入价折算，减去贴息部分。

10. 收回垫款

银行兑付后，将旅行支票寄发行银行，收妥后以票款外汇归垫。

五、全球汇款

个人在境外需用国内资金或因公因私出境人员须携带资金出境时，可到银行等金融机构办理全球汇款业务。

目前，我国居民可选择的全球汇款方式主要有票汇、电汇、西联汇款和速汇金等。

1. 票汇

票汇（remittance by banker’s demand draft，D/D）是一种传统的汇款方式，是汇出行应汇款人的申请，代汇款人开立的、以其分行或代理行为解付行的银行即期汇票，支付一定金额给收款人的汇款方式。

汇款人可将银行汇票寄给收款人或自己携带出境给收款人。收款人一经收到该汇票，就可以向付款银行提示付款，或出售给自己的银行贷记其账户。

票汇是一种传统的汇款方式，其基本业务流程如下。

（1）审核客户填写的票汇申请书。办理外汇汇票时，客户须在银行指定网点用英文大写字母清晰、完整地填写票汇申请书。填写内容包括申请日期、汇款币种、金额、收款人名称及所在国家和城市、汇款人姓名及联系电话等要素。

（2）境内个人外汇汇出境外用于经常项目支出，审核客户递交的有效身份证明按以下规定办理：①外汇储蓄账户内汇出境外当日累计等值 10 000 美元（含）以下的，凭本人有效身份证件在银行办理；超过上述金额的，凭经常项目下有交易额的真实凭证办理。②外币现钞汇出当日累计等值 10 000 美元（含 10 000 美元）以下的，凭本人有效身份证件办理；超过上述金额的，还应提供经常项目下有交易额的真实凭证、经海关签章的“中华人民共和国海关进境旅客行李物品申报单”或本人原存款银行外币现钞提取单据。

（3）境外个人经常项目下外汇汇出境外，审核客户递交的有效身份证明按以下规定办理：①外汇储蓄账户内汇出，凭本人有效身份证件办理。②外币现钞汇出，当日累计等值 10 000 美元（含 10 000 美元）以下的，凭本人有效身份证件办理。超过上述金额的，还应提供经海关签章的“中华人民共和国海关进境旅客行李物品申报单”或本人原存款银行外币现钞提取单据。

办理完票汇手续，柜员将汇票交给客户，客户可邮寄或自行携带出境。

（4）境外使用汇票兑付。客户在境外使用银行开出的外币汇票时，将汇票交至境外任意银行办理委托收款即可。外币汇票在境外解付时一般需要收取极少的托收费用，该费用因国家和银行的不同而不同。

在境外银行办理委托收款、到最终款项收回解付的所需时间取决于所在国银行间的清算时间，一般 3～5 个工作日即可完成。银行出具的美元汇票在美国本土次日即可实现款项的收回解付。

（5）汇票的退票、挂失和止付。若客户所开出的票据未能如期使用，要办理退票，客户须提供书面退票申请、汇票正本、票汇申请书回执到原受理网点办理；银行接受退票申请后，将办理票汇款项的追索，待款项从境外返回后，银行电话通知客户取款。

如客户的票据不慎丢失，须办理挂失，客户须提供书面挂失申请及票汇申请书回执到原受理网点办理；若票汇申请书回执与汇票均已丢失，客户须凭汇票汇款人的有效身份证件到原受理网点办理。银行接受挂失申请后，将办理票汇款项的追索，待款项从境外退回后，电话通知客户取款。银行接受退票或挂失申请后，将通过国外代理银行为客户办理票汇款项的追索。由于退票、挂失所产生的国外银行费用以及非美元票据退款为美元所形成的汇兑损益将由客户承担，并在票款中扣收。

【小知识 5.14】

票据的有效期

银行出具的外汇汇票正常情况下有效期为半年，但各个国家票据法有所差异，因此如客户是将汇票携带出境后进行支付或托收，客户在到达境外目的地后应持票据到当地银行咨询当地票据期限是否有特殊规定，并在符合当地票据有效期的要求下在有效期内委托境外银行办理委托收款、支付当地机构或个人。

2. 电汇

电汇（telegraphic transfer，T/T）是汇出行应汇款人的申请，采用加押电报（cable）、电传（telex）、环球银行同业金融电讯协会（SWIFT）和纽约清算所银行同业支付系统（CHIPS）等方式，指示汇入行解付一定金额给收款人的汇款方式。

电汇快捷方便，常用于汇款数额大并且资金调拨受时间限制的情况，是目前使用最多的一种汇款方式。其基本业务流程如下。

（1）审核客户填写的电汇申请书。办理时，客户须在银行指定网点用英文大写字母清晰、完整地填写电汇申请书。填写内容包括申请日期、汇款币种、金额、收款人开户银行的名称及地址、收款银行国别及城市、收款人姓名及地址、收款人账号、汇款人姓名及联系电话等要素。

（2）境内个人外汇汇出境外用于经常项目支出，审核客户递交的有效身份证明按以下规定办理：①外汇储蓄账户内汇出境外当日累计等值 10 000 美元（含 10 000 美元）以下的，凭本人有效身份证件在银行办理；超过上述金额的，凭经常项目下有交易额的真实凭证办理。②外币现钞汇出当日累计等值 10 000 美元（含 10 000 美元）以下的，凭本人有效身份证件办理。超过上述金额的，还应提供经常项目下有交易额的真实凭证、经海关签章的“中华人民共和国海关进境旅客行李物品申报单”或本人原存款银行外币现钞提取单据。

（3）境外个人经常项目下外汇汇出境外，审核客户递交的有效身份证明按以下规定办理：①外汇储蓄账户内汇出，凭本人有效身份证件办理。②外币现钞汇出，当日累计等值 10 000 美元（含 10 000 美元）以下的，凭本人有效身份证件办理。超过上述金额的，还应提供经海关签章的“中华人民共和国海关进境旅客行李物品申报单”或本人原存款银行外币现钞提取单据。

（4）办理汇款的查询、修改和止付。如客户汇出款项长时间没有到账，可以到原汇款网点查询，并须提供汇出款凭证客户回执联。如客户在外汇款项汇出后且到账，需要修改汇款信息或办理止付，须提供汇款凭证的客户回执联到原网点办理。如果汇出汇款已经解付，银行将不能为客户办理该项业务。

【小知识 5.15】

电汇汇款到账速度

汇款的到账速度与汇款币种、收款银行及清算银行工作日及时差以及收款人信息是否准确等诸多因素相关。具体为：境外汇出汇款一般都须通过货币发行国的清算系统进行，如美元汇款通过美国的清算系统、日元汇款通过日本的清算系统等。由于境外汇款涉及境外清算系统、境外银行及国内汇款银行等多方工作日和工作时间的限制及时差的影响，所以不同币种、不同时间的汇款“从银行汇出到最终收款人收到款项的时间”并不绝对固定。如果一笔汇款的收款人所在国家与汇款款项币种发行国不一致时，即该笔汇款涉及多个国家，则汇款速度更会有较大的差异。此外，如果收款人信息（账号、户名和开户行等）不准确，也会影响款项到账速度。通常，在汇款行、收款行和清算行均为正常工作日，收款人信息正确，汇款的收款人所在国家与汇款款项币种发行国一致时，银行电汇汇出汇款款项当日或次日（均指工作日）到账。

3. 西联汇款

西联汇款业务是银行和邮政储蓄等机构与美国西联公司合作开展的个人外汇实时汇款业务，收款人可在十几分钟内取得汇款。目前，在中国内地西联汇款的汇出只限于美元汇款。

西联汇款的客户群主要有：一是外籍人员赡家款、生活费等款项的汇入和汇出；二是子女出国留学的学费和生活费汇出；三是出国务工人员劳务费和赡家款的汇入。现在银行等合作机构通过柜面介绍、客户经理上门推荐和媒体宣传等方式进行积极的营销，西联汇款已为越来越多的客户所接受。在整个私人汇款市场中，西联汇款的影响力越来越大。

西联汇款拥有全球汇兑网络，能即时在全球190多个国家和地区处理汇款，收款人只需要短短几分钟，就可如数收到款项，其汇出业务流程如下。

第一，审核客户填写的西联汇款表。客户办理西联汇款业务时，须按要求填写西联汇款表。

第二，审核客户递交的有效凭证。在用西联汇款办理境外汇出汇款时，客户须持法定身份证（如身份证、护照、绿卡和港/澳/台回乡证等）到银行指定网点办理。

第三，收取款项。办理该业务时，客户须按西联汇款收费标准缴纳汇款费用，如持外币现钞或从外币现钞账户汇款，还须缴纳钞变汇手续费。

第四，递交汇款收条及监控密码。柜员将汇款收条及汇款监控号码递交客户，客户一定要谨记取回收条及监控密码（MTCN）。

第五，电话通知收款人汇款金额和监控密码。

第六，收款人领取汇款。在通知收款人手续已办妥及汇款的监控密码（MTCN）后，不出几分钟，指定的收款人就可在全球任何一家西联代办处领取到该笔汇款。取款方法如下：①确定汇款手续已经办妥，汇款人已经通知款项汇出及金额数目。②接到汇款人的通知，收款人可就近到西联汇款代理网点，出示身份证明文件并填妥取款表格，清楚地列明汇款人的姓名、汇款地点及监控密码（MTCN）。③西联汇款代理网点透过计算机网络核实汇款资料后，收款人即可以取到该笔款项。

【小知识 5.16】

西联公司

西联公司（Western Union）是世界上领先的特快汇款公司，是美国财富500强之一的第一资讯集团（First Data Corp.）的子公司，成立于1851年。它拥有全球最大最先进的电子汇兑金融网络，合作网点遍布全球200多个国家和地区。

截至2010年底，西联汇款在中国大陆与中国邮政储蓄银行、中国农业银行、中国光大银行、浙江稠州商业银行、吉林银行、哈尔滨银行、福建海峡银行和烟台银行合作，合作网点总数超过31 000个，遍及全国所有的省、自治区和直辖市，形成了完善的业务网络。

4. 速汇金

速汇金业务是银行等机构与全球第二大汇款服务公司速汇金国际有限公司（Money

Gram）合作，利用速汇金公司的先进网络以及银行便捷的资金调拨系统为个人外币汇款提供的一种国际汇款业务。

客户无需提供收款人银行账号，其外币汇款在 10 分钟内即可到达与速汇金公司联网的银行网点。如果客户需要尽快将外币资金支付境外个人但不知该人开户行信息，或客户本人近期将前往境外但在境外没有开立账户，或客户近期所前往的境外目的地不唯一又不便携带大量外币现金时，即可采用速汇金汇出汇款业务，其基本业务流程如下。

首先，审核客户填写的速汇金的汇款表格。客户办理速汇金业务时，须填写速汇金的汇款表格，主要包括汇款人姓名、住所详细地址、邮政编码、联系电话、身份证件名称及号码、职业和汇款金额大小写、取款人姓名、国家和城市等。

其次，审核客户递交的有效凭证。在用速汇金办理境外汇出汇款时，客户须持外币现金或银行存款凭证、法定身份证件（如身份证、护照、绿卡和港/澳/台回乡证等）到指定网点办理。此外，所有单笔汇出金额超过 2 000 美元（含）的须填写国际收支申报表，居民汇入 2 000 美元以上填写国际收支申报表。该业务的办理除需要符合速汇金系统和业务处理要求外，依然需要遵循国家外汇管理局和中国人民银行等监管部门有关的政策管理规定。速汇金汇出汇款单笔限额为 10 000 美元（不含），每人每日累计汇出汇款不得超过 20 000 美元（不含）。

最后，收取款项。办理该业务时，客户须按速汇金收费标准缴纳汇款费用，如持外币现钞或从外币现钞账户汇款，还须缴纳钞变汇手续费。

西联汇款和速汇金（money gram）都是国际汇款公司利用其遍布全球的网点，通过计算机网络直接汇款，因此可以达到“即时”汇款的水平。速汇金的手续费较西联汇款要低，且在境外收汇时可即时兑换成其他币种，但目前办理网点较少。

本章小结

本章主要介绍了个人外汇交易和个人结算业务内容及实务。

第一部分主要介绍了个人外汇交易的概念、特点及个人外汇交易的策略；详细介绍每一种外汇交易方式的含义、性质、特点及交易方法；介绍个人外汇交易账户的开立以及具体交易手段。

第二部分主要分析和介绍了个人结算业务；具体介绍了汇入汇款业务的概念、条件、解付原则、业务操作；外币兑换概述及业务知识；光票托收的概念、特点、业务规定、业务流程及业务操作；旅行支票的概念、旅行支票的出售及挂失、旅行支票的兑付；全球汇款业务的方式，票汇、电汇、西联汇款和速汇金业务。

基本训练

一、名词训练

个人外汇买卖　汇入汇款　外币兑换　光票托收　旅行支票　票汇　电汇　西联汇款　速汇金业务

二、单项选择题

1. 以下关于个人外汇买卖特点的说法正确的是（　　）。

A. 交易时间有限　　B. 汇率稳定

C. 交易方式灵活多样　　D. 资金结算时间长

2. 下列关于我国个人实盘外汇交易的说法正确的是（　　）。

A. 可以利用融资杠杆　　B. 必须有足额外汇才能交易

C. 可以做卖空交易　　D. 可以远期交割

3. 下列关于我国个人开立外汇宝账户规定的说法不正确的是（　　）。

A. 有最低资金要求　　B. 必须填写相关协议

C. 填写申请书　　D. 交易方式不能选择

4. 我国个人外汇交易的柜台交易是（　　）。

A. 投资者直接到柜台交易　　B. 无须填写委托书

C. 只能做时价交易　　D. 时价交易的优点是满足投资者对价格的要求

5. 投资者做限定价格交易时，正确的说法是（　　）。

A. 投资者不明确定下交易价格　　B. 投资者一般需要等待一段时间

C. 投资者可迅速实现交易　　D. 投资者可能会付出较高的价格

三、判断题

1. 现钞交易是旅游者以及由于其他各种目的需要外汇现钞者之间进行的买卖，包括现金、外汇旅行支票等。（　　）

2. 如果客户短期不平仓，那么一般应在每天按当天收市价结算一次；如果客户账面出现亏损，那么客户须以亏损了结。（　　）

3. 银行是外汇交易的最终执行者，银行的好坏将直接影响投资者以后市场操作的实际效果。（　　）

4. 客户委托交易中，选择有电话委托交易的银行更有利，因为突发事件将会导致市场汇率大幅波动，电话委托交易方便投资者及时根据市场情况做出反应，减少由于时间延误而造成的交易风险。（　　）

5. 客户在柜台领取个人外汇买卖申请书或委托书，按表中要求填写完毕，连同本人身份证、存折或现金交柜台经办员审核清点。（　　）

6. 电话交易是客户通过电话完成买卖交易同时还需要到银行柜台办理。（　　）

7. 办理电话交易时客户须先持身份证到银行开立个人外汇买卖电话交易专用存折，预留密码。（　　）

8. 进行电话交易之前，客户先领取电话委托交易规程和操作说明，将填好的电话交易申请和身份证、存折交柜台，设定电话委托交易的专用密码。（　　）

9. 电话交易完成后客户必须到银行柜台查询证实。（　　）

10. 由于外汇市场是一个24小时连续进行的市场，所以个人外汇交易时建议选择交易时间长的银行。（　　）

四、案例分析与计算

1. 某投资者要将 1 500 美元兑换人民币，当前美元现钞买入价为 6.690 8，问兑换的金额是多少？

2. 有一个外汇交易者持有 10 000 港元现钞要兑换成人民币，当前港元现钞买入价为 0.861 8，问兑换的金额是多少？

3. 银行所公布的港元卖出价为 0.863 0，有一个外汇交易者要将 10 000 元人民币兑换成港元，可换得的港元是多少？

4. 有一外汇交易者持有 20 000 元人民币可换得美元是多少？假设当前美元卖出价为 6.631 0。

5. 某投资者要以 5 000 英镑换成日元，当前的英镑买入价为 10.670 2，日元卖出价为 0.086 248。问能兑换多少日元呢？

五、主要观念

1. 什么是个人外汇交易？个人外汇交易的特点是什么？个人外汇交易的策略是什么？
2. 现货外汇交易的含义？合约现货外汇交易的含义？期货外汇交易的含义？三者的比较？
3. 个人外汇交易账户开立的程序。
4. 立即贷记、最终贷记、收妥贷记的比较。
5. 什么是旅行支票？银行不予办理兑付的旅行支票情况有哪些？
6. 速汇金业务的程序。
7. 外币兑换的含义是什么？
8. 简述西联汇款业务的程序。

第六章　外汇期货交易

【学习目标】

理论目标：了解外汇期货交易的含义、特点、目的；掌握外汇期货交易作用；了解外汇期货市场构成。

技术目标：掌握外汇期货交易的程序和功能。

能力目标：通过学习使学生具备从事外汇期货交易的能力，能熟练运用外汇期货交易进行避险和投机操作。

引例

非法经营外汇期货空壳公司被捣毁

2010年4月，10名事主向珠海市公安局经济犯罪侦查支队报案称：珠海市美世投资咨询有限公司涉嫌非法经营外汇期货。

经查，2009年2月，犯罪嫌疑人设立珠海市美世投资咨询有限公司（以下简称美世公司），经营外汇、黄金期货交易。通过该交易系统，参与的人可以在互联网上使用美世公司提供的交易系统进行保证金放大100倍、买卖涨跌的外汇期货交易。美世公司按照每交易一手收取70美元的手续费、“银行点差”（外汇交易中银行公布的买入价和卖出价差）等费用，获取非法利益。初步查得，美世公司非法经营的数额达160万余元。

芝加哥商品交易所抢推人民币外汇期货期权交易

全球最大的金融衍生品交易所——芝加哥商品交易所（CME）2006年8月28日正式推出人民币外汇期货、期权交易。目前推出了3个人民币期货交易品种，分别是人民币兑欧元、美元及日元。芝加哥商品交易所是全球最大的金融交易所之一，主要提供利率、股票指数、外汇和商品等四大类期货和期权产品。2006年4月中国外汇交易中心与芝加哥商品交易所签署了合作协议，成为其超级清算会员，交易中心会员单位可通过中国外汇交易中心交易芝加哥商品交易所产品。

截至 2014 年 8 月，我国外汇交易中心没有推出外汇期货交易，各种外汇期货交易显然为违法行为。2006 年 8 月 28 日全球最大的金融衍生品交易所——芝加哥商业交易所（CME）正式推出人民币外汇期货交易，一些进出口企业会绕道 CME 进行规避汇率风险交易。而芝加哥商业交易所推出的人民币外汇期货交易会对人民币汇率波动产生压力，也会对国内主权汇率造成一定影响。那么，什么是外汇期货交易，它有哪些特点和功能，交易者该如何操作呢？本章将详细介绍有关外汇期货交易。

第一节　外汇期货交易概述

外汇期货交易（currency future transaction）是指在固定的交易场所，买卖双方通过公开竞价的方式买进或卖出具有标准合同金额和标准交割日期的外汇合约的交易。

一、外汇期货交易与远期外汇交易

外汇期货交易与远期外汇交易有很多共同之处，两种交易都可以达到保值避险和进行投机的作用，即外汇期货与远期外汇交易都是关于在未来某一时刻，买卖双方按照事先确定的价格买进或卖出某种外汇，都能达到现在就确定将来现金流的转换价格，从而起到保值的作用。另外，期货交易与远期外汇交易一样，在签订合同的时候，双方都不需要向交易对方缴纳任何费用，因此投机商也可以在正确预测外汇期货走势的前提下，通过贱买贵卖来赚取投机收益。

但是，两者也有很多不同之处。比如，远期外汇交易大多是在银行之间进行的，银行只与资信认可的客户进行远期外汇交易，对资信不被认可或者对资信不了解的客户不与之进行交易或者要求对方提供担保、抵押，即远期外汇交易在准入的问题上是有一些限制的。而期货交易准入相对容易，只要拥有足够交易的保证金就可以了。另外从交易方式、报价方式等方面二者也有很多不同之处。

1972 年美国芝加哥商品交易所（Chicago Mercantile Exchange）成立了一个新的分支部门叫做国际货币市场（international monetary market，IMM），首次推出了外汇期货交易，从而为投资者提供了规避汇率风险的新品种。随着固定汇率制度的崩溃，浮动汇率制度的实行，到了 20 世纪 80 年代，国际汇率波动剧烈，货币期货交易得到了充分的发展。现在世界上进行外汇期货交易的主要场所除了芝加哥商品交易所国际货币市场之外，还有伦敦国际金融期货交易所（LIFFE）、悉尼期货交易所（SFE）、东京国际金融期货交易所（TIFFE）、新加坡国际金融交易所（SIMEX）等。

二、外汇期货交易的特点

1. 外汇期货交易具有一定标准数量的合约单位

外汇期货交易对合约单位有严格的要求。特定货币的每份期货合约的数量相等，金额固定，这一特定数量由各交易所根据各标的货币与结算货币的正常平均汇率确定。如表 6.1 所示，芝加哥国际货币市场上英镑期货合约交易单位为 62 500 英镑，日元为 12 500 000 日元。

表 6.1　芝加哥国际货币市场外汇期货合约概况

合约种类	交易单位	基本点数	最小价格变动（USD）	一张合约最小价格变动（USD）	合约时间（月）
欧元（EUR）	125 000	0.000 1	0.000 1	12.5	3，6，9，12
英镑（GBP）	62 500	0.000 2	0.000 2	12.5	3，6，9，12
瑞士法郎（CHF）	125 000	0.000 1	0.000 1	12.5	3，6，9，12

续表

合约种类	交易单位	基本点数	最小价格变动（USD）	一张合约最小价格变动（USD）	合约时间（月）
加元（CAD）	100 000	0.000 1	0.000 1	10	3，6，9，12
澳元（AUD）	100 000	0.000 1	0.000 1	10	3，6，9，12
日元（JPY）	12 500 000	0.000 001	0.000 001	12.5	3，6，9，12

2. 外汇期货合约交易的合约时间标准化与报价统一

在外汇现货市场上，各种货币的汇率都用美元标价法（英镑、澳元等货币除外）。而在外汇期货市场上，交易货币的标价方式刚好相反，交易货币均以每单位货币值多少美元来标价，这种标价方式是由外汇期货交易的本质决定的。作为外汇期货标的物的货币和商品期货的标的物一样，其价值应由结算货币（通常为美元）表示出来。例如：假定外汇现货市场上美元对日元的即期汇率为 1 USD = 113.68 JPY，外汇期货市场上日元期货合同（3 个月）的价格则为 0.008 797 美元。

外汇期货交易的报价一般保留到小数点后面第四位，最后一个尾数为基本点（basic point），即 1 point = USD 0.000 1。但是低价值货币（如日元），其基本点通常为小数点后第六位，即 1 point = USD 0.000 001，报价时将小数点后移两位，仍保留 4 位数，如上文中日元期货合约报价为 0.879 7。

交易合约时间是每 3 个月为一个周期，即交易届满月为 3 月、6 月、9 月、12 月，合约到期的月份称为即期月份（spot month）。

3. 外汇期货交易的交割日统一

芝加哥商品交易所国际货币市场（IMM）外汇期货合约的交割日为即期月份的第三个星期三。若当天不是营业日，则顺延至下一个营业日。合约交易的截止日期为交割日前的第二个营业日。最后一个交易口的汇率为结算价。

4. 外汇期货交易所对每日汇率变动的幅度设有最低的限制

外汇期货交易合约的最小变动价位（minimum fluctuation tick）是指标的货币汇率变动一次的最小幅度，用基本点的倍数表示。如表 6.1 所示，英镑的基本点是 0.000 2，最小变动价位是 0.000 2 美元；欧元和加拿大元期货的基本点都是 0.000 1，最小变动价位也是 0.000 1 美元；日元期货基本点为 0.000 001，最小变动价位为 0.000 001 美元。

5. 外汇期货交易所对价格最大波动进行限制

外汇期货交易市场是"以小博大"，且单笔交易数额大，为防范汇率波动风险，主要外汇期货交易所都采取了一定程度的涨跌停板制度，即采取每日价格最大波动限制（daily limit moves）。一旦价格波动超过该幅度，交易自动停止，这样，交易者便不至于因价格的暴跌暴涨而蒙受巨大损失。芝加哥商品交易所国际货币市场规定每日仅在开市的 15 分钟内对价格最大波动进行限制，之后没有任何限制。例如，在开市时，日元期货的每日价格最大波动为 200 点，每点的价位是 12.50 美元，所以，日元期货每份合约的每日价格最大波动为 2 500 美元。

三、外汇期货交易与远期外汇交易的比较

外汇期货交易与远期外汇交易的区别主要有以下几点。

（1）外汇期货是买方或卖方与期货市场的清算所签约，与清算所发生直接合同关系；而远期外汇交易是买卖双方签约，产生合同关系。

（2）外汇期货是设计化、格式化的远期外汇交易。而远期外汇交易是非设计化的，它是任意数量、任意期限、任意币种的远期外汇买卖，一切由交易双方自行商议。

（3）外汇期货交易在公开市场通过竞价进行交易，而远期外汇交易是通过银行柜台业务或电传、电话报价进行交易。

（4）外汇期货的买方只报买价，卖方只报卖价，而远期外汇交易买卖双方都要分别报出买价和卖价两种价格。

（5）外汇期货交易所实行会员制，非会员要进行外汇期货买卖必须通过经纪人，所以要向经纪人缴纳佣金；远期外汇交易一般不通过经纪人，不需缴纳佣金。

（6）外汇期货交易一般不以最后的交割来结束，往往是在交割日之前做一笔币种相同、数量相同、方向相反的交易，以对冲结束。在实务中，实际交割通常不到交易额的 1%。远期外汇交易最后要进行交割。

（7）外汇期货交易实行保证金制度，通常为合同金额的 2%～3%，而远期外汇交易一般不收保证金。因此也决定了外汇期货交易一般无信用风险，远期外汇交易信用风险大。

外汇期货交易与远期外汇交易的相似之处有以下几点。

（1）交易目的相同。都是为了防范外汇风险或投机。

（2）都是一定时期以后交割。

（3）都是通过合同形式将汇率固定下来。

（4）交易市场互相依赖。外汇期货市场和远期外汇市场虽然分别为两个独立的市场，但由于市场交易的标的物相同，一旦两个市场出现较大差距，就会出现套利行为。因此，两个市场的价格互相影响，互相依赖。

第二节　外汇期货市场

一、外汇期货市场的发展

期货市场的产生是为了规避风险。最早由于农作物的价格易受外在因素，如气候、战争等的影响，而发生大起大落的现象。这种价格不平稳的现象，对于农作物的买卖双方均造成莫大的困扰。买卖双方为控制其成本或确保利润，预先约定了未来买卖的价格与数量，以规避价格波动的风险，这种预先约定的买卖承诺，便是期货市场发生的起源。

1972 年 5 月，芝加哥商品交易所正式成立国际货币市场分部，推出了 7 种外汇期货合约，从而揭开了期货市场创新发展的序幕。从 1976 年以来，外汇期货市场迅速发展，交易量激增了数十倍。1978 年纽约商品交易所也增加了外汇期货业务，1979 年，纽约证券交易所亦宣布，设立一个新的交易所来专门从事外币和金融期货。1981 年 2 月，芝加哥商品交易所首次开设了欧洲美元期货交易。随后，澳大利亚、加拿大、荷兰、新加坡等国家和地区也开设了外汇期货交易市场，从此，外汇期货市场便蓬勃发展起来。

二、外汇期货市场的组织结构

通常期货的买卖必须透过特定人士在交易所的交易厅以公开叫价的方式来进行，其进行之过程如图 6.1 所示。近年来，随着科技的迅速发展，各大交易所纷纷引入电子盘交易。美国期货交易委员会（Commodity Futures Trading Commission，CFTC）的主要职责是维持一个公开、公平、有效率的市场；亦即在防止市场不公平交易、保护投资人权益、确保市场正常的经济功能。在美国，期货交易委员会是有关期货交易的主管机关；其透过全国期货协会（National Futures Association，NFA）对所有的交易所及期货经纪公司做法令规范及管理。期货市场的参与者主要有买方、卖方、交易所、清算所、佣金商、场内交易员。

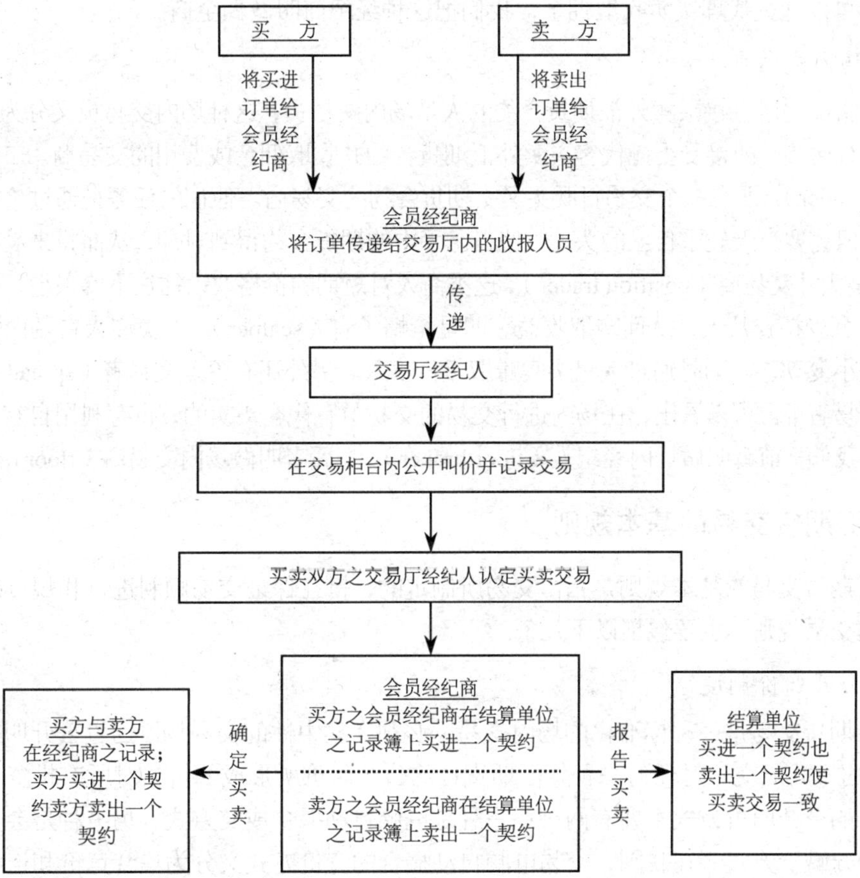

图 6.1 期货交易进行过程

1. 交易所

当今全球大部分的可以进行货币期货交易的交易所都是以股份公司的形式向当地政府注册的一种非营利团体，其成立的目的是为交易提供场所和所需的设备，订立交易规则、交易时间、交易品种还有保证金数额、交割月份、佣金数额等交易条件，同时调解会员之间的纠纷，为市场提供资讯帮助等。

2. 清算所

清算所又称结算所（clearing house），它是通过向期货合约的当事人买入合约成为买家或出售合约成为卖家的过程来完成结算工作的。即可以认为期货交易的买方是从清算所买入的期货合约，期货合约的卖方把合约先是卖给了清算所，然后再由清算所卖给了买方。这样，如果一方违约，清算所也要负责与交易另一方进行清算。清算所遭到的损失和承担的风险由违约一方保证金账户中的资金给予补偿。清算所的职责是：①作为会员账户向借贷双方提供资金流动和转移的场所以及资金存放中心，使资金得到真正的流动和转移。②履行期货合约保证人的保证交易顺利进行的职责。

3. 佣金商

由于外汇期货交易主要是在期货交易所场内进行的，而且只有具有会员资格的交易商才可以进场买卖，所以非会员的交易者就要委托具有会员资格的交易商进场代理买卖，这样会员经纪商可以通过代理买卖收取佣金，我们把这种经纪商叫做佣金商。

4. 场内交易员

在期货交易所直接买卖外汇期货合约的人是场内交易员，这种场内交易员又分为几种。一是场内的佣金商，即接受委托代客买卖外汇期货合约并收取佣金或费用的交易商。二是日交易商（day trader），即在一个交易日既买又卖期货合约的交易商。他们的任务是通过价格波动赚取价差，但需要当天轧平自己的头寸，使自己手中的期货合约得到对冲，从而将来没有交割义务。 三是头寸交易商（position trader），这类商人对短期的价格波动往往不感兴趣，通常购进头寸之后至少持仓几天，从而赚取收益。四是抢帽子者（scalper），这类商人在场内密切关注价格的微小变动，并随时通过大量买卖赚取差价收入。另外还有价差交易者（spread trader）、跨市价交易者等。可以看出，在场内进行交易的交易员有代客买卖的，也有利用自有资金自营买卖的，我们把前者叫做场内经纪人（floor broker），把后者叫做场内交易商（floor trader）。

三、外汇期货交易的基本规则

外汇期货交易的基本规则是指由交易所制定的，旨在保证交易顺利进行和规章制度中最为重要的交易规则，主要包括以下几条。

1. 公开叫价制度

外汇期货交易是一种标准化的场内交易，必须在集中性的交易场所通过公开叫价（open outcry）的方式成交。对任何一种外汇期货合约公开叫价所形成的价格对所有投资者有效。期货市场的公开叫价方式主要有两种：一种是电脑自动撮合成交方式，另一种是会员在交易所大厅公开喊价方式。在我国，交易电脑自动撮合的竞价方式又分为集合竞价和连续竞价两种。集合竞价产生开盘价，以此开盘参考价成交可得到最大交易量，高于该参考价的买入申报和低于该参考价的卖出申报必须全部成交；与参考价相同价位的申报，其中买入申报和卖出申报必须有一方能全部成交。依据以上规则在开盘前一瞬间产生开盘价，然后以此价格对所有有效委托中能成交的委托进行撮合成交，不能成交的委托在连续竞价期间排队等候。连续竞价是电脑系统的撮合主机自动对投资者申报的委托进行逐笔连续撮合处理的过程。

无论是集合竞价还是连续竞价，都遵循“价格优先，时间优先”的总原则，即在交易指令进入交易所主机后，最优价格最先成交，也就是说最高的买价和最低的卖价报单首先成交。在价格一致的情况下，率先进入交易系统的交易指令先成交。

公开叫价由期货交易所的会员进行，其他有意进行外汇期货交易的非会员必须通过会员在外汇期货交易所内通过公开叫价成交。

2. 保证金制度

保证金是用来确保期货买卖双方履约并承担价格变动风险的一种财力担保金。因为外汇期货市场通常存在信用风险。若买卖双方直接达成交易，如果市场汇价出现不利于一方的情况，则该方就会出现亏损。亏损达到一定程度时亏损方很可能会选择违约。在外汇期货交易中设立保证金是为了防止投资者因为外汇期货市场汇率变动而违约，从而给结算公司带来损失。参加外汇期货交易的各方必须缴纳保证金，非会员客户必须向经纪公司（会员）交付保证金。会员必须向交易所的清算机构缴纳保证金。期货交易的保证金除了起到防止交易各方违约的作用外，还是结算制度的基础。

按保证金缴纳的时间和金额比例不同，可将履约保证金分为初始保证金和追加保证金两类。初始保证金，有时也被称作原始保证金，是当交易者新开仓时必须依照各类合约有关规定向清算所缴纳的资金，通常为交易总额的一定比例。不同交易所规定的初始保证金缴纳金额有所不同，而且初始保证金缴纳多少通常也随合约金额及交易者身份不同而不同。例如，芝加哥商品交易所国际货币市场规定日元期货合约的初始保证金为每张 2 700 美元，英镑期货合约的初始保证金为每张 2 800 美元。任何人只需在外汇期货市场上开户并按规定缴纳初始保证金，就可以开始进行外汇期货交易。

在向交易所缴纳初始保证金后，交易所的清算机构根据外汇期货价格变化逐日清算未交割期货合约的盈亏，浮动赢利将增加保证金账户余额，浮动亏损将减少保证金账户余额。保证金账户在经过逐日清算（即逐日盯市）后必须维持一个最低余额，称为维持保证金。当市场汇价有利于交易者时，交易所会自动将赢利加到交易者的保证金账户，那么超过原始保证金部分的金额便可以被提领。芝加哥商品交易所国际货币市场规定日元期货的维持保证金为每张外汇期货合约 2 000 美元，英镑期货的维持保证金为每张外汇期货合约 2 100 美元。

追加保证金反映了市场波动对交易者头寸的影响，因而也称为变动保证金。交易者在持仓过程中会因市场的不断变化而产生浮动盈亏，因而保证金账户中实际可用来弥补亏损和提供担保的资金会随时发生增减变化。当保证金账面金额低于维持保证金时，交易者必须在规定时间内补充保证金，否则在下一交易日，交易所有权实施强行平仓。这部分需重新补充的保证金就是追加保证金。

保证金制度（margin system）是期货交易的灵魂，而其顺利实施又有赖于每日无负债的逐日盯市结算制度。期货交易是一种零和交易，但盈亏双方结算并不直接在交易双方之间进行，而是由交易所通过双方保证金账户的盈亏划转来实现。当亏损一方在交易所保证金账户中承担其亏损时，交易所作为成交合约的担保者，必须代为承担这部分亏损，以保证赢利者能及时得到全部赢利。这样，亏损方便向交易所拖欠了债务。为了防止这种债务现象的发生，逐日盯市制度应运而生。

3. 逐日盯市制度

逐日盯市制度（mark to market daily）是指结算部门在每日闭市后计算、检查保证金账户余额，通过适时发出保证金追加单（margin call），使保证金余额维持在一定水平上，防止负债发生的结算制度。同样，会员经纪商为了规避其代理客户的信用风险，也会要求其客户在其清算所的账户中存入相应的保证金，实行逐日盯市制。逐日盯市制需要核算两种盈亏，一是浮动盈亏，即如果客户有买卖头寸，比如某日客户买入一份英镑期货合约，价格相当于 1 GBP = 0.965 0 USD，则在该份合约没有被卖出对冲或交割之前，每天经纪商都要核算浮动盈亏，浮动盈亏的计算公式如下：

浮动盈亏 =（当日结算价 − 买入价）× 单位合约数 × 合约份数

=（卖出价 − 当日结算价）× 单位合约数 × 合约份数。

当日结算价一般为当日交易临近结束的时候一个较短时间内的各种成交价的加权平均交易价。比如当天的结算价为 1 GBP = 0.966 0 USD，则浮动盈亏 =（0.966 0 − 0.965 0）× 62 500 × 1 = 62.5 USD，表示当天的价格波动对该投资者有利，其实现了贱买。二是买卖盈亏，如果该投资者将这份期货合约卖出，价格为 1 GBP = 0.965 5 USD，则还要计算其买卖盈亏买卖盈亏的计算公式如下：

买卖盈亏 =（卖出价 − 买入价）× 单位合约数 × 合约份数

即（0.965 5 − 0.965 0）× 62 500 × 1 = 31.25 USD。这样，客户的保证金账户的资金就有可能增加，也有可能减少。当客户想进行期货交易的时候，经纪商会要求其开立保证金账户并且存进一笔资金，这笔资金叫做初始保证金（initial margin），比如 1 485 USD。如果客户保证金账户亏损到一定的水平，比如只剩 1 100 USD 的时候，经纪商就要发出催交保证金通知（margin call），要求客户在极短的时间内将保证金补足到初始保证金的水平。这一允许交易者继续进行交易的最低保证金水平叫做维持保证金（maitenance margin），即本例中的 1 100 USD。会员经纪人与清算机构的逐日盯市制与经纪人与客户的逐日盯市制的规则是一样的，只是会员经纪人的保证金没有初始保证金和维持保证金之分。

4. 结算

外汇期货结算（settlement），是指外汇期货清算机构根据交易所公布的结算价格，对客户持有外汇期货合约头寸的盈亏状况进行资金清算的过程。期货清算机构的组织形式有两种：一种是独立于期货交易所的结算公司，如伦敦结算所同时为伦敦三家期货交易所进行期货结算；另一种是交易所内设的结算部门，如芝加哥商品交易所（CME）有自己的结算部门。两者的区别在于：独立的结算所在履约担保、控制和承担结算风险方面独立于交易所之外，交易所内部结算机构则全部集中在交易所；独立的结算所一般由银行等金融机构以及交易所共同参股，相对于交易所独自承担结算，风险较为分散。

外汇期货交易的结算大体可分为两个层次：一是交易所对会员进行结算；二是由会员公司对其所代理的客户进行结算。交易所在银行开设统一的结算资金账户，会员在交易所结算机构开设结算账户，会员在交易所的交易由交易所结算机构统一结算。外汇期货结算是风险控制的重要手段，其核心的内容是逐日盯市制度，在前面已经做过介绍。

5. 交割

外汇期货合约的持有者，按合约规定的日期以规定的外汇量进行交割（delivery），标志着合约的履行与完结。下面以芝加哥商品交易所的国际货币市场外汇期货交易合同交割的有关规定，来说明外汇期货合同的交割过程。

交易所及其结算机构在外汇期货合约交割过程中扮演了重要角色。芝加哥商品交易所与其代理银行签订合约，在代理行开立美元账户，并在对应外汇期货合约的外币发行国的代理行分支机构或往来行开立外币账户。无论外汇期货经纪商是自营，还是代客买卖，芝加哥商品交易所的结算机构都是交易的对手方，即表现为每个卖方的买方，或每个买方的卖方，合约买卖双方不直接交易，从而减少了交易对于违约的风险。

芝加哥商品交易所要求外汇期货合约的多头清算会员向国际货币市场美元交割账户支付美元，而后这笔交割款项由该账户支付给空头清算会员。外币的转移则发生在外币发行国，空头的交割银行将外汇款项打入国际货币市场在该国的交割账户，多头收款银行在交割日从该账户收取外汇款项。

外汇期货交易的交割设有以下具体规则。

（1）交割日期：在期货合同到期月份的第三个星期三，如果这天恰逢银行的休假日，则顺延一天。

（2）交割地点：买方指定的期货发行银行。

（3）买方责任：如果客户想要进行实际交割，那么代表他的境外经纪公司在交易的最后一天之前要向票据交换所交付一份买方交割委托书，而境外经纪公司在 15:00 之前，必须将交割款项存入客户的账户，这笔存款的金额为交易最后一天的收盘价乘以期货合同上所标明的数量。

（4）卖方责任：如果客户想卖出期货并要进行实际交割时，则可通过代表他的境外经纪公司在交易的最后一天结束之前，交给票据交换所一份卖方交割委托书。

（5）交割月份：根据合约的内容而定。

（6）交割的成本：在完成交割时所发生的一切成本将全部由卖方承担。

（7）紧急事件、不可抗拒事件的干预：在这种情况下所做出的决定将约束契约的所有当事人。

（8）不能履行合约：假如有位具有交割承诺的票据交换会员不能履行他的义务或有执行上的瑕疵时，他将对已经为这项交易配合行动的另一票据交换会员所蒙受的损失负责。

除以上的常规措施外，交易所还有权在紧急情况下采取一些特别的措施以保证交易的顺利进行。例如，交易所可以要求会员减少其持有的头寸、公布其顾客的身份等。

四、外汇期货交易的目的

一般而言，参与期货交易的目的可分为两种类型：一为避险，二为赚取利润。就避险的目的而言，参与者通常为套期保值者，为了要规避汇率的价格波动风险，透过期货市场的运作，用最小的成本将此风险移转出去。就赚取利润的目的而言，投机者（speculator）运用以小博大的精神以小金额的保证金，从事数倍或数十倍于保证金金额的交易以赚取利润。而由于这些投机者的介入，反而使市场更活跃。

期货交易的买卖双方，在签订未来的买卖合约时，其价格视为该货品在未来某一特定日期的交易价格；因此期货的价格有未来价格指标的功能。有些参与者进行交易的目的，除了上述避险及追求利润的目的外，也希望透过对期货市场的参与，而更准确地预测未来的价格走势。

第三节　外汇期货交易的作用

进行外汇期货交易的主体有两大类：一类是套期保值者，他们利用外汇期货交易规避外汇风险；另一类是投机者，他们利用外汇期货价格的变动赚取利润。商业性外汇期货交易者通常是为了降低现有的外汇资产的风险，利用外汇期货合约来转移风险。

外汇期货交易最原始的目的是为外汇交易者提供转移汇率变动风险的工具。避险者预先在现货市场买进或卖出某种外汇，同时在期货市场上卖出或买进相同外汇的期货合约，以期货赢利来抵补现货亏损，以达到规避风险的目的。套期保值所依据的基本原理是：现货市场价格与期货市场价格受相同因素影响，其中价格变动呈现同一趋势，即现货市场价格上涨或下跌，期货市场价格也升高或降低。在套期保值交易中，持有外汇现货的一方，为防止未来因价格下跌而遭受损失，便卖出期货合约，当未来的现货价格和期货价格低于当初卖出时的价格时，则采取买进同样数量期货合约对冲的办法，所得差价用来弥补现货市场上实际出售外汇的部分利润损失，以达到保值的目的。对套期保值者来说，参与外汇期货市场不是为赚取利润，而是通过套期保值来转移汇率风险。

就整个期货市场而言，市场风险由为了避免风险而进行交易的套期保值者向愿意承担风险以求获利的投机者转移。投机者是以从期货市场的价格波动中谋取厚利为目的，在市场上愿意承担风险的交易者。

期货市场是由套期保值者（避险者）与投机者共同组成的，避险者一般不愿意承担价格变动的风险，而投机者却有能力而且愿意承担风险。仅有避险者的外汇期货市场很难顺利进行下去，而仅有投机者的期货市场则有可能导致市场的不稳定。只有避险者参与的市场，或者只有投机者参与的市场，都无法产生具有经济功能的外汇期货市场。市场交易越活跃，产生风险就越多，获利的机会也越多，这对于投机者来说是至关重要的。

一、外汇期货的套期保值交易

外汇期货的套期保值交易是指按照期货市场中的套期保值的决策程序和方法，利用外汇期货交易，确保外币资产或外币负债的价值不受或少受汇率变动带来的损失。具体做法是：在已经发生的一笔即期或远期外汇交易的基础上，为防止损失，同时做一笔相反方向的期货交易。这样如果原有交易受损，可通过所做相反方向的期货交易的获利而弥补或者抵消。

（一）空头套期保值

空头套期保值（short hedge），又称卖出套期保值。空头套期保值的特点是：即将有现货头寸的交易者，在期货市场上做一笔相应的空头交易，以防止现货头寸价格下跌而遭受损失。如出口商的应收外汇货款、个人或公司在外国银行的存款等，为避免外汇汇率波动造成此笔款项价格下跌，可以事先在外汇期货市场上卖出该种货币的期货合约，从而锁定其价格。

【例 6.1】 美国一家跨国公司在英国的子公司急需母公司提供 250 万英镑资金，5 个月后即可将该笔资金调回母公司。于是，母公司在现汇市场上用美元购买了 250 万英镑汇给该子公司。为了避免由此产生的外汇交易风险，母公司在外汇期货市场上进行空头套期保值，套期保值过程和损益分析如表 6.2 所示。

表 6.2 空头套期保值过程和损益分析

	外汇现货市场	外汇期货市场
4 月	买入 250 万英镑，即期汇率为 GBP 1＝1.650 0 USD，支付 412.5 万美元	卖出 40 份 9 月到期的英镑期货合同，每份 62 500 英镑，共计 250 万英镑，期货价格 1 GBP＝1.655 0 USD，可收入 413.75 万美元

续表

	外汇现货市场	外汇期货市场
9 月	卖出 250 万英镑，汇率为 1 GBP＝1.620 0 USD，收入为 405 万美元	买入 40 份 9 月到期的英镑期货合约，期货价格 1 GBP＝1.622 0 USD，支付 405.5 万元人民币
赢利或亏损	-7.5 万美元	8.25 万美元

从例 6.1 中可以看出，由于英镑对美元贬值，母公司在现汇市场上的交易亏损为 7.5 万美元，在外汇期货市场上的交易赢利为 8.25 万美元，套期保值最终赢利为 0.75 万美元。如果母公司没有进行套期保值，在 4 月的现汇市场上买入 250 万英镑，9 月 1 日收回英镑时将其在现汇市场上出售，母公司会因英镑贬值损失 7.5 万美元。当然，如果英镑升值，母公司不进行套期保值将比进行套期保值赢利更多。但是，在 4 月买入现汇时，母公司并不知道 5 个月后英镑到底是升值还是贬值。升值固然有利，但万一英镑贬值，母公司在现汇市场上的交易必然蒙受损失。一旦采取了套期保值，英镑在现汇市场上贬值时，在期货市场上也会贬值，母公司在外汇期货交易中将获利，可以抵消现汇交易中的一部分损失。

（二）多头套期保值

多头套期保值（long hedge），又称买入套期保值，是指对国外负有债务的债务人或将来在某一时间内支付外汇货款的进口商将要以外汇支付的款项，为避免计价货币汇率上升造成损失，采取先在外汇期货市场上购进同等数量的外汇期货合约，等到将来在现货市场上购进所需外汇时，卖出购进的期货合约。

【例 6.2】 美国某进口商 6 月从英国进口一批设备，预计 3 个月后必须在现货市场买进 500 万英镑，以支付这批设备的货款。为避免 3 个月后因英镑升值而花费更多的美元，以稳定设备的购入成本，该进口商可先行在期货市场上买进 80 份英镑期货合约，总额 500 万英镑。此时，现货市场上美元对英镑的汇率为 1 GBP = 1.660 0 USD。该进口商在外汇市场上购进了 3 个月期交割的英镑期货合约，并按 1 GBP = 1.661 0 USD 的汇率成交，这 80 份合约的成交额为 1.661 0 × 500 = 830.5 万美元。

假设 3 个月后，英镑果真升值为 1 GBP = 1.670 0 USD，该进口商在现货市场上以升值后的英镑汇率购进 500 万英镑，作为支付进口设备之用，需要 835（1.670 0 × 500）万美元，亏损 4.5 万美元。与此同时，该进口商又在期货市场上把 3 个月前购进的 80 份英镑期货合约卖出，成交汇率为 1 GBP = 1.671 0 USD，可得到 835.5（1.671 0 × 500）万美元，赢利 5 万美元。由此可见，该进口商在现货市场上亏损的 5 万美元，又从期货市场上得到了补偿，如表 6.3 所示。

表 6.3　多头套期保值损益分析

	外汇现货市场	外汇期货市场
6 月	若此时买进 500 万英镑，需支付 830.5 元美元	买进 80 份 3 个月英镑期货合约，总额 500 万英镑。期货价格为 1 GBP＝1.661 0 USD，支付 1.661 0×500＝830.5（万美元）
9 月	购进 500 万英镑用于支付货款，需要美元 835 万	此时期货价格 1 GBP＝1.671 0 USD，卖出期货，可以得到 1.671 0×500＝835.5（万美元）
赢利或亏损	-4.5 万美元	5 万美元

例 6.2 中，英镑现货价格与期货价格的变动幅度相同，因此通过做出与现货数额相同、期限匹配、方向相反的期货交易，即可以完全冲销现货价格波动的风险。然而，现实的外汇

期货交易中，规避风险的交易也会产生另一种风险，即基差风险（basis risk）。基差风险产生的原因通常有：所需避险的现货价格并不完全等于其期货合约的价格；避险者无法事先确知什么时候买进或卖出所需避险的资产；在期货合约到期之前，避险者可能就已了结其期货合约。所谓基差（V）是指现货价格（S）与期货价格（F）之间的差距。用公式表示为

$$V=S-F$$

基差的变动率等于现货价格的变动率减去期货价格的变动率。假设上述字母的小写代表它们的变动率，则基差变动率为

$$v=s-f$$

随着期货合约交割月份的临近，期货价格收敛于其现货价格。如果现货与期货两者在各方面的条件都一样，则当期货合约到期时，其基差为零。但在到期之前，基差可能为正或为负。当现货价格增长的幅度大于期货（或现货价格降低的幅度小于期货）时，即 $s>f$，基差会扩大，称为基差转强（strengthening of the basis）；反之，则基差会缩小，称为基差转弱（weakening of the basis）。需要强调一点，基差风险的存在不仅会降低避险效果，而且也会增进避险效果。对于空头套期保值者而言，当基差转强，则会增进避险效果；反之，则会降低避险效果。而对于多头避险者而言，当基差转强，则会降低避险效果；反之，则会增进避险效果。

（三）套期保值的效果

1. 套期保值效果分析

套期保值操作可能成功，即现汇市场上的损失由期货市场上的赢利进行了弥补；也有可能失败，即现汇市场上的赢利被期货市场上的亏损抵消。

套期保值的失败源于错误的决策，其具体原因如下。

第一，对价格变动的趋势预期错误，不应做保值而做了保值。如出口商未来有外汇收入，如果预计外汇汇率将上涨，可以不做期货的套期保值；否则汇率变动带来的收益将会被期货市场的损失全部或部分所抵消。

第二，资金管理不当，对期货价格的大幅度波动缺乏足够的承受力，当期货价格短期内朝不利方向变动时，交易者没有足够的保证金追加，被迫斩仓，致使保值计划中途夭折。

而成功的套期保值，所起避险效果也依情况不同而出现以下三种情况：有盈保值，即期货市场上的赢利在弥补现货市场上的亏损后还有盈余；持平保值，期货市场的赢利正好弥补现货市场上的亏损；减亏保值，即期货市场上的赢利不足以弥补现货市场上的亏损。

2. 影响保值效果的原因

从理论上讲，持平保值是一种理想的保值状态，但这种情况在现实中很少存在。一般来说，影响保值效果的原因主要有以下几方面。

第一，时间差异。对某个币种进行保值，往往有好几个不同的期货合约可供选择。选择不同的月份，保值效果并不一样。按照套期保值的原理，要达到理想的保值效果，最好选择与未来现汇交易时间同 1 月的期货合约保值，如在 3 月签订了 6 月交货的合同，最好选择 6 月的期货合约保值。但在实际操作中，考虑到市场流动性等因素，往往会选择其后月份的合约，如 9 月的合约。另外，现实中期货价格与现货价格波动的幅度往往不完全一样，不同时点两种价格并不完全相同，导致两个市场的盈亏不能完全相抵。

第二，地点差异。同一种货币在不同外汇市场的现汇交易价格存在差异，同样，在不同交易所内，即使是同种货币相同月份的期货合约价格也并不相同。

第三，数量差异。外汇期货合约是标准化合约，交易数量必须是一张期货合约交易金额的整数倍。现汇交易的数量则根据实际交易需要，并不受标准化约束。这种套期保值数量上的不匹配便导致了受险头寸暴露。

二、外汇期货的投机交易

外汇汇率的不稳定性，一方面迫使商业交易者纷纷利用期货市场进行套期保值，以避免汇率波动的风险；另一方面，这种不稳定性也给投机者带来了获取利润的可能性。投机交易是没有现货市场做后盾的，外汇期货是利用期货市场价格的频繁变动，在期货市场上买进卖出，以赚取期货市场的差价，这提供了一种相对低成本的货币投机（speculation）途径。因为只要缴纳少额的保证金便可以进行大额的外汇期货合约的买卖，这样投机者用少额的资金就有可能获得高额的投机利润。一般来说，外汇期货的投机交易可以分为两类：一类是简单的“单项式”投机，即普通的买空卖空交易活动；另一类是外汇期货套利交易。

（一）买空与卖空交易

1. 买空行为

买空行为，又称多头投机，是投机者预测某种外汇期货合约的价格将要上涨，而采取购买某一交付月份的外汇期货合约，一旦预测准确，便立即将事先购买的合约卖出，以从中赚取差额。

【例 6.3】 假设某日市场行情如下：即期汇率为 1 USD = 100 JPY；日元期货价格为 1 日元 = 0.01 美元。

某投机者预测 12 月交割的日元期货价格呈上升趋势，所以他买入 100 张 12 月日元期货合约，每份期货合约为 1 250 万日元。假设 15 日后，日元期货价格上升为 1 JPY = 0.011 USD。于是该投机者立即平仓其日元期货合约，则他的获利为（0.011 − 0.010）× 12 500 000 × 100 = 1 250 000 美元。即在不计交易成本的前提下，该投机者从事日元期货的多头投机交易获利为 125 万美元。

2. 卖空行为

卖空行为，又称空头投机，是指投机者预测某种外汇期货合约的价格将下跌，而采取事先出售外汇期货合约，待该合约的价格真正降低后再买进，以从中赚取差额。

要说明的是，买空卖空交易成功的关键是投机者能否正确地预测未来汇率变动的方向。如果预测准确的话，会因为期货交易的杠杆效应带来巨大的收益，但如果预测不准的话，将会给其带来难以估计的巨额损失，这正是外汇期货投机的巨大风险所在。

（二）外汇期货套利交易

外汇期货套利投机交易是指投机者同时买入和卖出两种相关的外汇期货合约，然后再进行反向对冲，即卖出和买入其手中持有的合约，从这两种合约的相对价格变动中获利。外汇期货套利投机又分为跨市、跨期与跨币投机套利。

1. 跨市套利投机

跨市套利投机是指投机者在不同市场上预测同种外汇期货价格呈不同走势，在一个交易所买入一种外汇期货合约，在另一个交易所卖出同种合约，一段时间后再将合约同时平仓，从而获利。进行跨市套利投机的首要步骤是判断同一种外汇期货价格在不同期货市场上变化的方向。在操作过程中，一般的原则如下。

（1）如果预测两个市场的同种外汇期货合约均处于上涨状态，其中一个市场的涨幅高于另一个市场，则在涨幅大的市场买入，涨幅小的市场卖出。

（2）如果预测两个市场的同种外汇期货合约均处于下跌状态，其中一个市场的跌幅大于另一个市场，则在跌幅大的市场卖出，跌幅小的市场买入。

跨市套利涉及不同的交易所，套利者必须考虑到两个市场的行市和影响因素。有时虽然合约涉及同一种货币，但不同交易所的交易规则、最后交易日、交割期规定具有差异，若进行不同国家的交易所间的套利交易，还要考虑汇率变动的影响，最好在不同的交易所内均有场内经纪人，套利数额大时才有可能在短时间内获利。

【例 6.4】 某套利者在国际货币市场和伦敦国际金融期货交易所进行英镑期货合约的跨市套利。在国际货币市场，每份英镑期货合约为 62 500 英镑；在伦敦国际金融期货交易所，每份英镑期货合约为 25 000 英镑。6 月 20 日，套利者在国际货币市场以 1 GBP = 1.632 5 USD 的价格买入 40 份 9 月到期的英镑期货合约，同时在伦敦国际金融期货交易所以 1 GBP = 1.657 4 USD 的价格出售 100 份 9 月到期的英镑期货合约。至 8 月 20 日，套利者以 1 GBP = 1.668 0 USD 的价格分别在两家交易所对所持合约平仓。交易结果如表 6.4 所示。

表 6.4 跨市套利损益分析

	国际货币市场	伦敦国际金融期货交易所
6 月 20 日	买入 40 份英镑期货合约，支付 1.632 5×62 500×40＝4 081 250 美元	出售 100 份英镑期货合约，收入 1.657 4×25 000×100＝4 143 500 美元
8 月 20 日	出售 40 份英镑期货合约，收入 1.668 0×62 500×40＝4 170 000 美元	买入 100 份英镑期货合约，支付 1.668 0×25 000×100＝4 170 000 美元
赢利或亏损	88 750 美元	−26 500 美元

该交易者在国际货币市场赢利了 88 750 美元，在伦敦国际金融期货交易所亏损 26 500 美元，通过跨市套利交易净赢利 62 250 美元。原因在于两个交易所 9 月英镑期货都处于上涨状态，而且国际货币市场英镑期货的涨幅（0.035 5 美元/英镑）高于伦敦国际金融期货交易所的涨幅（0.010 6 美元/英镑），从而在国际货币市场做多头的赢利超过在伦敦国际金融期货交易所做空头的损失，净赢利正是来源于两个交易所该种期货合约的相对价格变动：（0.035 5 − 0.010 6）×2 500 000 = 62 250 美元。

2. 跨期套利交易

跨期套利交易又叫跨月买卖交易，它是指在同一个期货市场上同时买卖相同币种、不同交割月份的期货合约，从中套取投机利润。其具体方法是利用不同交割月份之间的差价，进行相反交易，从中赚取利润。跨期交易包括两种形式。

一种是现货交易和期货交易相结合，即买入现货卖出期货，或者买入期货卖出现货；另一种是将两笔不同期限期货交易相结合，即买入较近的期货卖出更远的期货，或者反之而进行的跨期交易。本书中主要讨论两种不同期限期货交易的组合，即买入某一交割月份的期货合约同时卖出另一交割月份的同种货币期货合约的交易行为。在买入或卖出期货合约时，合约数量应该保持一致。跨期套利具体操作中应该按照如下原则进行。

（1）如果预测两种合约价格均上涨，买入预期涨幅较大的交割月份的期货合约，卖出预期涨幅较小的交割月份的期货合约。

（2）如果预测两种合约价格均下跌，卖出预期跌幅较大的交割月份的期货合约，买入预期跌幅较小的交割月份的期货合约。

【例 6.5】 6 月 1 日，假设国际货币市场上，9 月交割的英镑期货合约价格为 1 GBP=1.563 0USD，12 月交割的英镑期货合约价格为 1 GBP = 1.561 0 USD。一投机者预测 9 月交割的英镑期货合约价格下跌速度比 12 月交割的英镑期货合约价格下跌速度快，因此他采用跨期套利投机，卖出 10 张 9 月交割的英镑期货合约，同时买入 10 张 12 月交割的英镑期货合约，来获取价差上的利润。如果该投机者于 8 月进行平仓，此时 9 月的英镑期货合约价格为 1 GBP = 1.556 0 USD，12 月交割的英镑期货合约价格为 1 GBP = 1.557 0 USD，那么这个投机者平仓后的利润为

$$(1.563\,0-1.556\,0)\times 62\,500\times 10+(1.557\,0-1.561\,0)\times 62\,500\times 10=1\,875\text{（美元）}$$

跨期交易需要注意的是两种价格之间的相互关系，即两种合约的相对价格变化而不是合约价格水平的绝对变化，这是跨期交易与一般投机交易最重要的区别。

3. 跨币种套利

跨币种套利是指套利者预测交割月份相同而币种不同的外汇期货合约价格将出现不同走势，买入预期价格上升的外汇期货合约，卖出预期价格即将下跌的外汇期货合约，以获取投机利润。在买入或卖出期货合约时，两种货币期货合约的交易金额（其美元价格）应保持相同。跨币种套利操作的一般原理如下。

（1）有两种货币，如果预测一种货币对美元升值，另一种货币对美元贬值，则买入升值货币的期货合约并卖出贬值货币的期货合约。

（2）如果预测两种货币都对美元升值，买入升值速度较快的货币期货合约并卖出升值速度较慢的货币期货合约。

（3）如果预测两种货币均对美元贬值，卖出贬值速度较快的货币期货合约并买入贬值速度较慢的货币期货合约。

（4）如果预测两种货币，一种货币对美元汇率保持不变，另一种货币对美元升值，则买入升值货币的期货合约，卖出汇率不变的货币的期货合约；若预测另一种货币对美元贬值，则卖出贬值货币的期货合约，买入汇率不变货币的期货合约。

【例 6.6】 6 月 10 日，国际货币市场 9 月期瑞士法郎的期货价格为 1 CHF=0.500 0 USD，9 月期英镑的期货价格为 1 GBP = 1.500 0 USD，则 9 月期瑞士法郎期货兑英镑期货的套算汇率为 1 CHF = 0.333 3 GBP。某套利者在国际货币市场买入 10 份 9 月期瑞士法郎期货合约，同时卖出 7 份 9 月期英镑期货合约。之所以卖出 7 份英镑期货合约是因为瑞士法郎期货合约与英镑期货合约的交易单位不同，前者是 125 000 瑞士法郎，后者是 62 500 英镑。因此，为保证实际价值基本一致，前者买入 10 份合约，后者卖出 7 份合约。9 月 5 日，该交易者分别以 1 CHF = 0.550 0 USD 和 1 GBP = 1.575 0 USD 的价格对冲了结持仓合约。其交易过程和损益分析如表 6.5 所示。

表6.5　跨币种套利损益分析

	瑞士法郎	英　镑
6月10日	买入10份9月期合约，支付0.500 0×125 000×10＝625 000美元	卖出7份9月期合约，收入1.500 0×62 500×7＝656 250美元
9月5日	出售10份9月期合约，收入0.550 0×125 000×10＝687 500美元	买入7份9月期合约，支付1.575 0×62 500×7＝689 062.5美元
赢利或亏损	62 500美元	−32 812.5美元

该交易者在瑞士法郎的期货合约交易中赢利了62 500美元，在英镑期货合约交易中亏损32 812.5美元，通过跨币种套利交易净赢利29 687.5美元。

本章小结

本章主要介绍外汇期货交易的基本概述、外汇期货市场以及外汇期货交易的运作。

第一部分主要介绍了外汇期货交易的概念、特点以及其与远期外汇交易的比较。外汇期货交易（Currency Future Transaction）是指在固定的交易场所，买卖双方通过公开竞价的方式买进或卖出具有标准合同金额和标准交割日期的外汇合约的交易；外汇期货交易的特点主要有五个方面，即标准数量的合约单位、标准化时间与报价统一、统一的交割日、每日汇率波动最低限制、价格最大波动限制；期货交易与远期外汇交易的异同点等。

第二部分主要介绍了外汇期货市场的发展、组织结构、交易规则以及交易目的。外汇期货市场的组织结构主要包括交易所、清算所、佣金商、场内交易以及买卖双方构成；其交易的基本规则包括公开叫价制度、保证金制度、逐日盯市制度、结算和交割制度；其交易的目的主要有避险和投机两种动机。

第三部分是本章最重要也是最难的部分，主要介绍了外汇期货套期保值交易和外汇期货投机交易。外汇期货套期保值交易包括空头套期保值、多头套期保值，并对套期保值的效果进行分析；外汇期货的投机交易包括买空与卖空交易投机、外汇期货套利交易投机，其中外汇期货套利投机又分为跨市、跨期与跨币种投机套利。

基本训练

一、单项选择题

1. 某美国进口商，3个月后将支付125 000 GBP，这时我们称其拥有英镑的（　　）。如果用期货交易进行保值，则应在期货市场上（　　）。

　A. 空头，买入2张英镑合约　　B. 多头，买入2张英镑合约

　C. 空头，卖出2张英镑合约　　D. 多头，卖出2张英镑合约

2. 某美国出口商，3个月后将收回62 500 GBP，这时我们称其拥有英镑的（　　）。如果用期货交易进行保值，则应在期货市场上（　　）。

　A. 空头，买入1张英镑合约　　B. 多头，买入1张英镑合约

　C. 空头，卖出1张英镑合约　　D. 多头，卖出1张英镑合约

3. 在外汇期货市场赚取现货交易和期货交易差价的交易者是（　　）。

A. 基差交易者　　B. 差价交易者　　C. 头寸交易者　　D. 帽客

4. 在外汇期货交易中，客户发出高于现行市场汇价某一个既定水平时卖出的指令，此订单属于（　　）。

A. 市价订单　　B. 限价订单　　C. 到价订单　　D. 限时订单

5. 下列对于外汇期货交易和远期外汇交易说法不正确的是（　　）。

A. 交易的内容都是外汇　　B. 两者有相同的作用

C. 交易的方式相同　　D. 市场的规则不同

二、多项选择题

1. 下面属于金融期货的是（　　）。

A. 外汇期货　　B. 黄金期货　　C. 利率期货　　D. 股票指数期货

2. 以下属于期货交易订单的是（　　）。

A. 市价订单　　B. 限价订单　　C. 止损订单　　D. 换月订单

3. 保证金制度是期货交易的核心机制，它包括（　　）。

A. 初始保证金　　B. 变动保证金　　C. 维持保证金　　D. 最低保证金

4. 交割制度是期货交易的一种制度，一笔外汇期货交易的交割主要有以下哪些结果？（　　）

A. 未到期冲销　　B. 到期冲销　　C. 到期执行　　D. 到期终止

5. 以下是外汇期货交易的机制是（　　）。

A. 保证金制度　　B. 逐日清算制度　　C. 订单制度　　D. 公开叫价制度

6. 外汇期货交易的目的可以分为（　　）。

A. 套期保值　　B. 购买商品　　C. 订单交易　　D. 投机交易

7. 下列对于外汇期货说法正确的是（　　）。

A. 交易的主要品种都是可自由兑换的货币　　B. 交易的合约都是固定的

C. 具有投机和保值的功能　　D. 都是采取美元标价的方式

8. 外汇期货市场包括（　　）。

A. 期货交易所　　B. 清算所　　C. 期货投资者　　D. 佣金商

三、判断题

1. 远期交易流动性远低于期货交易，而且面临着对手的违约风险。（　　）

2. 期货交易一般均以每单位货币值多少美元来标价。（　　）

3. 期货的买方或卖方在交易所成交后，清算中心就成为其交易对方，直至期货合同实际交割为止。（　　）

4. 外汇期货交易的进行主要是靠期货交易所内的场内经纪人和代替非会员的期货佣金商来完成的。（　　）

5. 清算所是负责对期货交易所内进行的期货合同进行交割、对冲和结算的独立机构，它是期货市场运行机制的核心。（　　）

6. 外汇期货交易是一种标准化的场内交易，必须在集中性的交易场所通过公开叫价的方式成交，一种外汇期货合约公开叫价所形成的价格只对特定交易双方有效。（　　）

四、案例分析与计算

1. 一名美国商人从加拿大进口农产品，约定3个月后支付1 000万加元，为了防止加元升值带来的不利影响，他进行了买入期货套期保值。3月1日汇率为1 USD = 1.350 6 CAD，9月到期的期货价格为 1 USD = 1.345 0 CAD。如果6月1日的汇率为 1 USD = 1.346 0 CAD，该期货价格为 1 USD = 1.340 0 CAD，该美国商人该如何利用外汇期货交易进行保值，其盈亏情况如何？

2. 美国商人从瑞士进口汽车，约定3个月后支付250万瑞士法郎。为了防止瑞士法郎升值带来的不利影响，他进行了买入期货套期保值。3月1日汇率为1 USD = 1.591 7 CHF，期货价格为1 USD = 1.589 6 CHF。如果6月1日的汇率为1 USD = 1.502 3 CHF，期货价格为1 USD = 1.498 7 CHF，其盈亏情况如何？

3. 3月1日，假设在国际货币市场上6月交割的英镑期货合约价格比9月交割的英镑期货合约价格高，若6月交割的英镑期货合约价格为GBP/USD = 1.563 0，9月交割的英镑期货合约价格为GBP/USD = 1.551 0。某投机者预测6月交割的英镑期货合约价格下跌速度比9月交割的英镑期货合约价格上升速度快，因此该投机者立即采用跨期套利投机，即卖出10张6月交割的英镑期货合约，同时买入10张9月交割的英镑期货合约，以期获取价差上的利润。如果该投机者5月5日进行平仓，其价格分别为6月交割的英镑期货合约价格为 GBP/USD = 1.556 0，9月交割的英镑期货合约价格为 GBP/USD = 1.553 0，那么该投机者平仓获利了结的利润为多少？

4. 某客户某日在国际货币市场按 GBP 1 = USD 1.560 0 买入2张英镑期货合约，每张合约价值为62 500英镑，每张合约的原始保证金为2 800美元，维持保证金为4 200美元。该客户应该缴纳多少保证金才能进行交易？如果某一天市场汇率变为GBP/USD = 1.540 0，则该客户的损益情况如何？是否应该补充保证金？如果要补充保证金，应该补充多少？

五、翻译下列专业词语

1. foreign exchange futures　2. delivery　3. foreign futures contracts
4. long hedge　5. margin

六、主要观念

外汇期货交易与远期外汇交易的比较。

第七章　外汇期权交易

【学习目标】

知识目标： 了解外汇期权交易的概念和特点，外汇期权交易中的各种交易规则和各种交易类型；了解外汇期权交易和远期外汇交易、外汇期货交易的差异；重点掌握外汇期权交易的各种交易类型损益的计算。

技能目标： 掌握和运用外汇期权交易的看涨期权和看跌期权的基本交易策略，通过对其的熟练把握，举一反三，熟悉和掌握外汇期权交易的多种进阶交易策略的应用和计算。

能力目标： 能够理解外汇期权交易的含义、程序和交易规则，初步具有对外汇期权交易的把握能力。

引例

如何利用外汇期权规避汇率风险？

某家合资企业手中持有美元，并需要在一个月后用日元支付进口货款，为防止汇率风险，该公司向银行购买一个“美元兑日元、期限为一个月”的欧式期权。约定的汇率为1 USD = 110 JPY，那么该公司则有权在将来期权到期时，以1 USD = 110 JPY向银行购买约定数额的JPY。如果在期权到期时，市场即期汇率为1 USD = 112 JPY，那么该公司可以不执行期权，因为此时按市场上即期汇率购买日元更为有利。相反，如果在期权到期时，1 USD = 108 JPY，那么该公司则可决定行使期权，要求银行以1 USD = 110 JPY的汇率将日元卖给他。

通过引例我们可以发现，运用外汇期权交易可以避免汇率波动给外汇的使用者带来风险，因此，外汇期权交易具有锁定成本和收益的功能，即具有保值避险的功能。同时，与外汇期货、远期交易相比，又具有很大的灵活性。2011 年 4 月 1 日，我国银行间外汇市场正式开展人民币对外汇期权交易，标志着我国外汇市场已初步形成完整的基础类汇率衍生产品体系，为外汇市场的创新发展奠定了基础。本章的学习，将使我们知道如何通过外汇期权交易的操作来达到这些交易的目标。

第一节　外汇期权交易概述

一、期权与外汇期权

期权，也称为选择权，是指具有在约定的期限内，按照事先约定的协定价格买入或卖出一定数量的某种商品、货币或某种金融工具等标的物的权利。期权交易就是把期权这种权利当作可以买卖的商品而通过买卖期权合同来进行的交易。期权合同是期权交易双方确定交易关系的一种标准化的合约，其内容一般包括买方、卖方、协定价格、交易金额和到期日等。期权合同中可以变动的是期权价格，也称为期权费或权利金。

外汇期权（foreign exchange option）又称货币期权（currency option），是期权交易的一种。具体来说，就是以外汇作为买卖标的物的期权交易，是一种选择权契约，其持有人即期权买方（buyer or holder）享有在契约期满或之前以特定的价格购买或销售一定数额的某种外汇资产的权利，而期权卖方（seller or writer）收取期权费，有义务在买方要求执行时卖出（或买进）合约规定的特定数量某种外汇资产。具体如图 7.1 所示。

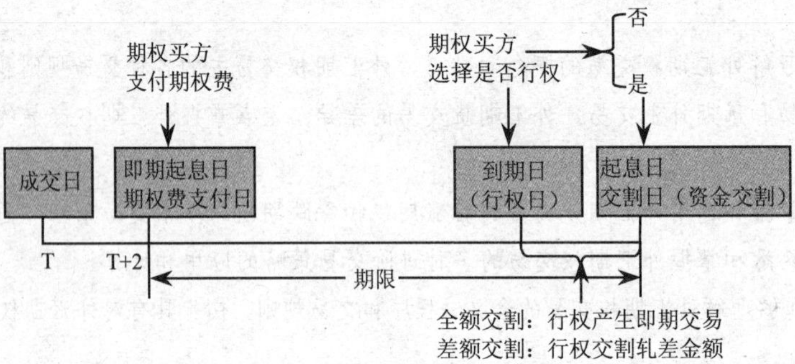

图 7.1　外汇期权交易示意图

外汇期权的买方一旦发现汇率变动不利于自己时，可以不按协定价格进行交易，即放弃行使期权。外汇期权工具允许期权的持有者选择按协定价格成交的权利而不是义务，即不一定要成交；但是持有者需要按协定价格成交时，期权的出售者就必须满足此要求。由于外汇期权所提供的是一种可以选择的权利而不是强制的义务，所以购买者在购买外汇期权时必须支付一定数量的期权费，这就构成了外汇期权的价格。不论购买者是否行使此购买（销售）外汇的权利，期权费均不得收回。

例如，某进口商为了避免支付货币的汇率上升所导致进口成本提高，可预先买进远期外汇，但若到时该种货币的汇率反而下跌，他就会后悔当初不该买入这笔远期外汇，因为否则的话可以降低进口成本。又如，出口商为了避免收取的外汇货币汇率下跌导致赢利减少，可预先卖掉远期外汇，但若到时该种货币反而上涨，他就会后悔当初不该卖掉这笔远期外汇，因为否则的话，他可以增加赢利。为了避免上述使进出口商后悔的情况发生，他可以不做远期外汇交易，而进行外汇期权交易。当汇率变化不利时，他可以选择执行该期权，即以约定的汇率购买（或销售）一定量的外汇，而避免汇率变动所带来的风险；当汇率变化有利时，他可以选择放弃执行该期权，而通过即期外汇交易达到交易目的，这样又为他带来反向变动的机遇。尽管他付出了期权费作为代价，但无论汇率向什么方向发生剧烈变化，都可以通过自己的选择来避免损失或从中获利。

20 世纪 80 年代外汇市场开始有了外汇期权交易。1982 年 12 月美国的费城股票交易所（Philadelphia Stock Exchange，PHLX）首先开始有了标准化的外汇期权合约的交易，之后美国的芝加哥商业交易所（Chicago Mercantile Exchange，CME）于 1984 年沿用费城交易所的形式开始进行外汇期权合约交易。到 20 世纪 90 年代，外汇期权市场已涵盖了以费城股票交易所（PHLX）和芝加哥商品交易所（CME）为中心的场内交易，以及伦敦、纽约和东京各地的银行间市场的场外交易。

外汇期权交易与远期外汇抵补和外汇期货交易一样，都可以作为避险和投机工具，但有着明显的区别，是一种更加灵活的规避外汇风险和投机的金融工具。这是因为外汇期权的买方或持有者有更大的选择性：何时行使期权、是否行使期权、在多少价位时行使期权以及协定价格。远期外汇合同签订后，即使在合同到期前汇率出现有利于自己方向的变动时，也必须在到期日按规定的价格履行货币交割的义务，否则就要承担违约责任，外汇期权却不存在这样的问题，买方可以放弃执行合约，从而随市场行情的变化获得更大的赢利；外汇期货契约签订后，虽然可在汇率朝着有利方向变动时反向交易冲销原先的契约，但是由于必须缴纳保证金，并实行逐日清算未交割合约的盈亏，一旦保证金不足而不能及时补齐，就会遭受强制平仓，而外汇期权在购买时期权费是一定的，因此风险是有限度的。总体来说，这三种交易工具相比较的异同，如表 7.1 所示。

表 7.1　外汇期权、外汇期货、远期外汇交易的比较

	外 汇 期 权	外 汇 期 货	远 期 外 汇
交易币种	少数几种国际货币	少数几种国际货币	无限制
交易方式	以交易所集中交易为主，以及银行间交易	在注册的交易所内以公开竞价的方式进行	买卖双方通过电话、电传等方式联系
交易时间	有固定的交易时间	有固定的交易时间	24 小时
参与者	被批准进行期权交易的证券交易所的参加者及其一般客户	注册的交易所会员及其一般客户	主要是银行和避险者
合约单位	标准化	标准化	无限制，交易双方商定
合约定价方式	公开竞价	公开竞价	无限制，交易双方商定
价格波动限制	无限制	有每日最高波动幅度限制	无限制
履约义务	买方无义务，卖方有义务履约	双方都有义务履约	双方都有义务履约
担保者	期权清算公司	清算所	无
保证金	期权买者只支付期权费，期权卖者需缴纳保证金	买卖双方都缴纳保证金，且每日计算盈亏	无保证金，但银行通常对客户限定承做金额
交割时间	固定的到期月份	规定的交割月份	无
交割与清算	买方无交割义务	很少进行实际交割，多为对冲了结合约	多数进行实际交割，也可以与银行签订冲销合约来冲销
交易成本	较大。对于买方：佣金＋期权费 对于卖方：佣金＋保证金－期权费	较大，对于买卖双方均需缴纳保证金与佣金	很少，佣金隐含在买卖差价上

二、外汇期权交易的特点

1. 外汇期权有特定的合约交易单位

在交易所进行场内交易的外汇期权合约是一种标准化的合约，这一点与外汇期货交易相类似，并且其大部分合约交易单位为外汇期货合约交易单位的一半，以费城股票交易所（PHLX）为例，如表 7.2 所示。

表 7.2　费城股票交易所外汇期权合约的交易单位

交易货币类别	外汇期权合约交易单位
英镑（GBP）	GBP 31 250
瑞士法郎（CHF）	CHF 62 500
日元（JPY）	JPY 6 250 000
加拿大元（CAD）	CAD 50 000
澳大利亚元（AUD）	AUD 50 000
欧元（EUR）	EUR 62 500

2. 交易币种少和报价方式特殊

外汇期权交易的交易货币通常是少数几个国际货币，例如英镑、瑞士法郎、欧元、日元等，报价方式大多采取美元报价的方式，即单位外汇等于多少美元。

3. 交易方式有场内交易和场外交易两种

外汇期权交易方式可以分为以交易所作为交易场所的场内交易和在银行同业间进行的场外交易，两者的交易方式有所不同。在交易所内采用公开竞价的方式进行交易，其交易过程与外汇期货交易相同；而银行同业间进行的一般采取电信设备直接询报价，类似即期外汇交易的交易方式。

4. 担保性

期权的买方必须支付给期权的卖方一定数量的期权费，期权的卖方则需要保证期权的买方获得按协定价格买卖一定数量的外汇的权利，在交易所进行的期权交易，卖方还需缴纳一定量的保证金作为自己的履约保证。

5. 赢利能力与风险不对称性

对于期权的买方或持有者来说，其支付的成本是固定的，唯一的现金流出便是期权费的支付。如果交易的币种市场价格变动有利于期权买方时，则潜在的赢利能力就会增加，可以通过放弃行使期权，而有机会进行即期交易；如果交易币种的市场价格变动不利于期权的买方时，则其将按事先在合约中协定的价格行使期权。因此，对于期权的买方最大的损失是期权费，而赢利潜力则随市场价格的变动幅度而不断增加，所以外汇期权具有赢利与风险不对称性；同样道理，对于期权的卖方，最大的收益是期权费，而潜在的损失可能是巨大的。

6. 期权费

期权的买方支付的期权费的多少取决于该期权的内涵价值和时间价值，它是与该期权的有效期、市场的即期价格、市场预期、两种货币的利率、交割日期等多因素为基础构成的。

【小知识 7.1】

期权的起源及其发展

期权的概念早在古希腊、古罗马时代已具雏形。在亚里士多德的《政治经济学》中，记载了古希腊哲学家泰利斯利用天文知识，预测第二年的橄榄收成情形，再以极低的价格取得西奥斯及米拉特斯地区橄榄榨汁机的使用权，这种使用权已隐含了期权的概念。

20 世纪 60 年代末 70 年代初，动荡不定的国际金融和世界经济形势、涨跌不定的利率和汇率，加大了金融业务的风险，人们对挖掘市场潜力、发展和完善更好的避险措施产生了强烈的需求，从而刺激了期权交易向规范化的场内交易发展。

1973 年 4 月 26 日，世界第一个期权集中交易所——美国芝加哥期权交易所（CBOE）正式成立，同时推出标准化的股票期权合约，并正式挂牌交易。尽管最初仅交易 16 种以股票为标的的买权合约，但它标志着金融期权场内市场交易的开始。

三、外汇期权市场

外汇期权交易既可以在有组织的期货和期权交易所中进行交易，也可以在场外由各银行间进行交易。因此分为场内（exchange traded）期权市场和场外（over the counter，OTC）期权市场。

1. 场内期权市场

场内期权市场是指在被认可的交易所买入或卖出事先约定的期权合约。目前世界上的场内市场是由费城股票交易所（PHLX）和芝加哥商品交易所（CME）以及伦敦国际金融期货交易所（LIFFE）为代表的交易所期权市场。场内市场所交易的期权合约都是标准化的，到期日、交易货币、交割地点、保证金指定、头寸限制、交易时间等内容都是合约事先确定的，外汇期权交易者只需要确立合约的价格和数量。

2. 场外期权市场

场外期权市场又称为柜台交易，是指在银行柜台进行的买入或卖出事先约定的期权合约。其主要参与者主要有各大银行、投资银行以及客户。该市场是由纽约、伦敦和东京为中心构成的银行同业期权市场为代表。场外期权市场直接在交易者间进行，并且卖方不需要支付保证金，交易合约金额多少也可以协商确定，有一定的灵活性。

各银行通过交易所买卖标准外汇期权合约并根据客户的需要重新组合，创造了银行同业期权，使场外期权市场与场内期权市场紧密联系，形成了一个全球性的、完整的外汇期权市场，有利于制定出公平合理的期权价格。总的来说，场内期权市场与场外期权市场相比较，有很大的不同，主要表现在以下几个方面。

（1）交易方式。场内期权市场的买卖双方是通过经纪人进行间接交易的，而场外期权市场是银行间以及银行与客户之间的交易，是直接进行的。

（2）合约定价。场内期权市场的买卖双方通过公开竞价的方式决定期权合约的价格，而场外期权市场是银行间以及银行与客户之间通过电话或电子信息系统等方式，由交易双方协商决定期权合约的价格。

（3）合约标准。场内期权市场交易的合约是标准化的，合约中的各项内容由交易所制定，如交易的货币、合约标的金额的大小以及履约月份。场外期权市场交易的合约完全由买卖双方根据实际情况自行协商决定的。

（4）信用风险。场内期权市场不存在信用风险或违约风险。因为场内期权市场的责任方（卖方）必须缴纳保证金且通过期权清算公司（option clearing corporation，OCC）进行清算，不存在违约行为。场外期权市场的交易是直接进行的，一旦达成期权交易，就意味着买卖双方都得承担交易对手违约的风险。因此，场外市场的参与者以各大银行与投资银行为主，而对于银行与客户进行期权交易，一般出售方总是银行，即客户是期权的买方而银行是期权的卖方。

（5）交割与清算。在场内市场交易的外汇期权合约很少进行最终交割，而是在到期日前进行对冲或者让期权合约过期；而场外交易的期权合约大多数都涉及实际交割。

【小知识 7.2】

全球各主要货币期权场内市场简介

1. 费城股票交易所

费城股票交易所（Philadelphia Stock Exchange，PHLX）成立于1790年，是美国第一家场内股票交易所。如今它已成为北美主要的股票、股票期权、指数期权和货币期权交易市场之一，有股票2 200多只，股票期权1 180多种，指数期权13种和多种货币期权。另外，费城股票交易所在创新型产品和服务的引进与拓展方面也一直是行业中的佼佼者，它的自动通信和执行系统（PACE）是最早的股票自动交易系统。石油服务部（OSXTM）的指数期权是交易最活跃、产业基础最稳固的指数期权产品，成为石油产业的行业基准。金银部（XAUTM）、半导体部（SOXTM）、KBW 银行部（BKXTM）和公用事业部（UTYTM）也是行业的领头羊。然而，最为重要的创新是货币期权，费城股票交易所为其创造了一个独一无二的市场结构，同时可进行标准化货币期权（standardized currency option）和客户化货币期权（customized currency option）的交易。客户化货币期权允许交易者随意对合约的各个方面的特征进行设置，而对于标准化货币期权而言，这些都是事先设定不可更改的。这样就为交易者提供了前所未有的灵活性，因而其交易也非常活跃。

2. 芝加哥商品交易所

芝加哥商品交易所（Chicago Mercantile Exchange，CME）成立于1919年，是由成立于1891年的芝加哥黄油与鸡蛋交易所（Chicago Butter and Egg Board）演变而来的。现在，芝加哥商品交易所已是美国最大的期货交易所、全球第二大的期货期权交易所。作为一个全球风险管理的交易市场，它将世界各地的衍生产品的交易者紧密地联系在一起。在芝加哥商品交易所进行交易的产品可以在其场内进行交易，也可以通过芝加哥商品交易所的 GLOBEX 电子交易平台进行交易，涉及的标的资产有利率、股票指数、货币和商品4大类。此外，芝加哥商品交易所还拥有自己的清算所，从而可以为通过芝加哥商品交易所交易的各种产品提供信用支持和清算服务，且该清算所拥有全球最大的期货未平仓合约规模。2002年，由于芝加哥商品交易所的母公司、芝加哥商品交易所持股公司（Chicago mercantile exchange holdings Inc.）的股份在纽约股票交易所成功上市交易，芝加哥商品交易所便随之成为美国第一家上市的金融交易所。同年，它创下了期货交易量的世界之最，合约数达5.564亿份，标的金额大于328.6兆美元。如今，每天在芝加哥商品交易所进行清算的资金额达18亿美元，并同时管理274亿美元的抵押存款。另外，芝加哥商品交易所还拥有全球最大的期货和期货期权未平仓合约规模，这使得芝加哥商品交易所成为了交易最活跃、流动性最强的期货和期货期权市场。在交易方式上，起初，芝加哥商品交易所的成员是在拍卖市场上通过公开喊价进行交易的。在这种交易方式下，场内交易员站在交易池（Trading Pit）内，喊出他们要买卖产品的数量和价格，并同时使用手势传达同样的信息。这是一种有效的价格发现方式，它使得交易者在选择期货或期货期权的供求时，可以获得最佳价格。随着各种场内交易系统的引入，其交易的速度效率得到了进一步提高。不仅如此，现在这种公开喊价和其他场内交易系统还与芝加哥商品交易所的 GLOBEX 电子交易系统相连接，只要具备交易终端，交易者可以在全球任何地点、几乎任何时间进行交易。在货币期权方面，在芝加哥商品交易所交易的货币期权均为货币期货期权，也就是说其标的资产都是货币期货。到目前为止，共有 14 种货币期货可以作为标的资产发行期权合约，其中以美元为基础的品种有11个，以欧元为基础的品种有3个。

2006年10月17日美国芝加哥商业交易所（CME）和芝加哥期货交易所（CBOT）宣布已经就合并事宜达成最终协议，合并成全球最大的衍生品交易所——芝加哥交易所集团。

第二节　外汇期权的交易规则

一、外汇期权交易的流程

场内的外汇期权交易程序并非买卖双方自行在市场上寻找交易的对象，而是通过交易所集中竞价来达成。一般而言。期权的买方和卖方进行标准化期权合约交易时，可通过经纪商以各种委托单指示场内经纪人代为进行交易。一旦成交，场内经纪人会记录成交的时间、价格、数量以及成交对方所属的清算公司，以便通过清算所进行交易清算。同时，交易所也会记录下该笔成交资料，输入报价系统，然后显示在市场行情系统上。成交资料同时传回给进行委托的经纪商，以便通知交易的买方或卖方。整个外汇期权交易过程如图 7.2 所示。

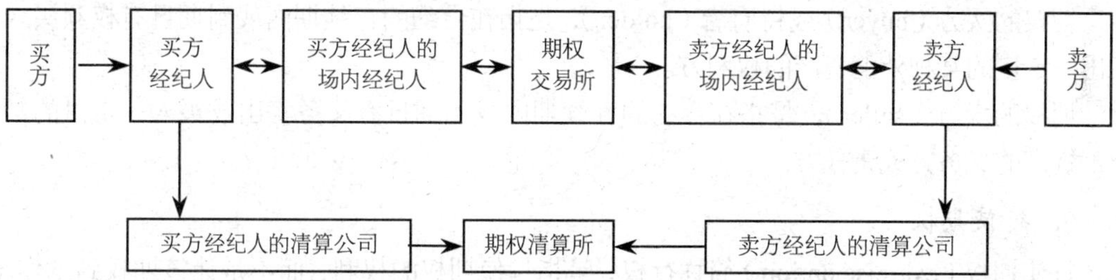

图 7.2　外汇期权交易流程图

在期权场外交易中，主要有银行同业间的交易和银行与客户之间的交易，银行同业间的交易同即期外汇交易相类似，银行通过电信系统进行询报价来达成交易；对于银行和客户之间的交易，目前我国银行只提供欧式期权交易，即客户只有在期权到期日才能执行合约，在期权到期日前，客户不得要求提前行使外汇期权。投资者在委托经纪商买卖外汇期权时，必须遵循规范的流程。这些规范化的流程主要有以下几个方面。

（1）与银行签订“保值外汇买卖总协议”。

（2）价格委托。这主要有市价委托（market order）、限价委托（limit order）、止损委托（stop-loss order）和止损限价委托（stop limit order）四种。与外汇期货交易中的市价订单、限价订单、到价订单的划分类似。市价委托是指投资者下单时以当时市场上可以取得合约的最好价格来进行交易，这样最有可能在市场上达成交易。限价委托指投资者限制成交价格，只有在价格有利于投资者时才有可能成交。在止损委托中，当市场价格触及事前设定的止损价格时，委托单即可变成市价委托单。在止损限价委托中，当市场价格触及事前设定的止损价格时，委托单即可变成限价委托单。

（3）在期权费交收日，到银行缴纳协议规定的期权费。

（4）行使期权。美式期权的买方可以在有效期内任何一天行使期权，欧式期权的买方只有在到期日才可以行使期权。若买方决定行使期权，需要在期权到期日上午 10:00 前将书面的行使期权的通知送达银行，否则期权将自动失效。

（5）清算与交割。客户行使期权后，于期权交割日到银行办理期权交割手续，买卖双方的交易资料将转入期权清算公司进行清算。清算公司为了降低所承担的卖方违约风险，在外汇期权交易时向卖方收取保证金。如果买方要求卖方履约，买方可向经纪商提出行使期权的要求，经纪商再向清算公司提出要求履约的通知。此时，清算公司会在履约通知提出的次日以随机抽样的方式，在拥有期权卖方头寸的经纪商中选出一家，发出指定通知书，再由该经纪商自行分配拥有卖方头寸的客户进行交割或支付差价。因此，清算公司的运行机制使得当投资者要出售其拥有的外汇期权时，投资者并不需要将它卖给某个购买者，而是与清算公司进行反向交易来冲销原来的外汇期权，这与外汇期货的交易方式相同。

费雪·布莱克（Fisher Black）和梅隆·斯科尔斯（Myron Scholes）在 20 世纪 70 年代初提出货币期权应用最广泛的一个定价模型，称为布莱克—斯科尔斯模型，简称 B-S 模型，并在 1973 年发表于《政治经济学》杂志。

二、外汇期权交易的常规事项

1. 外汇期权的买方与卖方

期权的买方（buyer）或持有者（holder），是指在合约的存续期内或到期日有权利买入或卖出一定量的某种外汇资产的权利方。

期权的卖方（seller），是指在合约的存续期内或到期日有义务卖出或买入一定量的某种外汇资产的义务方或责任方。

2. 行使期权

行使期权（exercise option）简称行权，是指行使期权的权利，而不是让该期权到期作废。在外汇期权中，只有买方才有行使期权的权利；卖方无此权利，只有义务，即买方要求卖方按照协定价格买入或卖出一定量的某种外汇资产的行为。

3. 看涨期权与看跌期权

看涨期权（call option）又叫买权，是指外汇期权的买方可在规定的有效期内（或到期日），依据合约所约定的汇率从外汇期权的卖方购买特定数量的某种外汇资产的权利，但不负有必须买入的义务。例如，一张外汇期权的合约内容是 USD CALL/CHF PUT，称为美元买权，瑞士法郎卖权，表明外汇期权的买方有权从卖方手中购买美元，同时卖出瑞士法郎。

看跌期权（put option）又叫卖权，是指外汇期权的买方可在规定的有效期内（或到期日），依据合约所约定的汇率向外汇期权的卖方销售特定数量的某种外汇资产的权利，但不负有必须卖出的义务。例如，一张外汇期权的合约内容是 USD PUT /CHF CALL，称为美元卖权，瑞士法郎买权，表明外汇期权的买方有权向卖方销售美元，同时买入瑞士法郎。

在看涨期权和看跌期权中，外汇期权的买方和卖方的权利与义务之间的关系，可以用表 7.3 来说明。

表 7.3　外汇期权的买方和卖方的权利与义务之间的关系

	看涨期权	看跌期权
外汇期权的买方	有权利在期权到期日或之前决定是否按合约价格买入某种外汇资产	有权利在期权到期日或之前决定是否按合约价格卖出某种外汇资产
外汇期权的卖方	有义务在期权到期日或之前应期权买方要求按合约价格卖出某种外汇资产	有义务在期权到期日或之前应期权买方要求按合约价格买入某种外汇资产

4. 美式期权与欧式期权

外汇期权根据其行使期权的时限不同可分，为美式期权（American options）和欧式期权（European options）。

（1）美式期权。它是指在合约期限内任何时间，外汇期权的买方可要求外汇期权的卖方履行合约，即买方可在合约期限内任何一天行使期权。例如，对于一个 3 月 20 日到期的外汇期权来讲，买方可以在 3 月 20 日前的任何一天决定是否行使期权。

（2）欧式期权。它是指在合约到期日当天，外汇期权买方才可要求卖方履行合约，即买方只能在合约期限到期时才能行使期权。例如，对于一个 3 月 20 日到期的外汇期权来讲，买方只能在 3 月 20 日决定是否行使期权。

需要注意的是，美式期权与欧式期权的划分并非地域上的概念，近年来无论在欧洲、美国还是在其他地区，美式期权已经成为主流，并且交易量已经超过欧式期权。

也有一部分美式期权规定必须在某些特定日期，如到期日前两周执行期权，这种介于传统的美式期权与欧式期权之间的新型期权被称为半美式期权或百慕大期权。

5. 协定价格

协定价格（strike price）又称履约价格（exercise price），是指期权的买方和卖方在期权合约中商定同意的某种货币的汇率。该汇率不必与未来日期同一天的远期汇率或即期汇率相同，期权的买方有权选择适合自己的协定价格。

6. 期权费

期权费（premium）称期权价格或权利金，是期权买卖的价格，在订立期权合约时由买方支付给卖方，以获得选择权的代价。它在数量上等于期权的内涵价值与时间价值之和。

期权费的报价通常采用双向报价法，也报出买入价与卖出价。其表示方式通常有两种：点数报价和百分比报价。

点数报价分为两种，一种方式是按被报价货币的点数来表示，一种是按报价货币的点数来表示。点数报出的买卖价与一般外汇买卖价相同，左边为报价方买入期权的价格，右边为报价方卖出期权的价格。对询价方而言，卖出期权使用左边的价格，买入期权使用右边的价格。

【例 7.1】 USD call/CHF put，即期汇率 USD/CHF = 1.500 0，期权费为 270/300，金额为 100 万美元。如果按被报价货币的点数表示期权费，则买入该期权的期权费支出为 100 万 × 0.030 0 = 3 万美元，卖出该期权的期权费收入为 100 万 × 0.027 0 = 2.7 万美元；如果按报价货币的点数表示期权费，则买入该期权的期权费支出为 100 万 × 0.030 0 = 3 万瑞士法郎，折合美元为 3 万÷1.500 0 = 2 万美元，卖出该期权的期权费收入为 100 万 × 0.027 0 = 2.7 万瑞士法郎，折合美元为 2.7 万÷1.500 0 = 1.8 万美元。

百分比报价即按被报价货币的百分比来表示。例 7.1 中，若期权费为 1.8% ~ 2%，则买入该期权的期权费支出为 100 万 × 2% = 2 万美元，卖出该期权的期权费收入为 100 万 × 1.8% = 1.8 万美元。

这三种期权费的表示方式中被报价货币的百分比方式最被人接受。另外，由于美式期权在期权的执行时间上具有很大的灵活性，因此其期权费的报价通常要高于欧式期权的期权费报价。

7. 价内、价外与平价期权

价内期权（in-the-money option），又称实值期权。当外汇期权的买方要求履约时可以获利的期权就是价内期权。对于一个看涨期权来讲，当合约所标外汇的即期或远期汇率高于协定价格时，由于履约可使买方获利，此时该看涨期权就是价内期权。对于一个看跌期权来讲，正好相反，协定价格低于当时的即期或远期汇率，履约可使买方获利，该看跌期权就是价内期权。

价外期权（out-of-the-money option），又称虚值期权。若买方要求履约反而会导致损失时称为价外期权。对于一个看涨期权来讲，当合约所标外汇的即期或远期汇率低于协定价格时，若要求履约反而导致买方蒙受损失，此时该看涨期权就是价外期权。对于一个看跌期权来讲，正好相反，协定价格高于当时的即期或远期汇率，履约将导致买方蒙受损失，该看跌期权就是价外期权。

平价期权（at-the-money）又称平值期权。当买方要求履约时该期权标的的外汇资产市场价格等于期权合约协定价格，即协定价格等于履约时的即期汇率，那么该外汇期权就称为平价期权。

价内、价外、平价期权并不是一成不变的，由于市场汇率波动不定，某种价内期权可能随时变为平价期权或价外期权。以表 7.4 为例，当即期（远期）汇率为 GBP/USD=1.600 0 时，则三个不同的协定价格的期权分别属于价内、价外、平价期权。

当即期（远期）汇率为 GBP/USD = 1.650 0 时，则这 3 个期权的分属就变化成如表 7.5 所示。

表 7.4　不同协定价格的期权的分类

	GBP 买权的协定价格	GBP 卖权的协定价格	执行期权对买方的影响
价内期权	1.550 0	1.650 0	有利益
平价期权	1.600 0	1.600 0	0
价外期权	1.650 0	1.550 0	有亏损

表 7.5　不同协定价格的期权的分类

	GBP 买权的协定价格		GBP 卖权的协定价格
价内期权	1.550 0	平价期权	1.650 0
价内期权	1.600 0	价外期权	1.600 0
平价期权	1.650 0	价外期权	1.550 0

8. 内涵价值与时间价值

内涵价值（intrinsic value）。内涵价值指协定价格与现行市场价格之间存在有利于买方的差额，也是期权买方行使期权所能获得的利润。价内期权的内在价值为正，价外或平价期权的内涵价值为零。

时间价值（time value）。时间价值指期权买方所支付的高于内涵价值的剩余期权费，也就是期权价格高于期权内在价值的部分。时间价值产生于期权风险分担的不对称性。期权的时间价值很难估算，它表现为期权市场价格与内涵价值之差，而市场价格是随时会发生变化的。当期权为价外或平价期权时，因其内涵价值为零，则期权费等于时间价值。

不论是看涨期权还是看跌期权，期权费均包括内涵价值与时间价值两部分。内涵价值是期权交易的最低价格，它只能大于或等于零；时间价值是期权的风险溢价，它的大小主要受协定价格与即期汇率之间的关系、期权到期时间、两种货币利差以及两种货币汇率波动性等因素的影响。我们用图 7.3 和图 7.4 来说明期权价格、内涵价值与时间价值的关系。一般来说，期权合约越接近到期日，其时间价值就越小，时间价值在到期日为零，因为期权合约在未到期前存在着市场价格变动给买方带来赢利、给卖方带来损失的机会。所以，买方愿意为此付出一定的费用，而卖方则要求对内在价值以外部分的费用进行补偿。换句话说，只要期权合约未到期，就存在着内涵价值可能提高的机会，就有时间价值。

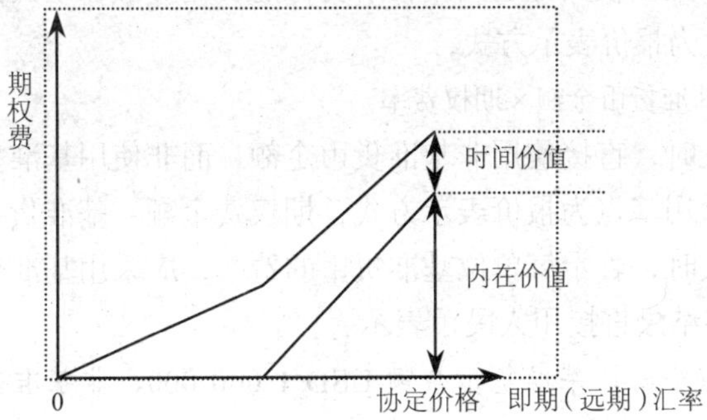

图 7.3　看涨期权的价格、内涵价值与时间价值的关系

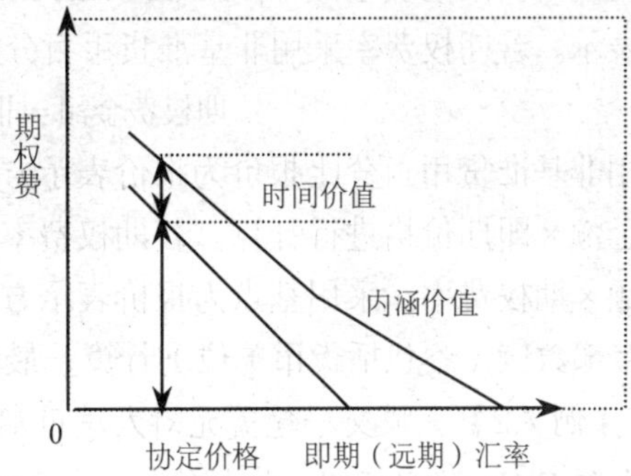

图 7.4　看跌期权的价格、内涵价值与时间价值的关系

9. 到期日

到期日（expiry date）又称起算日（value date），是指外汇期权合约到期最后一天，也是交割货币的日期。如果某期权持有者希望履约，则必须在合约到期时通知出售者。离到期期限时间越长，价格波动的时间越长，则买方可利用期权获利的可能性也就越大，其时间价值就越大。但随着到期日的临近，时间价值就越小，直到等于零。

10. Delta

"Delta"指外汇即期价格单位变动带来外汇期权价格的绝对变动值，是用以衡量外汇期权风险状况的重要指标，通常用来衡量头寸的风险。外汇期权 Delta 的计算公式为

外汇期权 Delta=外汇期权价格的变化/外汇即期价格的变化

外汇期权 Delta 值的大小反映了期权到期后成为价内（in-the-money）的概率，外汇期权的 Delta 值总是介于 0 与 100%之间。平价期权的 Delta 值在 50%区域附近，越是价内期权其 Delta 值越接近 100%，越是价外期权其 Delta 值越接近 0。

外汇交易系统 Delta 头寸交换功能（exchange Delta）：如 taker 方选择进行 exchange Delta，则需要输入对应即期/远期交易的价格并提交交易，maker 方收到交易后需要输入即期/远期交易的量，经双方确认后成交。如果期权交易双方选择了 exchange Delta，期权交易完成后，系统将同时生成两笔交易记录：期权交易本身及 exchange Delta 产生的即期/远期交易。期权成交确认单内也将出现对应的即期/远期交易成交 ID，会员可通过该 ID 查看 exchange Delta 对应的即期/远期交易。期权 exchange Delta 产生的即期交易，自动纳入即期询价净额清算。

三、我国外汇期权交易的基本状况

我国银行间外汇市场外汇期权为普通期权（又称标准期权，指无特殊结构或功能的简单标准期权），为人民币外汇普通欧式期权。成交一笔美元兑人民币看涨期权（call），表示为 USD Call / CNY Put，即期权买方有权在到期日从期权卖方买入美元，卖出人民币。成交一笔港币兑人民币看跌期权（put），表示为 HKD put/CNY call，即期权买方有权在到期日从期权卖方卖出港币，买入人民币。机构 A 向机构 B 买入一笔 USD call，货币对为 USD/CNY，表示机

构 A 与机构成交了一笔 USD call/ CNY put，即机构 A 有权在到期日向机构 B 买入美元，卖出人民币。期权费金额（premium amount）指期权买方购买期权所支付的费用金额，以人民币表示。若期权费率采用非基准货币百分比为报价表示方式，

期权费金额 = 非基准货币金额 × 期权费率

采用非基准货币百分比报价为报价表示方式时，直接使用非基准货币金额，而非使用基准货币金额 × 即期价格进行计算。若期权费率采用基点为报价表示方式，期权费金额 = 基准货币金额 × 期权费率。采用基点为报价表示方式时，表示每单位基准货币的费率，应采用基准货币金额数值（不包括货币单位）计算，最终结果直接用人民币表示。

【例 7.2】 成交一笔美元对人民币期权交易，基准货币金额 USD 1 000 000，非基准货币金额 CNY 5 900 000，执行价格为 5.900 0，则若期权费类型为非基准货币百分比，期权费率 2.0000，期权费金额为

期权费金额 = CNY 5 900 000 × 2% = CNY 118 000

若期权费类型为基点，期权费率 2.00 个基点，期权费金额为

期权费金额 = 1 000 000 × 2 个基点（0.000 2） = CNY 200

表 7.6 我国外汇期权交易基本要素

报价主体	人民币外汇期权会员
交易主体	人民币外汇期权会员
货币对	可以交易的货币对，详见表 1.4 的货币对种类
期限	标准期限包括 1D、1W、2W、3W、1M、2M、3M、6M、9M、1Y、18M、2Y 和 3Y
报价标的	隐含波动率：ATM, 25D PUT , 25D CALL
交易标的	期权费
报价方式	隐含波动率：公开报价、双边/单边 期权费：回复询价请求时一对一报价
价格	期权价格：期权费；行权产生的即期交易价格：执行价格
交易方向	期权交易方向：买入基准货币看涨期权/非基准货币看跌期权，卖出基准货币看涨期权/非基准货币看跌期权，买入基准货币看跌期权/非基准货币看涨期权，卖出基准货币看跌期权/非基准货币看涨期权行权产生的即期交易方向：买入或卖出
交易模式	询价交易
交割方式	行权产生的即期交易：全额交割与差额交割
清算模式	期权费：双边清算行权产生的即期交易： 1．全额交割期权行权产生的即期交易：双边清算 2．差额交割期权行权产生的轧差金额：双边清算
最小交易金额	行权产生的即期交易

【例 7.3】 20×4 年 4 月 28 日，机构 A 通过外汇交易系统向机构 B 买入一笔金额为 USD 10 000 000，期限为 1M 的美元对人民币看涨期权交易，机构 A 为发起方，机构 B 为报价方。双方约定期权费率 2.00 个基点，隐含波动率为 2.000 0%，行权价格为 6.115 0，约定差额交割，20×4 年 5 月 28 日中间价为 6.1250。则 20×4 年 4 月 30 日：

机构 a 向机构 b 支付期权费 = 1 000 万 × 0.000 2 = 2 000 元人民币

20×4 年 5 月 28 日，机构 A 在 15:00 前选择行权，采用差额交割方式，则机构 B 需要在 5 月 30 日向机构 A 交付 10 000 000 美元 ×（6.125 0 − 6.115 0） = 100 000 元人民币。

第三节　外汇期权的作用

外汇期权交易跟外汇远期交易以及外汇期货交易一样，具有保值避险和投机的作用，其中投机交易占有较大的比重。

外汇期权的投机比较复杂，包括基本的交易策略和进阶的交易策略。

一、外汇期权的保值作用

对于外汇期权的保值，可以分为买入看涨期权和卖出看跌期权。

1. 买入看涨期权保值

当远期将有一笔外汇支出时，为了防止外汇汇率上涨，这时可以买入与之相匹配的看涨期权而规避汇率上涨带来的风险，其所付出的代价是期权费用。

【例 7.4】 某港商 3 个月后将有一笔美元的支出，其金额为 100 万美元，为了防止其汇率上涨的风险，该港商买入 USD call/HKD put 的看涨期权，金额 100 万美元，协定价格 USD/HKD = 7.453 5，支付的期权费是 0.02 HKD/USD，当时的汇率是 USD/HKD = 7.454 0，3 个月后市场汇率变为了 USD/HKD = 7.499 0，则该港商由于进行期权交易节省了多少港币的支出？

根据题目我们知道，如果没有进行期权交易，则 3 个月后该港商需要的成本是

$$100\text{万 USD} \times 7.499\,0\ \text{HKD/USD} = 749.9\text{万 HKD}$$

进行期权交易，买入 USD 看涨期权，需要支付的期权费用为 100 万 USD × 0.02 HKD/USD = 2 万 HKD，由于价格的上涨，该港商执行期权，这时买入美元 100 万需要支付的港币为

$$100\text{万 USD} \times 7.453\,5\ \text{HKD/USD} = 745.35\text{万 HKD}$$

总成本为

$$745.35\text{万 HKD} + 2\text{万 HKD} = 747.35\text{万 HKD}$$

其节省的成本为

$$749.9\text{万 HKD} - 747.35\text{万 HKD} = 2.55\text{万 HKD}$$

2. 卖出看跌期权保值

看跌期权卖方损益与买方正好相反，买方的赢利即为卖方的亏损，买方的亏损即为卖方的赢利，看跌期权卖方能够获得的最高收益为卖出期权收取的期权费用，因此当远期将有一笔外汇收入时，为了防止外汇汇率下跌，这时可以卖出与之相匹配的看跌期权而规避汇率下跌带来的风险。

【例 7.5】 某日商 3 个月后将有一笔美元的收入，其金额为 500 万美元，为了防止其汇率上涨的风险，该港商买入 USD put/JPY call 的看跌期权，金额 500 万美元，协定价格 USD/JPY = 115.30，支付的期权费是 1.23 JPY/USD，当时的汇率是 USD/JPY = 115.20，3 个月后市场汇率变为了 USD/JPY = 104.20，则该日商由于进行期权交易将多收入多少日元？

根据题例我们知道，如果没有进行期权交易，则 3 个月后该日商收入的日元是

$$500\text{万 USD} \times 104.20\ \text{JPY/USD} = 52\,100\text{万 JPY}$$

进行期权交易，买入 USD 看跌、日元看涨期权，需要支付的期权费用为 500 万 USD ×

1.23 JPY/USD = 615 万 JPY。由于美元的下跌，该日商执行期权，这时卖出美元 500 万获得的日元为

$$500\text{ 万 USD} \times 115.30\text{ JPY/USD} = 57\,650\text{ 万 JPY}$$

总成本为

$$57\,650\text{ 万 JPY} - 615\text{ 万 JPY} = 57\,035\text{ 万 JPY}$$

其比不进行期权交易多收入

$$57\,035\text{ 万 JPY} - 52\,100\text{ 万 JPY} = 4\,935\text{ 万 JPY}$$

需要注意的是，进行保值交易，需要对汇率的未来趋势有一个准确的判断，否则不但不会规避风险，反而承担一定的损失。在现实中，由于对未来趋势难以把握，可以通过对一部分收入或支出进行保值的方法。

二、外汇期权投机基本交易策略

为了便于理解，我们引入函数分析的方法进行分析。

外汇期权最基本的交易策略是买入或卖出看涨期权或看跌期权。其中包括四种基本交易方式：买入看涨期权、卖出看涨期权、买入看跌期权和卖出看跌期权。无论哪一种期权对买方而言，其承受的损失是有限的（支付期权费），赚取的利润从理论上讲可能是无限的；对卖方而言，其承受的损失从理论上讲可能是无限的，赚取的利润却是有限的，即买方支付的期权费收入。下面就上述四种类型的期权交易策略举例说明，并对其风险和收益加以分析。为更加清晰的介绍，将使用以下英文符号：P/L 为单位外汇交易所产生的收益/亏损数；K 为期权的协定价格；P_0 为单位外汇应付的期权费用；S 为即期汇率。

1. 买入看涨期权

买入看涨期权是指期权的买方或持有者获得在到期日或之前按协定价格买入合约中规定的一定量某种外汇货币。买入看涨期权的交易策略为：一个理性的投资者，在期权到期日或之前，当某一种货币的市场汇率高于协定价格（$S \geqslant K$）时，买方可以行使期权；反之，当某一种货币的市场汇率低于协定价格（$S < K$）时，买方将不会行使权利，而让期权过期，因为他可以直接在市场上购买更便宜的这种货币。买入看涨期权的损益如图 7.5 所示。

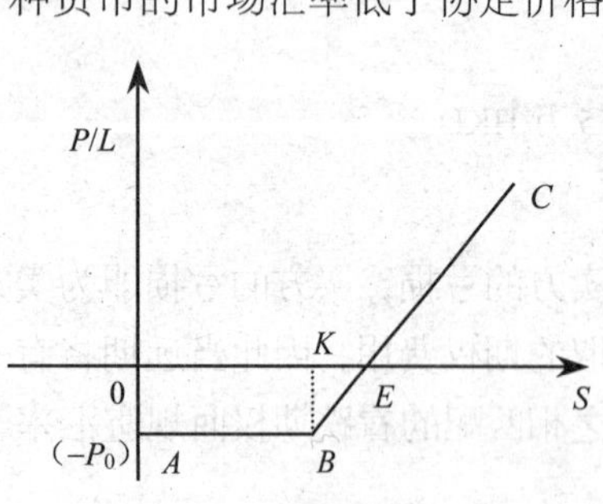

图 7.5　买入看涨期权的损益图

从图 7.5 中我们可以看到，折线 ABC 构成买入看涨期权的损益曲线，当即期汇率 S 小于协定价格 K 时，看涨期权的购买者将放弃行使期权，其亏损为常量，即期权费 P_0，图中用水平直线 AB 表示；当即期汇率 S 大于（或等于）协定价格时，看涨期权的购买者将行使期权，可以用低于市场即期汇率的协定价格向期权出售者买入外汇，然后按市场价格卖出，价差为 $S-K$，再减去期权费 P_0 就是净收益，即 $P/L = S-(K+P_0)$，图 7.5 中用斜率为 1 的直线 BC 表示，其与横坐标相交的 E 点就是盈亏平衡点，即 $P/L = 0 = S-(K+P_0)$，此时即期汇率 S 等于协定价格加上期权费。从图 7.5 中我们可以看到，随着即期汇率 S 不断上升，期权购买者的收益是不断增加的，从理论上讲可以无限增大。这样，我们可以写出 P/L 和 S 之间的函数关系，其解析表达式是一个分段函数：

$$P/L=\begin{cases}-P_0 & (0 \leqslant S < K) \\ S-(K+P_0) & (S \geqslant K)\end{cases}$$

【例 7.6】 假设某投资者预期 USD/JPY 在未来 5 个月 USD 内将升值，投资者以协定价格为 USD/JPY = 115 买入期限为 6 个月 100 万美元的美式 USD call/JPY put 期权，期权费为 JPY 1.14/USD。当期权到期日市场汇率变为 USD/JPY = 118 和 USD/JPY = 110 时，该投资者的盈亏各是多少？

根据以上所述，投资者的盈亏 P/L 与美元的即期汇率 S 的函数关系式为

$$P/L=\begin{cases}-\text{JPY }1.14/\text{USD} & (0 \leqslant S < \text{JPY }115/\text{USD}) \\ S-\text{JPY}(115+1.14)/\text{USD} & (S \geqslant \text{JPY }115/\text{USD})\end{cases}$$

该投资者的损益平衡点汇率为 JPY 116.14/USD。

当期权到期日市场汇率为 USD/JPY = 118 时，该投资者可获利（JPY 118/USD − JPY 116.14/USD）× 100 万 USD = 186 万日元，计 JPY 186 万 ÷ JPY 118/USD = 1.576 3 万美元。

当期权到期日市场汇率为 USD/JPY = 110 时，该投资者将放弃行使期权，此时他将损失 JPY 1.14/USD × 100 万 USD = 114 万日元，计 JPY 114 万 ÷ JPY 110/USD = 1.036 4 万美元，并且这是该投资者损失的最高额。

2. 卖出看涨期权

卖出看涨期权是指期权的卖方或出售者有义务在到期日或之前应买方的要求按协定价格出售合约中所规定的一定量某种外汇货币。其交易策略为：若出售者预期未来某一种货币将贬值时，则可以卖出此货币的看涨期权。由于看涨期权出售者的收益正好是该期权购买者的亏损；看涨期权出售者的亏损正好是该期权购买者的收益。因此看涨期权出售者的收益或亏损与即期汇率之间的函数关系是

$$P/L=\begin{cases}P_0 & (0 \leqslant S < K) \\ (K+P_0)-S & (S \geqslant K)\end{cases}$$

其损益如图 7.6 所示。

【例 7.7】 假设某投资者预期 USD/JPY 在未来 5 个月 USD 内将升值，投资者以协定价格为 USD/JPY = 115 卖出期限为 6 个月 100 万美元的美式 USD call/JPY put 期权，期权费为 JPY 1.14/USD。当期权到期日市场汇率变为 USD/JPY = 118 和 USD/JPY = 110 时，该投资者的盈亏各是多少？

根据以上所述，该投资者的盈亏 P/L 与美元的即期汇率 S 的函数关系式为

$$P/L=\begin{cases}\text{JPY }1.14/\text{USD} & (0 \leqslant S < \text{JPY }115/\text{USD}) \\ \text{JPY}(115+1.14)/\text{USD}-S & (S \geqslant \text{JPY }115/\text{USD})\end{cases}$$

该投资者的损益平衡点汇率为 JPY 116.14/USD.

当期权到期日市场汇率为 USD/JPY = 118 时，期权的买入者将选择执行期权，该投资者将损失（JPY 118/USD − JPY 116.14/USD）× USD 100 万 = 186 万日元，计 JPY 186 万 ÷ JPY 118/USD = 1.576 3 万美元。

当期权到期日市场汇率为 USD/JPY = 110 时，期权的买入者将选择放弃执行期权，该投资者可获利 JPY 1.14/USD × 100 万 USD = 114 万日元，计 JPY 114 万 ÷ JPY 110/USD = 1.036 4 万美元，并且这是该投资者获利的最高额。

3. 购买看跌期权

购买看跌期权是指期权的买方或持有者获得在到期日或之前按协定价格卖出合约中规定的一定量某种外汇货币。买入看跌期权的交易策略为：一个理性的投资者，在期权到期日或之前，如果市场汇率低于协定价格（$S<K$）时，买方可以行使期权；反之，若（$S\geqslant K$）时，买方将不会行使权利，因为他可以直接在市场上以更高的价格出售这种货币。买入看跌期权的损益如图 7.7 所示。

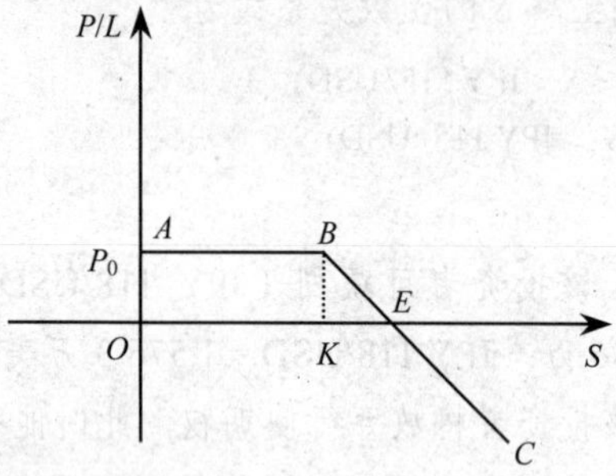

图 7.6　卖出看涨期权的损益图

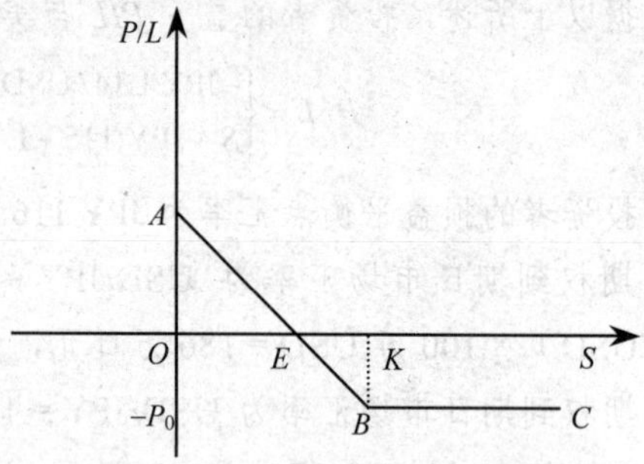

图 7.7　买入看跌期权的损益图

从图 7.7 中我们可以看到，当即期汇率 S 小于协定价格 K 时，看跌期权的购买者将行使期权，以高于市场即期汇率的协定价格卖出外汇，价差为 $K-S$，再减去期权费 P_0 就是净收益，即 $P/L=(K-P_0)-S$，图 7.7 中用斜率为 1 的直线 AB 表示，其与横坐标相交的 E 点就是盈亏平衡点，即 $P/L=0=(K-P_0)-S$，此时即期汇率 S 等于协定价格减去期权费。从图 7.7 中我们可以看到，随着即期汇率 S 不断下跌，看跌期权购买者的收益将越来越大，从理论上讲最大收益是当即期汇率为 0 时等于 $K-P_0$；当即期汇率 S 大于（或等于）协定价格时，看跌期权的购买者将放弃行使期权，其损失仅为购买期权时所支付的期权费 P_0，图中用水平直线 BC 表示。所以看跌期权购买者的 P/L 与即期汇率 S 之间的函数关系的解析表达式是一个分段函数：

$$P/L=\begin{cases}(K-P_0)-S & (0\leqslant S<K)\\ -P_0 & (S\geqslant K)\end{cases}$$

【例 7.8】 若某投资者预期英镑在 3 个月内将会贬值，则投资者按协定价格为 GBP/USD＝1.650 0 买入 3 个月期 100 万英镑美式 GBP put/USD call 期权，其期权费为 USD 0.02/GBP。当期权到期日市场汇率变为 GBP/USD＝1.610 0 和 GBP/USD＝1.680 0 时，该投资者的盈亏各是多少？

根据以上所述，该投资者的盈亏 P/L 与美元的即期汇率 S 的函数关系式为

$$P/L=\begin{cases}\text{USD}(1.650\,0-0.02)/\text{GBP}-\text{S} & (0\leqslant S<\text{USD}\,1.65/\text{GBP})\\ -\text{USD}\,0.02/\text{GBP} & (\text{S}\geqslant \text{USD}\,1.65/\text{GBP})\end{cases}$$

该投资者损益平衡点为 USD 1.630 0/ GBP。

当期权到期日市场汇率为 GBP/USD＝1.610 0 时，该投资者将选择执行期权，则该投资者可获利（USD 1.630 0/ GBP－USD 1.610 0/GBP）× GBP 100 万＝2 万美元。

当期权到期日市场汇率为 GBP/USD＝1.680 0 时，该投资者将选择放弃执行期权，则该投资者将亏损 USD 0.02/GBP × GBP 100 万＝2 万美元，并且这是该投资者损失的最高额。

4. 卖出看跌期权

卖出看跌期权是指期权的卖方或出售者有义务在到期日或之前应买方的要求按协定价格

买入合约中所规定的一定量某种外汇货币。其交易策略为：若出售者预期未来某一种货币将升值时，则可以卖出此货币的看跌期权。由于看跌期权出售者的收益或亏损正好是该期权购买者的亏损或收益，所以看跌期权出售者的收益或亏损与即期汇率之间的函数关系是

$$P/L=\begin{cases}S-(K-P_0) & (0\leqslant S<K)\\ P_0 & (S\geqslant K)\end{cases}$$

其损益如图 7.8 所示。

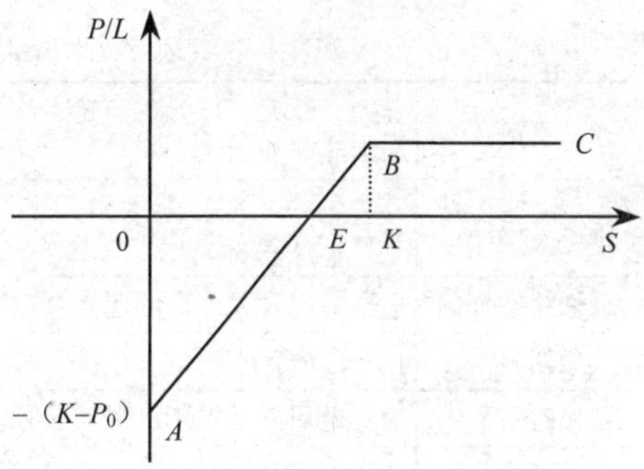

图 7.8　卖出看跌期权的损益图

【例 7.9】　若某投资者预期英镑在 3 个月内将会升值，则投资者按协定价格为 GBP/USD = 1.650 0 卖出 3 个月期 100 万英镑美式 GBP put/USD call 期权，其期权费为 USD 0.02/GBP。当期权到期日市场汇率变为 GBP/USD = 1.610 0 和 GBP/USD = 1.680 0 时，该投资者的盈亏各是多少？

根据以上所述，该投资者的盈亏 P/L 与美元的即期汇率 S 的函数关系式为

$$P/L=\begin{cases}S-USD(1.650\,0-0.02)/GBP & (0\leqslant S<USD\,1.65/GBP)\\ USD\,0.02/GBP & (S\geqslant USD\,1.65/GBP)\end{cases}$$

该投资者损益平衡点为 USD 1.630 0/GBP。

当期权到期日市场汇率为 GBP/USD = 1.610 0 时，该期权买入者将选择执行期权，则该投资者将亏损（USD 1.630 0/ GBP － USD 1.610 0/GBP）× GBP 100 万 = 2 万美元。

当期权到期日市场汇率为 GBP/USD = 1.680 0 时，该期权买入者将选择放弃执行期权，则该投资者将赢利 USD 0.02/ GBP × GBP 100 万 = 2 万美元，并且这是该投资者赢利的最高额。

【小知识 7.3】

外汇“两得宝”业务简介

2002 年 12 月 12 日，国内首个基于外汇期权交易的个人外汇投资产品“两得宝”由中国银行上海市分行推出。“两得宝”对外汇投资者而言，有外币定期利息收入和期权费收入双得益的含义，“两得宝”的推出，从一定程度上扩大了外汇投资者的赢利空间。

目前为止，“两得宝”业务发展迅速，外汇期权交易由原来的 1 个月期限一种，变为了 1 天到 6 个月不等，具体期限由中国银行当日公布的期权报价中的到期日决定。银行方面根据国际市场价格每 5 分钟即时向个人投资者报出不同品种的期权费，即期权价格。当客户投资“两得宝”时，首先要选定存款货币，同时还须选择另一种客户有可能获得的挂钩货币，存款货币和挂钩货币中有一种是美元，目前中国银行“两得宝”业务有美元、欧元、日元、英镑、澳大利亚元、瑞士法郎和加元这些货币，大额客户还可以选择非美元货币之间的交叉汇价作为标的汇价。

随后中国银行会根据客户所选择的那组货币即时报出一个协定价格。期权到期时，银行按协议约定将当时的参考汇率同协定价格比较，决定以存款货币还是挂钩货币支付客户的存款本金、税后利息和期权费，以确定客户的收益回报。具体业务情况如表 7.7 所示。

表 7.7 外汇“两得宝”存款业务概况

存款货币	美元、欧元、日元、英镑、澳大利亚元、瑞士法郎和加元	美元
挂钩货币	美元	美元、欧元、日元、英镑、澳大利亚元、瑞士法郎和加元
最低续做金额	根据情况设置一定的起点金额（以中行外汇宝中间价折算）	
续做期限	1 天到 6 个月	
续做时间	周一至周五上午 10:00 至下午 4:30（如遇相关国际市场休息时，中行将暂停交易）	
续做形式	亲临中行私人理财中心交易	

具体操作时，客户先将某外币存为一定期限的定期存款（例如 100 万日元），该货币为存款货币。同时，选择另一种看涨的货币作为挂钩货币（例如美元）。银行根据客户选择的这一组货币（存款货币和挂钩货币，例如日元和美元）即时报出一个符合客户预期的协定价格（例如美元/日元为 120）。“两得宝”交易到期后，银行再根据客户选择的期权种类（看涨期权或者看跌期权），将到期日的市场汇率同协定价格做比较，决定是以客户的存款货币（日元）还是以挂钩货币（美元）支付客户的存款本金（100 万日元或者 1 000 000 ÷ 120 = 8 333.33 美元）。无论汇市如何变化，投资者除了能得到存款货币（100 万日元）的定期利息外，还将得到额外的期权投资收益，即期权费。但投资者在获得额外期权费收益的同时，将放弃提取存款货币的选择权，如果汇率走势同投资者预期的不符，将可能产生账面上外汇买卖的损失。

中国银行的“两得宝”业务仍会受到国内只能进行个人外汇实盘交易的限制。期权费率应当不会低于国际上的 1%～2%。购买期权的多少也可能会受到个人外汇存款余额数量的影响。

三、外汇期权投机进阶交易策略

在实际期权买卖操作中，投资者大多通过多种期权买卖组合来进行投资，这些期权买卖组合是以基本交易策略为基础，通过对市场的预期，以寻求在最小的风险情况下获得较多的利润，我们称之为外汇期权的进阶交易策略。下面我们就几个比较典型的外汇期权的进阶交易策略加以介绍。

若投资者同时买入和卖出两个不同的看涨期权或两个不同的看跌期权，则这一做法就称为差价交易（spread trade）。差价交易分为四种类型，先买后卖看涨期权的差价交易、先买后卖看跌期权的差价交易、先卖后买看涨期权的差价交易和先卖后买看跌期权的差价交易。其中，先买后卖看涨期权的差价交易和先卖后买看涨期权的差价交易称为买权价差；先买后卖看跌期权的差价交易和先卖后买看跌期权的差价交易称为卖权价差。

（一）买权价差

买权价差分为买权多头差价交易和买权空头价差交易两种。

1. 先买后卖看涨期权的差价交易

先买后卖看涨期权又称买权多头差价交易，是指按一个协定价格买入一个看涨期权的同时，按另一个协定价格，卖出一个看涨期权用来抵消前一个买入看涨期权的头寸。其交易策略为：当期权的买方预期某一货币汇率上升的机会大于其下跌的机会且上升的幅度有限时，则买方可采用先买后卖看涨期权建立一个多头差价交易，其中买入的看涨期权的协定价格较小，卖出的看涨期权协定价格较大，且两者到期日相同。

【例 7.10】 假设某投资者预测欧元的汇率将要上涨，于是他买入协定价格为 EUR/USD = 1.130 0 的 3 个月 EUR call/USD put，期权费为 USD 0.05/EUR；同时卖出协定价格为 EUR/USD = 1.180 0 的 3 个月 EUR call/USD put，期权费为 USD 0.02/EUR。其买卖金额各为 100 万欧元。

根据上一节的分析，投资者买入第一个看涨期权的盈亏 P/L 与欧元的即期汇率的函数关系式为

$$P/L=\begin{cases}-\text{USD } 0.02/\text{EUR} & (0\leqslant S<\text{USD } 1.130\,0/\text{EUR})\\ S-\text{USD}(1.130\,0+0.02)/\text{EUR} & (S\geqslant \text{USD } 1.130\,0/\text{EUR})\end{cases}$$

投资者卖出第二个看涨期权的盈亏 P/L 与欧元的即期汇率的函数关系式为

$$P/L=\begin{cases}\text{USD } 0.02/\text{EUR} & (0\leqslant S<\text{USD } 1.180\,0/\text{EUR})\\ \text{USD}(1.180\,0+0.02)/\text{EUR}-S & (S\geqslant \text{USD } 1.180\,0/\text{EUR})\end{cases}$$

所有上述期权组合的盈亏 P/L 与欧元的即期汇率 S 的函数关系式即为这两个关系式合并后的函数关系式为

$$P/L=\begin{cases}-\text{USD } 0.03/\text{EUR} & (0\leqslant S<\text{USD } 1.130\,0/\text{EUR})\\ S-\text{USD } 1.160\,0/\text{EUR} & (\text{USD } 1.130\,0/\text{EUR}\leqslant S<\text{USD } 1.180\,0/\text{EUR})\\ \text{USD } 0.02/\text{EUR} & (S\geqslant \text{USD } 1.180\,0/\text{EUR})\end{cases}$$

其损益如图 7.9 所示。从图 7.9 中我们可以看出，在这种期权投资组合中，投资者支付的期权费（最大损失）是欧元汇率小于 USD 1.13/EUR 时损失 USD 0.03/EUR × 100 万 EUR = USD 3 万；最大收益为欧元汇率大于 USD 1.180 0/EUR 时获利 USD 0.02/EUR×100 万 EUR = USD 2 万，可以看出该投资者的风险和利润都是有限的；其盈亏平衡点是 S - USD 1.160 0/EUR = 0 时，即即期汇率等于 USD 1.16/EUR 时，该投资者不亏不盈。

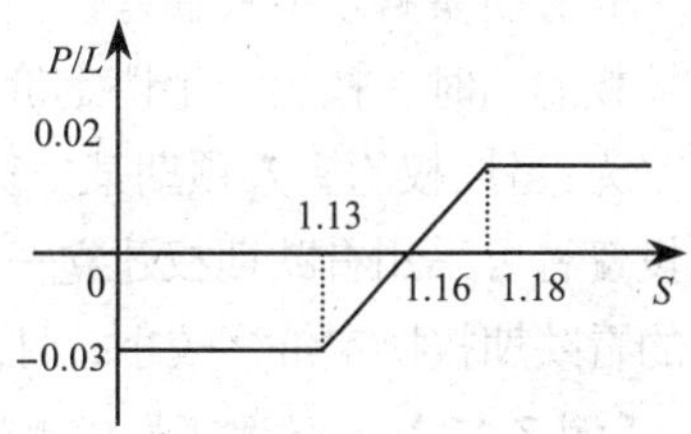

图 7.9 先买后卖看涨期权差价交易损益图

2. 先卖后买看涨期权的差价交易

先卖后买看涨期权又称买权空头差价交易，是指按一个协定价格卖出一个看涨期权的同时，按另一个协定价格买入一个看涨期权用来抵消前一个卖出看涨期权的头寸。其交易策略为：当期权的投资者预期某一货币汇率将要下跌的机会大于其上升的机会且下跌的幅度有限时，则买方可采用先卖后买看涨期权建立一个空头差价交易，其中买入的看涨期权的协定价格较大，卖出的看涨期权协定价格较小，且两者到期日相同。

【例 7.11】 假设某投机者预测英镑汇率将要下跌。于是他买入协定价格为 USD 1.620 0/GBP 的 6 个月 GBP call/USD put，期权费是 USD 0.07/GBP；同时卖出协定价格为 USD 1.600 0/GBP 的 6 个月 GBP call/USD put，期权费是 USD 0.08/GBP；两个看涨期权合约金额都是 25 000 英镑。

同样道理，投资者买入第一个看涨期权的盈亏 P/L 与英镑的即期汇率的函数关系式为

$$P/L=\begin{cases}-\text{USD } 0.07/\text{GBP} & (0\leqslant S<\text{USD } 1.620\,0/\text{GBP})\\ S-\text{USD}(1.620\,0+0.07)/\text{GBP} & (S\geqslant \text{USD } 1.620\,0/\text{GBP})\end{cases}$$

投资者卖出第二个看涨期权的盈亏 P/L 与英镑的即期汇率的函数关系式为

$$P/L=\begin{cases}\text{USD } 0.08/\text{GBP} & (0 \leqslant S < \text{USD } 1.600\,0/\text{GBP}) \\ \text{USD}(1.600\,0+0.08)/\text{GBP}-S & (S \geqslant \text{USD } 1.600\,0/\text{GBP})\end{cases}$$

所有上述期权组合的盈亏 P/L 与英镑的即期汇率的函数关系式为

$$P/L=\begin{cases}\text{USD } 0.01/\text{GBP} & (0 \leqslant S < \text{USD } 1.600\,0/\text{GBP}) \\ \text{USD } 1.610\,0/\text{GBP}-S & (\text{USD } 1.600\,0/\text{GBP} \leqslant S < \text{USD } 1.620\,0/\text{GBP}) \\ -\text{USD } 0.01/\text{GBP} & (S \geqslant \text{USD } 1.620\,0/\text{GBP})\end{cases}$$

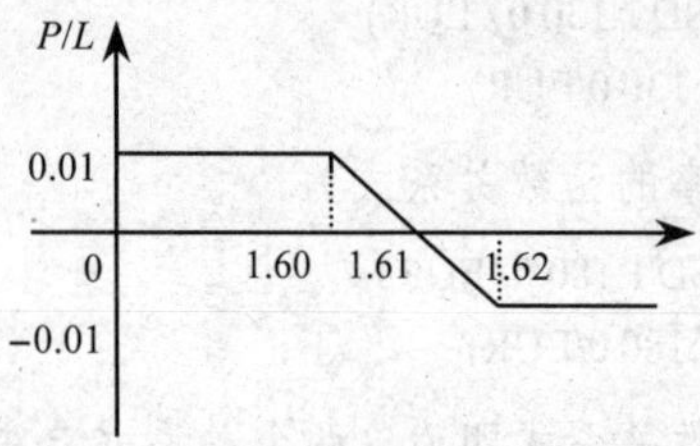

图 7.10　先卖后买看涨期权差价交易损益图

其损益如图 7.10 所示。

从图 7.10 中我们可以看出该投资者的风险和利润都是有限的，只要预测准确，投资者在英镑的即期汇率跌至 USD 1.600 0/GBP 或以下时可以获利 USD 0.01/GBP × GBP25 000 = USD 250。

（二）卖权价差

卖权价差分为卖权空头价差交易和卖权多头价差交易两种。

1. 先买后卖看跌期权的差价交易

先买后卖看跌期权的差价交易又称卖权空头差价交易，是指按一个协定价格买入一个看跌期权的同时，按另一个协定价格卖出一个看跌期权用来抵消买入看跌期权的头寸。其交易策略为：当期权的买方预期某一货币汇率下跌的机会大于其上升的机会且下跌的幅度有限时，则投资者可采用看跌期权建立一个空头差价交易。其中买入的看跌期权的协定价格较大，卖出的看跌期权协定价格较小，且两者到期日相同。

【例 7.12】　假设某投资者以协定价格为 EUR/USD = 1.180 0 买入 3 个月 EUR put/USD call，期权费为 USD 0.05/EUR；同时以协定价格为 EUR/USD = 1.130 0 卖出 3 个月 EUR put/USD call，期权费为 USD 0.02/EUR，其买卖金额各为 100 万欧元。

投资者买入第一个看跌期权的盈亏 P/L 与欧元的即期汇率的函数关系式为

$$P/L=\begin{cases}\text{USD}(1.180\,0-0.05)/\text{EUR}-S & (0 \leqslant S < \text{USD } 1.180\,0/\text{EUR}) \\ -\text{USD } 0.05/\text{EUR} & (S \geqslant \text{USD } 1.180\,0/\text{EUR})\end{cases}$$

投资者卖出第二个看跌期权的盈亏 P/L 与欧元的即期汇率的函数关系式为

$$P/L=\begin{cases}S-\text{USD}(1.130\,0-0.02)/\text{EUR} & (0 \leqslant S < \text{USD } 1.130\,0/\text{EUR}) \\ \text{USD } 0.02/\text{EUR} & (S \geqslant \text{USD } 1.130\,0/\text{EUR})\end{cases}$$

所有上述期权组合的盈亏 P/L 与欧元的即期汇率的函数关系式即为这两个关系式合并后的函数关系式

$$P/L=\begin{cases}\text{USD } 0.02/\text{EUR} & (0 \leqslant S < \text{USD } 1.130\,0/\text{EUR}) \\ \text{USD } 1.150\,0/\text{EUR}-S & (\text{USD } 1.130\,0/\text{EUR} \leqslant S < \text{USD } 1.180\,0/\text{EUR}) \\ -\text{USD } 0.03/\text{EUR} & (S \geqslant \text{USD } 1.180\,0/\text{EUR})\end{cases}$$

其损益如图 7.11 所示。

从图 7.11 中我们可以看出，在这种期权投资组合中，投资者支付的期权费（最大损失）是欧元汇率大于 USD 1.18/EUR 时损失 USD 0.03/EUR × 100 万 EUR = USD 3 万；最大收益为欧元汇率小于 USD 1.130 0/EUR 时获利 USD 0.02/EUR × 100 万 EUR = USD 2 万，且该投资者的风险和利润都是有限的；其盈亏平衡点是 USD 1.150 0/EUR − S = 0 时，即即期汇率等于 USD 1.15/EUR 时，该投资者不亏不盈。

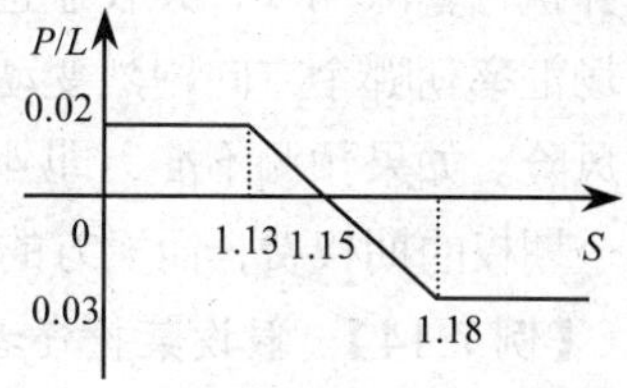

图 7.11　先买后卖看跌期权差价交易损益图

2. 先卖后买看跌期权的差价交易

先卖后买看跌期权的差价交易又称卖权多头差价交易，是指按一个协定价格卖出一个看跌期权的同时，按另一个协定价格买入一个看跌期权用来抵消卖出看跌期权的头寸。其交易策略为：当期权的投资者预期某一货币汇率上升的机会大于其下跌的机会且上升的幅度有限时，则投资者可采用看跌期权建立一个多头差价交易。其中卖出的看跌期权协定价格较大，买入的看跌期权的协定价格较小，且两者到期日相同。

【例 7.13】　假设某投机者预测英镑汇率将要上涨。于是他买入协定价格为 USD 1.600 0/GBP 的 6 个月 GBP put/USD call，期权费是 USD 0.07/GBP；同时卖出协定价格为 USD 1.620 0/GBP 的 6 个月 GBP put/USD call，期权费是 USD 0.08/GBP；两个看跌期权合约金额都是 25 000 英镑。

投资者买入第一个看跌期权的盈亏 P/L 与英镑的即期汇率的函数关系式为

$$P/L=\begin{cases}\text{USD}(1.600\,0-0.07)/\text{GBP}-S & (0\leqslant S<\text{USD}\,1.600\,0/\text{GBP})\\ -\text{USD}\,0.07/\text{GBP} & (S\geqslant \text{USD}\,1.600\,0/\text{GBP})\end{cases}$$

投资者卖出第二个看跌期权的盈亏 P/L 与英镑的即期汇率的函数关系式为

$$P/L=\begin{cases}S-\text{USD}(1.620\,0-0.08)/\text{GBP} & (0\leqslant S<\text{USD}\,1.620\,0/\text{GBP})\\ \text{USD}\,0.08/\text{GBP} & (S\geqslant \text{USD}\,1.620\,0/\text{GBP})\end{cases}$$

上述期权组合的盈亏 P/L 与英镑的即期汇率的函数关系式为

$$P/L=\begin{cases}-\text{USD}\,0.01/\text{GBP} & (0\leqslant S<\text{USD}\,1.600\,0/\text{GBP})\\ S-\text{USD}\,1.610\,0/\text{GBP} & (\text{USD}\,1.600\,0/\text{GBP}\leqslant S<\text{USD}\,1.620\,0/\text{GBP})\\ \text{USD}\,0.01/\text{GBP} & (S\geqslant \text{USD}\,1.620\,0/\text{GBP})\end{cases}$$

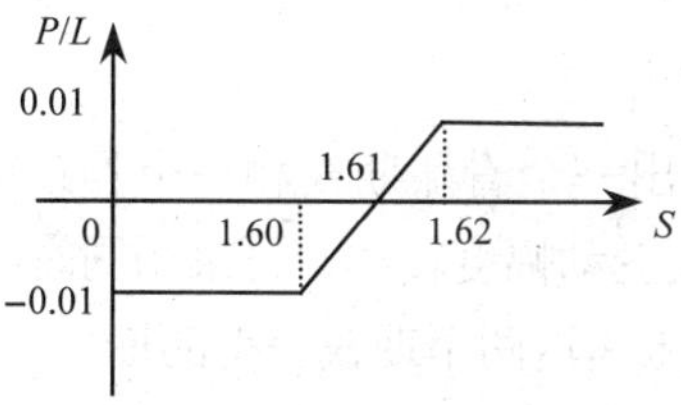

图 7.12　先卖后买看跌期权差价交易损益图

如图 7.12 所示，图中我们可以看出该投资者的风险和利润都是有限的，只要预测准确，投资者在英镑的即期汇率跌至 USD 1.620 0/GBP 或以上时可以获利 USD 0.01/GBP × GBP 25 000 = USD 250。

（三）同价对敲交易

同价对敲（straddle trade）交易是指按照相同的协定价格买入和卖出一个看涨期权和一个看跌期权。根据不同的交易策略可分为买入同价对敲交易和卖出同价对敲交易。

1. 买入同价对敲交易

买入同价对敲交易是指按照相同的协议汇率与到期日买入一个看涨期权和一个看跌期权。其交易策略为：如果买方预期未来的市场汇率将发生剧烈的变动，但无法确定市场汇率未来变动的方向，则买方在支付了两个期权费之后，当该外汇的即期汇率上涨到足够高的价位时，投资者执行看涨期权，同时放弃执行看跌期权，其收益就可以大于购买两个期权所支付的两笔期权费；当该外汇的即期汇率下跌到足够低的价位时，投机者执行看跌期权，同时放弃执行看涨期权，其收益也可以大于购买两个期权所支付的两笔期权费，因此不论未来的市场汇率朝哪个方向剧烈变动，买方都可从中获利，而卖方将承担市场汇率剧烈变动的无限的风险。如果预测不准，即外汇的即期汇率未发生大的变化，则投机者的最大亏损就是购买两个期权的期权费，而卖方的收益也仅仅是两个期权的期权费。

【例 7.14】 假设某投资者以协定价格为 GBP/USD = 1.650 0 分别买入一个英镑看涨期权和一个英镑看跌期权，期权费分别是 USD 0.04/GBP 和 USD 0.03/GBP，金额都是 100 万英镑。

该投资者购买上述看涨期权的盈亏 *P/L* 与即期汇率 *S* 之间的函数关系为

$$P/L=\begin{cases}-\text{USD}\,0.04/\text{GBP} & (0\leqslant S<\text{USD}\,1.650\,0/\text{GBP})\\ S-\text{USD}(1.650\,0+0.04)/\text{GBP} & (S\geqslant \text{USD}\,1.650\,0/\text{GBP})\end{cases}$$

而买入上述看跌期权的盈亏 *P/L* 与即期汇率 *S* 之间的函数关系为

$$P/L=\begin{cases}\text{USD}(1.650\,0-0.03)/\text{GBP}-S & (0\leqslant S<\text{USD}\,1.650\,0/\text{GBP})\\ -\text{USD}\,0.03/\text{GBP} & (S\geqslant \text{USD}\,1.650\,0/\text{GBP})\end{cases}$$

上述两个期权组合的盈亏 *P/L* 与即期汇率 *S* 之间的函数关系为

$$P/L=\begin{cases}\text{USD}\,1.58/\text{GBP}-S & (0\leqslant S<\text{USD}\,1.650\,0/\text{GBP})\\ S-\text{USD}\,1.72/\text{GBP} & (S\geqslant \text{USD}\,1.650\,0/\text{GBP})\end{cases}$$

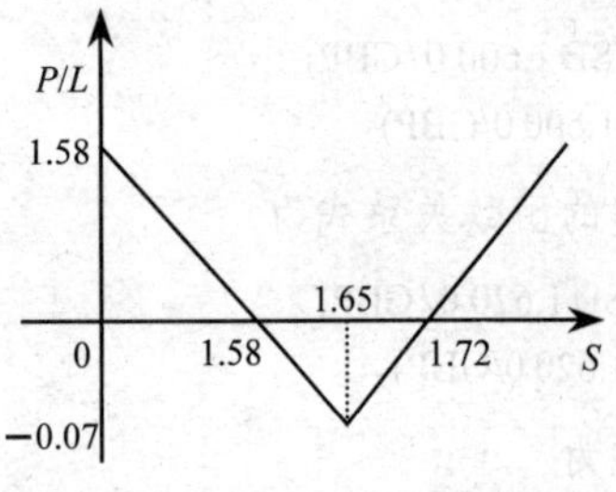

图 7.13　买入同价对敲交易损益图

其损益如图 7.13 所示，从图中可以看出，该期权组合的最大风险是在即期汇率为 USD 1.65/GBP 时损失 USD 0.07/GBP，期权组合最大损失为 USD 0.070 0/GBP × GBP 100 万 = USD 7 万，左边盈亏平衡点是 USD 1.650 0/GBP − USD 0.07/GBP = USD 1.580 0/GBP，右边盈亏平衡是 USD 1.650 0/GBP + USD0.070 0/GBP = USD 1.720 0/ GBP。当英镑的即期汇率大于 USD 1.720 0/GBP 而不断增加时，组合期权的利润也不断增加，而且可能无限大；当英镑的即期汇率小于 $ 1.580 0/GBP 而不断减少时，组合期权的利润也不断增加，但是不会超过 USD 1.58/GBP × GBP 100 万 = USD 158 万。

2. 卖出同价对敲交易

卖出同价对敲交易是指按照相同的协定价格与到期日卖出一个看涨期权和一个看跌期权。其交易策略为：如果卖方预期未来的市场汇率较为稳定或变动幅度较小，可采用同时卖出一个看涨期权和一个看跌期权，该期权组合的最大收益就是出售这两个期权获得的期权费，如果预测不准，该外汇的即期汇率发生剧烈变化，则投资者的损失就可能超过期权费的收益，而且损失可能很大。

【例 7.15】 假设某投资者以协定价格为 GBP/USD = 1.650 0 分别卖出一个英镑看涨期权和一个英镑看跌期权，看涨期权与看跌期权的期权费分别是 USD 0.04/GBP 和 USD 0.03/GBP，金额都是 100 万英镑。

该投资者卖出上述看涨期权的盈亏 *P/L* 与即期汇率 *S* 之间的函数关系为

$$P/L=\begin{cases}\text{USD}\,0.04/\text{GBP} & (0\leqslant S<\text{USD}\,1.650\,0/\text{GBP})\\ \text{USD}(1.650\,0+0.04)/\text{GBP}-S & (S\geqslant \text{USD}\,1.650\,0/\text{GBP})\end{cases}$$

而卖出上述看跌期权的盈亏 *P/L* 与即期汇率 *S* 之间的函数关系为

$$P/L=\begin{cases}S-\text{GBP}(1.650\,0-0.03)/\text{GBP} & (0\leqslant S<\text{USD}\,1.650\,0/\text{GBP})\\ \text{USD}\,0.03/\text{GBP} & (S\geqslant \text{USD}\,1.650\,0/\text{GBP})\end{cases}$$

上述两个期权组合的盈亏 P/L 与即期汇率 S 之间的函数关系为

$$P/L=\begin{cases}S-\text{USD}\,1.58/\text{GBP} & (0\leqslant S<\text{USD}\,1.650\,0/\text{GBP})\\ \text{USD}\,1.72/\text{GBP}-S & (S\geqslant \text{USD}\,1.650\,0/\text{GBP})\end{cases}$$

其损益如图 7.14 所示，从中可以看出，该期权组合的最大收益是在即期汇率为 USD 1.65/GBP 时，其收益为 USD 0.07/GBP × GBP 100 万 = USD 7 万；当英镑的即期汇率小于 USD 1.58/GBP 且不断减少时，投资者的损失也将不断增加，但不超过 USD 1.58/GBP × GBP 100 万 = USD 158 万；当英镑的即期汇率大于 USD 1.72/GBP 且不断增加时，投资者的损失也将不断增加，从理论上讲可能是无限大；当英镑的即期汇率等于 USD 1.58/ GMP 和 USD 1.72/USD 时，该投资者盈亏达到平衡。

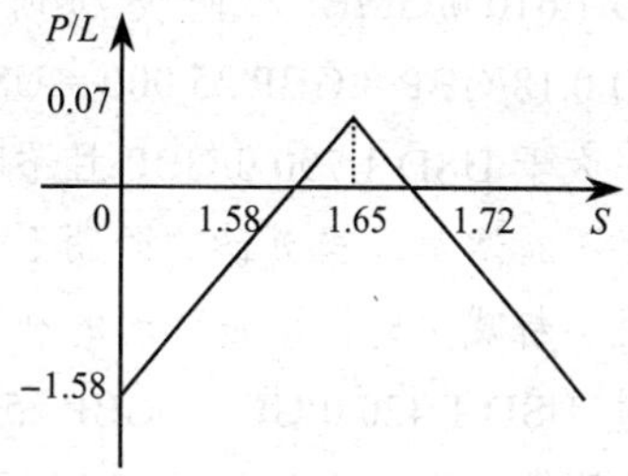

图 7.14　卖出同价对敲交易损益图

（四）异价对敲交易

异价对敲交易与同价对敲交易相类似，其区别在于异价对敲交易的期权组合协定价格不同。它是指同时买入和卖出合约中货币数量、到期日相同而协定价格不同的买权和卖权构成的期权组合。异价对敲交易可分为买入异价对敲交易和卖出异价对敲交易两种。

1. 买入异价对敲交易

买入异价对敲交易是指同时买入交易数量与到期日相同而协定价格不同的看涨期权和看跌期权的期权组合。其交易策略为：当投资者预测某种外汇的即期汇率将会有大幅度上升或下跌的趋势时，可以同时买入相同期限、不同协定价格的该外汇的一个看涨期权和一个看跌期权，通常是看涨期权的协定价格高于即期汇率，而看跌期权的协定价格低于即期汇率。

当该外汇的即期汇率上涨到足够高的价位时，投资者执行看涨期权，同时放弃执行看跌期权，其收益可以大于购买两个期权所支付的两笔期权费；当该外汇的即期汇率下跌到足够低的价位时，投资者则执行看跌期权，同时放弃执行看涨期权，其收益也可以大于购买这两种期权所支付的两笔期权费。如果预测不准，该外汇的即期汇率没有发生大的波动，则投机商的最大亏损就是购买这两个期权的期权费。

【例 7.16】 假设某投资者预测英镑的汇率将会大起大落，于是他以协定价格为 GBP/USD = 1.610 0 买入一个英镑看涨期权和以协定价格为 GBP/USD = 1.600 0 买入一个英镑看跌期权，其中买入看涨期权的期权费为 USD 0.08/GBP，买入看跌期权的期权费为 USD 0.10/GBP。金额都为 25 000 英镑，到期日相同。

该投资者购买上述看涨期权的盈亏 P/L 与即期汇率 S 之间的函数关系为

$$P/L=\begin{cases}-\text{USD}\,0.08/\text{GBP} & (0\leqslant S<\text{USD}\,1.610\,0/\text{GBP})\\ S-\text{USD}(1.610\,0+0.08)/\text{GBP} & (S\geqslant \text{USD}\,1.610\,0/\text{GBP})\end{cases}$$

而买入上述看跌期权的盈亏 P/L 与即期汇率 S 之间的函数关系为

$$P/L=\begin{cases}\text{USD}(1.600\,0-0.10)/\text{GBP}-S & (0\leqslant S<\text{USD}\,1.600\,0/\text{GBP})\\ -\text{USD}\,0.10/\text{GBP} & (S\geqslant \text{USD}\,1.600\,0/\text{GBP})\end{cases}$$

上述两个期权组合的盈亏 P/L 与即期汇率 S 之间的函数关系为

$$P/L=\begin{cases}\text{USD 1.42/GBP}-S & (0\leqslant S<\text{USD 1.600 0/GBP})\\ -\text{USD 0.18/GBP} & (\text{USD 1.600 0/GBP}\leqslant S<\text{USD 1.610 0/GBP})\\ S-\text{USD 1.79/GBP} & (S\geqslant \text{USD 1.610 0/GBP})\end{cases}$$

其损益如图 7.15 所示，从图中可以看出，该期权组合的最大风险是在英镑的即期汇率在 USD 1.600 0/GBP 和 USD 1.610 0/GMP 之间变动时，该投资者将损失为 USD 0.18/GBP × GBP 25 000 = USD 4 500；当英镑的即期汇率大于 USD 1.790 0/GBP 且不断增加时，该投资者的利润将不断增加；当英镑的即期汇率小于 USD 1.420 0/GBP 时且不断减少时，该投资者的利润也将不断增加，但不会超过 USD 1.420 0/GBP × GBP 25 000 = USD 35 500；当英镑的即期汇率等于 USD 1.420 0/GMP 和 USD 1.790 0/GMP 时，该投资者盈亏达到平衡。

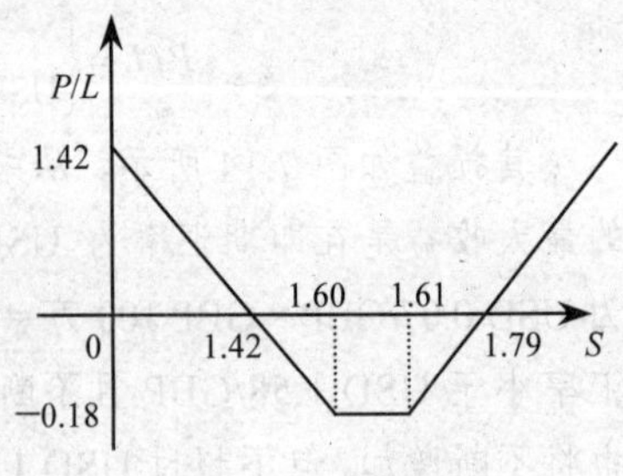

图 7.15　买入异价对敲交易损益图

2. 卖出异价对敲交易

卖出异价对敲交易是指同时卖出交易数量与到期日相同而协定价格不同的看涨期权和看跌期权的期权组合。其交易策略为：当投资者预测某种外汇的即期汇率将会趋于平稳时，他可以同时卖出期限相同而协定价格不同的该外汇的一个看涨期权和一个看跌期权。通常，看涨期权的协定价格高于即期汇率，而看跌期权的协定价格低于即期汇率。如果该外汇的即期汇率如预测的那样平稳，则投机者的最大收益就是出售这两种期权所获得的期权费；如果预测不准，即期汇率发生较大幅度的变化，则投机者的损失就可能超过期权费的收益，并且损失可能很大。

【例 7.17】 假设某投资者预测英镑的汇率将会趋于平稳。于是他以协定价格为 GBP/USD = 1.610 0 卖出一个英镑看涨期权和以协定价格为 GBP/USD = 1.600 0 卖出一个英镑看跌期权，其中买入看涨期权的期权费为 USD 0.10/GBP 和卖出看跌期权的期权费为 USD 0.08/GBP。金额都为 25 000 英镑，到期日相同。

该投资者出售上述看涨期权的盈亏 P/L 与即期汇率 S 之间的函数关系为

$$P/L=\begin{cases}\text{USD 0.10/GBP} & (0\leqslant S<\text{USD 1.610 0/GBP})\\ \text{USD}(1.610\,0+0.10)/\text{GBP}-S & (S\geqslant \text{USD 1.610 0/GBP})\end{cases}$$

而出售上述看跌期权的盈亏 P/L 与即期汇率 S 之间的函数关系为

$$P/L=\begin{cases}S-\text{USD}(1.600\,0-0.08)/\text{GBP} & (0\leqslant S<\text{USD 1.600 0/GBP})\\ \text{USD 0.08/GBP} & (S\geqslant \text{USD 1.600 0/GBP})\end{cases}$$

上述两个期权组合的盈亏 P/L 与即期汇率 S 之间的函数关系为

$$P/L=\begin{cases}S-\text{USD 1.42/GBP} & (0\leqslant S<\text{USD 1.600 0/GBP})\\ \text{USD 0.18/GBP} & (\text{USD 1.600 0/GBP}\leqslant S<\text{USD 1.610 0/GBP})\\ \text{USD 1.79/GBP}-S & (S\geqslant \text{USD 1.610 0/GBP})\end{cases}$$

其损益如图 7.16 所示，从图中可以看出，该期权组合的最大收益是英镑的即期汇率在 USD 1.600 0/GBP 和 USD 1.610 0/GBP 之间变动时，该投资者将获利 USD 0.18/GBP × GBP 250 00 = USD 4 500；当英镑的即期汇率大于 USD 1.790 0/GBP 且不断增加时，该投资者的损失将不断增加；当英镑的即期汇率小于 USD 1.4 200/GBP 时且不断减少时，该投资者的损失也将不断增加，

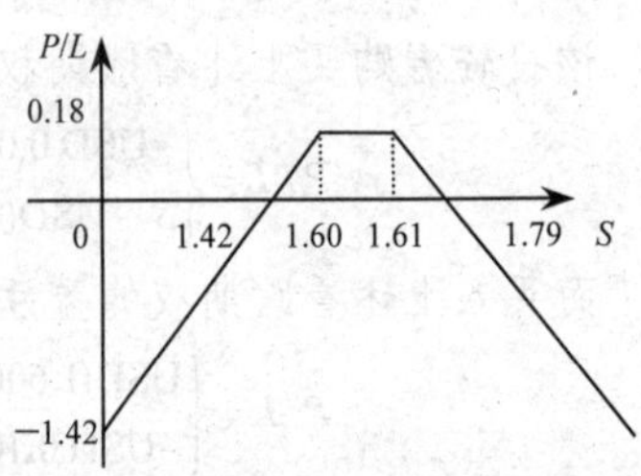

图 7.16　卖出异价对敲交易损益图

但不会超过 USD 1.4 200/GBP × GBP 25 000 = USD 35 500；当英镑的即期汇率等于 USD 1.420 0/GBP 和 USD 1.790 0/GBP 时，该投资者盈亏达到平衡。

【小知识 7.4】

外汇期权，作为期权的一种，是外汇风险管理工具和理财产品之一，可满足外汇投资人多样化的理财需求，为广大的外汇投资者所接受。外汇期权运用得当可锁定市场的汇率风险，但是该产品有较强的杠杆效应，投资收益和风险同比例放大，投资人要充分认识交易风险，谨慎投资。

影响外汇期权持有人是否行权的风险，主要是价位风险，其充分反映了期权币种价格变化的概率，即执行价格和市场价格之间的关系。如果其价位风险是 50%，就说明该期权有 50%的机会到期在价内。在这种情况下，该期权成败的机会是一半对一半。投资者们应该注意的是，75%在价内的概率是非常高的，但在到期或到期之前，不等于该期权一定总在价内；25%在价内的概率是非常低的，但在到期或到期之前，不等于该期权一定总在价外，因为未来期权币种的市场价格还在不断变化，而其期权价格是约定不变的。因此价位风险是外汇期货所面临的主要风险。

期权价格中反映期权执行价格与现行汇率价格之间的关系的那部分价值，是我们最值得关注的。就多头期权而言，其内在价值是该现行汇率价格高出期权执行价格的那部分价值。如果汇率价格低于或等于执行价格，这时期权的内在价值就为零，也就是期权亏损或持平。就空头期权而言，其内在价值是该现行汇率价格低于期权的执行价格的那部分价值。如果汇率价格高于或等于执行价格，这时期权的内在价值也为零，期权也是亏损或持平。

例如：某人以 1 000 美元的权利金买入了一张价值 100 000 美元的欧元/美元的看涨期权合约，合约规定期限为 3 个月，执行价格为 1.150 0。3 个月后的合约到期日，欧元/美元汇率为 1.180 0，则此人可以要求合约卖方以 1.150 0 卖给自己价值 100 000 美元的欧元，然后他可以再到外汇市场上以 1.180 0 抛出，所得赢利减去最初支付的 1 000 美元即是其最后的赢利。如果买入期权合约 3 个月后，欧元/美元汇率为 1.120 0，此时执行合约还不如直接在外汇市场上买合算，此人会放弃执行合约的权利，最多损失 1 000 美元期权费（权利金）。

正因为外汇期权的这种行权特性，恰恰给外汇期货市场带来了很重要的影响作用，并提供了很好的支持和压力。对于每一笔即将到期的外汇期权行权价位来说，其都会给外汇市场带来多多少少或支撑或阻力的影响。所以我们在看行情做交易的时候，不光要注重基本面、技术面的分析，还要充分考虑大笔外汇期权的行权价格。

例如：机构和个人为了规避风险，同上以 1 000 美元的权利金买入了一张价值 100 000 美元的看涨期权，合约规定期限为 3 个月，执行价格为 1.150 0。在 3 个月的合约到期日之前，这个期权价格就会在期权执行价格与现行汇率价格之间徘徊，决定其内在价值是否为零，也就是决定这份期权交易能否赢利。所以 1.150 0 这个执行价格将会给外汇市场带来很强的支撑和阻力作用。在 3 个月的合约到期日之后，欧元/美元汇率若为 1.180 0，很多期权持有者就会行使自己的权利，要求合约卖方以 1.150 0 卖给自己价值 100 000 美元的欧元，这样期权的出卖者就会在市场套现这部分欧元，与期权的持有者进行对冲，以降低自己的风险。这样在 1.180 0 价位也会出现较大的期权压力，给欧元/美元的外汇市场带来有力的支撑和阻力作用。

所以，投资者在交易的同时，一定要考虑市场上同一货币的期权情况。时刻关注较大规模期权的行权价格和行权时间（履约时间）。

本章小结

在国际外汇市场上，外汇期权是一种运用广泛、交易活跃，富有挑战性的外汇衍生产品。外汇期权一般将即期汇率或远期汇率视为其基础资产。正是因为这一特点，外汇期权提供了市场参与者更多的投资、避险与承担风险的工具。

外汇期权是一种选择权合约，它授予买方以某种权利而非义务，在未来某一特定日期或某一特定日期之前，以协定的汇率买入或卖出合约所规定特定数量的某种外汇资产。期权的买方或持有者必须支付一定的期权费作为期权卖方转让权利的条件，不论购买者是否行使该期权，期权费均不能收回。

外汇期权有看涨期权和看跌期权两种基本类型。持有看涨期权的买方有权利依据合约所约定的汇率购买某种外汇资产，持有看跌期权的买方有权利依据合约所约定的汇率卖出某种外汇资产。外汇期权交易一般有场内和场外市场两种。

在外汇期权交易中，期权价格的确定是一个至关重要的问题。期权价格或期权费是由协定价格、即期汇率、利率、到期日以及市场汇率的波动率等因素共同决定的。期权价格包含了期权的内在价值和时间价值。

外汇期权的作用分为保值和投机两种，其中投机交易策略繁多，包括基本的交易策略和进阶交易策略。基本交易策略包括买入看涨期权和买入看跌期权，以及卖出看涨期权和卖出看跌期权四种交易方式；进阶交易策略是基本交易策略的延伸，包括买权价差、卖权价差、同价对敲、异价对敲等交易策略，投资者可根据自己的实际情况选择不同的外汇期权类型和交易策略，有效地进行外汇投资。

基本训练

一、填空题

1. 外汇期权，又称为（　　），是期权交易的一种，是一种选择权契约。

2. 根据行使期权的时限不同，外汇期权可分为（　　）和（　　）。

3. 在外汇期权交易中，有权按固定价格买入一定量的外汇称之为（　　）；有权按固定价格卖出一定量的外汇称为（　　）。

4. 根据外汇期权的买卖权利的方向可以分为（　　）和（　　）。

5. 期权费用的报价包括（　　）和（　　）。

二、单项选择题

1. 期权的分类中，依履约价格与现汇价格相比可以分为（　　）。

A. 价内、价外、平价　　B. 买权、卖权

C. 美式期权、欧式期权　　D. 时间价值期权、内在价值期权

2. 对于期权交易的买方，盈亏情况是（　　）。

A. 损失是有限的，而收益是有限的　　B. 成本是有限的，而收益是无限的

C. 成本是无限的，而收益是无限的　　D. 成本是无限的，而收益是有限的

3. 欧式期权和美式期权划分的依据是（　　）。

A. 行使期权的时间　　B. 交易的内容

C. 交易的场所　　D. 协定价格和现汇汇率的差距

4. 期权的买方向卖方支付的期权费用等于（　　）。

A. 时间价值加内在价值　　B. 时间价值减内在价值

C. 内在价值减时间价值　　D. 仅等于时间价值

5. 价内期权是指（　　）。

A. 买方履约可获利　B. 买方履约不赔不赚　C. 买方履约将亏损　D. 履约卖方将获利

三、案例分析与计算

1. 我国某公司根据近期国际政治经济形势预测 1 个月内美元对日元汇价会有较大波动，但变动方向难以确定，因此决定购买 100 亿日元双向期权合同做外汇投机交易。

已知：即期汇价 USD 1 = JPY 110，协定价格 JPY 1 = USD 0.008 929，期权费 JPY 1 = USD 0.000 268，佣金占合同金额的 0.5%。

在市场汇价分别为 USD 1=JPY 100 和 USD 1=JPY 125 两种情况下，该公司的外汇投机各获利多少？并分析其盈亏平衡点。

2. 假设某投资者以执行价格为 GBP/USD=1.550 0 买入一个英镑看涨期权和以协定价格为 GBP/USD=1.520 0 买入一个英镑看跌期权，其中看涨期权的期权费为每英镑 0.03 美元，看跌期权的期权费为每英镑 0.02 美元，金额都为 100 万英镑，到期日相同，试分析投资者的损益情况。假设到期日外汇市场的即期汇率为 GBP/USD=1.540 0，则该投资者损益为多少？

3. 假设投资者预测美元未来将趋于贬值，该投资者建立一个看涨期权的差价交易，其买入协定汇率为 USD/JPY=105 的 USD call/JPY put，期权价格为 1.87%；同时卖出协定汇率为 USD/JPY=95 的 USD call/JPY put，期权价格为 4.8%；买卖金额都为 100 万美元。试分析该投资者的期权费是多少，以及其损益情况。

四、翻译下列专业词语

1. exercise option　2. currency options　3. call option　4. strike price　5. in-the-money option

五、主要观念

1. 简述外汇期权的含义。

2. 简述外汇期权与外汇期货、远期外汇交易的异同点。

3. 什么是价内期权、价外期权与平价期权，三者的区别是什么？

4. 简述外汇期权投机中各种类型和交易策略。

第八章　其他衍生外汇交易

【学习目标】

理论目标： 了解掉期交易和互换交易相关的基础知识，熟悉外汇掉期交易程序。

技术目标： 掌握外汇掉期交易的种类和计算方法及外汇掉期交易的作用。

能力目标： 掌握互换交易的种类及其作用。

引例

平安保险美元掉期案例

我国外汇市场上，银行间人民币外汇掉期交易于2006年4月正式推出。人民币外汇掉期交易，是指交易双方约定一前一后两个不同的交割日、方向相反的两笔本外币交易，在前一交割日期，一方用外汇按照约定汇率从另一方换入人民币，在后一交割日期，该方再用人民币按照另一约定汇率从对方换回外汇。由于两笔交易的汇率是事先确定的，可以有效规避汇率波动可能造成的损失，将风险转化为确定的成本，起到管理汇率风险的作用。

2005年7月21日人民币汇率制度改革以后，人民币对其他主要货币升值。保险公司，尤其是已在境外上市的保险公司面对的汇率风险也随之加大。据各保险公司2005年年报披露，平安保险以外币计值的资产产生的汇兑损失达人民币4.05亿元，中保国际的汇兑亏损净额为9 489万港元，人保财险的汇兑损失更为突出，高达3.05亿元，比2004年的1 500万元增长2.9亿元。随着人民币升值预期的增强，保险业巨头的资产也将进一步暴露于波动风险与升值风险之中，这也对保险资金的资产保值与衍生品工具使用提出了更高要求。

2006年7月27日，平安保险发布公告称，将与中国工商银行上海分行开展外汇掉期业务，以满足当前境外投资的资金需求，同时规避汇率风险。根据协议，平安保险可从工商银行上海分行以人民币购入美元，再于未来某时间换回人民币。具体购入及回售的兑换汇率及时间将参考交易当时美元兑人民币的汇率以及美元和人民币利差而定。平安保险需要在购入美元时，在工商银行上海分行存入外汇掉期总额3%的人民币作为保证金。掉期总额的人民币对价及保证金全部由平安以自有资金支付。协议规定，外汇掉期业务的总额度不超过3亿美元，该外汇掉期总协议有效期为3年，除非双方同意提早终止。

2006年，平安保险的外币资产折合人民币约145亿元，这包括利率的结构性存款、债券、股票等。在2006年保险资金运用的环境下，平安采用了外汇远期、外汇掉期及寻找高收益的资产等来规避汇率风险。尽管该次外汇掉期业务不超过3亿美元的总额相对于平安庞大的资产不足挂齿，但这是中国保险业首次涉足外汇掉期业务，是快速膨胀的保险资金运用金融衍生产品作为对冲工具规避外汇风险的重要信号，对其他保险公司极具借鉴意义。

第一节　外汇掉期交易概述

所谓外汇掉期交易，是指在买入或卖出即期外汇的同时，卖出或买进同一货币的远期外汇，以防止汇率风险的一种外汇交易。如某银行在 7 月 7 日买进即期美元 200 万，同时，卖出一个月远期美元 200 万。该银行所做的就是一笔掉期交易，掉期交易的目的包括两个方面，一是轧平外汇头寸，避免汇率变动引发的风险；二是利用不同交割期限汇率的差异，通过贱买贵卖谋取利润。这种金融衍生工具，是当前用来规避由于所借外债的汇率发生变化而给企业带来财务风险的一种主要手段。具体的外汇掉期交易如图 8.1 所示。

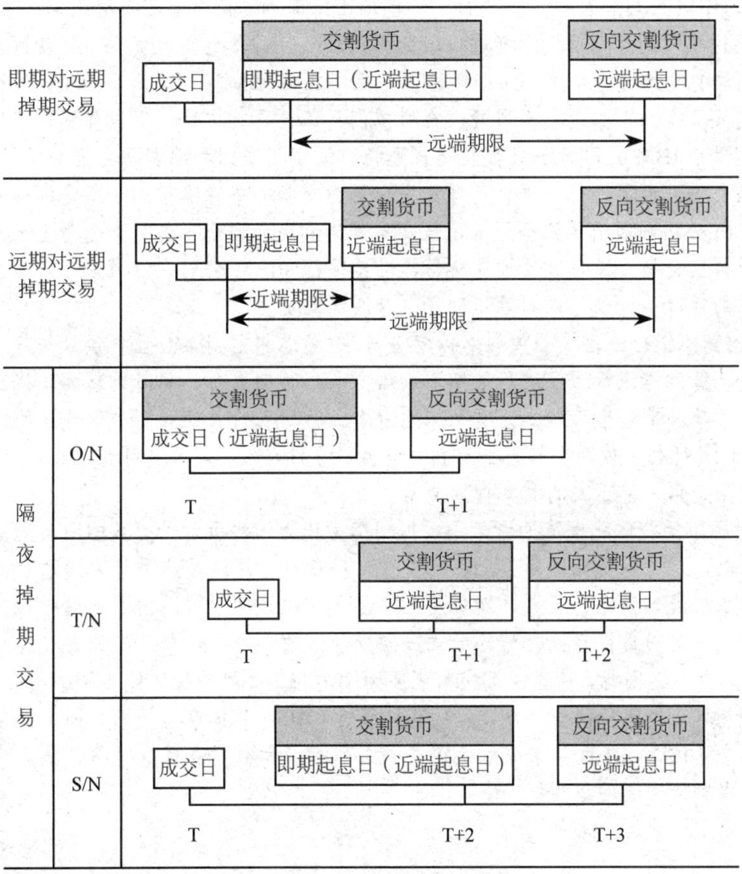

图 8.1　外汇掉期交易示意图

一、掉期交易的特点

从以上的例子可以看出掉期交易具有以下特点。

（1）买卖同时进行。即一笔掉期交易必须包括买进一笔外汇以及卖出一笔外汇，并且买卖活动在时间上几乎同时进行。

（2）买卖外汇的数额相同、币种相同。

（3）买卖交割的期限不同。

凡符合上述几个条件的外汇交易组合均属于掉期交易。

掉期交易与前面讲到的即期交易和远期交易有所不同。即期与远期交易是单一的，要么做即期交易，要么做远期交易，并不同时进行，因此，通常也把它叫做单一的外汇买卖，主要用于银行与客户的外汇交易之中。掉期交易的操作涉及即期交易与远期交易或买卖的同时进行，故称之为复合的外汇买卖，主要用于银行同业之间的外汇交易。一些大公司也经常利用掉期交易进行套利活动。

【小知识 8.1】

掉期交易产生的背景

1981 年，IBM 公司和世界银行进行了一笔瑞士法郎和德国马克与美元之间的货币掉期交易。当时，世界银行在欧洲美元市场上能够以较为有利的条件筹集到美元资金，但实际需要的却是瑞士法郎和德国马克。此时持有瑞士法郎和德国马克资金的 IBM 公司，正好希望将这两种货币形式的资金换成美元资金，以回避利率风险。在所罗门兄弟公司的中介下，世界银行将以低息筹集到的美元资金提供给 IBM 公司，IBM 公司将自己持有的瑞士法郎和德国马克资金提供给世界银行。通过这种掉期交易，世界银行以比自己筹集资金更为有利的条件筹集到了所需的瑞士法郎和德国马克资金，IBM 公司则回避了汇率风险，低成本筹集到美元资金。这是迄今为止正式公布的世界上第一笔货币掉期交易。通过这项掉期交易，世界银行和IBM 公司在没有改变与原来的债权人之间的法律关系的情况下，以低成本筹集到了自身所需的资金。

1982 年德意志银行进行了一项利率掉期交易。德意志银行对某企业提供了一项长期浮动利率的贷款。当时，德意志银行为了进行长期贷款需要筹集长期资金，同时判断利率将会上升，以固定利率的形式筹集长期资金可能更为有利。德意志银行用发行长期固定利率债券的方式筹集到了长期资金，通过进行利率掉期交易把固定利率变换成了浮动利率，再支付企业长期浮动利率贷款。这笔交易被认为是第一笔正式的利率掉期交易。

在国际金融市场一体化潮流的背景下，掉期交易作为一种灵活、有效的避险和资产负债综合管理的衍生工具，越来越受到国际金融界的重视，用途日益广泛，交易量急速增加。近来，这种交易形式已逐步扩展到商品、股票、期货及汇率、利率以外的领域。由于掉期合约内容复杂，多采取由交易双方一对一进行直接交易的形式，缺少活跃的二级市场和交易的公开性，具有较大的信用风险和市场风险。因此，从事掉期交易者多为实力雄厚、风险控制能力强的国际性金融机构，掉期交易市场基本上是银行同业市场。国际清算银行（BIS）和掉期交易商的同际性自律组织国际掉期交易商协会（ISDA），近年来先后制定了一系列指引和准则来规范掉期交易，其风险管理越来越受到交易者和监管者的重视。

（周正庆，2006）

二、外汇掉期交易的报价

在外汇掉期交易中，掉期率就是掉期交易的价格，通常报价行只报出掉期率而不报出即期汇率。在报价中，报价行通常采取双向报价的方式。即询价方有选择交易方式的主动权，而报价方有选择价格的主动权。在报价中，前一个称为买入价，后一个称为卖出价，其买入价和卖出价与即期或远期交易不同。

买入价表示：报价行愿意卖出较近期被报价货币和买入较远期被报价货币（sell spot

date/buy far date，S/B）的价差；询价行愿意买入较近期被报价货币和卖出较远期被报价货币（buy spot date/sell far date，简称 B/S）的价差。

卖出价表示：报价行愿意买入较近期被报价货币和卖出较远期被报价货币（buy spot date/sell far date，B/S）的价差；询价行愿意卖出较近期被报价货币和买入较远期被报价货币（sell spot date/buy far date，S/B）的价差。

在掉期交易中，掉期率本身并不是外汇交易所适用的汇率，而是即期汇率与远期汇率或远期汇率与即期汇率之间的差额，即远期贴水或升水。对升贴水的判断可根据掉期率的正负来判断，掉期率为正的，则掉期率按前小后大的顺序排列，表示被报价货币有远期升水，采用相加计算出远期汇率；反之，掉期率为负的，则掉期率按前大后小的顺序排列，表示被报价货币有远期贴水，采用相减计算出远期汇率。

三、掉期率的计算

外汇掉期交易的汇率实际上是两种货币在某一特定期间内互相交换运用的成本。若两种货币的货币市场和外汇市场是充分自由的流通市场，那么这两种货币交换使用的成本就是两种货币的利率差。用低利率的货币换高利率的货币需向对方支付利差收益，用高利率的货币换低利率的货币需向对方收取利差损失。

（一）标准天数的掉期率的计算

（1）两种货币的汇率和利率采用单向报价。

$$\begin{aligned}\text{掉期率} &= \text{远期汇率} - \text{即期汇率}\\ &= \text{即期汇率} \times (\text{报价币利率} - \text{被报价币利率}) \times \text{天数}/360 \qquad (8.1)\end{aligned}$$

当报价币较被报价币有更高的利率时，就是升水，在式（8.1）中所得的掉期率为正数；当报价币较被报价币有更低的利率时，就是贴水，在式（8.1）中所得的掉期率为负数。

（2）两种货币的汇率和利率采取双向报价。

$$\begin{aligned}\text{买入价} &= \text{远期买入价} - \text{即期买入价} = \text{即期汇率} \times (\text{报价币借入利率}\\ &\quad - \text{被报价币借出利率}) \times \text{天数}/360 \qquad (8.2)\end{aligned}$$

$$\begin{aligned}\text{卖出价} &= \text{远期卖出价} - \text{即期卖出价} = \text{即期汇率} \times (\text{报价币借出利率}\\ &\quad - \text{被报价币借入利率}) \times \text{天数}/360 \qquad (8.3)\end{aligned}$$

交易过程中，我们假定有一询价者想做一笔即期对 3 个月远期的掉期交易。报价者要报出买入价价格，其考虑过程如下：①在货币市场上，先以借出价格借入被报价币，然后在即期外汇市场卖出被报价币并买入报价币；②把所买入的报价币存入银行 3 个月，存入利率为报价币借入利率；③3 个月到期时，把报价币的本金与利得卖出，买入被报价币，并偿还 3 个月期的被报价币借入款。综上所述，报价者使用的是报价币借入利率和被报价币借出利率，得到的计算公式是式（8.2）。

报价者要报出卖出价价格，其考虑过程如下：①在货币市场上，先以借出价格借入报价币，然后在即期外汇市场卖出报价币并买入被报价币；②把所买入的被报价币存入银行 3 个月，存入利率为被报价币借入利率；③3 个月到期时，把被报价币的本金与利得卖出，买入报价币，并偿还 3 个月期的报价币借入款。综上所述，报价者使用的是被报价币借入利率和报价币借出利率，得到的计算公式为式（8.3）。

【例 8.1】 即期汇率 GBP/USD = 1.978 0，美元双向利率为 3.35%/3.47%，英镑双向利率为 9%/9.25%，求询价者做 1 月期英镑/美元的掉期率。

询价者做 Spot/l Month GBP/USD 的 B/S 价 = 即期汇率 ×（报价币借入利率 − 被报价币借出利率）× 天数/360 = 1.978 0 ×（3.35% − 9.25%）× 1/12 = − 0.009 73。

询价者做 Spot/l Month GBP /USD 的 S/B 价 = 即期汇率 ×（报价币借出利率 − 被报价币借入利率）× 天数/360 = 1.978 0 ×（3.47% − 9%）× 1/12 = − 0.009 115

（二）不规则天数的掉期率的计算

在国际外汇市场上的掉期交易中，通常是以规则天数计算的，但实际交易过程中，有些交易，交易期间往往是不规则天数，即畸零天数。这种不规则天数的计算方式有两种：一是平均天数法，二是插补法。

1. 平均天数法

平均天数法是以最接近畸零天数的整周或月的掉期率为基础，将此掉期率除以整周或月的天数，求得平均每天的掉期率，然后将平均每天的掉期率乘以畸零天数，就是畸零天数的掉期率。

【例 8.2】 假设某客户在 4 月 8 日承做即期至 5 月 3 日的掉期交易，1 月期的掉期率为 90 点。因该客户在 4 月 8 日成交的即期交易，其交割日为 4 月 10 日，1 月期远期交易的交割日为 5 月 10 日，4 月 10 日至 5 月 10 日共 30 天，则平均每天的掉期率为 3（90/30）点，4 月 10 日至 5 月 3 日为 23 天，则其掉期率为 69（3 × 23）点。因此，畸零天数的掉期率为 69 点。

2. 插补法

插补法是根据标准天数的掉期率，进行向内插补，其计算方法与畸零天数的远期汇率相同。

【例 8.3】 即期日期为 4 月 8 日，交割日为 6 月 3 日，1 月期掉期率为 90 点，2 月期掉期率为 183 点。因为 1 月期的交割日为 5 月 10 日，2 月期的交割日为 6 月 10 日，而 5 月 10 日至 6 月 10 日共 31 天，其掉期率为 93（183 − 90）点；5 月 10 日至 6 月 3 日为 24 天，其掉期率为 72（24 × 93/31）点。因此，6 月 3 日交割的掉期率为 90 + 72 = 162 点。

掉期汇率与远期汇率计算方法不同，远期汇率等于即期汇率加减掉期率，但掉期率左边的点数相当于报价行愿意卖出即期被报价货币和买入远期被报价货币之间的差额，掉期率右边的点数相当于报价行愿意买入即期被报价货币和卖出远期被报价货币之间的差额。

【例 8.4】 英镑/美元即期汇率为 1.502 0/30；3 月期的掉期率为 50/70。掉期汇率：卖出即期英镑汇率为 1.503 0；同时买入 3 月期英镑汇率为 1.503 0 + 0.005 0 = 1.508 0；买入即期英镑汇率为 1.502 0；同时卖出 3 月期英镑汇率为 1.502 0 + 0.007 0 = 1.509 0。

【例 8.5】 美元/加拿大元即期汇率为 1.406 0/70；3 月期掉期率为 50/30。掉期汇率：卖出即期美元汇率为 1.407 0；同时买入 3 月期美元汇率为 1.407 0 − 0.005 0 = 1.402 0；买入即期美元汇率为 1.406 0；同时卖出 3 月期美元汇率为 1.406 0 − 0.003 0 = 1.403 0。

从上例我们可以看出，在外汇掉期交易实务中，交易双方选择即期汇率（即标准交割日的即期汇率）为较近交割日的汇率。因为金额不大，即期汇率价格在整个交易中价格计算所占的权数相当小，所以为方便计算、节省时间，以即期汇率为较近交割日的汇率。

第二节　掉期交易的种类与计算

一、按照掉期交易的买卖对象划分

1. 纯粹的掉期交易

纯粹的掉期交易是指掉期交易中发生的方向相反的两笔交易都在相同的两个交易者之间进行。比如 A 银行做了一笔掉期交易，其中买入 200 万即期欧元的交易是与 B 银行进行的交易，即 A 银行买入的即期 200 万欧元是从 B 银行买入的。另外的一笔卖出 200 万远期欧元交易也是同 B 银行进行的交易，即 A 银行把 200 万远期欧元卖给了 B 银行。

2. 分散的掉期交易

分散的掉期交易也称制造的掉期交易，是指交易涉及 3 个参加者，即银行与一方进行即期交易的同时与另一方进行远期交易。即 A 银行买入即期 200 万美元是从 B 银行买入的，卖出的 200 万远期美元则卖给了 C 银行。但无论怎样，银行实际上仍然同时进行即期和远期交易，符合掉期交易的特征。进行这种交易的目的就在于避免风险，并从汇率的变动中获利。

例如，美国一家银行某日向客户按 USD 1 = CBP 0.616 的汇率，卖出 61.6 万英镑，收入 100 万英镑。为防止将来马克升值或美元贬值，该行就利用掉期交易，在卖出即期马克的同时，又买进 6 个月的远期英镑，其汇率为 USD 1 = CBP 0.626。这样，虽然卖出了即期英镑，但又补进了远期英镑，使该家银行的英镑、美元头寸结构不变。虽然在这笔远期买卖中该行要损失若干英镑的贴水，但这笔损失可以从较高的美元利率和这笔现汇交易的买卖差价中得到补偿。

二、按照掉期交易的买卖性质划分

1. 买/卖掉期交易

买/卖掉期交易，是指买入某种货币的即期的同时卖出该种货币的远期，或买入某种货币的较短期限远期，卖出该种货币较长期限的远期。总之买入的货币的交割期限短，卖出货币的交割期限长。比如 A 银行买入 1 个月远期英镑 100 万，同时卖出 3 个月远期英镑，则该笔交易属于买/卖掉期交易。

2. 卖/买掉期交易

卖/买掉期交易，是指卖出某种货币的即期的同时买入该种货币的远期，或卖出较短期限该货币远期，买入较长期限该种货币远期。总之，卖出的那笔外汇交易的交割期限短，买入的那笔外汇的交割期限长。比如 A 银行买入 1 个月远期欧元 200 万，同时卖出 3 个月远期欧元 200 万，则该笔交易属于卖/买掉期交易。

三、按照掉期交易的交割期限划分

1. 即期对即期的掉期交易

即期对即期的掉期交易（spot against spot）中包含的两笔外汇交易都是即期交易，即是由当日交割或次日交割与标准即期外汇买卖构成，主要用于银行调整短期头寸和即期交割日之前的资金缺口。该种交易又分为两种情况。

一是隔夜交割（over-night，简称 O/N）是指掉期交易包含的两笔即期外汇交易中，一笔即期交易的交割日是交易日当天，即成交日。后一笔即期交易的交割日是成交日后的第一个工作日。比如 6 月 10 日，A 银行与 B 银行做了一笔掉期交易，买入即期英镑 100 万，当日交割即 6 月 10 日交割，卖出即期英镑 100 万，则需在 6 月 11 日交割。

二是隔日交割（tom-next，简称 T/N），即前一个即期外汇交易的交割日是成交日后的第一个营业日，后一个外汇交易的交割日是成交日后的第二个营业日。比如上例，则两笔交易的交割日分别为 6 月 11 日和 6 月 12 日。

隔夜交割和隔日交割的交割日不同于标准即期交易的交割日，因此掉期率也要做适当的调整。其掉期率的计算规则也是银行按照左边的价格买进较远期被报价货币，按右边的价格卖出较远期被报价货币。换言之，不论交易是发生在即期日之前还是之后，银行总是按照左边的价格卖出较近交割日和买进较远交割日的被报价货币，并按照右边的价格买进较近交割日和卖出较远交割日的被报价货币。对于今日和明日交割的掉期交易而言，较近日期为今日，较远日期为明日。

在国际外汇市场上，“隔夜”“隔日”的掉期交易通常被缩写为 O/N、T/N。

【例 8.6】 即期汇率 EUR/USD: 1.290 5/10；隔日掉期率（T/N）: 3/2。

假设客户希望买入明天交割的远期美元，这相当于买入即期交割的美元的同时，进行了一个买入明天交割的美元并卖出即期交割的美元的掉期交易。实际上，客户在即期买入美元，而后将交割日提前至明天，所以客户必须把即期交割日的美元卖出，以轧平即期交割日的头寸。因此，客户必须选择 B/S 的隔日交割掉期率作为计算基础。

同样道理，银行按左边的价格 1.290 5 买入即期交割的欧元并卖出即期交割的美元，并将按照 1 点的掉期率卖出远期欧元并买入远期次日的即期美元。因此，银行必须选择 S/B 的隔日交割掉期率作为计算基础。

因为即期交割日之后的掉期率为前大后小顺序排列，即 3/2，而提前至明天，即提前至即期交割日之前，所以掉期率应为前小后大顺序排列，即 2/3。应将掉期率与即期汇率相加计算出明天交割的远期汇率，即远期汇率 EUR/USD = 1.290 7/13（1.290 5 + 0.000 2/1.291 0 + 0.000 3）。

在即期交易过程中，对于日期早于即期的交易价格的简单方法是将掉期率反过来计算，即将即期交割日之后的掉期率为前小后大或前大后小改为即期交割日之前的掉期率为前大后小或前小后大。例如，欲求 USD/CHF 隔日交割的汇率，即期汇率为 USD/CHF = 1.563 0/40，隔日交割掉期率为 1/2，由于即期交割之后的掉期率为前小后大（1/2），则提前至明天，掉期率应为前大后小（2/1），应相减计算出明天交割的远期汇率，即远期汇率为 USD/CHF = 1.562 8/39（1.563 0 － 0.000 2/1.564 0 － 0.000 1）。

【例 8.7】 即期汇率欧元/美元：1.290 5/10；隔夜掉期率：4/3；隔日掉期率：3/2。

假设客户希望买入今天交割的美元，相当于同时进行三个单独交易：买入即期交割的美元；进行一个买入明天交割的美元并卖出即期（隔日）交割的美元掉期；进行一个买入今天交割的美元并卖出明天（隔夜）交割的美元掉期交易。所以，客户只有将买入美元的头寸提前至今天，才能将即期交割日的头寸轧平。因此，客户必须是选择卖出价的隔夜交割与隔日交割掉期率作为计算基础，将隔夜交割与隔日交割掉期率相加并根据计算远期汇率的原则来计算今天交割的远期汇率。

以此类推，银行必须是选择买入价的隔夜交割与隔日交割掉期率作为计算基础，将隔夜交割与隔日交割掉期率相加并根据计算远期汇率的原则来计算今天交割的远期汇率。由于即期交割日之后的掉期率为前大后小顺序排列，当提前至今天，即期交割日之前的掉期率应为前小后大顺序排列，即 3/4、2/3，应将掉期率与即期汇率相加来计算出今天交割的远期汇率。今天交割的远期汇率为美元/日元 = 1.291 0/17（1.290 5 + 0.000 3 + 0.000 2/1.291 0 + 0.000 4 + 0.0003）。

例如，欲做美元/日元隔夜交割的掉期交易，即期汇率美元/日元 = 120.30/40，隔夜交割与隔日交割掉期率分别为 5/3、4/2。由于即期交割日之后的掉期率为前大后小，但提前至今天，掉期率为前小后大，应将掉期率相加得出今天交割的远期汇率，即美元/日元 = 120.35/49（120.30 + 0. 03 + 0.02/120.40 + 0.05 + 0.04）。

在外汇交易中很少有今天交割的掉期交易。由于时差和在确保货币价值方面存在技术困难等原因，只有欧洲货币在一大早进行今天交割的掉期交易，大多数货币无法进行今天办理交割的掉期交易。例如，在伦敦外汇市场上发生一笔日元的隔夜交易，则日元的交割只能明天办理。因伦敦外汇市场开市时，东京外汇市场已经闭市，所以日元只能明天办理交割。甚至明天办理交割的外汇市场一般也是在上午闭市。

2. 即期对远期的掉期交易

即期对远期的掉期交易（spot - forward swaps）指买进或卖出某种即期外汇的同时，卖出或买进同种货币的远期外汇。它是掉期交易里最常见的一种形式。这种掉期交易又可分为以下三种。

（1）即期对次日（spot/next，简称 S/N）的掉期交易。掉期交易包括的两笔交易中，一笔交易是即期外汇交易，另一笔交易是远期外汇交易，但是该笔远期外汇交易的交割日是即期交割日的下一个营业日。

（2）即期对一周（spot/week，简称 S/W）的掉期交易，即期汇交割日是即期交割日一周之后的营业日。

（3）即期对整月（spot against months，简称 S/M）的掉期交易，即期汇交割日是从即期交割日算起为期 1 个月、2 个月等整月后的交割日。

对于即期后交割的远期汇率计算应按远期汇率的计算原则，即左右掉期价格与左右即期价格相加或相减。

3. 远期对远期的掉期交易

远期对远期的掉期交易（forward against forward）指买进并卖出两笔同种货币不同交割期的远期外汇，其好处是尽可能利用有利的汇率机会。如 A 银行买入 3 个月期远期美元 100 万，同时，卖出 6 个月期远期美元 100 万，即为远期对远期的掉期交易。

该种掉期交易有两种方式，一是买进较短交割期的远期外汇（如 30 天），卖出较长交割期的远期外汇（如 90 天）；二是买进期限较长的远期外汇，而卖出期限较短的远期外汇。假如一个交易者在卖出 100 万 30 天远期美元的同时，又买进 100 万 90 天远期美元，这个交易方式即远期对远期的掉期交易。由于这一形式可以使银行及时利用较为有利的汇率时机，并在汇率的变动中获利，因此越来越受到重视与使用。

【例 8.8】 美国某银行在 3 个月后应向外支付 100 万英镑，同时在 1 个月后又将收到另一笔 100 万英镑的收入。如果市场上汇率有利，它就可进行一笔远期对远期的掉期交易。设某天外汇市场汇率行情如下。

即期汇率：　　　　　　GBP 1 = USD 1.596 0/1.597 0

1 个月远期汇率：　　　GBP 1 = USD 1.586 8/1.588 0

3 个月远期汇率：　　　GBP 1=USD 1.572 9/1.574 2

这时该银行可作如下两种掉期交易。

（1）进行两次“即期对远期”的掉期交易。即将 3 个月后应支付的英镑，先在远期市场上买入（期限 3 个月，汇率为 1.574 2 美元），再在即期市场上将其卖出（汇率为 1.596 0 美元）。这样，每英镑可得益 0.021 8 美元。同时，将 1 个月后将要收到的英镑，先在远期市场上卖出（期限 1 个月，汇率为 1.586 8 美元），并在即期市场上买入（汇率为 1.597 0 美元）。这样，每英镑需贴出 0.010 2 美元。两笔交易合计，每英镑可获得收益 0.011 6 美元。

（2）直接进行远期对远期的掉期交易。即买入 3 个月的远期英镑（汇率为 1.574 2 美元），再卖出 1 个月期的远期英镑（汇率为 1.586 8 美元），每英镑可获净收益 0.012 6 美元。可见，这种交易比上一种交易较为有利。

【例 8.9】 即期汇率：USD/CHF = 1.532 0/30；1 月期的掉期率：70/60；3 月期的掉期率：170/160，假设客户希望卖出 1 月期远期美元并买入 3 月期远期美元。实际上，该笔远期对远期掉期交易是两笔即期对远期的掉期交易，即买入即期美元并卖出 1 月期远期美元同时，卖出即期美元并买入 3 月期远期美元。

由于报价银行在报出掉期率时，前边（左边）的汇价是银行买入远期被报价货币的汇价，后边（右边）是银行卖出远期被报价货币的汇价。因此，客户的卖出价是按照 70 点买入即期美元并卖出 1 月期远期美元的掉期，其结算汇率为即期汇率和即期汇率减去 70 点掉期率；客户的卖出价是按照 160 点卖出即期美元并买入 3 月期远期美元的掉期，其结算汇率为即期汇率和即期汇率减去 160 点掉期率。所以，客户同时进行上述两笔即期对远期的掉期交易，是按照 70 点和 160 点卖出 1 月期远期美元并买入 3 月期远期美元的掉期交易，其掉期期限为 2 个月的掉期率就是上述两个远期汇价之间的差价，即 90（160 − 70）点。

同样，假设客户希望买入 1 月期远期美元并卖出 3 月期远期美元，客户是按照 60 点买入 1 月期远期美元并按照 170 点卖出 3 月期远期 USD，其掉期率为 110（170 − 60）点。因此，掉期率为 110/90。

通过上述分析，我们得出即期交割后的远期对远期掉期率的计算规则：

掉期率左边汇价 = 远期掉期左边汇价 − 近期掉期右边汇价　　（8.4）

掉期率右边汇价 = 远期掉期右边汇价 − 近期掉期左边汇价　　（8.5）

我们将即期对远期的掉期率与即期对近期的掉期率交叉相减得出远期对远期的掉期率，即掉期率的买入价等于远期掉期买入价减去近期掉期卖出价，掉期率的卖出价等于远期掉期卖出价减去近期掉期买入价。近期掉期是指第一个远期交割日的远期交易。

【例 8.10】 美元/加拿大元，1 月期的掉期率为 140/150；2 月期的掉期率为 210/250，根据式 8.4，美元/加拿大元 1 个月至 2 个月的卖出价掉期率为 210 − 150 = 60；根据式 8.5 美元/加拿大元 1 个月至 2 个月的买入价掉期率为 250 − 140 = 110，因此，美元/加拿大元 1

个月至 2 个月的掉期率为 60/110。

需要注意的是，即期交割日之前的掉期交易与即期交割日之后的掉期交易之间是有区别的。

【例 8.11】 即期汇率：USD/CHF = 1.533 0/40；隔日交割的掉期率：4/3；1 月期的掉期率：160/150，如果客户希望银行给出报价以从事一个即期交易日后明天卖出美元和 1 月期买入美元的掉期，则客户的卖出价是按照 3 点的掉期价格卖出明天美元并买入即期美元，其结算汇率为即期汇率加上 3 点和即期汇率；客户的买入价是按 150 点的掉期价卖出即期美元并买入 1 月期远期美元，其结算汇率为即期汇率和即期汇率减去 150 点。因此，远期与远期的价格是 − 150 − （+3） = − 153。如果客户希望银行给出报价以从事一个即期交易日后明天买入美元和 1 月期卖出美元的掉期，则该笔远期与远期的价格是 − 160 − （+ 4） = − 164。所以，该笔远期对远期掉期率为 164/153。

通过上述分析，我们得出即期交易日之前的远期对远期掉期率的计算规则：

$$\text{掉期率左边汇价} = \text{远期掉期左边汇价} - \text{近期掉期左边汇价} \quad (8.6)$$

$$\text{掉期率右边汇价} = \text{远期掉期右边汇价} - \text{近期掉期右边汇价} \quad (8.7)$$

第三节　外汇掉期交易的作用与范例

一、掉期交易的作用

由于掉期交易是运用不同的交割期限来进行的，可以避免因时间不一所造成的汇率变动的风险，对国际贸易与国际投资发挥了积极的作用，具体表现在以下方面。

1，进出口商通过进行套期保值，来规避风险

例如，英国出口商与美国进口商签订合同，规定 2 个月后以美元付款，它意味着英国出口商在 2 个月以后将收入一笔即期美元。在这期间，如果美元汇率下跌，该出口商要承担风险。为了使这笔货款保值，该出口商可以在成交后马上卖出等量的 2 个月远期美元，以保证 2 个月后该出口商用本币计值的出口收入不因汇率变动而遭受损失。除进出口商外，跨国公司也经常利用套期保值，使公司资产负债表上外币资产和债权的国内价值保持不变。

在实质上，套期保值与掉期交易并没有差异。因为在套期保值中，两笔交易的交割期限不同，而这正是掉期交易的确切含义所在。凡利用掉期交易的同样可获得套期保值的利益。但在操作上，掉期交易与套期保值仍有所区别，即在套期保值中，两笔交易的时间和金额可以不同。

2. 证券投资者通过进行货币转换，避开汇率变动风险

掉期交易可以使投资者将闲置的货币转换为所需要的货币，并得以运用，从中获取利益。现实中，许多公司和银行及其他金融机构就是利用这项新的投资工具，进行短期的对外投资。在进行这种短期对外投资时，它们必须将本币兑换为另一国的货币，然后调往投资国或地区，但在资金回收时，有可能发生外币汇率下跌使投资者蒙受损失的情况，为此，就得利用掉期交易避开这种风险。

3. 银行可以消除与客户单独进行远期交易承受的汇率风险

掉期交易可使银行消除与客户进行单独远期交易所承受的汇率风险，平衡即期交易与远期交易的交割日结构，使银行资产结构合理化。

【例 8.12】 某银行在买进客户 6 个月期的 200 万远期美元后，为避免风险，轧平头寸，必须再卖出等量及交割日期相同的远期美元。但在银行同业市场上，直接出售单独的远期外汇比较困难。因此，银行就采用这样一种做法：先在即期市场上出售 200 万即期美元，然后再做一笔相反的掉期买卖，即买进 100 万即期美元，并卖出 200 万远期美元，期限也为 6 个月。结果，即期美元一买一卖相互抵消，银行实际上只卖出了一笔 6 个月期的远期美元，轧平了与客户交易出现的美元超买。

二、外汇掉期交易范例

A：GBP O/N swap GBP 5 MIO PLS	A：询问英镑兑美元，期限为当日对次日，金额为 500 万英镑的掉期交易。
B：GBP O/N 4/3	B：英镑兑美元，期限为当日对次日的掉期交易汇率是 4/3。
A：4 PLS My USD to A NY My GBP to A London	A：选择 4 成交。发出交付指令，请把我的美元汇入 A 在纽约的美元账户中，把我的英镑汇入 A 在伦敦的英镑账户中。
B：OK DONE We S/B GBP 5MIO AG USD May 18/May 19 Rate at 1.823 4 AG 1.823 0 USD to my B NY GBP to my B London TKS for deal，Bi	B：好，成交。我们买卖 500 万英镑兑美元，交割日是 5 月 18 日和 5 月 19 日，汇率是 1.823 4 和 1.823 0。把我的美元汇入 B 在纽约的美元账户中，把我的英镑汇入 B 在伦敦的英镑账户中。感谢询价，再见。
A：OK，ALL AGREED	A：好，同意，再见。

三、我国的外汇掉期交易

我国的每笔外汇掉期交易包含一个近端期限和一个远端期限，分别用于确定近端起息日和远端起息日。这两个期限可以是标准期限（例如 1M、1Y），也可以是非标准期限。按照起息日的不同，掉期交易分为即期对远期掉期交易（spot-forward）、远期对远期掉期交易（forward-forward）和隔夜掉期交易，其中隔夜掉期交易包括 O/N(over-night)、T/N(tom-next) 和 S/N(spot-next)三种。

掉期交易起息日等于即期起息日分别加上双方约定的近端期限和远端期限。遇美元假日或货币对中的任一货币假日，1M 以下的标准期限遵循“下一营业日”准则，1M 以上（包括 1M）标准期限遵循“经调整的下一营业日”准则。非标准期限的起息日由双方直接约定。

【例 8.13】 20×4 年 3 月 27 日成交一笔 2M GBP/CNY 掉期交易，近端起息日为 3 月 31 日（29、30 日为周末），远端起息日本应为 5 月 31 日，但因 5 月 31 日是人民币假日，根据“经调整的下一营业日”准则，该笔远期交易的起息日调整至 20×4 年 5 月 30 日。

掉期交易起息日的月末规则是，若即期起息日为某个月的最后一个营业日，那么 1M 以上（包括 1M）标准期限远期（掉期）交易的起息日也应落在相应月份的最后一个营业日。

【例 8.14】 20×4 年 2 月 26 日成交一笔 1M USD/CNY 远期交易，即期起息日为 2 月 28 日（2 月的最后一个营业日），根据月末规则，该笔交易的远期起息日应为下个月的最后一个营业日即 3 月 1 日。20×4 年 7 月 29 日成交了一笔 2M USD/CNY 的远期交易，即期起息日为 7 月 31 日，根据月末规则，该笔交易的远期起息日应为 9 月的最后一个营业日即 20×4 年 9 月 30 日。

表 8.1 外汇掉期交易基本要素

货币对	可以交易的货币对，详见表 1.4 所列的货币对
期限	标准期限包括：O/N、T/N、S/N、1W、2W、3W、1M、2M、3M、4M、5M、6M、9M、1Y、18M、2Y、3Y 等
价格	根据计算的掉期率
交易方向	SELL/BUY：近端卖出基准货币，远端买入基准货币 BUY/SELL：近端买入基准货币，远端卖出基准货币 除非交易双方另行约定，外汇掉期交易的买入和卖出指基准货币的远端交易方向
交易模式	询价交易
清算模式和方式	双边清算 全额清算 集中净额清算:适用人民币外汇 1M 以内的询价掉期交易、适用指定会员（清算会员）
报价精度	详见表 1.4
最小交易金额	详见表 1.4

【例 8.15】 20×4 年 4 月 22 日，机构 A 通过外汇交易系统与机构 B 成交一笔 1Y 美元兑人民币掉期交易，约定机构 A 在近端卖出 USD 10 000 000，远端买入 USD 10 000 000。机构 A 为发起方，成交时机构 B 报出的即期汇率为 6.160 0，1Y 的远期点为 49.00bp，即机构 A 会在 20×4 年 4 月 24 日以 USD/CNY = 6.160 000 的价格向机构 B 卖出 USD 10 000 000，在 20×5 年 4 月 24 日以 USD/CNY = 6.164 900 的价格从机构 B 买入 USD 10 000 000。

【例 8.16】 20×4 年 4 月 16 日，机构 A 通过外汇交易系统与机构 B 成交一笔 O/N 美元兑人民币掉期交易，约定机构 A 在近端卖出 USD 50 000 000，远端买入 USD 50 000 000。机构 A 为发起方，成交时机构 B 报出的即期汇率为 6.158 5，近端远期点为 − 2.60bp，远端远期点为 − 1.45bp。即机构 A 会在 20×4 年 4 月 16 日以 USD/CNY = 6.158 240 的价格向机构 B 卖出 USD 50 000 000，在 20×4 年 4 月 17 日以 USD/CNY = 6.158 355 的价格从机构 B 买入 USD 50 000 000。

第四节 互换交易

互换交易（swap transaction），主要指对相同货币的债务和不同货币的债务通过金融中介进行互换的一种行为，具体见图 8.2。

一、互换交易的起源和发展

互换交易是继20世纪70年代初出现金融期货后，又一典型的金融市场创新业务。目前，互换交易已经从量向质的方面发展，甚至还形成了互换市场同业交易市场。在这个市场上，互换交易的一方当事人提出一定的互换条件，另一方就能立即以相应的条件承接下来。利用互换交易，就可依据不同时期的不同利率、外汇或资本市场的限制动向筹措到理想的资金，因此，从某个角度来说，互换市场是最佳筹资市场。总之，互换交易的开拓，不但为金融市场增添了新的保值工具，而且也为金融市场的运作开辟了新的境地。

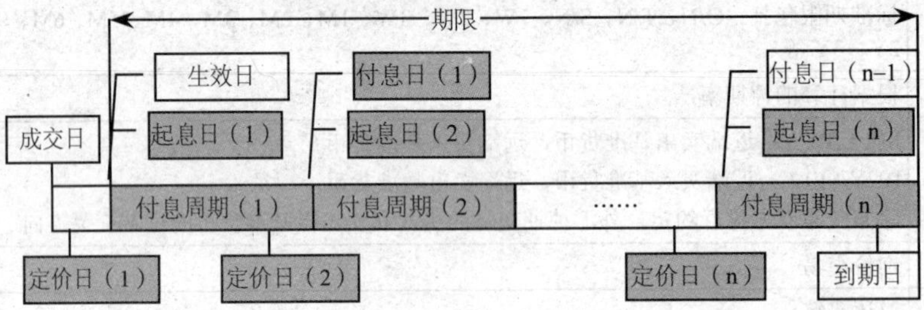

图8.2　互换交易示意图

二、互换交易的类型

由于利率互换与货币互换在互换交易中占主要地位，因此，本部分也主要介绍这两种交易。

（一）利率互换

利率互换（interest swap）又称“利率掉期”，是指两笔货币相同、债务额相同（本金相同）、期限相同的资金，做固定利率与浮动利率的调换。这个调换是双方的，如A以固定利率换取B的浮动利率，B则以浮动利率换取A的固定汇率，故称互换。利率互换不涉及债务本金的交换，即客户不需要在期初和期末与银行互换本金。利率互换的目的在于降低资金成本和利率风险。利率互换与货币互换都是于1982年开拓的，是适用于银行信贷和债券筹资的一种资金融通新技术，也是一种新型的避免风险的金融技巧，目前已在国际上被广泛采用。

例如，设互换交易双方一方为甲银行，信用等级为AAA，另一方为乙跨国公司，信用等级为BBB。甲银行可在欧洲债券市场上以较低的固定利率筹措资金，但它现在希望以浮动利率筹资；乙公司可在同样市场上以略高的浮动利率筹措资金，但它现在希望用固定利率筹资。于是，双方进入市场，由甲银行发行固定利率债券，乙公司向银行借入浮动利息贷款，接着双方互换债务。互换后，双方的愿望都得到了实现，并且都降低了筹资成本。

1. 利率互换的形式

利率互换可以有多种形式，任何两种不同的形式都可以通过利率互换进行相互转换，其中最常用的利率互换是在固定利率与浮动利率之间进行转换。

【例8.17】 某公司有一笔美元贷款，期限10年，从1999年6月6日至2009年6月6日，利息为每半年计息付息一次，利率水平为USD 6个月伦敦同业银行间放款利率+70基本点。公司认为在今后10年之中，美元利率呈上升趋势，如果持有浮动利率债务，利息负担会越来越重。同时，由于利率水平起伏不定，公司无法精确预测贷款的利息负担，从而难以进行成本计划与控制。因此，公司希望能将此贷款转换为美元固定利率贷款。这时，公司可与银行叙做一笔利率互换交易。

经过利率互换，在每个利息支付日，公司要向银行支付固定利率 7.320%，而收入的 USD 6 个月伦敦同业银行间放款利率+70 基本点，正好用于支付原贷款利息。这样一来，公司将自己今后 10 年的债务成本，一次性地固定在 7.320%的水平上，从而达到了管理自身债务利率风险的目的。

利率互换形式十分灵活，可以根据客户现金流量的实际情况做到“量体裁衣”，既适用于已有债务，也可以用于新借债务，还可以做成远期起息。利率互换同样可以运用于资产的收益管理，在利率看跌时将浮动利率的资产转换为固定利率的资产；在利率看涨时将固定利率的资产转换为浮动利率的资产，同样可以达到控制利率风险，增加收益的目的。从例 8.18 中我们可以体会利率互换的原理。

【例 8.18】 假设 A 和 B 两家公司，A 公司的信用级别高于 B 公司，因此 B 公司在固定利率和浮动利率市场上借款所需支付的利率要比 A 公司高。首先介绍一下在许多利率互换协议中都需用到的即伦敦同业银行间放款利率即 LIBOR，伦敦同业银行间放款利率经常作为国际金融市场贷款的参考利率，在它上下浮动几个百分点。现在 A、B 两公司都希望借入期限为 5 年的 1 000 万美元，并提供了如表 8.2 所示的利率。

表 8.2 A、B 两公司的借款利率情况

	固定利率	浮动利率
公司 A	10.00%	6 个月期伦敦同业银行间放款利率+0.30%
公司 B	11.20%	6 个月期伦敦同业银行间放款利率+1.00%

从表 8.2 可知，在固定利率市场 B 公司比 A 公司多付 1.20%，但在浮动利率市场只比 A 公司多付 0.7%，说明 B 公司在浮动利率市场有比较优势，而 A 公司在固定利率市场有比较优势。现在假如 B 公司想按固定利率借款，而 A 公司想借入与 6 个月期伦敦同业银行间放款利率相关的浮动利率资金。由于比较优势的存在将产生可获利润的互换。A 公司可以 10%的利率借入固定利率资金，B 公司以 6 个月期伦敦同业银行间放款利率+1%的利率借入浮动利率资金，然后他们签订一项互换协议，以保证最后 A 公司得到浮动利率资金，B 公司得到固定利率资金。

作为理解互换进行的第一步，我们假想 A 与 B 直接接触，他们可能商定的互换类型如图 8.3 所示。A 公司同意向 B 公司支付本金为 1 000 万美元的以 6 个月期伦敦同业银行间放款利率计算的利息，作为回报，B 公司同意向 A 公司支付本金为 1 000 万美元的以 9.95%固定利率计算的利息。

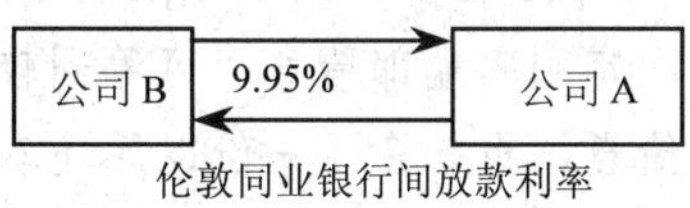

图 8.3 A、B 公司利率互换示意图

考察 A 公司的现金流：①支付给外部贷款人年利率为 10%的利息；②从 B 得到年利率为 9.95%的利息；③向 B 支付伦敦同业银行间放款利率的利息。三项现金流的总结果是 A 只需支付伦敦同业银行间放款利率+0.05%的利息，比它直接到浮动利率市场借款少支付 0.25%的利息。

同样 B 公司也有 3 项现金流：①支付给外部借款人年利率为伦敦同业银行间放款利率+1%的利息；②从 A 得到伦敦同业银行间放款利率的利息；③向 A 支付年利率为 9.95%的利息。三项现金流的总结果是 B 只需支付 10.95%的利息，比它直接到固定利率市场借款少支付 0.25%的利率。

这项互换协议中A和B每年都少支付0.25%，因此总收益为每年0.5%。

2. 利率互换优缺点

利率互换优点是：①风险较小。因为利率互换不涉及本金，双方仅是互换利率，风险也只限于应付利息这一部分，所以风险相对较小。②影响性小。这是因为利率互换对双方财务报表没有什么影响，现行的会计规则也未要求把利率互换列在报表的附注中，故可对外保密。③成本较低。双方通过互换，都实现了自己的愿望，同时也降低了筹资成本。④手续较简，交易迅速达成。利率互换的缺点就是该互换不像期货交易那样有标准化的合约，有时也可能找不到互换的另一方。

3. 利率互换作用

利率互换是一项常用的债务保值工具，用于管理中长期利率风险，具有以下主要作用：①降低融资成本。出于各种原因，对于同种货币，不同的投资者在不同的金融市场的资信等级不同，因此融资的利率也不同，存在着相对的比较优势。利率互换可以利用这种相对比较优势进行互换套利以降低融资成本。②资产负债管理。利率互换可将固定利率债权（债务）换成浮动利率债权（债务）。客户通过利率互换交易可以将一种利率形式的资产或负债转换为另一种利率形式的资产或负债。一般地说，当利率看涨时，将浮动利率债务转换成固定利率较为理想，而当利率看跌时，将固定利率转换为浮动利率较好，从而可以规避利率风险，降低债务成本，同时还可以用来固定自己的边际利润，便于债务管理。③对利率风险保值。对于一种货币来说，无论是固定利率还是浮动利率的持有者，都面临着利率变化的风险。对固定利率的债务人来说，如果利率的走势上升，其债务负担相对较低；对于浮动利率的债务人来说，如果利率的走势上升，则成本会增大。

（二）货币互换

货币互换（currency swap）又称“货币掉期”，是指两笔金额相同、期限相同、计算利率方法相同，但货币不同的债务资金之间的调换，同时也进行不同利息额的货币调换。简单来说，利率互换是相同货币债务间的调换，而货币互换则是不同货币债务间的调换。货币互换中双方互换的是货币，它们之间各自的债权债务关系并没有改变。初次互换的汇率以协定的即期汇率计算。

【例8.19】 设甲公司发行3年期固定利率欧洲美元债券，可筹措较便宜的资金，但是它现时需要的是瑞郎。如果这时发行了欧洲美元债券，虽然利率较低，但却扩大了风险头寸；如果直接发行瑞郎债券，势必成本较高。设乙公司发行3年期固定利率瑞郎债券，可筹到较便宜的资金，但它现时却只需欧洲美元，如果发行了瑞士法郎债券，也就多了一份以后还本时的风险；如果直接发行欧洲美元债券，成本也较高。由于双方所需金额相等（按汇率折算），于是就通过银行中介叙做货币互换或直接谈判，达成货币互换协议3年后作相反的交换。这样，甲公司就发行欧洲美元债券，乙公司就发行瑞士法郎债券，将所得的资金，按协定签订时的现汇汇率（如1 USD = CHF 1.545 0）互相卖给对方，结果双方都以较低成本筹措到了所需的资金，也避免了风险。当3年期满，甲公司需要欧洲美元偿还本金，乙公司也需要瑞士法郎偿还债务时，再做反方向交换，即甲公司向乙公司出售瑞士法郎，乙公司向甲公司出售等额美元，交易按协定签订时确定的期汇汇率计算。这个远期外汇合同，是在3年前双方签订互换协定时，为避免汇率风险就已规定好的。这样，尽管不同的欧洲货币利率不同，支付的利息额也不相同，但仍可按3年前的不变现汇互售货币。甲公司向乙公司出售瑞郎，便于后者支付利息，乙公司向甲公司出售美元，也便于后者支付利息。

1. 货币互换产品的特点

货币互换可以降低筹资成本、满足双方意愿、避免汇率风险，具有以下特点：①货币互换起点金额一般为等值500万美元，也可根据客户实际需求另定。②货币互换期限一般为1到5年，但可根据客户的实际需要进行变通，延长最长期限。③客户与银行做利率互换交易需有银行的授信额度或缴纳保证金，交易一经成交不得撤销。如需提前终止交易，客户须提前10个工作日向银行提出书面申请并得到银行同意后方可执行。

2. 货币互换功能

货币互换是一项常用的债务保值工具，主要用来控制中长期汇率风险，把以一种外汇计价的债务或资产转换为以另一种外汇计价的债务或资产，达到规避汇率风险、降低成本的目的。早期的"平行贷款""背对背贷款"就具有类似的功能，但是无论是"平行贷款"还是"背对背贷款"均属于贷款行为，在资产负债表上将产生新的资产和负债。而货币互换作为一项资产负债表外业务，能够在不对资产负债表造成影响的情况下达到同样的目的。

货币互换主要功能有：①套利的功能。通过货币互换得到直接投资不能得到的所需级别、收益率的资产，或是得到比直接融资的成本较低的资金。②资产、负债管理的功能。与利率互换不同，货币互换主要是对资产和负债的币种进行搭配。③对货币保值的功能。随着经济日益全球化，许多经济活动开始向全世界扩展。公司的资产和负债开始以多种货币计价，货币互换可用来使与这些货币相关的汇率风险最小化，对现存资产或负债的汇率风险保值，锁定收益或成本。④规避外汇管制的功能。现有许多国家实行外汇管制，使从这些国家汇回或向这些国家公司内部贷款的成本很高甚至是不可能的。通过货币互换可解决此问题。

三、互换交易的风险

1. 互换交易的风险

互换交易是用来管理外汇风险最主要且最有效的金融工具之一。但是，互换交易本身也存在着风险，其中包括价格风险、结算风险和信用风险等。

价格风险指互换交易的最终用户在应该成交而来不及成交，或者刚刚成交市场价格就发生了急剧的变化而产生的风险。还有一种情况是存在于中介人的价格风险。

结算风险是指在不同时区的结算中心交割一笔货币互换，会使互换某一方承受结算风险。当交易一方按照合同的交割时间履行义务时，而交易另一方由于某种疏漏（非信用原因产生），或者是划账线路有问题，或者是划款指令中遗漏某项内容而使交易的一方在同一天收不到互换的冲抵资金时，就产生了由结算引起的风险。

信用风险是指互换的某一方由于违约不履行互换义务时，互换的另一方就有可能遭受一定的风险。这种信用风险随着互换市场的迅速发展而被交易者和中介人所重视。

2. 互换交易风险的承担者

互换交易风险的承担者有以下几方。

（1）互换交易双方当事者。在互换交易中他们要负担原有债务或新的债务，并实际进行债务交换。

（2）中介银行。他在合同当事人双方的资金收付中充当中介角色。

（3）交易筹备者。其职责在于安排互换交易的整体规则，决定各当事者满意的互换条件，调解各种纠纷等。其本身不是合同当事者，一般由投资银行、商人银行或证券公司担任，收取（一次性）一定的互换安排费用，费用通常为总额的0.125%～0.375%。

四、互换交易的主要参与者

1. 政府

政府利用互换市场开展利率风险管理业务，在自己的资产组合中，调整固定与浮动利率债务的比重。大多数有赤字的政府其大部分的债务融资是固定利率，一些国际主权债券是浮动利率票据。欧洲及欧洲以外的许多政府利用互换市场将固定利率债券发行从一种货币互换为另一种货币或者从中获取更便宜的浮动利率资金。

许多政府机关、国有企业、城市与市政机构利用互换市场降低融资成本，或在投资者对其债券需求很大而借款人本身并不需要那种货币的市场上借款。借款人可以利用互换市场将融资决策与货币风险管理决策分开。外币借款会产生债务总成本高于或低于利率的可能性，因为所借货币的价值变动会改变融资成本。

2. 出口信贷机构

出口信贷机构提供价格有竞争力的融资以便扩大该国的出口。出口信贷机构利用互换降低借款成本，使资金来源多样化。通过信用套利过程节省下来的费用，分摊给当地借款人，他们构成出口信贷机构的客户群。一些出口信贷机构特别是来自北欧国家的，一直是活跃在国际债券市场上的借款人，有些成功地创造了融资项目从而能够按优惠利率借款。互换市场使他们能够分散筹资渠道，使借款币种范围更广，再互换回他们所需要的货币。互换也使借款人能管理利率及货币风险。

3. 超国家机构

超国家机构是由一个以上政府共同所有的法人，由于有政府的金融扶持，通常资产负债表良好，有些超国家机构被一些机构投资者认为是资本市场最佳信用之一。超国家机构通常代表客户借款，因为他们能够按十分优惠的价格筹集资金，能把节省的费用与客户分摊。

4. 金融机构

使用互换市场的金融机构范围很广，包括存贷协会、房屋建筑协会、保险公司、养老基金、保值基金、中央银行、储蓄银行、商业银行、商人银行、投资银行与证券公司。商业银行与投资银行是互换市场的活跃分子，他们不仅为自己的账户，同时也代表自己的客户交易。银行将互换作为交易工具、保值技术与做市工具。

5. 公司

很多大公司是互换市场的活跃分子，它们用互换保值利率风险，并将资产与负债配对，其方式与银行大抵相同。一些公司用互换市场交换它们对利率的看法，并探寻信用套利的机会。

互换市场还有其他参与者，他们包括各种交易协会、经纪人、系统卖方与出版商。

五、互换交易的优缺点

互换与其他衍生工具相比有着自身的优点，体现在以下五方面。

（1）互换交易集外汇市场、证券市场、短期货币市场和长期资本市场业务于一身，既是融资的创新工具，也可用于金融管理。

（2）互换能满足交易者对非标准化交易的要求，运用面广。

（3）用互换套期保值可以省却对其他金融衍生工具所需头寸的日常管理，使用简便且风险转移较快。

（4）互换交易期限灵活，长短随意，最长可达几十年。

（5）互换市场的产生使银行成为互换的主体，所以互换市场的流动性较强。

互换交易本身也存在许多风险。信用风险是互换交易所面临的主要风险，也是互换双方及中介机构因种种原因发生的违约拒付等不能履行合同的风险。另外，由于互换期限通常长达数年之久，对于买卖双方来说，还存在着互换利率的风险。

本章小结

所谓掉期交易，是指在买入或卖出即期外汇的同时，卖出或买进同一货币的远期外汇，以防止汇率风险的一种外汇交易。掉期交易具有以下特点：①买卖同时进行。即一笔掉期交易必须包括买进一笔外汇以及卖出一笔外汇，并且买卖活动在时间上几乎同时进行；②买卖外汇的数额相同、币种相同；③买卖交割的期限不同。

外汇掉期交易的种类按照掉期交易的买卖对象可划分为纯粹的掉期交易和分散的掉期交易；按照掉期交易的买卖性质可划分为买/卖掉期交易和卖/买掉期交易；按照掉期交易的交割期限可划分为即期对即期的掉期交易、即期对远期的掉期交易和远期对远期的掉期交易。

互换交易主要指对相同货币的债务和不同货币的债务通过金融中介进行互换的一种行为。

本章主要介绍了利率互换和货币互换。利率互换又称“利率掉期”，是指两笔货币相同、债务额相同（本金相同）、期限相同的资金，做固定利率与浮动利率的调换。货币互换，又称“货币掉期”，是指两笔金额相同、期限相同、计算利率方法相同，但货币不同的债务资金之间的调换，同时也进行不同利息额的货币调换。简单来说，利率互换是相同货币债务间的调换，而货币互换则是不同货币债务间的调换。货币互换双方互换的是货币，它们之间各自的债权债务关系并没有改变。初次互换的汇率以协定的即期汇率计算。

互换交易是用来管理外汇风险最主要且最有效的金融工具之一。但是，互换交易本身也存在着风险，其中包括价格风险、结算风险和信用风险等。

基本训练

一、填空题

1. 掉期交易按交割期限可以分为（　　）、（　　）、（　　）。
2. 掉期交易按买卖对象划分，可分为（　　）和（　　）。
3. 即期对即期的掉期交易可以分为（　　）和（　　）。
4. 不规则天数的掉期率可以通过（　　）和（　　）两种计算方法求得。

5. (　　)，主要指对相同货币的债务和不同货币的债务通过金融中介进行互换的一种行为。

二、单项选择题

1. 6月10日，A银行从B银行买入即期英镑500万，同时A银行卖给B银行1个月远期英镑500万，这是一笔(　　)交易。

A. 套汇交易　　B. 套利交易　　C. 掉期交易　　D. 择期交易

2. 在掉期交易中，报价者所报的B/S价表示(　　)。

A. 询价者卖出近期，买入远期的报价货币掉期率

B. 报价者卖出近期，买入远期的被报价货币掉期率

C. 报价者买入近期，卖出远期的被报价货币掉期率

D. 询价者买入近期，卖出远期的被报价货币的掉期率

三、多项选择题

1. 掉期交易的性质是(　　)。

A. 买卖同时进行　　B. 买卖不同时进行

C. 买卖的币种相同、数额相同　　D. 交割期限不同

2. 掉期交易的类型有(　　)。

A. 即期对即期　　B. 即期对远期

C. 远期对即期　　D. 远期对远期

3. 互换交易风险的承担者包括：(　　)。

A. 互换交易双方当事者　　B. 中介银行　　C. 交易筹备者

四、判断题

1. 外汇掉期交易的买卖同时进行，买卖外汇的数额相同，币种不同，交割的期限不同。(　　)

2. O/N是指前一个即期外汇交易的交割日是成交日后的第一个营业日，后一个外汇交易的交割日是成交日后的第二个营业日的掉期交易。(　　)

3. 外汇掉期交易可避免汇率变动的风险。(　　)

4. 外汇掉期交易的买入价表示报价行愿意卖出即期被报价货币和买入远期被报价货币价格。(　　)

5. 若在即期交割日之后的掉期汇率为升水，则在即期交割日之前的掉期汇率为贴水。(　　)

6. 在掉期交易中，报价者所报的S/B价表示询价者买入近期，卖出远期的被报价货币价格。(　　)

7. 在升水的情况下，若预期利率差扩大，则操作策略为买入远期，卖出近期报价币。(　　)

8. 即期交易日之前的远期对远期掉期率的计算规则与即期交易日之后的远期对远期掉期率的计算规则不同。(　　)

五、案例分析与计算

1. 美元/瑞士法郎，3月期掉期率＝189.5/191，6月期掉期率＝375.5/377，求3～6个月的掉期率。

2. 英镑/美元，1月期掉期率＝45.1/44.3，2月期掉期率＝92.5/90，求1～2个月的掉期率。

3. 美元/瑞士法郎，2月期掉期率＝98/101，3月期掉期率＝151/153，求2～3个月掉期率。

六、翻译并填空

1.

A: GBP O/N swap

GBP 5 MIO PLS

B: GBP O/N 4/3

A: 4 PLS

My USD to A NY

My GBP to A London

B: Ok done

We S/B GBP 5MIO

AG USD May 18/May 19

Rate at 1.8234 AG （ ）

USD to my B NY

GBP to my B London

TKS for deal ，Bi

A: Ok，all agreed

2.

BCGD GTCX FW GBP 2

VAL August 3， 1998

GTCX Swap 44/41

SP 1.472 3/28

BCGD Mine

GTCX Ok done

CFM at （ ）I sell GBP 2MIO AG USD

VAL August 3， 1998

USD to A bank

TKS for deal， Bi

BCGD GBP to B bank TKS，Bi

七、主要观念

1. 掉期交易的作用。
2. 利率互换与货币互换的作用。
3. 互换交易的风险。

第九章　外汇风险管理

【学习目标】

理论目标：了解外汇风险的概念和种类；理解并掌握不同外汇风险类型的管理策略；掌握企业外汇风险的防范措施和银行外汇风险管理的方法。

技术目标：掌握外汇风险管理的方法和原则。

能力目标：掌握在企业和银行实际运行中防范外汇风险的具体措施。

引例

3月1日，某美国企业得知将在7月底收到10亿日元。9月日元期货的现价为1日元 = 0.850 0美分。该公司财务主管在3月1日卖空80份9月的日元期货，并准备在7月底收到日元时，将期货合约平仓。当7月底收到日元时，即期价格为0.875 0，期货价格为0.880 0。财务主管将期货平仓，期货损失 = 100 000 ×（0.880 0 − 0.850 0）= 3 000万日元，折算为美元 = 3 000 × 0.875 0/100 = 26.25万美元。

让我们设想一下总经理和财务主管的谈话。

总经理：我们3个月内在期货市场上损失了26万美元，我需要你的解释。

财务主管：采用期货的目的是为了对冲暴露的日元面临的风险，而不是为了获利。不要忘了我们的日元在现货市场上也获得了更好的价格。

总经理：那有什么关系？这好像是说我们在纽约的销售量上升了就可以不用担心加利福尼亚的销售量下降。

财务主管：如果日元贬值了……

总经理：我不关心日元贬值会出现什么情况，事实是日元升值了，我不得不向我们的股东说明由于你的行为使利润降低了近30万美元。这恐怕会影响你今年的奖金了。

财务主管：这不公平。这全在于你怎么看待它……

从引例我们可以看出，即使在经济高度发达的美国，当财务人员运用套期保值手段对冲外汇风险的时候，有时也不能得到高层管理人员的理解。随着中国加入世贸组织，特别是自2005年7月21日人民币汇率制度改革以来，人民币兑美元的小幅升值就一直在持续，汇率由汇改之初的8.11到2014年8月的6.16，期间一度曾试图破6。实际上，在人民币汇率改革前，对于国内企业来说，汇率风险一直存在，只是由于我国一直实行接近固定汇率制度的盯住汇率制度，本币和外币间的汇率浮动区间非常小，而变动活跃的外币之间的汇率风险只涉及部分国内企业。在这种情况下，大部分国内企业相当于生存在这种汇率制度的保护伞下，企业本应具有的防范汇率风险的能力没有得到充分发展。

第一节 外汇风险概述

自1973年布雷顿森林固定汇率体系崩溃，特别是1976年牙买加协议正式承认浮动汇率制合法性以来，汇率被控制在一定波动范围的固定汇率制随之解体。目前，世界各国普遍实行浮动汇率制，美元、日元、英镑等主要货币之间的比价时刻都处在剧烈的上下起伏变动之中，致使国际间债权债务的决算由于汇率的变动而事先难以掌握。从事对外经济、贸易、投资及金融的公司、企业组织、个人及国家外汇储备的管理与营运等，通常在国际范围内收付大量外币，或持有外币债权债务，或以外币表示其资产、负债价值。由于各国使用的货币不同，加上各国间货币汇率经常变化，因此在国际经济往来中，在国际收付结算的时候，就会产生外汇风险。

外汇风险（foreign exchange exposure）是指一个金融公司、企业组织、经济实体、国家或个人一定时期内在对外经济、贸易、金融、外汇储备的管理与营运等活动中，以外币表示的资产（债权、权益）与负债（债务、义务）因未预料的外汇汇率的变动而引起的价值的增加或减少的可能性。

一、外汇风险的充要条件

可以说，外汇风险存在的充要条件有以下两个。

（1）经济主体必须持有外汇头寸。如果经济主体持有的是本币头寸，则不涉及汇率风险变动而带来的风险。

（2）汇率波动的不确定性。不确定性表明汇率变动可能向有利于当事人的方向变化，也有可能向不利于当事人的方向变化，其影响是双面的，其结果也是双面的，有可能获得收益，也有可能遭受损失。汇率波动的不确定性是外汇风险产生的源泉。

二、外汇风险的种类

一个国际企业组织的全部活动中，即在它的经营活动过程、结果、预期经营收益中，都存在着由于外汇汇率变化而引起的外汇风险。外汇风险的种类很多，在经营活动中的风险为交易风险(transaction exposure)，在经营活动结果中的风险为会计风险(accounting exposure)，预期经营收益的风险为经济风险（economic exposure），另外还有储备风险。

1. 交易风险

交易风险指在约定以外币计价成交的交易过程中，由于结算时的汇率与交易发生时即签订合同时的汇率不同而引起收益或亏损的风险。这些风险包括如下几点。

（1）以即期或延期付款为支付条件的商品或劳务的进出口，在货物装运和劳务提供后，而货款或劳务费用尚未收付前，外汇汇率变化所发生的风险。

（2）以外币计价的国际信贷活动，在债权债务未清偿前所存在的汇率风险。

（3）向外筹资中的汇率风险。借入一种外币而需要换成另一种外币使用，则筹资人将承受借入货币与使用货币之间汇率变动的风险。

（4）待履行的远期外汇合同，约定汇率和到期即期汇率变动而产生的风险。

外汇的交易风险是一种常见的外汇风险，存在于应收款项和所有货币负债项目中。由于涉及本国货币与外币，或者不同的外币之间的交换才会产生外汇风险，开办外汇买卖业务的商业银行因此面临大量的外汇交易风险，工商企业在以外币进行贸易、结算、贷款或借款以及伴随外币贷款与借款而进行外汇交易时，也要发生同样的交易风险，个人买卖外汇也不例外。此外，一些表外业务中也包含着外汇交易风险。如买入和卖出外汇工具，外汇远期合同、期货合同、期权合同及互换合同等，还有购买尚未清算的、客户的价格早已确定的涉外商业合同等。

2. 会计风险

会计风险也称折算风险，是指由于外汇汇率的变动而引起的企业资产负债表中某些外汇资金项目金额变动的可能性。它是一种账面的损失和收益，并不是实际交割时的实际损益，但它却会影响企业资产负债的报告结果。

【例 9.1】 一家美国公司在澳大利亚的子公司，在年初时买入 1 万澳元的原材料，在财务报表中记账为库存一项，数量为 1 万澳元．若年初时汇率为 AUD 1 = USD 0.716 3，那么 1 万澳元的库存量就是 7 163 美元。如果在年末汇率发生了变化，为 AUD 1 = USD 0.713 5，那么 1 万澳元的库存量就仅为 7 135 美元了。由于澳元的贬值，该公司账面上出现了 28 美元的损失，这就是典型的会计风险。

3. 经济风险

经济风险是指由于意料之外的外汇汇率变化而导致企业产品成本、价格等发生变化，从而导致企业未来经营收益增减的不确定性。

【例 9.2】 20 世纪 80 年代开业的北京奥林匹克饭店就是一个典型案例。饭店 1987 年在成立初期向中国银行为首的银团申请了 50 亿日元的贷款，利率很优惠。放贷时的汇率水平是 1 美元兑换 240 日元左右。而此后不久，日元就开始在美国的逼迫下不断升值，最高时达到 1 美元兑换 80 日元以下。与此同时（1994 年），人民币汇率也进行调整，从 1 美元兑 5.7 元人民币调到 8.7 元左右。也就是说，人民币对日元的汇率在短短几个月内贬值了近 6 倍。奥林匹克饭店的经营收入基本都是用人民币或美元计价，却要用日元还贷，日元的升值令其蒙受了巨大的损失，最后不得不申请破产，2002 年被拍卖。该饭店不是所处地理位置不好，也不是经营管理问题，最主要原因就是没有合理规避汇率风险因而最终导致破产。

4. 储备风险

储备风险是指外汇作为储备资产因外汇汇率变动而引起价值下跌或上升的可能性。大到一国，小到个人只要持有外汇资产就会面临着储备风险，一个国家的外汇储备完全可能因为汇率的变动而遭受损失，同样，汇率的变动也会使企业外汇储备资产的实际价值减少。

5. 四类风险的内在联系

上述四类风险有一定的联系，从时间上看，会计风险是对过去会计资料计算时因汇率变动而造成的资产或负债的变异程度，是账面价值的变化；交易风险和储备风险是当前交易或结算中因汇率变化而造成的实实在在的经济损失或经济收益；而经济风险是因汇率变化对未来的经营活动和经营收益所产生的潜在的不确定性。

三、外汇风险管理的策略、原则和过程

（一）外汇风险管理的策略

外汇风险管理常用的策略有以下三种。

1. 完全抵补策略

完全抵补策略即采取各种措施消除外汇敞口额，固定预期收益或固定成本，使面临的风险最小，以达到避险的目的。换言之，就是采取措施完全地抵补外汇头寸的风险。对银行或企业来说，就是对于持有的外汇头寸，进行全部抛补。一般情况下，采用这种策略相对风险比较低，操作简单，尤其适用于实力单薄、涉外经验不足、市场信息不灵敏、汇率波动幅度大等情况。

2. 部分抵补策略

部分抵补策略，即采取措施清除部分敞口金额，保留部分受险金额，试图留下部分赚钱的机会，当然也留下了部分赔钱的可能。此种方法，由于是部分抵补，存在一定的损失风险，但也存在着收益的可能性，因此，适用于那些有风险偏好但又对风险承受力有限的企业或金融机构。此策略分为两种类型：①进攻型。采取此种类型的企业或银行，在高风险高收益和低风险低收益的选择中，选择的是高风险高收益。这些经营者除了对某些受险部分采取措施以防范外汇风险外，当预测汇率可能朝自己有利的方向波动时，不仅不会平衡头寸，甚至还会有意识地使某些币种处于“超买”或“超卖”的地位，以坐收汇率变动之利。因此这种类型的战略可能使经营者获得较高的风险收益，也可能使经营者蒙受较大的风险损失，有较强的投机性质。②防守型。采取此种类型的企业或银行，在高风险高收益和低风险低收益的选择中，选择的是低风险低收益。这些交易者尽可能地对受险部分采取防范风险的措施，虽然没有多少风险收益，但也没有什么风险损失，以稳健经营为原则。

3. 不抵补策略

不抵补策略，即任由外汇敞口金额暴露在外汇风险之中，这种情况适合于汇率波幅不大、外汇业务量小的情况。在面对低风险、高收益、外汇汇率看涨时，企业也容易选择这种策略。这种策略可以说风险是最大的，一般是属于风险偏好型投资者所选择的。所以，企业在做这种选择的时候一定要分析好客观情况，对自身的风险承受力进行评估，全面考虑，以免造成不必要的损失。

（二）外汇风险管理的原则

进行外汇风险管理应遵循以下几项原则。

1. 保证宏观经济原则

在处理企业、部门的微观经济利益与国家整体的宏观利益的问题上，企业部门通常尽可能减少或避免外汇风险损失，并将其转嫁到银行、保险公司甚至是国家财政上去。在实际业务中，应把两者利益尽可能好地结合起来，共同防范风险损失。

2. 分类防范原则

对于不同类型和不同传递机制的外汇汇率风险损失，应该采取不同适用方法来分类防范，以期奏效，但切忌生搬硬套。对于交易结算风险，应以选好计价结算货币为主要防范方法，辅以其他方法；对于债券投资的汇率风险，应采取各种保值为主的防范方法；对于外汇储备风险，应以储备结构多元化为主，又适时进行外汇抛补。

3. 稳妥防范原则

该原则从其实际运用来看，包括使风险消失、使风险转嫁和从风险中避损得利三个方面，尤其从风险中避损得利，是人们追求的理想目标。

（三）外汇风险管理的过程

外汇风险管理过程包括五步，如图 9.1 所示。

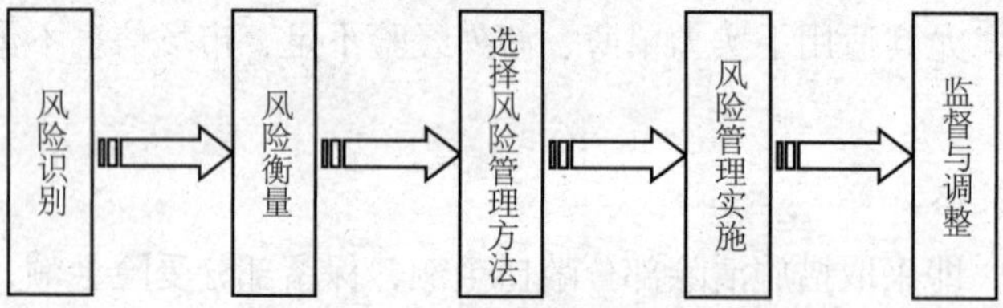

图 9.1　外汇风险管理过程

首先是风险识别。即识别出经济主体可能面临的风险类型及其风险因素、风险头寸、风险事故及风险结果。了解究竟存在哪些外汇风险，了解面临的外汇风险哪一种是主要的，哪一种是次要的；哪一种风险较大，哪一种风险较小；同时，要了解外汇风险持续时间的长短。其次是风险衡量。即衡量外汇风险带来潜在损失的概率及其可能性。通过预测汇率走势，测算出外汇风险程度。外汇敞口额越大、时间越长、汇率波动越大，风险越大。再次，选择风险管理方法。即针对特定类型的风险及其风险大小，选择合适的防范方法，以便最有效地实现外汇风险管理的目标。再其次，风险管理实施。即通过具体的安排，落实选定的风险防范方法，进行风险防范。最后，监督与调整。即对风险防范措施的效果加以监督和评估，并根据市场及自身的情况，适时加以调整。

四、外汇风险管理的一般方法

由于各种风险的产生原因、影响、时间不同，所以针对特定风险有着特定的风险防范措施。归纳起来，外汇风险管理的主要方法如图 9.2 所示。

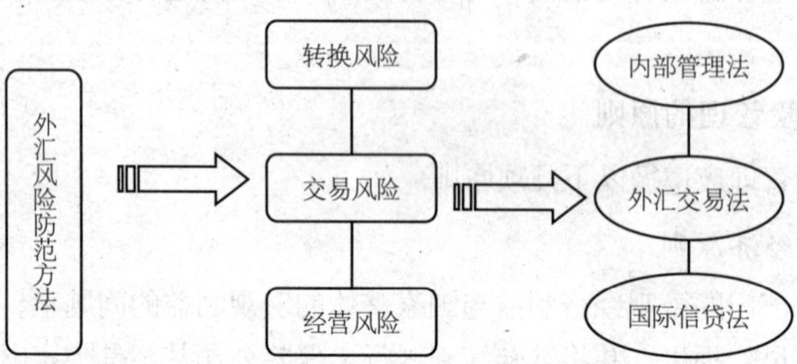

图 9.2　外汇风险管理的方法

（一）交易风险及其管理

交易风险，即在运用外币进行计价收付的交易中，经济主体因外汇汇率变动而蒙受损失的可能性，是一种流量风险。对交易风险的管理方法可以分为三类：内部管理法、外汇交易法及国际信贷法。

1. 内部管理法

内部管理法是指经济主体运用自身可控的条件实现避免或减少汇率波动产生的损失，主要包括选择正确的合同货币、在合同中加列货币保值条款、调整价格或利率法、配对法、提前或推迟收付法、净额结算法和汇率保险法。

（1）选择正确的合同货币。在有关对外贸易和借贷等经济交易中，选择何种货币签订合同作为计价结算的货币或计值清偿的货币，直接关系到交易主体是否将承担汇率风险。在选择合同货币时可以遵循以下基本原则：第一，争取使用本国货币作为合同货币。第二，出口、借贷资本输出争取使用硬币，即在外汇市场上汇率呈现升值趋势的货币。

（2）在合同中加列货币保值条款。货币保值是指选择某种与合同货币不一致的、价值稳定的货币，将合同金额转换成用所选货币来表示，在结算或清偿时，按所选货币表示的金额以合同货币来完成收付。目前，各国所使用的货币保值条款主要是“一揽子”货币保值条款，就是选择多种货币对合同货币保值，即在签订合同时，确定好所选择多种货币与合同货币之间的汇率，并规定每种所选货币的权数，如果汇率发生变动，则在结算或清偿时，根据当时汇率变动幅度和每种所选货币的权数，对收付的合同货币金额作相应调整。

（3）调整价格或利率。在一笔交易中，交易双方都争取到对已有利的合同货币是不可能的，当一方不得不接受对已不利的货币作为合同货币时，可以争取对谈判中的价格或利率做适当调整：如要求适当提高以软币计价结算的出口价格，或以软币计值清偿的贷款利率；要求适当降低以硬币计价结算的进口价格，或以硬币计值清偿的借款利率。

（4）配对法。它是指涉外主体在一笔交易发生时或发生后，再进行一笔与该笔交易在币种、金额、收付日上完全相同，但资金流向正好相反的交易，使两笔交易所面临汇率变动的影响相互抵消的一种做法。

（5）提前或推迟收付外汇。它是指涉外经济实体根据对计价货币汇率的走势预测，将收付外汇的结算日或清偿日提前或错后，以达到防范外汇风险或获取汇率变动收益的目的。

（6）净额结算法。净额结算分为双边和多边净额结算。双边净额结算只涉及两个公司，每一对互联公司都相互抵消各自的头寸以获得净额，结算时只结算净额即可。许多国家外汇管理当局限制双边或多边净额交易。净额结算可以节省相当多的兑换和交易成本，但是它需要一个集团的结算中心以及对分公司的严格规定与之相匹配，所以一般在跨国公司中应用比较普遍。

（7）保险法。它指涉外主体向有关保险公司投保汇率变动险，一旦因汇率变动而蒙受损失，便由保险公司给予合理的赔偿。汇率风险的保险一般由国家承付。

2. 外汇交易法

交易合同签订后，涉外经济实体可以利用外汇市场和货币市场来消除外汇风险。主要方法有现汇交易、期汇交易、期货交易、期权交易、借款与投资、借款—现汇交易—投资、外币票据贴现、利率和货币互换等。

（1）现汇交易。这里主要是指外汇银行在外汇市场上利用即期交易对自己每日的外汇头寸进行平衡性外汇买卖。

（2）借款与投资。这是指通过创造与未来外汇收入或支出相同币种、相同金额、相同期限的债务或债权，以达到消除外汇风险的目的。

（3）外币票据贴现。这种方法既有利于加速出口商的资金周转，又能达到消除外汇风险的目的。出口商在向进口商提供资金融通，而拥有远期外汇票据的情形下，可以拿远期外汇票据到银行要求贴现，提前获取外汇，并将其出售，取得本币现款。

3. 国际信贷法

国际信贷法主要有保付代理业务和福费廷业务。保付代理业务与福费廷业务，具有融通资金与防范外汇风险的双重作用，既可以转嫁信贷风险，又可以转嫁汇率风险。

（二）会计风险及其管理

会计风险有时又称为折算风险，是指汇率变动对企业财务账户的影响。涉外主体对折算风险的管理，通常是实行资产负债表保值。这种方法要求在资产负债表上各种功能货币表示的受险资产与受险负债的数额相等，以使其折算风险头寸（受险资产与受险负债之间的差额）为零。要消除或减少会计风险，关键是做好资产负债管理，其主要工作是确定资产负债表上各账户表示的货币与规模，使资产负债表上资产的受险部分与负债的受险部分数额相等或相近，在这种情况下，即使汇率变动，由于资产和负债受险部分的收益和损失互相抵消，从而使会计风险接近于零。

进行资产负债管理，在某种意义上讲，是一种协调手段，故它必须以经营效益为代价来改变资产负债表账户有关项目的货币和规模，以求得资产和负债受险部分的平衡。换言之，为了达到消除或减少会计风险的目的而进行资产负债管理是有成本的。

例如，为了使资产和负债受险部分平衡，必须增加持有短期资产。在短期资产中，存货、现金都是闲置资产，通常持有闲置资产不会取得利润。如果一切都很安稳，经济环境几乎无变化，这些短期资产的最佳持有量为零。但是在现实中，经济环境并不稳定，根本不持有存货和现金是不可能的，甚至没有充足的存货和现金也不足取。这种在正常情况下，为了满足生产或顾客的需要持有现金及存货所放弃的利息并不是资产负债管理的成本。

只有当持有的存货、现金超过了正常需要时，持有超额的短期闲置资产所放弃的利息才是资产负债管理的成本。相反，为了使资产和负债受险部分平衡而减少某种货币持有的现金也是有成本的，因为这样做有关企业很可能需要融资进行生产，从而增加一笔利息开支，如果减少以该货币持有的存货则很可能因为不能满足生产或消费者的需要给企业造成损失。

（三）经济风险及其管理

经济风险是指由于未预料到的汇率变动，使企业预期现金流量的净现值发生变动的可能性。经济风险的管理，是预测意料之外的汇率变动对未来现金流量的影响，并采取必要措施的过程。主要方法有以下两类。

（1）经营多样化，是指在国际范围内分散其销售、生产地址以及原材料来源地。企业实行经营多样化之后，一旦汇率出现意料之外的变动，一方面企业所面临的风险损失基本上能够被风险收益弥补，使经济风险得以自动防范；另一方面，企业还可主动采取措施，迅速调整其经营策略，如根据汇率的实际变动情况，增加或减少某地或某行业的原材料采购量、产品生产量或销售量，使经济风险带来的损失降到最低。

（2）财务多样化，是指在多个金融市场以多种货币寻求资金来源和资金去向，即实行筹资多样化。当某种货币升值时，企业以该种货币筹资的成本增加，但以该种货币投资的收益也相应增加，经济风险就被自动冲抵了；同时企业也可根据汇率的实际变动情况，相应地调整各种外币的资产与负债，以降低风险。

【小贴士 9.1】

我国某进出口公司的外汇风险

背景介绍：

2007 年 1 月，中国某集团公司与美国某公司签订 1 000 万美元的出口订单，当时美元/人民币汇率为 7.20，6 个月后交货时，人民币已经大大升值，美元/人民币汇率为 7.00，由于人民币汇率的变动，该公司损失了 200 万元人民币。

这一事件发生后，该公司为了加强外汇风险管理，切实提升公司外汇风险防范水平，于 2007 年 3 月召开了关于公司强化外汇风险管理的高层会议，总结本次损失发生的经验教训，制定公司外汇风险管理对策。有关人员的发言要点如下。

总经理陈某两点意见：①加强外汇风险管理工作十分重要，对于这一问题必须引起高度重视；②外汇风险管理应当抓住重点，尤其是对于交易风险和折算风险的管理，必须制定切实的措施，防止汇率变化对于公司利润的侵蚀。

常务副总经理吴某：赞同总经理的意见，在人民币汇率比较稳定的背景下，公司只要抓好生产，完成订单，利润就能够实现，而目前我国人民币汇率的形成机制发生了变化，不能再固守以往的管理方式，漠视汇率风险，必须对所有的外汇资产和外汇负债采取必要的保值措施。另外，总经理提出的加强折算风险管理的观点也十分重要，公司建立的海外子公司即将投入运营，应当采取必要的措施对于折算风险进行套期保值，避免出现账面损失。

总会计师李某：加强外汇管理的确十分重要。最近对外汇风险管理的相关问题进行了初步研究，发现进行外汇风险管理的金融工具还是比较多的，采取任何一种金融工具进行避险的同时，也就失去了汇率向有利方面变动带来的收益，外汇的损失和收益主要取决于汇率变动的时间和幅度。因此强化外汇风险管理，首先必须重视对于汇率变动趋势的研究，根据汇率的不同变动趋势，采取不同的对策。

董事长张某有两点意见：①思想认识要到位。自 2005 年 7 月 21 日起，我国开始实行以市场供求为基础，参考“一揽子”货币进行调节，有管理的浮动汇率制度。人民币汇率不再单一盯住美元，形成了更富弹性的人民币汇率机制。在此宏观背景下，采取措施加强外汇风险管理十分必要。②建议财务部成立外汇风险管理的小组，由财务部经理担任组长，具体负责外汇风险管理的日常工作。

要求：

（1）案例中给出的汇率采用的是直接标价法还是间接标价法？

（2）案例中的举例体现的是哪一种风险？

（3）从外汇风险管理基本原理的角度，指出总经理陈某、常务副总经理吴某、总会计师李某以及董事长吴某在会议发言中的观点有何不当之处？并分别简要说明理由。

【分析提示】

（1）直接标价法；

（2）交易风险；

（3）总经理陈某的有关外汇风险管理重点的观点不恰当。这是因为对于一个企业来说，经济风险比折算风险和交易风险更为重要，因为其影响是长期性的，而折算风险和交易风险的影响是一次性的。

常务副总经理吴某对所有的外汇资产和外汇负债采取保值措施的观点不恰当。这是因为外汇资产和负债由于汇率变动可能出现增值或减值，这种增值或减值可能自然抵消，因此不需要对所有外汇资产和外汇负债采取保值措施。

常务副总经理吴某对于折算风险进行套期保值的观点不恰当。这是因为减少折算风险的同时可能会增加交易风险，因此，如果折算风险不对现金流量产生影响，就不必对折算风险进行套期保值。

总会计师李某“采取任何一种金融工具进行避险的同时，也就失去了汇率向有利方面变动带来的收益”的观点不恰当。这是因为采取远期外汇交易、外汇期货等金融工具避险，通过锁定汇率，可以回避汇率不利变化带来的损失，但同时也失去了汇率有利变化带来的收益，而采取外汇期权金融工具避险，既可以回避汇率不利变化带来的损失，又可以享受汇率有利变化带来的收益。

总会计师李某“外汇的损失和收益主要取决于汇率变动的时间和幅度”的观点不恰当。这是因为外汇的损失和收益取决于三个因素：①受汇率变动影响的外汇敞口；②汇率变动对外汇资产和负债的影响程度；③汇率变动时间和幅度。

董事长张某“建议财务部成立外汇风险管理的小组，由财务部经理担任组长，具体负责外汇风险管理的日常工作”的观点不恰当。这是因为外汇风险包括经济风险、交易风险和折算风险，其中经济风险涉及生产、销售、原材料供应以及区位等经营管理的各个方面，因此，经济风险的管理超出了财务部门的职责，而是需要各部门共同努力，通过调整企业经营策略和采取内部管理办法来达到管理经济风险的目的。

五、风险价值理论模型在外汇风险管理中的应用

风险价值（VaR）是指在一定的持有期和给定的置信水平下，汇率等要素发生变化时可能对某项资金头寸、资产组合或机构造成的潜在的最大损失，可以表示为

$$\text{Prob}(\Delta P > \text{VaR}) = 1-\alpha$$

其中，ΔP 表示投资组合在持有期Δt 内的损失；VaR 为在置信水平 α 下处于风险中的价值。

假设一个投资组合的初始价值为 W_0，在Δt 这一期间内，其收益率为 R，期末价值为

$$W = W_0(1+R)$$

其中，R 的期望值为μ，标准差为σ。在给定的置信水平 C 下，投资组合的最下价值为

$$W^* = W_0(1+R^*)$$

VaR 可以分为相对损失和绝对损失：相对于均值的损失为相对损失，相对于期初价值的损失为绝对损失。相对损失计算公式为

$$\text{VaR}_{\text{R}} = E(W) - W^* = E[W_0(1+R)] - W_0(1+R^*) = -W_0(R^* - \mu)$$

绝对损失计算公式为

$$\text{VaR}_{\text{A}} = W_0 - W^* = -W_0 R^*$$

可以看出，求 VaR 实际就是求投资组合在一定置信水平下的最小价值 W^*或最下收益率 R^*。

考虑投资组合未来回报行为的随机过程，假定其未来回报的概率密度函数为 $f(w)$，VaR 也可以通过此概率密度函数求出。在给定的置信水平 α 下，W^*可以通过求解下式得到：

$$\alpha = \int_{w^*}^{\infty} f(w)\mathrm{d}w$$

从而：

$$1-\alpha = \int_{-\infty}^{-w^*} f(w)\mathrm{d}w = p(w \leqslant w^*) = p$$

无论分布是离散的还是连续的，厚尾还是瘦尾，这种表示方式对于任何分布都是有效的。

WaR 理论在度量汇率风险时，主要采用参数方法和非参数方法，其中参数方法包括方差-协方差法，非参数法主要包括历史模拟法和蒙特卡洛模拟法。

扩展学习提示

关于方差-协方差法、历史模拟法和蒙特卡洛模拟法在汇率风险管理中的具体运用，参见冯宗宪《金融风险管理》(西安交通大学出版社，2011 年 4 月出版，第 282 页)。

第二节 企业外汇风险管理

在外汇风险管理中，对于涉外企业的风险管理成为外汇风险管理的重点之一。由于企业的经营方式多种多样，加上企业本身资力状况各不相同，所以在避险过程中往往处于劣势，在具体操作中方法也比较复杂。因此对于涉外企业来说，规避外汇风险要准确把握自身的风险类型，预测未来汇率变动趋势，并根据具体的实际情况，选用恰当的避险措施。

一、企业面临的外汇风险

如前所述，涉外企业在生产经营过程中受到的重大影响主要有三种风险，即经济风险、交易风险和会计风险。这里就针对这三种风险予以讨论。

企业未来现金交易价值受汇率波动影响的程度被称为交易风险。外汇交易风险是涉外企业最常见的一种外汇风险，它存在于应收款项和所有货币负债项目中。此外，一些表外业务中也包含着外汇交易风险。主要有以下两种表现形式。

（1）尚未清算的客户买卖合同，而这一合同的价格早已确定；

（2）购买外币价格固定的商业合同。

会计风险指企业会计报表中的外汇项目，因汇率变动而引起的转换为本币时产生损失或是利得的风险。企业在一国注册，根据主权原则，会计报表应该使用注册国货币作为记账货币，这就要求本国企业实际发生的外汇收支项目按某一汇率折算为本国货币。此外，本国企业设在国外的分公司，按合并报表原则，也应该折算为本国货币。由于汇率在不断变动，按不同汇率折算的财务状况大不相同，企业的折算风险在会计上暴露无遗，因而折算风险是涉外企业最明显的一种外汇风险。

经济风险指企业的未来现金流现值因汇率变化而可能受到损失的风险。涉外企业经济风险源于汇率变动偏离购买平价和利率平价。在一价定律下，两国通货膨胀率和利率的差异应该等于汇率的变动，这样企业无论以外币还是本币形式进行的投资及商品交易，都不会有货币上的损失。如果本币贬值 10%，以本币表示的商品价格将上升 10%，企业本币经济收入也上升 10%，如果购买力平价发挥作用，则本币对外币也将贬值 10%，企业的外币收入折算成本币时就会上涨 10%，在现金流量上没有风险。然而在现实生活中，汇率不仅在名义上进行调整，真实汇率也经常发生改变，使涉外企业的产量、进出口额、投入产出率、税收、营运资金都受到不同程度的影响。

二、企业外汇风险规避原则

涉外企业资产负债表中的现金流量规模、流向及币种直接受制于其生产和销售。还有企业利用金融市场进行融资或投资，而形成的外币债权债务关系。在防范汇率风险的过程中，应采用何种方法及将风险降到何种程度，涉及了以下的原则问题。

1. 回避为主原则

涉外企业进行汇率预测，并进行一定的避险操作，其目的并不在于利用风险进行外汇的投机活动，而是在于规避可能的汇率风险。所以按照本原则，企业在进行外汇避险活动的时候，应坚持保守的原则，不能为了获得较高的收益而采用激进的冒险措施，使公司的理财活动成为投机赌博。

2. 预测先导原则

要成功地回避汇率风险，必须建立在对汇率变动走势科学预测的基础之上。涉外企业在选择具体的避险操作方法时，必须充分咨询相关外汇专业人士，尤其是具有丰富经验和较高专业技能的外汇研究团队和机构。对汇率走势从基本面和技术面进行定性与定量的分析，采用理论与实际相结合的方法，对汇率的走势进行预测，以确保采取方法的准确有效性。

3. 成本最低原则

采取外汇避险操作都将产生操作成本，所以在选择操作方法时应进行相关成本的比较，根据实际情况进行判断。如果采用了避险措施所获得的收益小于因此而产生的操作成本，那么情愿不进行避险操作。当然，这样的分析和判断要建立在对汇率准确的预测基础之上。还有要加强与专业外汇研究机构的合作，因为专业的外汇研究和操作机构不仅能帮助企业选择恰当的金融工具，同时也能为企业提高谈判能力，降低操作成本。

4. 灵活操作原则

外汇避险操作很多时候都是将汇率风险转嫁给交易对方，是一种零和博弈。如果对方也充分考虑到了汇率风险并在交易过程中坚持有利于自己的避险措施，那么交易双方就可能僵持不下，无法达成协议。此时就必须要从全局战略的角度出发来衡量考虑，具体情况具体分析。如果企业进口材料是市场上紧俏且无相关替代产品，且对方处于谈判中优势地位时，就要在交易失败所产生影响与所承担汇率风险之间进行比较。在达成交易之后，再采取其他的避险措施降低自身风险（这时就要依托外汇专业机构的支持来参与谈判和避险工具与方法的选择）。所以，在风险防范过程中，既要有风险防范意识也要顾全大局、促成交易。

三、交易风险管理

企业对于交易风险的管理，通常有以下几种方法。

（一）币种优选法

币种优先法就是根据自身的需求选择对自己有利的币种，通常有以下几种选择方法。

（1）选择本币计价。选择本币作为计价货币，实际上是将外汇风险构成因素中的外币因素去掉了，不管汇率如何变动，出口商将来以本币收进的货款以及进口商将来以本币支付的货款，都是确切的，不存在任何不确定因素。因此，采用此方法，不涉及货币的兑换，进出口商则没有外汇风险。无论是本国的出口商还是本国的进口商都可以完全防范外汇风险。

（2）选择自由兑换货币计价。选择自由兑换货币作为计价结算货币，便于外汇资金的调拨和运用，一旦出现外汇风险可以立即兑换成另一种有利的货币。

（3）选择有利的外币计价。选择时注意货币汇率变化趋势，选择有利的货币作为计价结算货币，这是一种根本性的防范措施。一般的基本原则是"收硬付软"。由于一种结算货币的选择，与货币汇率走势，与他国的协商程度及贸易条件等有关，因此在实际操作当中，必须全面考虑，灵活掌握，真正选好有利币种。

（4）选用"一揽子"货币。选用"一揽子"货币即通过使用两种以上的货币计价来消除外汇汇率变动带来的风险。比较典型的"一揽子"货币有特别提款权（SDRs）和欧元（ECU）。由于"一揽子"货币中既有硬币也有软币，硬币升值所带来的收益或损失，与软币贬值所带来的损失或收益大致相抵，因此"一揽子"货币的币值比较稳定。对于贸易双方来说，采用此方法都不失为一种防范外汇风险的有效方法。

（5）软硬货币搭配。软硬货币此降彼升，具有负相关性质，进行合理搭配，能够减少汇率风险。交易双方在选择计价货币难以达成共识时，可采用这种折中的方法。对于机械设备的进出口贸易，由于时间长、金额大，也可以采用这种方法。

（二）货币保值条款法

货币保值条款法指企业在涉外经济合同中使用对方可以接受的货币支付，同时用某种稳定的价值单位进行保值的外汇风险管理办法。

1. 黄金保值条款

布雷顿森林体系崩溃以后，各国货币与黄金脱钩，黄金平价失去作用，浮动汇率制取代了固定汇率制。因而，国际经济活动中的外汇风险大大增加，为此，有的国家采用市场黄金价格来保值。其具体做法是：在订立合同时按签约日的黄金价格将支付货币的金额折合为若干一定数量的黄金，到支付日再将特定数量的黄金按当时的金价转换成一定数量的计价货币。如果黄金价格上涨，则支付货币金额要相应增加，反之，则相应减少。实行黄金保值条款的前提是黄金价格保持稳定，目前黄金价格本身不断波动，这种方法已不能起到避免风险的作用了。

【例 9.3】 某笔货款为 100 万美元，签订合同时 1 美元的含金量为 1 克纯金，则 100 万美元折算成黄金为 100 万克纯金，到货款结算时 1 美元的含金量为 0.95 克纯金，则 100 万克纯金折算成美元为 105.26 万美元，故进口商应支付货款 105.26 万美元，即由于美元贬值，进口商在结算时所支付的 105.26 万美元只相当于签订合同时的 100 万美元。黄金保值条款通行于固定汇率时期，现今由于黄金非货币化，以及黄金价格的不稳定，此方法已不再采用。

2. 硬货币保值

硬货币保值即在合同中订明以硬货币计价，用软货币支付，记录两种货币当时的汇率，在执行合同过程中，如果由于支付货币的汇率下浮，则合同中的金额要等比例调整，按照支付日的支付货币的汇率计算。这样，实收的计价货币金额和签订合同时相同，支付货币下浮的损失可以得到补偿。

【例 9.4】 设某出口商品合同单价为 10 港元，折合 2 美元(当时汇率为 1 USD = 5 HKD)。待港商支付货款时，汇率变为 1 USD = 6 HKD，由于汇率变动幅度超过 3%，故单价应改为 12 港元。若汇率变为 1 USD = 4 HKD，单价应为 8 港元。由此可见，从美元角度分析，不论港元对美元汇价是涨是落（指超过 3%而言），双方都不承担汇价风险。

3. 价格调整保值条款

在国际贸易中，对于加工周期较长的机器设备合同普遍采用价格调整条款，要求在订约时只规定初步价格，同时规定如原料价格发生变化，卖方保留调整价格的权利。

（三）外汇交易风险的其他管理方法

除上述两种方法外，企业还可通过以下几种方法规避外汇交易风险。

1. 组织集中化

组织集中化的指导思想是通过在跨国公司内部制定统一的外汇风险管理政策，并设置集中的资金管理部门，将跨国公司的总公司和所有分公司业务中产生的外汇风险，集中在一起由该部门统一管理，采取措施防止风险。跨国公司在经营中面对着各种外汇风险，应采取什么态度和政策，这主要取决于该公司业务的大小和规模，同时也取决于公司所处的环境。有的公司态度较为保守，它们只允许正常业务中产生的外汇风险，但不允许在外汇市场上为了投机而建立敞开头寸。有的公司态度则较为积极，它们允许像银行一样， 直接进入外汇市场进行外汇买卖。但不论如何，每个公司的高层管理人员必须在外汇管理上制定明确的指导原则，使整个公司内部对外汇风险的管理有一个统一的政策，以避免公司内部任何人、任何部门各行其是，给公司带来损失。

公司外汇管理的集中化，可以给公司带来很多好处。集中化可以把公司分散的头寸集中起来，不需要每笔头寸直接由分公司与银行进行外汇买卖，而是由公司统一对外，这样可以保证获得最好的价格。

【例 9.5】 一个分公司要出售美元购买 100 万欧元，正好另一个分公司要出售 100 万欧元，购买美元，如果不是集中化，两个分公司都直接向银行进行外汇买卖，整个公司将遭受到不必要的损失。又如，一个分公司要买入 10 万美元，另一个分公司要买入 90 万美元，如果由两个分公司直接向银行购买，由于 10 万美元头寸太小，购买可能很困难，即使能够买到，价格可能不太好。采用集中化管理法，可以由公司将头寸集中起来，统一对外购买 100 万美元。公司有直线电话通到外汇银行的交易室，可以很快对银行进行询价，这使得公司可以得到两个或两个以上银行报价，以便进行公平比较，获得最佳的成交价格。

2. 再结算公司法

再结算公司法是一种适用于跨国公司的方法。其具体做法是，在跨国公司中设立一个再结算公司，跨国公司内部每一个分公司所有内部交易和外部交易，凡是以外币计价的，全部集中到再结算公司，由它进行冲销，并对冲销后仍存在的受险部分采取措施，避免或减少外汇风险可能造成的损失。再结算公司一般设立在税收优惠的某个国家或地区。

3. 易货贸易法

在汇率波动特别剧烈的时期，易货贸易可以作为进出口商防止外汇风险的手段。在易货贸易中，双方按当时的价格议定货物交换的比例，消除了未来的外汇支付问题，从而不会承担外汇风险。但是，易货贸易有需要双重巧合的缺陷，即一方打算卖出的商品必须在质量、数量、时间上都要符合对方需要，而且对方打算卖出的商品在各方面都正好符合本方需要。

4. 转手贸易法

转手贸易是在签订清算协定的基础上发展起来的一种贸易方式，即三方或多方协商，按同一货币计价来交换一定数量的商品，且利用彼此间的清算账户进行清算。转手贸易能够有效地解决在清算协定贸易下，由于一方所提供的货物对方不满足，而产生的对方贸易出超问题。

【例 9.6】 假设 A 国与 B 国之间有清算账户，当 A 国向 B 国出口后，B 国没有合适的商品向 A 国出口，于是 A 国的账户出现了盈余，而此时 C 国既需要向 A 国出口商品，又需要从 B 国进口商品。A 国提出没有现汇从 C 国进口，但可用其对 B 国的清算盈余来支付。于是 C 国利用 A 国的清算盈余向 A 国出口商品，同时也利用清算账户从 B 国进口商品。由于各方都不需要进行实际的货款支付，因而转手贸易也没有外汇风险。

四、会计风险管理

企业对会计风险的管理，通常是实行资产负债表保值。要求在资产负债表上以各种功能货币表示的受险资产与受险负债的数额相等，以使其折算风险头寸（受险资产与受险负债之间的差额）为零。只有这样，汇率变动才不致带来任何折算上的损失。

实行资产负债表保值，一般要做到以下几点。

（1）弄清资产负债表中各账户、各科目上各种外币的规模，并明确综合折算风险头寸的大小。

（2）根据风险头寸的性质确定受险资产或受险负债的调整方向。如果以某种外币表示的受险资产大于受险负债，就需要减少受险资产，或增加受险负债，或者双管齐下。反之，如果以某种外币表示的受险资产少于受险负债，就需要增加受险资产，减少受险负债。

（3）在明确调整方向和规模后，要进一步确定对哪些账户、哪些科目进行调整。这是实施资产负债表保值的困难所在，因为有些账户或科目的调整可能会带来相对于其他账户、科目调整更大的收益性、流动性损失，或造成新的其他性质的风险（如信用风险、市场风险等）。在这一意义上说，通过资产负债表保值获得折算风险的消除或减轻，是以经营效益的牺牲为代价的。因此，需要认真对具体情况进行分析和权衡，决定科目调整的种类和数额，才能使调整的综合成本最小。

在外汇风险的管理中，交易风险的防范要求与折算头寸的防范要求可能会发生冲突，从而加深风险管理的难度。譬如，对于跨国公司来说，最容易防范折算风险的办法，是要求所有在国外的分支机构都使用母国货币进行日常核算，使其受险资产额和受险负债额都保持为零，以避免编制综合财务报表时的折算风险。

五、经济风险管理

经济风险管理的目标是预测和防止非预期汇率变动对海外企业未来净现金流量的影响。这一目标要求跨国公司应及时发现市场出现的不均衡状况，并随时采取措施。经济风险管理应针对以上影响经济风险的要素，采取如下策略。

（1）市场营销策略随汇率变动及时调整销售数量、销售价格。

（2）生产经营策略随汇率变动及时调整原材料、零部件来源等。

（3）融资策略运用不同资本市场筹资工具融资，以多种货币、多种渠道筹资，尤其是可以多借软货币，使融资的货币组合和生产经营使用的货币组合相匹配。

（4）分散化的原则。由于对汇率运动的长期性预测很难准确进行，有时也没有必要在条件不具备的情况下强行推测长远未来，跨国公司可采用经营分散化原则，即企业的经营在国际市场实现分散化，它就可以在市场出现不均衡时处于有利位置，并做出积极反应。

第三节　银行外汇风险管理

商业银行因交易目的而持有的以外币计价、结算的金融工具的市值，会随着本币对主要外币汇率的波动而发生变动。银行账户中的外汇资产和负债，也会随着汇率的升值和贬值而产生盈亏，银行账户和交易账户面临的外汇风险同时加大，银行客户的外汇风险上升使银行受损的可能性增加。同时，加上外汇衍生产品给银行带来的风险增加。可见，银行外汇业务中还面临着许多潜在的风险。

银行的外汇风险，一方面来源于银行的自营外汇交易和代客外汇交易，另一方面来源于银行经营的外汇存贷款业务和投资业务。对于前一种外汇风险，可以通过对外汇头寸进行管理来防范，对于后一种外汇风险，则需通过对外汇的资产负债进行管理来防范。外汇资产负债管理，就是通过对外汇资产负债在币种、期限、利率、金额等方面进行调整，以防范外汇风险。

一、外汇银行外汇头寸的管理方法

外汇头寸（foreign exchange position）是指外汇银行所持有的各种外币账户余额状况，即外汇银行的外汇买卖的余缺状况。外汇银行买入的外汇大于其卖出的外汇时，外汇头寸出现多头（long position），亦称为超买（overbought）；外汇银行买入与卖出的外汇相等时，外汇头寸平衡，被称为轧平或持平（square position）；外汇银行买入的外汇小于其卖出的外汇时，外汇头寸出现空头或缺头（short position），亦称为超卖（oversold）。外汇银行所持有的各种期限的各种外币加总计算的净余额称为总头寸（overall position）。银行保有的多头或空头统称“敞口头寸”（open position），在汇率变化时，这些敞口头寸将产生交易风险。多头情况下银行面临汇率下跌的风险，空头情况下银行面临汇率上涨的风险。

外汇市场是一个全球性的市场，由于全球各金融中心的地理位置不同，亚洲市场、欧洲市场、美洲市场因时间差的关系，刚好连接成一个全天24小时连续作业的全球外汇市场。

（一）限定头寸法

限定头寸即银行通过制定外汇交易头寸的限额来防范外汇风险的方法。银行制定交易头寸的限额时，应考虑以下因素。第一，本银行在外汇市场中的自身地位，即本银行在外汇市场中是市场领导者，还是市场活跃者，或者是一般参与者；第二，本银行对外汇风险的最大容忍程度；第三，本银行外汇交易人员的整体素质；第四，交易货币的种类。一般来说，银行在外汇市场中的地位越重要，最高领导层对外汇业务收益的期望值越大，对外汇风险的容忍程度越高；外汇交易人员的整体素质越好，货币的交易越频繁；交易的币种越多，制定的限额就可以越大。

交易头寸的限额可按以下几方面来制定。

（1）按外汇交易的种类制定。针对不同的外汇交易种类分别制定不同的交易限额，一般应制定即期外汇交易头寸限额、远期外汇交易头寸限额、互换外汇交易头寸限额等。

（2）按外汇交易的币种制定。根据交易的币种分别制定各种外汇的敞口头寸，同时还可按照货币的软硬程度调整限额。

（3）按外汇交易人员的等级和素质制定。外汇交易人员一般可分为：资金部经理、首席交易员、高级交易员、交易员、助理交易员和见习交易员等。外汇交易人员的等级越高，在外汇交易中的表现越好，头寸的限额就越多，敞口头寸平仓补仓的时间也越长。

在外汇市场，外汇交易头寸限额一般由外汇交易人员把握，以美元来表示。例如，首席交易员的头寸限额为 1 000 万美元，这就意味着首席交易员在不断从事外汇的买进卖出时，只要在规定的时间范围之内敞口头寸不超过 1 000 万美元，他就没有超越规定的权限；否则，他就违背了头寸限额规定，应该受到处罚。

（二）亏损控制法

亏损控制即银行通过对外汇交易制定止损点限额来防范外汇风险的方法。止损点限额（cut-loss limit）是银行对由于外汇风险所造成的损失的最大容忍程度。当市场汇率向不利的方向变动时，一旦亏损达到止损点限额，交易人员就应不问情由，一律斩仓，以避免发生更大的亏损。

止损点限额可分为两部分：一是外汇资金部的止损点限额，这适用于即期外汇交易、远期外汇交易和互换外汇交易等业务，止损点限额既可以按敞口头寸的百分比计算，也可以按每天或每月外汇交易的损失不超过一定金额来确定；二是外汇交易人员的止损点限额，通常按亏损额占交易额的百分比来计算，例如规定每笔交易的亏损额不超过该笔交易额的 1%等。显然，百分比越大，表示容忍亏损的额度越大。当然，不同的外汇交易人员，止损点的限额也不同。

（三）外汇头寸的调整方法

银行防范外汇风险的重要措施就是调整外汇的敞口头寸，或者尽量缩小敞口头寸，或者使敞口头寸的情形与外汇汇率的走势相一致。银行调整外汇头寸一般是通过银行同业间的外汇交易来实现的。银行在同业交易中报送价格的原则是，当本银行需要买进某种外汇时，就应该提高这种货币的买入价，使其略高于外汇市场的平均水平；当本银行需要卖出某种外汇时，就应该降低这种货币的卖出价，使其略低于外汇市场的平均水平。这样才能促成其他银行尽快与本银行成交，以达到本银行调整外汇头寸的目的。

1. 单一货币头寸的调整

即银行只存在某一种货币的敞口头寸，防范外汇风险时只需对这一种货币的头寸进行调整，可以运用即期头寸的调整、即期头寸与远期头寸的综合调整、不同交割日的远期头寸的综合调整三种方法。

1）即期头寸的调整

下面以例 9.7 说明即期头寸的调整运用方法。

【例 9.7】 某银行某日的买卖情况为：买进美元 1 000 万，价格为 USD 1 = CNY 8.25，付出 8 250 万元人民币；卖出美元 800 万，价格为 USD 1 = CNY 8.27，收进 6 616 万元人民币，结果是该银行持有美元多头 200 万。为防范外汇风险，该银行就要设法抛出这 200 万美元，使其美元的头寸平衡，从而获得利润。

2）即期头寸与远期头寸的综合调整

在例 9.7 中，银行的外汇买卖和头寸的调整都是即期的，操作起来比较简单。实际上，银行在进行大量的即期外汇买卖的同时，也有大量的远期外汇买卖。这样，银行不仅在即期交易中会出现敞口头寸，而且在远期交易中也会出现敞口头寸，这就要求银行将即期头寸和远期头寸结合起来进行调整。

【例 9.8】 某银行某日的外汇交易情况为：即期交易买进 1 000 万美元，卖出 800 万美元，多头 200 万美元；远期交易买进 100 万美元，卖出 400 万美元，空头 300 万美元。该银行的综合头寸为空头 100 万美元。

对上述头寸综合调整的方法有以下两种。

（1）将即期头寸和远期头寸同时进行抛补，使两者的头寸都为零，即卖出即期外汇 200 万美元，同时买进远期外汇 300 万美元。该方法虽然可使外汇风险完全得以消除，但在实际的外汇业务中，如此严密的操作既无必要，也难以实现，因为远期交易中外汇的买进、卖出以及远期空头的补进，这三项交易要做到交割日期完全一致，几乎不可能。

（2）只抛补综合头寸，使综合头寸为零。此方法又有两种具体措施：一是买进即期外汇 100 万美元，使即期交易的多头增加为 300 万美元，与远期交易的空头 300 万美元相匹配，综合头寸为零；二是卖出远期外汇 100 万美元，使远期交易的空头减少为 200 万美元，与即期交易的多头 200 万美元相匹配，综合头寸为零。由于综合头寸为零，该银行的外汇风险大大降低。

3）不同交割日的远期头寸的综合调整

由于各个远期交易的交割日不尽相同，因此银行在实际的外汇交易中，也必然会产生不同交割日的远期头寸。为防范外汇风险，银行对不同交割日的远期头寸也应结合起来进行调整。

【例 9.9】 某银行某年 1 月 1 日的外汇交易情况为：第一笔远期交易买进 100 万美元，该年的 3 月 31 日交割，第二笔远期交易卖出 100 万美元，该年的 5 月 31 日交割。

例 9.9 中虽然银行的综合头寸为零，但由于两笔远期交易的交割日不同，银行依然面临外汇风险，即 3 月 31 日交割的美元面临美元贬值的风险。而 5 月 31 日交割的美元则面临美元升值的风险。为此，银行可通过互换交易来防范外汇风险，即 1 月 1 日银行卖出 100 万美元，交割日定为该年的 3 月 31 日，同时又买进 100 万美元，交割日定为该年的 5 月 31 日。通过该笔远期对远期的互换交易，银行实际上将 3 月 31 日买进的 100 万美元推迟到 5 月 31 日才持有，而此时这 100 万美元又正好与该银行所卖出的 100 万美元相抵，外汇风险得以完全避免。

当然，例 9.9 带有某种非凡性，即银行在 1 月 1 日所进行的远期外汇交易中，买进的美元与卖出的美元在金额上刚好相等，只是交割日不同，事实上可能并非如此巧合。如果银行在不同交割日的远期外汇交易中，买进的某种货币的金额与卖出的该种货币的金额不相等，为了防范外汇风险，银行既可以通过互换交易防范部分风险，也可以通过以后的外汇交易来加以平移或两种方法同时并用。

【例 9.10】 接上例，现假设该银行 1 月 1 日买进远期美元 300 万，该年的 3 月 31 日交割；卖出远期美元 400 万，该年的 5 月 31 日交割，此时银行可在 1 月 1 日，先进行一笔远期对远期的互换交易，卖出远期美元 300 万，3 月 31 日交割，同时买进远期美元 300 万，5 月 31 日交割；到 1 月 2 日或以后合适的时间，再补进远期美元 100 万，5 月 31 日交割。

2. 多种货币头寸的调整

即银行同时存在多种货币的敞口头寸，防范外汇风险时需要对这些头寸结合起来进行调整。由于银行在每天所进行的外汇交易中所使用的货币是多种多样的，因此，敞口头寸也就会出现在各种币种上。银行对多种货币头寸的调整可通过以下方法来进行。

1）分别调整各种货币的头寸

一般通过具有敞口头寸的货币与美元之间的交易来转换。例如，某银行同时存在英镑的多头和欧元的空头，在调整头寸时，该银行首先要将英镑的多头转换为美元，同时以美元补进欧元的空头，也就是将英镑和欧元的敞口头寸转换为美元的敞口头寸；然后，再通过美元与本币之间的交易最终消除美元的敞口头寸。

在应用此方法时，非美元货币的敞口头寸一般不宜相互之间直接抛补，也不宜将非美元货币的敞口头寸通过与本银行所在国的货币之间的交易直接抛补。如英镑多头，欧元空头时，不宜直接将英镑转换为欧元，也不宜将英镑直接转换为本银行所在国的货币，同时又以本银行所在国的货币补进欧元。这是因为外汇市场上非美元之间的交易较为稀少，通过非美元货币之间的交易来防范外汇风险，既降低了速度，又增加了成本。

2）调整综合头寸

调整综合头寸，即允许各种货币的头寸同时并存，只将综合头寸调整为零，使来自各种货币的风险相互抵消。例如，当某银行持有瑞士法郎空头时，该银行并不补进瑞士法郎，而是买进金额相当的欧元，当汇率发生变动时，用欧元多头的收益或损失，抵补瑞士法郎空头的损失或收益。

采用此方法防范外汇风险的前提,是预测欧元的汇率与瑞士法郎的汇率将呈同方向变动。如果现实汇率的变化与预测的结果相反，则银行不仅没有防范外汇风险，而且还会遭受双重损失。只有当具有敞口头寸的货币的种类越多时，此方法防范外汇风险的效果越好。采用此方法防范外汇风险，往往也是银行资金结构安排的需要。

3）调整预防性头寸

所谓预防性头寸是指银行在预测汇率的变动趋势之后，积极制造出来的用以预防外汇风险的头寸。银行防范外汇风险时，除了尽量缩小敞口头寸直至为零外，还可采取相反的做法，即积极地制造敞口头寸。当预测某种货币将升值时，就大量买进该种货币，以增加该种货币的长余头寸；当预测某种货币将贬值时，就大量卖出该种货币，以增加该种货币的短缺头寸。通过调整预防性头寸来防范外汇风险的方法，带有明显的投机性。

二、外汇银行的外汇资产负债管理

外汇资产负债的管理，是指通过对外汇资产、负债、币别、利率、结构的调整，尽量减少由于经营外汇存贷款业务、投资业而需要进行的外汇买卖，以避免风险。其主要内容如下。

（1）调整好远期头寸的到期日。在未来的任一时点上，银行都应该尽可能地使到期的资产能够与到期的负债相一致。因此，银行需要按不同币别分别统计，报告资产与负债头寸到期的搭配情况，对账户进行现金流量管理，对到期日不搭配的资产和负债进行调整，必要时对负债不足资产的部分进行融资，对负债多于资产的部分进行相应处理，制造新的期限相同的资产。

（2）调整好外币币种。在外汇的存贷款上做好币种的配对，银行应该遵循筹集哪些外币，借出哪些外币，贷款到期时，收回哪些外币，筹资合同到期时银行付出哪些外币的原则。通俗地讲，就是银行应该努力做到借、用、还货币的统一，尽量保证在借贷和收付货币时，不需通过外汇交易来调换币种。

（3）调整好外币存贷款的到期日。银行外币存贷款的到期日不相对称，不仅存在外汇风险，还存在融资风险。银行应该做好外汇存贷款的到期日统计，及时掌握各个时期的存贷款是否有超借或超贷的情况，检查某种外币负债和资产的累计不对称金额，评估、监督银行因此而发生的融资或流动性风险的程度，防止出现过多的外币存贷款到期日不对称。

（4）调整好外币资产与负债的利率。由于利率的高低影响利息的高低，而以外币收付的利息又是外汇风险的受险部分，因此调整存贷款的利率，也与外汇风险的防范相关联。由于银行从国外借入的现汇资金是以伦敦市场银行同业拆放利率（即 LIBOR）计算利息的，因此，银行在国内发放外汇贷款的利率，一般也应按浮动利率计收利息，不定期地将利率进行调整并公布，尽可能减少外币资产与负债之间的利率基础差异，规避利率风险。调整利率的方法主要是：压低以硬币所吸收的外汇存款的利率，提高以软币所发放的外汇贷款的利率。

（5）合理调整外汇资产负债期限结构。在同一种货币的资产负债中，力争将来任一时点上到期的资产，都能抵付到期的负债。当出现短期外汇负债长期使用时，应适当增加长期存款，压缩长期外汇贷款，活化沉淀资金，提高资金的流动性。当出现长期外汇负债短期运用时，不能盲目增大长期外汇贷款而机械地追求期限对称，必须调整负债结构，增加低成本负债。外汇负债结构的调整可以通过增量的调节来改变存款结构。

（6）银行资产负债管理手段。银行资金业务、外汇交易业务本质上是一种中介服务，要为最终客户的外汇资金需求服务，因此其外币的资产负债结构随时都在变化之中，远期外汇交易到期日不匹配，币种不匹配，资产负债期限、利率不匹配，是经营中经常发生的现象。调整这些失衡的状态，银行主要可以采用两种手段：一种是货币市场运作，通过外币的短期投资或者拆借来获得理想的资产负债结构；另一种是衍生金融工具买卖，通过远期合同、期货合同、互换合同（或掉期合同）、期权合同来获得理想的资产负债结构。实际上，衍生金融工具不仅能够锁定银行资金交易、外汇交易的价格，起到控制、减少外汇风险的作用，它还因不需要像现货交易那样的大规模现金流动而成为高效的资产负债管理工具。

本章小结

本章介绍了外汇风险概念。外汇风险（foreign exchange exposure）是指一个金融公司、企业组织、经济实体、国家或个人一定时期内在对外经济、贸易、金融、外汇储备的管理与营运等活动中，以外币表示的资产（债权、权益）与负债（债务、义务）因未预料的外汇汇率的变动而引起的价值的增加或减少的可能性。外汇风险的种类很多，主要表现为交易风险、会计风险、经济风险和储备风险。在经营活动中的风险为交易风险（transaction exposure），在经营活动结果中的风险为会计风险（accounting exposure），预期经营收益的风险为经济风险（economic exposure）。

外汇风险管理是指外汇资产持有者通过风险识别、风险衡量、风险控制等方法，预防、规避、转移或消除外汇业务经营中的风险，从而减少或避免可能的经济损失，实现在风险一定条件下的收益最大化或收益一定条件下的风险最小化。外汇风险管理的策略主要有完全抵补策略、部分抵补策略和不抵补策略。外汇风险管理的原则分为保证宏观经济原则、分类防范原则和稳妥防范原则等。外汇风险管理的方法具体分为对交易风险、会计风险和经济风险的控制与管理。

在外汇风险管理中，对于涉外企业的风险管理成为外汇风险管理的重点之一。涉外企业在生产经营过程中受到重大影响的主要是有三种风险，即经济风险、交易风险和会计风险。企业外汇风险规避原则主要有回避为主原则、预测先导原则、灵活操作原则和成本最低原则。企业交易风险管理措施包括币种优选法、货币保值条款法和组织集中化等其他管理方法；企业对会计风险的管理，通常是实行资产负债表保值。要求在资产负债表上以各种功能货币表示的受险资产与受险负债的数额相等，以使其折算风险头寸（受险资产与受险负债之间的差额）为零。经济风险管理的目标是预测和防止非预期汇率变动对海外企业未来净现金流量的影响。

银行外汇业务中还面临着许多潜在的风险。银行的外汇风险，一方面来源于银行的自营外汇交易和代客外汇交易，另一方面来源于银行经营的外汇存贷款业务和投资业务。对于前一种外汇风险，可以通过对外汇头寸进行管理来防范；对于后一种外汇风险，则需通过对外汇的资产负债进行管理来防范。外汇资产负债管理，就是通过对外汇资产负债在币种、期限、利率、金额等方面进行调整，以防范外汇风险。

基本训练

一、填空题

1. 外汇风险是指在国际贸易中以（　　）或（　　）的债权债务，资产和负债，由于有关（　　）发生变动，使交易双方中的任何一方遭受经济损失的一种可能性。

2. （　　）是指选择与合同货币不一致，但币值稳定的其他货币进行计价结算。

3. 折算风险是指根据会计制度规定，对经济主体的（　　）进行会计处理中，将（　　）货币转换为（　　）货币时，由于汇率变动造成账面损失的可能性。

4. 硬币是指在外汇市场上汇率呈（　　）的货币。

5. 软币是指在外汇市场上汇率呈（　　）的货币。

6. 平衡法是指在同一时期内，创造一个与存在风险（　　）、（　　）、（　　）的资金反方向流动。

二、单项选择题

1. 由于外汇汇率发生波动而引起国际企业未来收益变化的一种潜在风险称为（　　）。

A. 交易风险　　B. 会计风险　　C. 经济风险　　D. 市场风险

2. 进出口合同中使用两种以上的货币来计价以消除外汇汇率波动风险的方法是（　　）。

A. 平衡法　　B. 组对法　　C. 多种货币组合法　　D. 借款法

3. 公司三个月后有 100 万美元的应收货款，为防止外汇风险，该公司设法进口在三个月后支付约 760 万港币的货物，这种方法称为（　　）。

A. 平衡法　　B. 组对法　　C. 远期合同法　　D. 投机法

4. 某法国公司有一笔 90 天的美元应付款，若预测欧元兑美元将下浮，为减少外汇风险损失，该公司应（　　）。

A. 提前付汇　　B. 如期付汇　　C. 推迟付汇　　D. 无法确定

5. 当一个企业有（　　）时，它具有双重外汇风险。

A. 同时间的相同外币、相同金额的流出、流入

B. 一种外币流入，另一种外币流出，且流出、流入的时间不同

C. 本币收付

D. 流入的外币和流出的外币属同种外币、同等金额

6. 防止出口收汇风险最好的方法是（　　）。

A. 以预测上浮趋势最强的一种货币作为计价货币

B. 以预测上浮趋势较强的一种货币作为计价货币

C. 以预测具有上浮趋势的多种货币作为计价货币

D. 以欧元作为计价货币

7. 会计风险（　　）。

A. 是把外币折算成本币的会计处理业务导致的账面金额的变动

B. 是由于财务会计决策不当引起的

C. 是由于会计处理方法的变更引起的

D. 是在清算、交割时出现的风险

三、判断题

1. 外汇风险是一种实实在在的损失，而不是一种损失的可能性。（　　）

2. 本币计价法主要适用于货币自由兑换的国家。（　　）

3. 交易风险和折算风险的影响是长期的，而不是一次性的。（　　）

4. 经济风险是汇率变动对过去的收益或现金流量的影响。（　　）

5. 为了防止外汇风险，在预期外汇汇率可能升值的情况下，可提前收取外币款项或推迟支付外币款项；在预期外汇汇率可能贬值的情况下，可推迟收取外币款项或提前支付外币款项。（　　）

四、案例分析与计算

1. 瑞士某公司从美国进口金额为 100 万美元的货物，支付的条件为 60 天远期不可撤销信用证，假设 60 天远期汇率为 USD/CHF = 1.652 0/1.654 0，该瑞士公司为了防止 60 天后美元升值而产生外汇风险，应如何操作？

2. 2010 年 12 月，一家中国超市连锁公司正在考虑一项进口计划，该公司在未来三年中将每月一次进口 50 吨优等牛肉，公司目前有两个潜在的供货商，一个是加拿大公司（以加元标价），另一个是法国（以欧元标价）公司。按当前汇率，公司从这两个国家进口所支付的人民币（包括运费）进口价格刚好相同。假设该中国公司没有其他汇率波动风险，而且比较偏好较低的汇率风险，请通过计算交易风险，说明该公司应选择哪个供货商。

五、主要观念

1. 外汇风险管理的原则与方法。

2. 企业外汇风险管理的方法。

3. 银行外汇风险管理的方法。

第十章　外汇管理实务

【学习目标】

理论目标：熟练掌握经常项目下的外汇管理、资本项目下的外汇管理和外汇储备管理的概念、内容和管理目标及原则；掌握外汇储备管理的功能及外汇储备规模管理和结构管理的概念及内容；了解三大外汇管理的历史沿革和现状及未来改革方向。

技术目标：掌握货物贸易项目外汇管理的出口外汇核销管理、进口付汇核销管理和贸易外汇账户管理的内容和办法；掌握个人外汇账户管理、收入管理、支出管理和收支监督的内容和方法；掌握外债风险管理（包括承受能力指标和偿还能力指标）的评估方法；掌握直接投资管理和股票投资外汇管理的办法；了解外汇储备管理的内容。

能力目标：在熟练掌握经常项目下的外汇管理、资本项目下的外汇管理和外汇储备管理的概念、内容的基础上，对我国外汇管理的历史沿革、管理的必要性、原则进行深入探讨。最后达到具有能够运用所学知识分析我国外汇管理改革的成功和不足之处，运用相关知识分析生活中相关案例的能力。

引例

国家外汇管理局通报银行外汇检查情况

2014年4月23日，国家外汇管理局召开银行外汇检查情况通报会，21家中资银行、11家外资银行参加了会议。

外汇管理局认真贯彻落实党中央、国务院的决策部署，大力推进贸易投资便利化，密切防范跨境资金流动风险，针对银行这一跨境资金流动的主渠道加大检查力度，严厉查处银行外汇违规行为，积极提示银行外汇业务经营风险，促进银行提升外汇业务经营合规性。

会议通报了2013年银行外汇业务违规情况，全年共查处银行违规案件439件。违规行为主要包括以下几种：一是违反规定办理结售汇业务，如部分银行未按规定设置独立的结汇、售汇科目，未按规定办理银行自身结售汇业务，部分银行违规为企业办理资本金结汇业务，违规办理个人结售汇业务等；二是未按规定对经常项目资金收付进行真实性和一致性审核，如部分银行为不在名录企业办理货物贸易外汇收支，银行办理货物贸易（含转口贸易）资金收付未按规定审核留存资料，违规为B、C类企业办理收付汇业务等；三是违反规定办理资本项目资金收付，如部分银行办理资本金结汇后所得人民币资金未按规定及时对外支付等；四是部分银行未按规定进行国际收支统计申报、未按规定报送资料等。此外，一些银行内控制度不完善、真实性审核操作流于形式、利用境内外业务联动实现套利、表外业务创新规避监管等问题也值得进一步关注。

会议强调，2014年，外汇管理局将继续按照党中央、国务院的决策部署，简政放权，进一步提升贸易投资便利化水平，促进实体经济发展，同时密切监测跨境资金流动，防范跨境资金双向流动冲击，坚守不发生系统性、区域性金融风险的底线，不断加强和完善对银行等金融机构的外汇业务检查，促进金融服务实体经济，维护国家涉外经济金融安全。

外汇银行作为我国外汇交易的主体机构，其经营的合规合法性是我国外汇交易乃至经济发展能否健康运行的重要保证。因此，通过对外汇银行进行监督检查是我国外汇管理的一项重要工作。顾名思义，外汇管理指的是一国政府授权国家的货币金融当局或其他机构，对外汇的收支、买卖、借贷、转移以及国际间结算、外汇汇率和外汇市场等实行的控制和管制行为。这种管理行为具体又可以分成几大部分，包括经常项目下的外汇管理、资本项目下的外汇管理和对外汇储备的管理。下面我们将通过本章的内容对此进行学习。

目前，我国已经实现了人民币在经常账户下的可兑换，对资本与金融账户的管理也实现了有条件的可兑换。我国外汇市场实现了从分散的、企业间调剂余缺的外汇调剂市场向统一、规范、有效的外汇市场的过渡。2005 年 7 月 21 日起，我国开始实行以市场供求为基础、参考一篮子货币进行调节、有管理的浮动汇率制度。人民币汇率不再盯住单一美元，而是按照我国对外经济发展的实际情况，选择若干种主要货币，赋予相应的权重，组成一个货币篮子，人民币汇率参考一篮子货币浮动。我国外汇管理的主要目标是平衡国际收支、保持汇率稳定、维护经济金融安全和促进本国经济发展。

第一节　经常项目下的外汇管理

一、经常项目下的外汇管理的概念和内涵

在一国由封闭经济走向开放经济的过程中，经常项目外汇管理显得尤为重要，已经成为外汇管理的重要内容之一。

1. 经常项目下的外汇管理的概念

经常项目[①]（current account）是指对实际资源在国际间流动行为进行记录的账户。它包括贸易、服务、收入和经常转移三项。由于经常项目直接构成国民生产总值的一个组成部分，其对一国国民经济发展具有较大影响。因此，对经常项目的管理成为各国宏观经济管理的一项重要内容。

贸易收支又称货物贸易收支，是一国出口货物所得外汇收入和进口货物的外汇支出的总称。近年来，我国货物贸易收付汇长期处于顺差状态，即收汇大于付汇。

① 经常项目是国际货币基金组织［国际收支手册（第四版）及以前版本］的提法，在国际货币基金组织［国际收支手册（第五版）］中，经常项目的提法被改为经常账户，但出于习惯，在实际运用中，人们通常将这两种提法混用。

服务收支又称服务贸易收支，是一国对外提供各类服务所得外汇收入和接受服务发生的外汇支出的总称，包括国际运输、旅游等项下外汇收支。近年来我国服务贸易收付汇一直处于逆差状态，即付汇大于收汇。

收入包括职工报酬和投资收益两部分，其中职工报酬主要为工资、薪金和其他福利，投资收益主要是利息、红利等。近年来，我国收益项下顺差额不断扩大。

经常转移也称单方面转移，是资金或货物在国际间的单向转移，不产生归还或偿还问题。具体包括个人转移和政府转移，前者指个人之间的无偿赠与或赔偿等，后者是指政府之间的军事、经济援助、赔款、赠与等。近年来，我国经常转移项下顺差额也呈现持续扩大的态势。

2. 国际货币基金组织对经常项目下外汇管理的规定

国际货币基金组织（IMF）成立于 1945 年，其宗旨是帮助成员建立多边支付体系和汇兑制度，推动成员消除外汇管制，并通过成员之间的合作来维护国际金融体系的稳定，促进国际经济持续增长。

在《国际货币基金组织协定》第 8 条第 2、第 3、第 4 款中，对成员在可兑换性方面的义务做了具体规定：第一，各成员未经基金组织批准，不得对国际经常性往来支付和资金转移施加汇兑限制。第二，不得实行歧视性的货币措施或多种汇率措施。第三，应另一成员要求，随时有义务换回对方经常项目下所积累的本币。同时，国际货币基金组织要求成员条件成熟时，履行第 8 条款义务：实现本国货币的经常项目下可兑换。

1996 年 12 月 1 日，我国正式接受国际货币基金组织协定第 8 条款义务，实行人民币经常项目下可兑换。截至 2006 年 12 月 31 日，已有 152 个国际货币基金组织成员接受了第八条款的义务，占成员总数的 82%。

3. 经常项目下外汇管理体制的沿革

总体来看，我国经常项目外汇管理经历了严格管制、逐步放松和实现人民币经常项目可兑换的过程，大体可分为四个阶段。

一是新中国成立初期至改革开放。这一时期，由于外汇资源短缺，国家对外贸和外汇实行统一经营，用汇分口管理，对外汇收支实行指令性计划管理，逐步形成了高度集中、计划控制的外汇管理体制。经常项目下外汇管理方面，规定企业出口货物所得外汇、个人劳务所得外汇和华侨汇款等一切外汇，必须卖给或存入国家银行；企业贸易和服务贸易用汇须向国家申请或者由国家按计划分配，个人用汇受到严格限制。

二是 1978—1994 年。这一时期，我国经常项目下外汇管理体制进行了一系列重大改革：实行贸易和非贸易外汇留成制度，国家、地方和企业按一定比例以外汇额度形式分别掌握外汇使用权；建立和发展外汇调剂市场，通过市场调剂外汇余缺；实行出口收汇核销制度，避免国家外汇流失；放宽境内居民外汇管理，发行外汇兑换券，便利游客使用，防止外币在国内流通和套汇、套购物资。

三是 1994—1996 年。1994 年外汇体制改革，实现人民币汇率并轨，实行以市场供求为基础的、单一的、有管理的浮动汇率制度，建立了银行结售汇制。具体措施包括取消各类外汇留成、外汇额度管理制度，对境内机构经常项目外汇收支实行银行结售汇制度；规定境内机构经常项目外汇收入须及时调回境内，按照市场汇率卖给外汇指定银行；取消外汇券，禁止外币计价、结算和流通；建立进口付汇核销管理制度，打击逃、套汇现象。从 1996 年 12

月 1 日起，我国接受国际货币基金组织协定第八条款，不再限制经常性国际交易支付的转移，不再实行歧视性货币安排和多重汇率，实现了人民币经常项目下完全可兑换。

四是 1997 年至今。1997 年，我国外汇管理部门允许部分符合条件的中资企业开立经常项目外汇结算账户，保留一定限额的外汇收入。亚洲金融危机期间，加强进出口收付汇核销管理，重点打击利用假报关单骗购外汇资金的行为。2001 年年底加入世界贸易组织后，在逐步完善进出口收付汇核销制度的同时，不断简化核销手续，提高核销监管效率；完善服务贸易外汇管理，大幅度简化服务贸易购付汇手续和凭证，下放审核权限；逐步调整经常项目外汇账户管理政策，不断提高企业经常项目外汇账户限额，并最终取消开户事前审批，允许企业全额保留外汇资金；不断改进个人外汇管理，简化手续和凭证，对个人实行结售汇年度总额管理。

【小知识 10.1】

国家外汇管理局的主要职责

1979 年 3 月，国务院批准设立了国家外汇管理局，并赋予其管理全国外汇的职能；1983 年，国家外汇管理局从中国银行划出，由中国人民银行代管，成为中央银行的一个局；1988 年 6 月，国务院决定国家外汇管理局为国务院总局级机构，次年升为副部级，仍由中央银行归口管理。其主要职责如下。

（1）根据国家政策和经济建设的需要，制定全国统一的外汇管理政策、法令、条例和有关的实施细则，并报请上级批准后贯彻执行；

（2）参与编制国家外汇收支计划和国际收支计划，并组织实施、监督执行；

（3）调整和公布人民币汇率；

（4）统一管理和调度国家外汇储备资金；

（5）统一管理对外借款和在国外发行债券；

（6）管理经营外汇业务的金融机构的外汇活动；

（7）管理和监督贸易和非贸易外汇收支；

（8）管理侨资、外资、中外合资企业的外汇业务活动；

（9）检查和处理违反外汇管理的案件；

（10）监督、检查银行和非银行金融机构，严格执行有关外汇管理的政策、规定。

二、经常项目下的外汇管理的内容

（一）货物贸易项目的外汇管理

货物贸易外汇收支在我国经常项目中占主导地位，是国际收支的主要部分。我国贸易项目下结售汇的业务量，占到全国银行现期结售汇业务的 80%左右。因此，监督管理货物贸易外汇收支成为经常项目下外汇管理的中心内容。

我国的贸易外汇管理制度以银行结售付汇制为核心，划分为三个主要部分：一是出口收汇核销管理；二是进口付汇核销管理；三是贸易外汇账户管理。

1. 出口收汇核销管理

出口收汇核销制度建立于1991年，是重点针对逃汇和将外汇截留境外行为而设立的。制度实施以来，在预防和遏制逃汇及境外截留外汇等行为、防止外汇资源流失等方面发挥了十分重要的作用。

企业办理出口收汇核销业务的基本要求包括以下内容。

第一，企业应于货物出口后不迟于预计收汇日期30天向外汇管理局进行出口收汇核销报告。对于预计收汇日期超过出口报关180天的，企业应到外汇管理局办理远期收汇备案手续。对于未在规定时限内进行出口收汇核销报告的，外汇管理局将纳入逾期未收汇核销管理并进行催核。

第二，企业出口项下的资金流与货物流应当基本对应，主要包括以下三种情况：一是出口报关总价之和与出口收汇总额之和基本一致；二是出口报关总价之和与出口收汇总额及进口报关总价之和基本一致；三是来料加工项下按加工合同工缴费收汇核销。对于资金流和货物流存在差额且有客观理由的，企业可以提供相关证明材料办理差额核销。

第三，出口企业与收汇企业应当一致。代理出口业务，应由代理方负责出口、收汇及核销，代理方收汇后再将外汇直接划转或结汇后将人民币划转给委托方。对于因专营商品出口等特殊情况造成收汇企业与出口企业不一致时，收汇企业可向外汇管理局申请办理境外收汇过户。

出口收汇核销制度实施十多年来，外汇管理局及时根据外汇形势变化，不断改进管理方式，优化管理手段，简化管理程序，降低企业操作成本。目前，全国16个地区60%以上的出口收汇核销业务可直接通过网络完成，企业无需往返外汇管理局。

2. 进口付汇核销管理

进口付汇核销制度始于1994年，重点针对套汇、骗汇和无贸易背景资金流出行为而设立。制度实施后，在打击骗汇与反走私、反逃税监管活动中发挥着显著作用，从防范资本外逃的角度支持了国家积累外汇资金。2001年，外汇管理局和海关按照是否有相应付汇，将进口报关单的海关监管方式分为可付汇、有条件付汇、不可付汇三大类：

（1）属于“不可对外付汇”的，进口报关单不可用于付汇和核销；

（2）属于“可对外付汇”的，进口报关单可直接用于进口付汇和核销；

（3）属于“有条件对外付汇”的，进口报关单需在企业提交相关证明材料后方可用于办理付汇和核销。

具有对外贸易经营权的企业，到注册地外汇管理局办理“对外付汇进口单位名录”（以下简称“名录”）登记后，即可直接持规定单证到本地银行申请办理进口付汇，银行按规定审核企业申请单证无误后为企业办理进口付汇。企业办理进口付汇核销业务的基本要求包括以下几点。

第一，对于采用汇款结算方式到货后付款的，银行在核验报关单电子数据无误、为企业办理付汇后，进口付汇核销过程同时自动完成。

第二，对于采用信用证、托收、预付货款及其他结算方式付汇的，由于货物尚未报关进口，银行无法在付汇时通过进口报关单联网核查来核实付汇真实性，企业需在预计到货日期后一定时限内，持规定单证到外汇管理局办理进口付汇核销手续，证实付汇真实性。

第三，对于资金流与货物流之间出现较大偏差的，企业需持相关材料向外汇管理局证明偏差存在的客观性、合理性，完成差额核销。

3. 贸易外汇账户管理

贸易外汇账户管理是重点针对贸易资金滞留境内的行为而设立的。受到人民币升值预期以及资本项目存在部分管制等因素影响，近年来进口延期付款的成因呈现复杂化的趋势，存在着隐性资本交易、债权债务抵消、馈赠等多种情况，往往与实际的贸易进口相脱节。另一方面，延期付款本身具有到期无可推卸的清偿责任。在人民币出现贬值预期等特定条件下，延期付汇可能集中清偿，成为国家出现债务危机的诱因，对经济发展和金融稳定形成潜在威胁。因此，有必要对延期付款进行动态的总量监控，及时防范和化解风险。从 2005 年 3 月开始，外汇管理局对进口延期付款进行登记管理，目前，该项业务已经纳入了贸易信贷登记管理制度。

（二）服务贸易外汇管理

国际服务贸易是指服务跨越国界、在国际间流动的服务贸易。服务贸易与货物贸易相比，其交易基础、交易主体及价值转移方式完全不同：首先服务是无形的，具有不可触摸性；其次，服务与消费是同时发生的；最后，价值实体与使用价值是分别转移的。

国际服务贸易内容极为广泛，关贸总协定各缔约方在乌拉圭回合谈判中一共列出了 150 多项服务贸易项目，但最终达成的《服务贸易总协定》将服务贸易分为四种形式。

（1）过境支付，即一国向另一国提供的服务，没有人员、物资和资金的流通，而是通过计算机联网实现的，例如金融服务；

（2）境外消费，即一国消费者到另一国消费服务，例如本国人到外国旅游、学习；

（3）商业存在，即允许外国企业和经济实体到本国开业，提供服务。包括设立合资、合作和独资企业；

（4）自然人流动，即允许外国自然人来本国提供服务，或本国自然人去国外为外国人提供服务，如本国医生、教授、艺术家到外国从事个体服务。

我国在关贸总协定乌拉圭回合有关服务贸易的谈判中，承诺进一步开放航运、专业服务、银行业、广告、旅游、近海石油勘探 6 个服务市场，后来又有条件地进一步开放了保险、内河、公路运输、建筑工程、计算机服务、陆上石油服务和租赁市场。可见我国服务领域的开放力度将相当大。而随着我国服务贸易的大幅度开放，服务贸易的规模也不断扩大，增长迅速。2007 年我国服务贸易进出口总额为 2 523 亿美元，比 2006 年增长 31%。中国服务贸易出口、进口世界排名进一步提升，分别为第七位和第五位。但是，在服务贸易迅速增长的同时，服务贸易用汇大幅增长，如出国旅游、探亲、留学等居民因私用汇成倍增长，广告费、咨询费、培训费等非贸易名义支付的大额用汇明显增加，服务贸易结售汇一度出现逆差。自 1995 年以来，中国服务贸易一直处于逆差状态。从服务贸易逆差的来源构成看，2007 年，我国服务贸易逆差主要集中在运输、保险、专有权利使用费和特许费等项目，且这些主要逆差项目短期内仍将继续维持逆差状况。这一方面有我国经济发展的客观原因，如我国服务业总体水平的国际竞争力较弱，而国内企业和居民个人服务贸易需求较大，非贸易逆差有其必然性。另一方面，存在服务贸易外汇管理方面的问题，如非贸易门类繁多，有关管理规定存在许多空白，监管无法可依；服务贸易活动通常不涉及实物形态转移，种类繁多，凭证难以规范，其用汇的真实性审核难度本身就很大。

（三）个人外汇管理

个人外汇收支管理遵循经常项目可兑换的总体原则，立足于满足个人正当合理的用汇需求。但由于我国人口众多，个人外汇整体需求规模较大，增加了管理难度，因此，个人经常项目外汇收支采用的是额度管理的方式。具体来说，我国的个人外汇管理主要包括账户管理、收入管理、支出管理和收支监督管理四个部分。

1. 外汇账户管理

居民个人由境外汇入的外汇或携入的外汇票据，均可以开立现汇账户存储；居民个人从境外携入或者持有的可自由兑换的外币现钞，均可以开立现钞账户存储。居民个人将外汇收入存入外汇账户，按照下列规定办理：①一次性存入等值 1 万美元以下的，直接到银行办理；②一次性存入等值 1 万美元（含 1 万美元）以上的，须向银行提供真实的身份证明，银行登记备案后予以办理。

居民个人从现汇账户中提取外币现钞或将外汇账户中的外汇收入兑换成人民币；居民个人从现钞账户中提取外币现钞，按照下列规定办理：①一次性提钞等值 1 万美元以下的，直接到银行办理；②一次性提钞等值 1 万美元（含 1 万美元）以上的，须向银行提供真实的身份证明，银行登记备案后予以办理。

居民个人外汇账户不得用于办理境内账户间的划转及结算。

2. 外汇收入管理

居民个人从境外汇入或携入的经常项目外汇收入，可以解付外币现钞或者兑换成人民币，并按照下列规定办理：①一次性解付外币现钞或兑换人民币等值 1 万美元以下的，直接到银行办理；②一次性解付外币现钞或兑换人民币等值 1 万美元（含 1 万美元）以上、5 万美元以下的，银行须审核《境内居民个人外汇管理暂行办法》（汇发[1998]11 号）第 10 条规定的证明材料后登记备案，予以办理；③一次性解付外币现钞或兑换人民币等值 5 万美元（含 5 万美元）以上、20 万美元以下的，应当持《境内居民个人外汇管理暂行办法》（汇发[1998]11 号）第 10 条规定的证明材料向所在地外汇管理局国家外汇管理局及其分支局（以下简称“外汇管理局）申请，经外汇管理局审核其真实性后，凭外汇管理局的核准件到银行办理；④一次性解付外币现钞或兑换人民币等值 20 万美元（含 20 万美元）以上的，应当持《境内居民个人外汇管理暂行办法》（汇发[1998]11 号）第 10 条规定的证明材料向所在地外汇管理局申请，由所在地外汇管理局转报国家外汇管理局审核其真实性后，凭所在地外汇管理局的核准件到银行办理。

居民个人从境外调回的资本项目外汇收入，经外汇管理局批准，可以解付外币现钞或者兑换成人民币，并按照下列规定办理：①一次性解付外币现钞或兑换人民币等值 20 万美元以下的，应当持《境内居民个人外汇管理暂行办法》（汇发[1998]11 号）第 12 条规定的证明材料向所在地外汇管理局申请，经外汇管理局审批同意后，凭外汇管理局的核准件到银行办理；②一次性解付外币现钞或兑换人民币等值 20 万美元（含 20 万美元）以上的，应当持《境内居民个人外汇管理暂行办法》（汇发[1998]11 号）第 12 条规定的证明材料向所在地外汇管理局申请，由所在地外汇管理局转报国家外汇管理局审批同意后，凭所在地外汇管理局的核准件到银行办理。

3. 外汇支出管理

1）境内居民个人经常项目下因私购汇指导性限额

对于持因私护照的境内居民个人出境旅游（含港澳游，不含边境游，下同）、探亲会亲、朝觐、境外就医、商务考察、被聘工作、出境定居、国际交流、境外培训、外派劳务等有实际出境行为的购汇指导性限额，出境时间在半年以下的，由等值 3 000 美元调整为等值 5 000 美元；出境时间在半年（含）以上的，由等值 5 000 美元调整为等值 8 000 美元。

对于境外直系亲属救助、缴纳国际组织会费、境外邮购等有实际用汇需求但没有出境行为的购汇指导性限额，由等值 3 000 美元调整为等值 5 000 美元。

自费留学购汇指导性限额规定如下：学费按照境外学校录取通知书或学费证明上所列明的每年度学费标准进行供汇；生活费的供汇指导性限额为每人每年等值 2 万美元，即每人每年生活费购汇金额在等值 2 万美元（含 2 万美元）以下的，到外汇指定银行办理；等值 2 万美元以上的，经外汇管理局核准后到外汇指定银行办理。

凡持有境内银行发行的外币信用卡的居民个人，其在境外用于经常项目消费或提现透支形成的外汇垫款，允许其以自有外汇偿还或持发卡银行出具的信用卡交易账单、身份证或户口簿等证明材料到发卡银行购买外汇偿还。对无法提供外汇保证金申领外币信用卡的居民个人，允许其在出境前以自有人民币存款作为保证金开立外币信用卡。

对由于特殊原因无法在境外持卡消费或支出的居民个人，其发生的经常项目外汇支出，如缴纳自费出境学习学费、境外就医医疗费等，可持境外消费或支出的有关证明材料，经外汇管理局审核真实性后，持外汇管理局核准件及相关证明材料到银行办理补购外汇手续。

2）境内居民个人经常项目下因私购汇凭证

境内居民个人因出境旅游、朝觐、探亲会亲、境外就医、商务考察、被聘工作、出境定居、国际交流、境外培训、外派劳务等事由购汇的，持因私护照及有效签证办理购汇。

旅游项下持团体签证的，银行可凭经旅行社盖章确认的团体签证复印件办理。前往对我国实行落地签证、免签证的国家或地区而无法在出境前提供签证的，银行可凭境内居民个人的因私护照直接办理购汇。

自费留学人员购买第一学年或学期的学费所需外汇，持因私护照、有效签证、境外学校出具的录取通知书、费用证明（如无法提供录取通知书及费用证明原件的，可提供传真件或网上下载件，下同）办理；自费留学人员购买第二学年或学期以后的学费所需外汇，持因私护照及有效签证复印件、相应年度或学期的费用证明办理；对于已在境外学习，继续转往其他学校就读的，在购买拟就读学校的学费所需外汇时，可以参照购买第二学年或学期以后的学费的要求办理。

自费留学人员购汇时需提供的生活费证明材料。对于生活费购汇金额在等值 2 万美元（含 2 万美元）以下的，自费留学人员在购汇时，可不再提供生活费证明材料，持境外学校录取通知书、学费通知书、护照签证及身份证或户口簿即可到外汇指定银行办理购汇；对于购汇金额在等值 2 万美元以上的，须持录取通知书、生活费通知书、护照签证及身份证或户口簿到外汇管理局进行核准，经核准后到外汇指定银行办理。

对于自费留学人员只有在汇出或在境内银行预交签证保证金后才能取得有效入境签证的特殊情况，允许其在银行缴纳 2 000 元人民币保证金后，持规定的证明材料办理购汇手续。

境内居民个人前往对我国实行落地签证和免签证国家或地区，可持含有身份证号码的因私护照到外汇指定银行直接办理购汇手续。

4. 外汇收支监督管理

居民个人从境外汇入或者携入外汇以及汇出或者携出外汇，均应当按照有关规定办理国际收支统计申报和海关申报。

居民个人通过国际邮政汇兑中心办理外汇汇入及汇出，按照对邮政汇兑的有关规定办理。

各银行应当根据《境内居民个人外汇管理暂行办法》，管理、监督境内居民个人的外汇收付与兑换，对于1个月之内三次进入登记备案记录或者超过15万美元（含15万美元）的异常情况应当于3个工作日之内报告外汇管理局。

国家外汇管理局各分局应根据《境内居民个人外汇管理暂行办法》，办理规定的居民个人外汇收支审核，监督检查辖内银行的居民个人外汇收支审核，定期向总局报送表格，并对银行报送的备案登记表进行定期分析。

（四）经常项目外汇账户管理

1. 经常项目外汇账户的开立

凡经有权管理部门核准或备案具有涉外经营权或有经常项目外汇收入的境内机构（境内国家机关、企事业单位、社会团体、部队等，含外商投资企业，不包括金融机构），均可以向所在地外汇管理局申请开立经常项目外汇账户。境内机构原则上只能开立一个经常项目外汇账户。在同一银行开立相同性质、不同币种的经常项目外汇账户无需另行由外汇管理局核准。

经常项目外汇账户的收入范围为经常项目外汇收入，支出范围为经常项目外汇支出和经外汇管理局核准的资本项目外汇支出。捐赠、援助、国际邮政汇兑等有特殊来源和指定用途的经常项目外汇账户，其账户收支范围需按照有关合同或协议进行核定。

对经常项目外汇账户统一实行限额管理。境内机构经常项目外汇账户限额原则上为该境内机构上年度经常项目外汇收入的50%或80%。上年度没有经常项目外汇收入的境内机构新开立经常项目外汇账户时，初始限额为20万美元。外汇账户限额统一采用美元核定，境内机构开立其他币种经常项目外汇账户的，其限额由外汇管理局按开户当期适用的内部统一折算率折算。

同一境内机构在不同开户金融机构开立的相同性质经常项目外汇账户之间可以相互划转外汇资金。

2. 经常项目外汇账户的变更

境内机构开立经常项目外汇账户后，如因经营需要调整开户单位名称、最高限额等账户信息的，应当持申请书、外汇账户使用证或登记证、原账户开立核准件、对账单，向开户所在地外汇管理局申请，并持开户所在地外汇管理局的“账户变更核准件”到开户金融机构办理变更手续。

境内机构因经营需要在注册地以外开立经常项目外汇账户的，应到注册地外汇管理局备案，持注册地外汇管理局的“异地开户备案件”及其他材料向开户所在地外汇管理局申请，持开户所在地外汇管理局核发的“账户开立核准件”，到开户金融机构办理开户手续。开户所在地外汇管理局必须及时将有关开户信息书面告知注册地外汇管理局。

3. 经常项目外汇账户的关闭和撤销

境内机构关闭经常项目外汇账户，应当向外汇管理局申请，凭外汇管理局的“关户核准件”办理关闭账户手续。开户金融机构办理完毕业务后，应当在每月初起5个工作日内将“关户核准件”报开户所在地外汇管理局。境内机构异地账户关闭后，开户所在地外汇管理局必须及时将有关账户关闭信息书面告知注册地外汇管理局。境内机构关闭经常项目外汇账户后，还开有其他相同性质经常项目外汇账户的，账户内资金可以转入其他相同性质经常项目外汇账户；如没有其他相同性质经常项目外汇账户的，账户内资金必须结汇。

境内机构开立经常项目外汇账户后，该账户一年内没有任何外汇收支的，开户金融机构应当在每年的1月将有关情况报所在地外汇管理局，由外汇管理局通知境内机构关闭该账户，同时通知开户金融机构、境内机构应当在接到撤户通知后5个工作日内，到开户金融机构办理关闭账户手续。如境内机构逾期不办理，开户金融机构可以在接到“撤户通知书”5个工作日后强行关闭该账户，账户内资金结汇。

4. 经常项目外汇账户的监管

开户金融机构应当在每月初起5个工作日内向外汇管理局报送上月“境内机构经常项目外汇账户情况月报表”。各分局应于每月初起10个工作日内，将所辖地区“境内机构经常项目外汇账户情况月报表”汇总后报国家外汇管理局。

在已使用账户系统的地区，开户金融机构应当每日通过账户系统向外汇管理局报送经常项目外汇账户信息。

外汇管理局应当对所辖境内机构经常项目外汇账户进行年检，已使用账户系统的地区不再对所辖境内机构经常项目外汇账户进行年检。

三、经常项目下的外汇管理的现状和改革

随着我国市场经济体制改革不断深化、对外开放水平全面提高、人民币资本项目可兑换进程加快以及国际收支不平衡问题的日益突出，经常项目外汇管理工作面临更为严峻的挑战。将来，经常项目外汇管理将根据外汇管理改革整体目标和步骤，加大经常项目各领域的法规建设和系统建设力度，逐步实现从重审批向重监测分析转变，从重事前监管向重事后监管转变，从重行为监管向重主体监管转变。

1. 货物贸易外汇管理的现状和改革

进入21世纪，我国国际收支形势发生了根本性变化，特别是加入世界贸易组织后，贸易主体和交易规模出现了急剧增长。在此情况下，现行货物贸易外汇管理制度具有的“一一对应、逐笔审核”的管理模式既无法满足我国国际收支形势发展的要求，也不适应当前促进贸易便利化的发展方向，既占用了许多政府监管资源，也增加了企业经营成本。为此，外汇管理局主动适应形势变化要求，积极研究货物贸易外汇管理，主要是开展进出口核销制度改革，以期从体制、机制和功能层面转变现行贸易外汇管理方式。目前，改革已进入冲刺阶段。

进出口核销制度改革的总体思路是实现贸易外汇管理由逐笔核销向总量核查、由现场核销向非现场核查、由行为监管向主体监管的转变。外汇管理局将依托“贸易收付汇核查系统”等现代技术手段对企业的进出口货物流与资金流进行总量比对，实现非现场监测预警，兼顾

了货物贸易外汇管理的两个方向和四个方面，在此基础上对企业实行分类管理。

2. 服务贸易外汇管理的现状和改革

当前，服务贸易外汇管理主要体现为逐笔真实性审核和与行业主管部门协同管理，并且具有明显的“重流出、轻流入”特征。这种管理模式在防范资本外逃方面发挥了重要作用，但随着近几年我国服务贸易规模持续扩大、种类层出不穷，加之服务贸易自身具有的无形化、价格认定难等特点，现行服务贸易外汇管理已不能适应目前经济形势发展要求，亟须进行改革。为此，外汇管理局确定了服务贸易外汇管理改革思路，一是从以单证审核为重点的事前管理，转向以监测预警为主的事后监管；二是从对逐笔交易的具体监管转向对境内机构的主体监管；三是从重流出管理转向流出流入均衡管理。

3. 个人外汇管理的现状和改革

2006年发布的《个人外汇管理办法》及其实施细则对个人外汇管理进行了全面规范。目前，外汇管理局正在以便利化原则为指导，研究推进电子银行个人结售汇业务，使个人能够通过网上银行、电话银行、自助终端等电子银行渠道自助办理个人结售汇业务。该措施的发布将增加个人办理结售汇业务方式选择，使个人购汇、结汇更加高效、方便。个人外汇管理的改进思路是依托“个人结售汇管理信息系统”，不断提高对个人结售汇业务的非现场监管水平，并继续贯彻经常项目可兑换原则，进一步满足个人外汇需求。2011年4月1日起施行的《电子银行个人结售汇业务管理暂行办法》，促进了电子银行个人结售汇业务发展，便利银行和个人办理结售汇业务，规范电子银行个人结售汇业务管理。

4. 外汇账户管理的现状和改革

2002年，外汇管理局开始建设“外汇账户管理信息系统”。系统建立后，监管部门可以通过电子渠道自动采集企事业单位经常项目外汇账户的外汇收支数据，并实施非现场管理，从而为开户审批制转变为备案制以及账户限额的不断调整提高奠定了坚实的基础。

2008年8月修订实施的《中华人民共和国外汇管理条例》第7条明确规定，“经营外汇业务的金融机构应当按照国务院外汇管理部门的规定为客户开立外汇账户，并通过外汇账户办理外汇业务。经营外汇业务的金融机构应当依法向外汇管理机关报送客户的外汇收支及账户变动情况”。此条规定对外汇账户的管理提出了新的更高的要求，主要目的是将过去不通过外汇账户办理的银行直接结售汇数据纳入账户系统采集范围，实现一切外汇收支通过外汇账户办理，从而形成统一、规范的外汇收支基础数据平台，以便于对境内主体外汇收支实施全口径监管。

【小知识10.2】

携带人民币出入国境额度的数次调整

中华人民共和国自成立以来对携带人民币出入国境的规定进行了数次调整。

1951年3月6日中央人民政府政务院公布的《中华人民共和国禁止国家货币出入国境办法》，这是新中国成立后国家首次对人民币出入境问题做出的明确规定。随着我国对外交往的日益增多，并考虑国际收藏和馈赠的需要，虽然仍坚持禁令，但在具体执行上采取了一些灵活措施。

20 世纪 80 年代后期至 90 年代初期，根据当时的经济发展情况，我国曾多次大幅度调整人民币出入境限额。1987 年公民携带人民币出入境限额调整为 200 元。

1990 年，北京举办亚运会，考虑到个人特别是外国人入出境的需要，将携带人民币的限额调整为 2 000 元，但此规定在亚运会结束后随之取消。

1993 年，《中华人民共和国国家货币出入境管理办法》（国务院令第 108 号）公布，规定对货币出入境实行限额管理制度，具体限额由人民银行制定，同年人民银行将人民币出入境限额调整到每人每次 6 000 元。

2004 年中国人民银行公告（2004）第 18 号公布自 2005 年 1 月 1 日起中国公民出入境、外国人入出境每人每次携带的人民币限额由原来的 6 000 元调整为 20 000 元。

5. 跨境人民币业务

跨境人民币业务是指居民和非居民之间以人民币开展的或用人民币结算的各类跨境业务。跨境是指我国与境外各经济体之间，也即居民与非居民之间。国务院常务会议 2009 年 4 月 8 日正式决定，在上海和广州、深圳、珠海、东莞等城市开展跨境贸易人民币结算试点。所谓跨境贸易人民币结算，是指经国家允许指定的、有条件的企业在自愿的基础上以人民币进行跨境贸易的结算，商业银行在人民银行规定的政策范围内，可直接为企业提供跨境贸易人民币相关结算服务。其业务种类包括进出口信用证、托收、汇款等多种结算方式。

扩展学习提示

读者可在中国银行网站“金融市场”栏目中的“中国银行人民币国际化指数”查看2013年11月到当前的人民币国际化指数，研究其走势。

2011 年 8 月 23 日，人民银行、财政部、商务部、海关总署、税务总局和银监会联合发布《关于扩大跨境贸易人民币结算地区的通知》，明确河北、山西、安徽、江西、河南、湖南、贵州、陕西、甘肃、青海和宁夏省（自治区）的企业可以开展跨境贸易人民币结算；吉林省、黑龙江省、西藏自治区、新疆维吾尔自治区的企业开展出口货物贸易人民币结算的境外地域范围，从毗邻国家扩展到境外所有国家和地区。至此，跨境贸易人民币结算境内地域范围扩大至全国。

2010 年 9 月 15 日中国人民银行发表并开始实施《跨境贸易人民币结算试点管理办法》及实施细则，促进了贸易便利化，保障了跨境贸易人民币结算试点工作的顺利进行，规范了试点企业和商业银行的行为，防范了相关业务风险。2011 年 1 月 6 日，中国人民银行制定了《境外直接投资人民币结算试点管理办法》；2011 年 10 月 13 日中国人民银行制定了《外商直接投资人民币结算业务管理办法》；2012 年 3 月中国人民银行出台了《境外机构人民币银行结算账户管理办法》和《基金管理公司、证券公司人民币合格境外机构投资者境内证券投资试点办法》，并于 2013 年 5 月实施。2013 年 9 月 20 日，中国银行向全球发布“中国银行跨境人民币指数”（BOC cross-border RMB index，CRI）。

第二节　资本项目下的外汇管理

按照国际收支的内容分类，资本项目是指对资产所有权在国际间流动行为进行记录的账户，主要包括对资本流入和流出的记录。由于经济结构、市场机制、监管能力等方面的原因，我国没有完全放开资本项目管制，而是在有效防范风险前提下，有选择、分步骤放宽对跨境资本交易活动的限制，逐步实现资本项目可兑换，这是世界各国特别是新兴市场经济国家的基本经验。

一、资本项目管理的概念内涵、管理手段和原则

1. 资本项目管理的概念和内涵

资本项目是资本和金融账户的简称，分为资本账户和金融账户。根据国际货币基金组织（IMF）国际收支手册第五版的分类，资本账户包括涉及资本转移的收取和支付、非生产及非金融资产收买或放弃的所有交易。这里，资本转移是指涉及固定资产所有权的变更及债权债务的减免等导致交易一方或双方资产存量发生变化的转移项目，主要包括固定资产转移、债务减免、移民转移和投资捐赠等。非生产及非金融资产交易是指非生产性有形资产（土地和地下资产）和无形资产（专利、版权、商标和经销权等）的收买与放弃。金融账户包括涉及一经济体对外资产和负债所有权变更的所有交易，包括外商直接投资、境外直接投资、证券投资、对外债权债务和资本流动等。

所谓资本项目管理，是指国家通过法规和有关政策及相应的方法，对国际收支中资本项目下外汇资金的流出入、兑付及资本交易等行为和行为人实行管制。从广义上说，资本项目管理主要是指对资本流入和流出的管理。资本流出管理，一般指对购买外汇、对外投资、贷款、存放国外以及有价证券和基金的购买等方面的管理。资本流入管理是指对外债和非居民购买本国有价证券以及引进直接投资的管理。具体地说，一国对资本项目管理主要是对外债、外币证券投资、直接投资以及对外贷款活动的管理。

2. 资本项目管理的手段和原则

资本项目外汇管理有行政手段和市场化手段。行政手段主要通过政府立法，限制部分资本项目交易和汇兑。市场手段主要通过干预市场，对利率、汇率等价格因素进行调节，引导资本流动。国际上资本项目实施管理的方法主要有以下几种：①官方制定法律，对资本项目进行严格控制；②制定相关条令，制约资本的输出/入，如美国的“利息平衡税”的施行；③干预市场，调节利率和汇率，引导资本的流出入；④实行事后监控。我国目前是以行政手段为主，辅以市场化手段。随着政府职能转变和监管能力的提升，对确需保留的资本项目管制，将越来越多采用市场化手段进行监管。

资本项目外汇管理的原则有以下几条。

（1）均衡管理原则。均衡管理原则指在推进资本项目可兑换的过程中，要将跨境资金流动的“引进来”和“走出去”相结合，从管理政策上鼓励跨境资金双向有序流动，加速开放

对外直接投资、对外证券投资等原来限制较多的领域，限制投机性资金流入。

（2）稳步开放原则。资本项目管理以有序稳步放松资本项目交易限制、引入和培育资本市场工具为主线，在风险可控的前提下，依照循序渐进、统筹规划、先易后难、留有余地的原则，分阶段、有选择地逐步推进资本项目可兑换。

（3）便利化原则。要顺应市场需求，从经济主体的实际需要出发，进一步消除影响主体经营的贸易投资便利化的体制障碍，增强市场主体的竞争活力和自主能力，帮助企业提高国际竞争力，发挥市场机制在更大的范围内合理配置资源的基础性作用。

（4）国民待遇原则。长期以来，为吸引外资，我国在许多领域对外资存在超国民待遇；另一方面，在部分行业对外资的市场准入又壁垒森严。超国民待遇的存在，导致企业为了追逐经济利益而产生行为扭曲，如返程投资问题、假外资问题等。低于国民待遇，又不符合对世贸组织的承诺。资本项目管理需要不断调整管理思路，在各个领域贯彻落实国民待遇原则。

二、我国资本项目外汇管理的历史沿革

改革开放以前，我国既无外债，也不允许外商来华直接投资，对资本项目实行严格管制。在建国后的近30年中，资本项目交易基本处于空白阶段。但自1978年以来，中国开始启动了渐进的、审慎的资本账户开放进程。

自1978年开始，根据改革与发展的需要，我国着重在吸引和利用外资方面放松管制，事实上启动了人民币资本项目可兑换进程。这一阶段的资本项目管理具有三大特点：一是在管理领域上，以直接投资为主，其次为外债，证券投资被严格限制；二是在管理思路上，以鼓励流入、限制流出为导向；三是在管理实践中，曾经历放开—管制—再放开的反复过程。1996年，我国宣布实现经常项目可兑换，开始着重资本项目的开放，而1997年亚洲金融危机爆发后，中国政府加强了资本管制，尤其是资本流出的管制，如禁止购汇提前还贷等，直至危机结束后才逐步取消。

2001年以来，顺应加入世界贸易组织和融入经济全球化的挑战，根据经济发展和改革开放的客观需要，资本项目开放的步伐逐步加快，并逐步深入。与上一阶段相比，2001年以来资本项目管理的特点体现在以下两个方面。

一是开放重点有所变化。在直接投资领域，管理已经相对成熟，实现了基本开放；在证券投资领域，正在经历从无到有的重要时期。2002年我国推出了合格境外机构投资者制度，允许境外投资者投资于我国资本市场；随后，又相继推出了放宽银行、证券、保险等金融机构以自有资本或代客从事境外证券投资的政策。

二是从宽进严出向均衡管理转变。2002年以来，我国开始出现经常性的资本项目持续大额双顺差，外汇储备迅速增长。在这一形势下，资本项目管理开始转向鼓励资金有序流出和防止投机性资金流入、促进国际收支基本平衡。例如，在直接投资领域，改革境外投资外汇管理，支持国内企业“走出去”；在外债领域，统一中外资银行外债管理，严格外资企业外债结汇；在证券投资领域，允许境外证券投资；在资本转移领域，允许个人资本转移等。

三、我国资本项目的管理内容

（一）外债管理

外债主要是指中国境内居民对境外机构（包括外国政府、国际金融机构、银行企业等）

用外国货币承担的具有契约性偿还义务的债务。外债管理从对外借款的计划审批、登记和借用外债的规模、结构、效益以及偿还等方面进行控制和管理，即对外债的借、用、还三个环节进行管理。我国现行的外债管理是根据不同的债务人实施不同的管理政策，通过额度审批和登记管理实现管理目标。

1. 外债的分类管理

我国根据外债类型、偿还责任和债务人性质，对举借外债实行分类管理。

（1）国外贷款管理。国外贷款包括国际商业贷款、外国政府贷款和国际金融组织贷款等几类。我国对中长期国际商业贷款通过两种方式进行事前管理。境内中资企业等机构举借中长期国际商业贷款，由国家发展和改革委员会会同中国人民银行、国家外汇管理局按年度核定中长期外债余额，报国务院审批。国家对境内中资机构举借短期国际商业贷款实行余额管理，余额由国家外汇管理局核定。政府贷款和国际金融组织贷款由国家统一对外举借。国家发展与改革委员会会同财政部等有关部门制定世界银行、亚洲开发银行、联合国农业发展基金会和外国政府贷款备选项目规划，财政部根据规划组织对外谈判、磋商、签订借款协议和对国内债务人直接或通过有关金融机构转贷。

（2）对外发行外币债券。发行外币债券是指由政府、金融机构及境内其他企事业单位和外商投资企业在国际金融市场上通过发行以外币表示的构成债权债务关系的有价证券来筹集资金的一种融资形式。财政部代表国家在境外发行债券由财政部报国务院审批，并纳入国家借用外债计划。其他任何境内机构在境外发行中长期债券均由国家发展与改革委员会会同国家外汇管理局审核后报国务院审批。在境外发行短期债券由国家外汇管理局审批，其中，设定滚动发行的，由国家外汇管理局会同国家发展与改革委员会审批。

（3）对外担保。对外担保是指我境内机构向境外机构或境内外资金融机构承诺，一旦债务人不能按约偿还债务时，将代为履行偿还义务。对于这种或有外债，由国家外汇管理局负责审批和管理。境内机构对外担保应当遵守国家法律、法规和外汇管理部门的有关规定。境内机构不得为非经营性质的境外机构提供担保。根据我国外汇管理规定，可以提供对外担保的担保人仅限于经批准允许办理对外担保业务的金融机构和具有代为清偿能力的非金融企业法人。被担保人是指境内内资企业、外商投资企业和境内机构在境外注册的全资附属企业及有中方参股的企业。担保人不得为外商投资企业注册资本提供担保，除外商投资企业外，担保人不得为外商投资企业中外方投资部分的对外债务提供担保；不得为经营亏损企业提供担保。同时，除经国务院批准为使用外国政府或国际金融组织贷款进行转贷外，国家机关和事业单位一律不得提供对外担保。

2. 外债的风险管理

借用外债一般是为了弥补国内建设资金不足、丰富投资渠道，从而促进国内经济的快速发展。但是，使用外债也存在风险。债务规模若超过自身承受能力，可能导致债务危机。因此，必须重视和强化外债风险管理。要避免外债风险，必须保持适度的外债规模和合理的举债速度。建立、健全我国外债规模的风险监控预警体系是一个好的办法，国际上通行的衡量外债规模的指标包括如下几条。

（1）外债承受能力指标。总量指标主要包括负债率和债务率。负债率是指一个国家的外债余额与同期该国国民生产总值的比率，计算公式为

$$负债率=\frac{外债余额}{国民生产总值}$$

该指标用于反映一国经济实力对外债的承受能力，警戒线为20%；债务率是指一个国家的外债余额与该国外汇收入的比率，计算公式为

$$债务率=\frac{年末外债余额}{当年外汇收入}$$

该指标用于反映一国当年国际收支口径的货物贸易和服务贸易外汇收入对外债总余额的承受能力，警戒线为100%。

（2）外债偿还能力指标。该指标主要反映一国年度还本付息额与该国经济实力的关系，主要包括偿债率和长短期债务比例。偿债率指当年应偿付的外债本息额与当年出口收入额的比率，计算公式为

$$偿债率=\frac{当年偿还外债本息}{当年出口外汇收入}$$

该指标用于反映一国当年国际收支口径的货物贸易和服务贸易外汇收入所能承受的还本付息能力，警戒线为20%。它是衡量外债规模指标体系中最重要的核心指标。一般来说，一国的偿债率上升，该国政府要求延期偿还到期债务的可能性就相应增加。长短期债务比例，它是指一国的短期外债（期限1年以内，含1年）占整个外债的比例，计算公式为

$$长短期债务比例=\frac{当年短期债务余额}{当年外债总余额}$$

由于短期债务易受国际市场的影响，风险较大，一般以不超过外债总额的20%为宜。应避免将短期外债投入到长期项目上，即常说的短贷长用。

（二）直接投资管理

1. 对外商直接投资的管理

目前我国外商直接投资包括外国企业、经济组织或个人在我国境内开办的独资经营企业，与我国境内企业或经济组织共同举办的合资经营企业、合作经营企业或合作开发资源的投资以及投资收益的再投资。外商直接投资管理主要是指对境外投资者向我国直接投资项下的汇兑管理措施。

现行的管理方式主要是以登记管理为中心，管理外资的流入、流出以及在流入和流出之间的中间汇兑环节，并通过外商投资企业联合年检，加强对外商投资项下的外汇监管力度。具体包括：外商投资企业外方出资验资询证；账户管理；境内再投资管理；境内外币原币划转管理；先行回收投资、转股、清算及减资购汇管理等各类汇兑管理的有关内容。

2. 境外直接投资管理

境外直接投资是指中国境内的投资者，将外汇资金或者设备、原材料、工业产权等输出到境外，在境外建立各类企业或购买股权、参股，从事生产经营活动。境外直接投资管理主要是指境内居民（投资人）境外从事直接投资项下的汇兑管理措施，包括境外投资外汇登记、境外投资外汇资金购汇与汇出、境外企业利润或因减资、清算、转股及其他合法途径取得的资金或收益汇回境内以及境外投资联合年检。

【小知识 10.3】

合格境外机构投资者（qualified foreign institutional investors，QFII）机制是指外国专业投资机构到境内投资的资格认定制度。作为一种过渡性制度安排，合格境外机构投资者制度是在资本项目尚未完全开放的国家和地区，实现有序、稳妥开放证券市场的特殊通道。包括韩国、中国台湾、印度和巴西等市场的经验表明，在货币未自由兑换时，合格境外机构投资者机制不失为一种通过资本市场稳健引进外资的方式。在该制度下，合格境外机构投资者将被允许把一定额度的外汇资金汇入并兑换为当地货币，通过严格监督管理的专门账户投资当地证券市场，包括股息及买卖价差等在内各种资本所得经审核后可转换为外汇汇出，实际上就是对外资有限度地开放本国的证券市场。我国于 2002 年 11 月 5 日发布了《合格境外机构投资者境内证券投资管理暂行办法》。

（三）股票投资外汇管理

股票投资包括本国居民购买外国经济主体发行的股票和外国居民购买本国经济主体发行的股票。我国严格限制居民投资于境外股票市场，也严格限制非居民投资于国内的 A 股市场。但允许我国境内机构在境内外发行外币股票，包括在境内发行 B 股，在中国香港发行 H 股，在纽约发行 N 股，在新加坡发行 S 股。鼓励非居民投资于我国境内机构在海外市场上发行的外币股票。因此，我国对股票投资的管理主要体现在对国内企业海外上市以及 B 股的发行与交易等方面。

中国证监会是股票投资的主管机关，国家外汇管理局负责股票投资的汇兑管理。对外币股票的外汇管理内容包括证券公司在指定银行开设 B 股专用账户的审批、发股企业开立股票专户审批、发股收入调回监督及股票收入结汇审批等。发行股票的企业在境外开立账户用于暂存股票发行收入，应由国家外汇管理局审核批准，在境内开立外汇账户保留发行股票的外汇收入由企业注册地外汇管理局审批。境内企业在境外发行股票应当在外汇资金到位后 10 天内，将所筹外汇资金全部调入中国境内，存入经国家外汇管理局批准开立的外汇账户。股票收入结汇应经国家外汇管理局逐笔审批。股息收入的兑付由银行在审核其真实性的基础上直接办理。

四、我国资本项目管理的改革和创新

实现人民币资本项目可兑换是我国外汇管理体制改革以至整个经济体制改革的长远目标。近年来，根据经济发展和改革开放的客观需要，外汇管理局在深化外汇管理体制改革，稳步推动资本账户开放方面采取了一系列措施，取得了积极进展。随着对外开放日益扩大、融入世界经济程度不断加深，外汇管理局将加快放松资本管制、不断朝着实现人民币资本项目可兑换的既定目标迈进。

从国际上看，由于金融体系不健全、抗风险能力差等诸多问题，一些发展中国家在资本项目开放过程中发生了一些风险。因此，外汇管理局将依照统筹规划、循序渐进、先易后难、分步推进的原则，根据经济发展阶段的不同需要，加快放开市场主体需求强烈、风险相对较小的项目，对风险较大和无真实贸易投资背景的项目，如跨境证券投资、衍生品交易等，采取试点、规模控制等方式，为扩大开放创造更好的条件。在资本项目可兑换的整体把握上，要与经济发展阶段、市场发育程度、企业承受能力、金融监管水平等相适应。同时，在放松部分管制的同时，需要不断改进和加强审慎性监管，防范国际资本流动的冲击，保证风险可控。

在管理方式上，外汇管理局将结合实际情况，逐步简化业务审批程序、归并重叠管理环节，将部分真实性审核管理内容下放至银行；将原来的逐笔报审方式，逐渐过渡到大额备案、事后抽查的管理方式；将资本项目兑换环节的逐笔审核，逐步调整为大额核准方式，管理重点转为依据外汇供求状况调控购付汇节奏，以缓冲外汇供求压力。

此外，外汇管理局将进一步健全跨境资本流动统计监控和预警体系。在现有总量数据的基础上，充分利用已有数据资源和市场化的数据采集手段，弥补缺失的数据要素，提升数据采集的频率和质量；以外汇账户改革为契机，归并资本账户的统计信息，形成相对完整的资本项目存量统计监控体系；在已有监测体系的基础上，进一步健全数据挖掘和组合查询功能，强化对外汇供求压力、市场套利机会、短期资本外逃和投机流入风险的监控，逐步形成相对完整、及时、有效的监控体系；通过数据的深度加工和综合利用，定期发布完整的资本项目统计监控情况和相关统计分析报告，提升资本项目脆弱性分析和风险预警能力。

第三节　外汇储备管理

外汇储备的多少既是衡量一国综合国力的主要指标之一，又是影响一国宏观经济政策特别是货币政策的重要因素之一。外汇储备管理是指一国政府及货币当局根据一定时期内本国国际收支状况和经济发展要求，对外汇储备规模、结构及储备资产的运用等进行计划、控制，以实现储备资产规模适度化、结构最优化、使用高效化的整个过程。因此，外汇储备管理包括质和量两个方面管理。所谓量的管理，是指对外汇储备规模的选择与调整；质的管理则是指对外汇储备经营管理，主要是对外汇储备结构的确定和调整。前者通常称为外汇储备的规模管理，后者被称为外汇储备的结构管理。

一、外汇储备的内涵及功能

关于外汇储备的定义有很多，通常采用国际货币基金组织（IMF）的定义。外汇储备是货币当局控制并随时可利用的对外资产，其形式包括货币、银行存款、有价证券、股本证券等，主要用于直接弥补国际收支失衡，或通过干预外汇市场间接调节国际收支失衡等用途。

一种资产必须具备以下三个特征，方能成为外汇储备。

（1）流动性，即储备资产应具有较强的变为现金的能力，并能够在不同形式的金融资产之间自由转换。

（2）可得性，即政府或货币当局在需要时，能够随时、方便、无条件地获得并利用该种资产。

（3）普遍接受性，即它在外汇市场或在政府间清算国际收支差额时被普遍接受。

因此，充当外汇储备的货币应是可完全自由兑换的货币。

外汇储备的功能主要体现在以下几个方面。

（1）调节国际收支，保证国际支付。外汇储备可随时用于满足进口和偿付外债、弥补国际收支逆差、保证正常的对外经济活动和国际资信不受影响。

（2）干预外汇市场，维护汇率稳定。外汇储备反映的是货币当局干预外汇市场的能力，通过买入或卖出其他国家的货币，可有效防止本币汇率过度波动。

（3）应对突发事件，防范金融风险。作为一国重要战略资源，外汇储备能够满足突发事件发生时的对外支付需要，保障本国经济安全。

（4）配合货币政策实施，实现经济增长。在一定的经济周期和制度安排下，外汇储备对应了相应数量的货币发行，是中央银行资产负债表中外汇资产的一项重要内容。

（5）提升本币国际地位，促进国际金融合作。作为一国能支配的外部资产，外汇储备的充裕程度是投资者的信心指标，也是提高该国货币在国际货币体系中地位的重要条件。

二、外汇储备的规模管理

（一）外汇储备适度规模理论

适度的外汇储备是指按某种社会标准确定的最低限度储备量与最高限度储备量之间的外汇储备数量区间。最低限度储备量又称经常储备量，是保证该国最低限度进口贸易总量所必需的外汇储备数量。最高限度储备量又称保险储备量，是在该国经济发展最快时可能出现的外贸量与其他国际金融支付所需要的外汇储备数量。外汇储备规模要想达到适度，必须满足以下条件：一国一定时期外汇储备的存量规模既有各种因素决定的外汇储备供给，足以满足该国一定时期对外汇储备的需求，并且必须与由各种因素决定的储备需求水平相适应。

（二）外汇储备适度规模的标准

1. 比例法

美国耶鲁大学教授罗伯特·特里芬（R. Triffin）在对世界上34个国家的储备状况研究之后得出结论：排除一些短期或随机因素影响，一国国际储备与年进口额之间存在大体稳定的比例关系，一国国际储备的合理数量，为该国年进口总额的20%～50%。因此，他指出国际储备与年进口额的比例应维持在25%左右，即保证3个月进口的用汇需要。

除了特里芬的储备/进口比例法外，后来的学者还提出了其他衡量储备适度规模的指标，包括外汇储备/短期外债，国际警戒线是100%；外汇储备/外债余额，国际警戒线是30%等。

比例法的优点是简单明了，计算方便。其最大的不足是所有的方法都只考虑了外汇储备需求同某种经济因素的关系，过于片面。例如特里芬的进口比例法仅仅从进口的用汇的角度考察了对外汇的需求，而忽略了国际间资本流动带来的影响。

2. 成本—收益法

以阿加沃尔（J. P. Agarwal）为首的一批经济学家于20世纪60年代将微观经济学的厂商理论运用于外汇储备的总量管理，认为适度的外汇储备总量就是能够满足计划外的（或预料外）的国际收支逆差支付，并使该国持有外汇储备的收益与成本相等。用一国在发生短暂的、意外的国际收支逆差时，因持有储备而避免不必要的调节所节省的国内总产出表示持有储备的收益，他们提出了针对发展中国家的国际储备的成本收益分析模型。

该模型假定：由于进出口弹性较低，该国已出现外汇短缺现象；该国国内存在着因缺乏必需的进口品而得不到利用的大量闲置资源；在无力为国际收支逆差提供融资时，该国经常通过行政方式对进口直接管制；该国在国际资本市场上的融资能力有限。

基于上述假定，阿加沃尔建立了如下适度国际储备的决定模型：

$$R = \frac{D}{\lg \pi}(\lg m + \lg q_2 - \lg q_1)$$

其中，D 为国际收支逆差额，π 为逆差出现的概率，m 为该国单位资本的产出效率，即资本产出比率的倒数，q_1 是该国追加资本中的进口比重；q_2 是进口资本品占该国总产出的比重。

该方法虽然在理论上显得比较严谨，但是在实际测算时，一国持有外汇储备的边际成本和边际收益较难衡量，因此可操作性不强。

3. 货币供应量决定论

货币供应量决定论的主要观点来自于国际收支的货币分析论，其创始者为哈里·约翰逊（Hurry Johnson）。其基本方程可简化为

$$R = M_d - D$$

式中，R 为国际收支差额，即国际储备，M_d 为名义货币需求量，D 为国内提供的货币供应基数。货币论认为国际收支差额从本质上是一种货币现象，当国内货币供给大于货币需求时，多余的货币就会流向国外，外汇储备减少。若货币需求增加，本国居民就会通过国际收支顺差带来的国际储备流入，获取额外所需的货币，则外汇储备增加。因此，约翰逊用国际储备与国内货币供给的比例作为衡量适度储备量的比例标准，认为一国国内的货币供应量决定了该国外汇储备的规模，适度的货币供应量决定了适度的外汇储备规模。

除了这几种理论外，美国经济学家马克卢普还提出了衣橱理论，他将一国货币当局对国际储备的需求比喻为对其衣橱中的时装方面的需求，结论是越多越好；卡包夫（R. J. Carbaugh）和范（C. D. Fan）认为，决定适度国际储备的因素有 6 个方面，分别是储备资产质量、各国经济政策的合作态度、国际收支市场调节机制的效力、政府采取调节措施的谨慎态度、国际清偿力的来源及其稳定程度、国际收支动向和基本经济状况，因此可以用回归分析的方法进行标准化；此外，还有多用途比例分析等标准对外汇储备规模进行分析。

（三）我国外汇储备规模管理的历史与现状

我国从 1982 年开始正式对外公布国家外汇储备数额。从 1982 年至今，中国外汇储备的规模变化可分为四个阶段，如表 10.1 所示。

第一阶段，1982—1989 年。在 20 世纪 80 年代，我国的外汇储备一直不足 100 亿美元，明显低于适度储备规模。增加外汇储备是我国货币当局的重要任务。1982—1984 年，外汇储备小幅增长，从 69 亿美元上升至 82.2 亿美元，外汇储备主要依赖于经常项目顺差。其中，近 1/3 的经常项目顺差来自于旅游等非贸易收支顺差。1985—1989 年，外汇储备余额减少，年平均外汇储备余额 30 亿美元左右。贸易收支逆差严重，非贸易收入和资本净流入不足以弥补贸易收支逆差，动

表 10.1 中国历年外汇储备总表（1982—2013 年）（单位：10 亿美元）

年 末	外汇储备	年 末	外汇储备
1982	6.986	1998	144.959
1983	8.901	1999	154.675
1984	8.220	2000	165.574
1985	2. 644	2001	212.165
1986	2.072	2002	286.407
1987	2.923	2003	403.251
1988	3.372	2004	609.932
1989	5.550	2005	818.872
1990	11.093	2006	1 066.344
1991	21.712	2007	1 528.249
1992	19.443	2008	1 946.030
1993	21.199	2009	2 399.152
1994	51.620	2010	2 847.338
1995	73.597	2011	3181.148
1996	105.049	2012	3311.589
1997	139.890	2013	3821.315

资料来源：国家外汇管理局网站。

用部分外汇储备。这阶段外汇储备减少了约 27 亿美元。

第二阶段，1990—1993 年。外汇储备出现迅速增长的势头，除 1992 年偿债高峰导致资本净流出外，经常项目、资本项目都出现巨额顺差，外汇储备由 1989 年的 55.5 亿美元增加到 1990 年的 110.9 亿美元，1991 年又比 1989 年翻两番，达到 217.12 亿美元。1993 年，受中国经济高速增长的刺激，特别是新兴证券市场高回报率强烈吸引，巨额外资涌入中国，资本净流入超过 234 亿美元，弥补经常项目逆差后还有结余，外汇储备较 1992 年有所增加。

第三阶段，1994—2011 年上半年。1994 年，中国外汇管理体制发生了重大变革，实行汇率并轨，人民币官方汇率大幅下调，大大刺激了出口，外汇储备成倍增加，到 1996 年，我国外汇储备首次突破千亿美元。虽然 1997 年爆发了亚洲金融危机，但是，它对我国外汇储备的影响不大，外汇储备仍保持较快的增长。到 1999 年，我国外汇储备已经超过 1 500 亿美元。进入 21 世纪，我国的外汇储备高速增长，特别是近两年，每年外汇储备的增加额都超过千亿美元。2009 年外汇储备量为 23 991.5 亿美元，已经超过日本，成为世界上拥有外汇储备最多的国家。截至到 2014 年 6 月，中国的外汇储备量已达到 39 932.13 亿美元。

三、外汇储备的结构管理

（一）外汇储备结构管理的必要性

对外汇储备结构管理的重视，是由国际货币制度的演变引起的。20 世纪 70 年代以前，世界外汇储备基本上都是美元储备，当时的外汇储备结构管理主要是处理美元与黄金储备之间的关系。20 世纪 70 年代以后，国际货币制度发生了重要变化，汇率制度由单一的固定汇率制度转变为多重的管理浮动汇率制度，储备货币的汇率波动频繁。储备货币也从单一的美元变为美元、日元、英镑、欧元等多种储备货币同时并存。不同的货币除汇率走势与波动不同外，利率水平也高低不一，经常变化。国际货币制度的变化使各国外汇储备结构安排变得十分复杂，所持有的外汇储备的风险大大增加。具体来看，外汇储备的风险主要休现在以下几个方面。

1. 汇率风险

一方面，汇率风险体现在汇率变化会直接引起外汇储备存量价值的变化，在外汇储备中，若占份额较大的货币出现贬值，则整个储备货币的价值就会出现缩水。如我国外汇储备中美元资产所占比重为 60%～80%。在这样一种“美元独大”的币种结构下，美元汇率的变动成为我国外汇储备面临的最主要汇率风险。

另一方面，汇率变化会通过外汇储备流量的变化间接引起储备存量价值变化。按照国际货币基金组织要求，各国外汇储备通常以美元作为计量货币，即不同币种的资产都要按照其当日的汇率折算成美元资产，从而得到特定时点的外汇储备总金额。由于外汇储备规模的增减变化取决于外汇储备流量，即是一国从上一时期到当前时期，依照权责发生制的原则，以进出口、劳务、资本流动行为发生时的汇率折算的美元收支是平衡的，但因时间因素的作用，不同时期的汇率也不相同。结果是，国际收支按实际支付期折算的美元计量时往往会出现顺差或逆差，从而发生外汇储备存量发生改变。

2. 利率风险

若一国储备资产是以股票、债券或固定利率金融资产为主，则市场利率上浮，储备资产价值就会下降。相反，利率下浮时，储备资产的价值就上升。若一国外汇储备资产以浮动利率的金融工具为主，利率上浮时储备资产的实际收益将超过预期收益，储备资产自行增值。相反，利率下浮时，储备资产的实际收益就达不到预期水平，储备资产价值会缩水。

3．综合经济风险

根据利率平价原理，即期利率水平较高的货币可能会出现远期贬值，相反，即期利率水平较低的货币可能会出现远期升值，因此，在分析储备资产的风险时，应综合考虑储备资产的利率风险管理与汇率风险管理。例如，一国储备选择了日元国债，以美元为核算货币，那么这种安排与选择的美元相比，收益的差距将由两个部分构成：①名义收益率差异＝本期日元国债利率 － 本期美元国债利率；②货币贬值率＝（本期汇率 － 前期汇率）/前期汇率×100%。这样，收益的差距＝名义收益率差异 － 货币贬值率。

综上所述，由于汇率和利率风险的存在，外汇储备资产存在结构上的风险。因此，我们必须综合考虑汇率和利率风险，合理安排外汇储备资产的结构，降低利率和汇率变动风险，实现储备资产保值增值目标。

（二）外汇储备结构管理的原则

1．储备资产价值稳定性

以什么储备货币来保有储备资产，首先要考虑价值稳定性。储备货币的价值受储备货币汇率与储备货币发行国的通货膨胀率的影响。一种储备货币的贬值（或预期贬值），必然有另外一种（或几种）储备货币升值。而且，不同储备货币的通货膨胀率也是不一样的。由于各储备货币汇率变化方向不同，能产生互补效应，使整体的外汇储备价值保持稳定。因此，管理的任务就是要根据汇率和通货膨胀率的实际走势和预期走势，经常转换货币，搭配币种，以实现外汇储备资产的保值和增值。

2．储备资产的赢利性

不同储备资产的收益率高低不同，它们的名义利率减去通货膨胀率再减去汇率的变化，即为实际收益率。因此，要根据利率、通货膨胀率、汇率的变化趋势，决定储备币种的选择，防止出现硬货币与软货币的汇差收益小于二者之间利差损失的“软币不软，硬币不硬”的问题，即以综合收益率来衡量外汇储备的收益。

3．币种结构的安排要符合对外经济活动的支付需要

方便性管理是指在储备货币币种的搭配上，币种结构要与该国对外经贸和债务往来的地区结构和经常使用的清算货币币种相适应。若在国际经济交往中大量使用美元作为支付和清算手段，则该国需要保持较大比例的美元储备。若该国在国际经济交往中大量使用日元，则日元在国际储备中应保持较大比例。

（三）外汇储备结构管理的内容

1．外汇储备的币种结构管理

外汇储备的货币结构安排包括储备货币的币种选择及其在储备中所占比重的确定。影响外汇储备货币结构安排的因素包括以下几方面。

第一，对外贸易结构。对外贸易结构大体上确定了在对外贸易中所使用的币种及其比例。因此，通过考察进出口的来源、去向、数量及交易双方的支付惯例等可以获得贸易结构对币

种组合的影响，从而确定进出口商品的结算币种和数额以及贸易伙伴等，据此安排币种比例结构，保证支付。

第二，一国外债的币种构成。主要考虑本国政府和公共部门对外债务的币种构成和发行债券的币种构成。

第三，有的国家外汇储备中包括发行本币时的外币准备金，这种准备金主要是准备兑换之用，应该保持原币。

第四，各种货币在国际货币体系中的地位。储备货币须具备可兑换性，随时可以获得，同时需要安全性和可支付性，对方愿意接受，故储备货币基本均为主要发达国家货币。在牙买加货币制度下，国际储备货币多元化，至于各种储备货币在总储备中所占比重，一般来说，世界上绝大多数国家都选择美元作为主要外汇储备。

第五，市场汇率变动情况及发展趋势。应尽量增加有升值趋势的货币，减少有贬值趋势的货币持有量；尽量增加汇率波动幅度较小的货币持有量，减少汇率波动幅度较大的货币持有量。

2. 外汇储备的投资结构管理

（1）投资分级管理。一级储备，主要是为了保持储备资产的流动性。有两种方式：一是保留部分现金，并将足够的资金分批以每日到期的形式存入银行，包括现金、准备金、活期存款；二是购买具有良好二级市场的有价证券，需要资金时随时可变现，包括短期国库券、商业票据等。当然，这类储备的流动性最高，但收益最低。二级储备，主要指中期债券。这类储备的收益高于一级储备，但流动性比一级储备资产差，风险较大。三级储备，指各种长期投资工具。这种投资的收益率最高，但流动性最差，风险也最大。

（2）投资类型管理。根据储备资产结构管理原则，有些金融工具适合于中央银行用外汇储备进行投资，有些金融工具则不适合用储备资产投资。适合中央银行运用储备资产进行投资的工具有：商业银行的存款，中央银行和国际清算银行存款，主要国际金融市场上的国家政府债券，在国际、国内或境外金融市场发行的AAA级证券，享有AA级资信的政府债券，主要国家政府机构或政府担保机构发行的债券，区域性或国际金融组织发行的债券，主要国家的某些具有评级资信的地区或当地政府发行的债券，商业银行或金融机构的抵押存款，抵押借款，债权保管人办理的债权出借，直接办理债权出借。不适合作为储备资产的金融工具包括公司债券、商品期货和期权、股票。

（3）投资的期限结构管理。中央银行应根据本国储备的特殊性质和用途，确定整个资产的加权平均投资期限，使整个资产在此期限内营运；还需设定最长投资期限，任何一笔投资不得超过此期限。设定总资产投资期限的目的是将投资期间的市场汇率、利率和收益变动的风险限制在一定的范围内，同时保证资产的合理流动性，满足各种支付需要。在整个储备资产中，中央银行还应根据管理的不同需要，划分短期、中期和长期资金需求，将储备资金分别投到货币市场和资本市场的一些金融工具上。

3. 外汇储备结构管理的模式选择

结构管理大致可分为三种类型，即保守型管理模式、进取型管理模式和积极型管理模式。

（1）保守型管理模式。日本是这种模式最典型的代表。日本外汇储备由财务省管理和运用，存放于日本银行的外汇资产特别账户中。管理中扮演战略决策者的角色；储备资产管理的特点是：将安全性作为储备资产结构安排的首要原则，其次是流动性，而将收益性放在末位，即在保持外汇资产安全性和流动性的基础上，追求可能的赢利。这一原则也体现在其投资结构当中，流动性强的国债、政府机关债券、国际金融机构债券、资产担保债券以及在各国中央银行的存款、国内外信用等级高、偿还能力强的金融机构存款等成为外汇储备主要投资方向。

（2）进取型管理模式。这种模式将资产的收益性放在储备资产管理的第一位，而将资产的安全性、流动性放在第二位。如意大利中央银行曾将几十亿美元储备委托给美国长期资产管理公司运作，在长期资产管理公司 1998 年出现重大投资失误之前的 5 年中，其投资年平均回报率超过 40%。有的国家中央银行拿出部分资金交给这些投资基金，往往能够获得非常高的回报，当然，这种管理模式也存在很高的风险。

（3）积极型管理模式。遵循分散投资和组合投资的原则，在综合考虑收益性、安全性和流动性基础上安排储备资产投资，既不将储备资产全部投资于国债，也不将绝大多数储备投资到投资基金、股票、公司债券上面。而是在确定流动性、安全性和收益性顺序时，根据本国对储备资产的使用要求来进行资产组合，在可承受的风险范围内争取最大收益。

（四）我国外汇储备结构管理的策略

1. 采取多样化投资组合策略

首先，实现外汇储备投资资产的多样化。与其他国家和地区相比，我国政府偏重于债权投资，忽视了股权投资；偏重于政府债，忽视了机构债和企业债；偏重于信用货币投资，忽视了黄金投资；偏重于安全性和流动性，忽视了收益性。因此，要进一步实现外汇储备投资资产的多样化。

其次，实现外汇储备投资币种的多样化。如可将外汇储备投资到美元、欧元、日元、英镑、瑞士法郎等币种上。由于各储备货币汇率变化方向不同，能产生互补效应，使整体的外汇储备价值保持稳定。另外，为有效地分散风险，也可以将外汇储备较多地投资到近来比较强势的欧元等币种上，增加它们在总的外汇储备中的比重，以对冲一部分风险。

2. 考虑将外汇储备转化为石油、黄金等物资储备

在适当时机，将外汇储备转化为石油、黄金等物资储备。美、日、德等老牌工业化国家在 1973 年石油危机之后就开始对战略石油储备以立法的形式设定了储备目标，美、日、德的石油储备量分别相当于其 158 天、169 天、117 天的消费量。外汇储备积极管理的目标应该是在确保收益性的同时满足国家的竞争战略目标。建立资源储备既能满足外汇储备的性质，同时又能服务于我国打造世界制造业强国的竞争战略，所以运用外汇储备建立资源储备应成为我国外汇储备积极管理的首选方案。

3. 根据分档管理确定币种构成

我国外汇储备可分为流动性部分和投资性部分两档。其中，流动性部分主要用以维持汇率稳定及金融安全，主要以流动性较高的资产形式持有，不对其提出收益性要求。对于投资性部分，则应提出保值增值的目标，积累一定经验后，也可以考虑引进全球性的基金管理机构参与这部分外汇资产的管理。

4. 渐进地调整外汇储备币种结构

我国目前的外汇储备数量较大，这意味着，我国外汇储备币种结构的调整将会影响市场

价格。这一特点决定了中国外汇储备币种结构调整应当采用渐进方式，这不仅有利于全球经济稳定，也有利于中国外汇储备价值的稳定。

外汇储备币种结构渐进调整还有利于我国外汇储备价值的稳定。因为，如果我国迅速将美元国债储备转换成欧元储备，则大量抛售很有可能会使美元出现大幅贬值，欧元大幅升值，而欧元储备增加导致的外汇储备账面价值增长又不能在短期内抵消持有的美元储备账面价值减少，这必然在短期内导致我国外汇储备价值的大量缩水。

本章小结

本章主要介绍了经常项目下外汇管理、资本项目下外汇管理和外汇储备管理的相关原理及内容。

第一部分以少量篇幅分析了经常项目下外汇管理的内涵、特征及管理的必要性；然后分别对我国货物贸易外汇管理、服务贸易外汇管理的特征及内容进行了介绍和分析；最后，对我国经常项目下外汇管理中外汇账户管理和个人外汇管理的相关内容进行了介绍。

第二部分主要分析和介绍了资本项目下外汇管理的基本原理及我国资本项目下外汇管理的相关内容。首先分析了资本项目下外汇管理的内涵及基本原理；然后，对我国资本项目下外汇管理的内容进行了较为详细的介绍和分析；最后，分析了我国资本项目下外汇管理存在的问题，并就如何改革资本项目外汇管理进行了探讨。

第三部分主要介绍外汇储备管理的相关原理和方法。首先介绍了外汇储备的基本内涵及作用；然后对外汇储备的规模管理及结构管理理论进行了深入浅出的分析；最后，运用外汇管理理论对我国的外汇储备管理问题进行分析和探讨。

基本训练

一、单项选择题

1. 企业办理出口收汇核销业务的基本要求中，对于预计收汇日期超过出口报关（　　）天的，企业应到外汇管理局办理远期收汇备案手续。

A. 30　　B. 90　　C. 120　　D. 180

2. 根据《中华人民共和国外汇管理条例》的规定，外汇包括外币现钞、外币支付凭证或者支付工具、外币有价证券、特别提款权及其他外汇资产。其中，不属于外币支付凭证或者支付工具的是（　　）。

A. 票据　　B. 银行存款凭证　　C. 银行卡　　D. 债券

3. 国际货币基金组织创立的用于进行国际支付的特殊手段，基金组织分配给会员的一种使用资金的权利，这种权利称为（　　）。

A. 自由兑换货币　　B. 特别提款权　　C. 国际记账单位　　D. 纸黄金

4. 境外机构、境外个人在境内直接投资，经有关主管部门批准后，应当到（　　）办理登记。

A. 工商部门　　B. 税务部门　　C. 外汇管理机关　　D. 商务部

5. 下列关于境内个人外汇管理的说法中，不符合法律规定的是（　　）。

A. 个人外汇收入应当向银行结汇

B. 个人结汇、购汇的年度总额为每人每年等值5万美元

C. 个人所购外汇可以汇出境外

D. 个人年度总额内购汇可以委托其直系亲属代为办理

二、多项选择题

1. 下列关于我国现在外汇管理法的基本原则说法正确的有（　　）。

A. 经常项目与资本项目区别管理

B. 对外汇资金流出、流进实施均衡监管

C. 加强国际收支统计监测，建立国际收支应急保障制度

D. 维护人民币主权货币地位

2. 下列关于我国现在外汇管理的原则说法正确的是（　　）。

A. 实行国际收支统计监测与应急保障制度

B. 禁止外币在境内流通

C. 维护人民币主权货币地位

D. 通过外汇账户办理外汇业务

3. 下列有关我国外汇管理法律制度的说法中，正确的是（　　）。

A. 外国政府、公司发行的债券和股票也属于我国外汇的范畴

B.《中华人民共和国外汇管理条例》中所称的境内机构不包括外商投资企业

C. 对于有零星外汇收支的客户，银行也必须为其开立外汇账户

D. 我国境内禁止外币流通，并不得以外币计价结算，但国家另有规定的除外

4. 下列关于资本项目外汇管理的说法中，正确的有（　　）。

A. 资本项目外汇收入保留或者卖给经营结汇、售汇业务的金融机构，应当经外汇管理机关批准，但国家规定无需批准的除外

B. 外汇管理机关有权对其资本项目外汇及结汇资金使用和账户变动情况进行监督检查

C. 资本项目外汇支出，应依法凭有效单证以自有外汇支付或者向经营结汇、售汇业务的金融机构购汇支付

D. 外商投资企业的外方所得利润可以在纳税后，直接向外汇指定银行申请购付汇，汇出境外

5. 合格境外机构投资者制度中，下列由中国证监会负责监管的是（　　）。

A. 投资额度的审定　　B. 合格境外机构投资者资格的审定

C. 投资工具的确定　　D. 汇兑管理

三、判断题

1. 在进出口合同中使用综合货币单位计价，有分散外汇风险的作用。（　　）

2. 一般来说，结算方式中的远期L/C最符合外贸的收汇原则。（　　）

3. 综合货币保值条款与外汇保值条款相似，都以硬币计价保值，以软币支付。（　　）

4. 出口收汇时，以软币计价，硬币支付，叫外汇保值。（　　）

5. 政府行为或明文规定而引起的对经常项目下支付的限制，属于外汇限制。（　　）

6. 一国限制居民在国外使用信用卡，违反了《国际货币基金协定》第8条的规定。（　　）

7. 我国外汇管理的机构是中国银行。（　　）

8. 一国禁止某些奢侈品的进口，并在外汇条例中明确禁止奢侈品进口用汇，这不属于对经常项目下支付的限制。（　）

四、案例分析

天津A公司为外国法人独资企业，经查，20×5年5月19日天津A公司与境外投资方签订了期限一年的借款合同，金额为50万美元，借款用途为用于流动资金、支付建立信息技术的投资设备和安装费、支付办公楼的装修和设计费、支付采购销售用的原材料费。20×5年5月21日天津A公司在外汇管理局办理了外债签约登记手续，20×5年5月30日收到境外汇入的外债资金50万美元并转入该公司在大港支行开立的外债账户，但该公司始终未办理外债提款登记手续。20×5年6月13日～7月25日期间，天津A公司未经外汇管理局逐笔核准即在大港支行办理了11笔外债结汇手续，共计结汇391 270美元。

请问：1. 本案涉及的外汇违规主体有哪些？

2. 它们违反了什么外汇管理规定？

3. 按照相关外汇管理规定，应如何处罚？

五、主要观念

1. 为什么要进行经常项目下外汇管理？
2. 简述货物贸易项目、服务贸易项目和经常项目下外汇管理主要内容。
3. 我国是如何对个人在经常项目下的外汇支出进行管理的？
4. 联系实际，分析我国资本项目下外汇管理存在的问题。
5. 什么是适度外汇储备规模？
6. 简述外汇储备适度规模的衣橱理论。
7. 影响外汇储备适度规模的因素有哪些？
8. 联系实际，如何优化中国外汇储备的结构？

主要参考文献

[1] 埃德蓬西. 2014. 外汇交易：高手训练营[M]. 李汉军，王柯，译. 北京：机械工业出版社.

[2] 安东尼·桑德斯. 2002. 现代金融机构管理[M]. 大连：东北财经大学出版社.

[3] 奥本海姆. 2001. 跨国银行业务[M]. 北京：中国计划出版社.

[4] 褚保金. 2003. 国际金融[M]. 北京：中国农业出版社.

[5] 崔孟修. 2002. 现代西方汇率决定理论研究[M]. 北京：中国金融出版社.

[6] 段文斌，杜佳. 2001. 外汇市场与外汇业务[M]. 2 版. 北京：经济管理出版社.

[7] 哈卡拉·维斯图普. 2004. 外汇风险——模型、工具和管理策略[M]. 天津：南开大学出版社.

[8] 韩复龄. 2007. 外汇交易工具与避险操作[M]. 北京：中国时代经济出版社.

[9] 韩玉珍. 2005. 国际汇兑实务[M]. 北京：北京大学出版社.

[10] 何志成. 2007. 外汇保证金交易入门与技巧[M]. 北京：经济管理出版社.

[11] 贾里德·F·马丁内斯. 2014. 外汇交易的 10 堂必修课[M]. 李汉军等译. 北京：机械工业出版社.

[12] 姜波克，陆前进. 2000. 汇率理论和政策研究[M]. 上海：复旦大学出版社.

[13] 劳伦斯·S·科普兰. 2002. 汇率与国际金融[M]. 3 版. 北京：中国金融出版社.

[14] 老易，王彤. 2013. 索罗斯都要用的外汇交易术（三）[M]. 北京：中国经济出版社.

[15] 李念祖. 2002. 外汇交易原理与实务[M]. 上海：立信会计出版社.

[16] 理查德·M. 莱维奇. 2002. 国际金融市场价格与政策[M]. 北京：中国人民大学出版社.

[17] 莲恩. 2007. 外汇市场即日交易[M]. 林慧文译. 广州：广东经济出版社.

[18] 刘园，吴莹. 2007. 外汇交易与管理[M]. 北京：首都经济贸易大学出版社.

[19] 楼海燕. 2005. 英汉汉英银行外汇业务词汇表[D]. 上海：立信会计出版社.

[20] 罗孝玲. 2005. 期权投资学[M]. 北京：经济科学出版社.

[21] 买建国. 2004. 外汇理论与实务[M]. 上海：立信会计出版社.

[22] 莫瑞斯·奥伯斯特费尔德. 2002. 高级国际金融学教程[M]. 北京：中国金融出版社.

[23] 潘国陵. 2000. 国际金融理论与数量分析方法[M]. 上海：上海人民出版社.

[24] 潘英丽. 2002. 国际金融学[M]. 北京：中国金融出版社.

[25] 曲永刚. 2005. 外汇投资学[M]. 北京：清华大学出版社.

[26] 任正晓. 2006. 外汇理论与风险防范[M]. 北京：中国经济出版社.

[27] 盛宏清. 2010-10-14. 日元升值趋势已形成汇率破 80 指日可待. 上海证券报.

[28] 斯蒂芬·瓦尔迪兹，朱利安·伍德. 国际金融市场[M]. 4 版. 何为译. 北京：中国金融出版社. 2005.

[29] 唐国兴，徐剑刚. 2003. 现代汇率理论及模型研究[M]. 北京：中国金融出版社.

[30] 田文锦. 2006. 国际金融实务[M]. 北京：机械工业出版社.

[31] 田政. 2004. 系统的外汇交易解析[M]. 北京：中国建材工业出版社.

[32] 涂永红. 2004. 外汇风险管理[M]. 北京：中国人民大学出版社.

[33] 王爱俭. 2005. 20 世纪国际金融理论研究：进展与译述[M]. 北京：中国金融出版社.

[34] 王征，周峰. 2010. 网上外汇交易入门[M]. 北京：中国铁道出版社.

[35] 魏强斌. 2011. 外汇交易圣经[M]. 2 版. 北京：经济管理出版社.

[36] 魏强斌. 2014. 外汇交易进阶[M]. 3 版. 北京：经济管理出版社.

[37] 吴俊德，许强. 2001. 外汇交易及资金管理[M]. 2 版. 北京：中信出版社.

[38] 小何，秦牧. 2012. 顺势而为——外汇交易中的道氏理论[M]. 北京：经济管理出版社.

[39] 杨胜刚，姚小义. 2002. 外汇理论与交易原理[M]. 北京：中国金融出版社.

[40] 叶永刚，黄志坚. 2004. 外汇期权[M]. 武汉：武汉大学出版社.

[41] 约翰 · C · 赫尔. 2004. 期权、期货和其他衍生产品[M]. 3 版. 北京：华夏出版社.

[42] 约翰 · 季格森，韦德 · 汉森. 2013. 外汇交易从入门到精通[M]. 北京：人民邮电出版社.

[43] 张光平. 2006. 人民币衍生产品[M]. 北京：中国金融出版社.

[44] 周正庆. 2006. 证券知识读本（修订本）[M]. 北京：中国金融出版社.

[45] 卓骏. 2003. 国际金融实务[M]. 北京：人民邮电出版社.

更新勘误表和配套资料索取示意图

说明：本书配套资料可在 http://www.ryjiaoyu.com/下载，其中配套学习资料注册后可直接下载；**教学用资料**仅供采用本书授课的教师下载，**教师身份、用书教师身份**需网站后台审批（咨询邮箱 13051901888@163.com）。

更新勘误及意见建议记录表

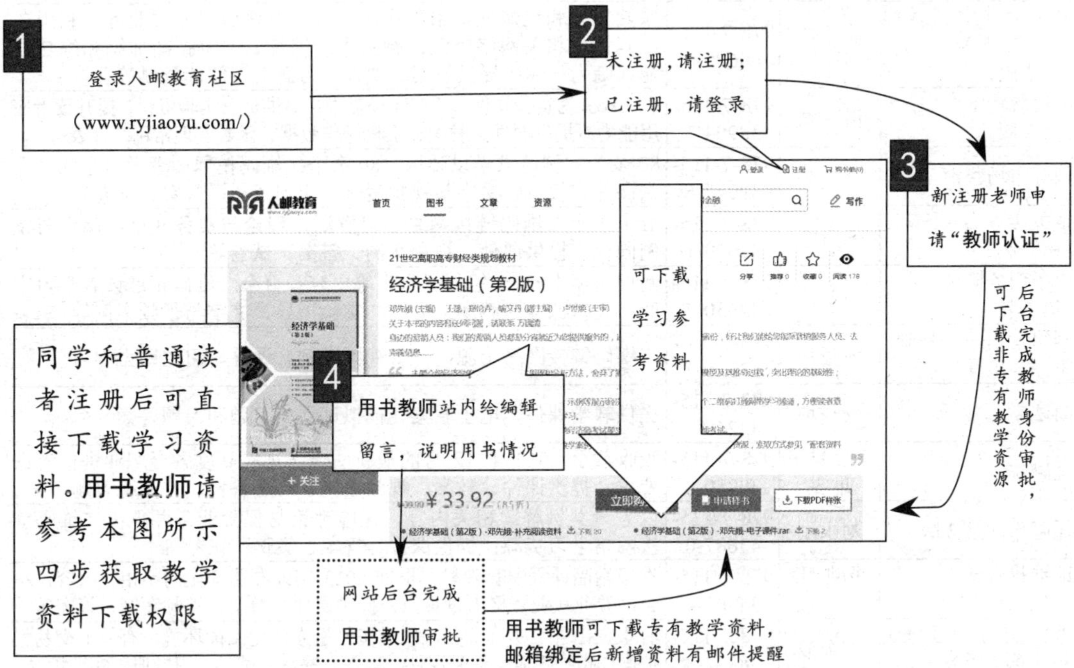

部分 21 世纪高等院校经济管理类规划教材推荐

书　名	主　编	书　号	编辑推荐
管理学——原理与实务（第 3 版）	李海峰	978-7-115-47611-1	2013 年陕西普通高校优秀教材二等奖；提供课件、教案、实训说明、教学体会、文字与视频案例、习题集及参考答案等
管理学	方振邦	978-7-115-44334-2	提供教学课件、扩充阅读、模拟试卷
企业战略管理（第 2 版）	舒　辉	978-7-115-43139-4	二维码打造立体化阅读环境；案例、习题等营造多方位学习环境；提供课件、补充案例、模拟试卷等素材
企业文化	杨　坤	978-7-115-44012-9	提供教学课件、电子教案、案例视频、模拟试卷等资料

续表

书　名	主　编	书　号	编辑推荐
客户关系管理理论与应用	栾　港	978-7-115-39343-2	60组案例助力理论联系实际，33个二维码打通网络学习通道，在线 Xtools 软件方便实践训练；提供课件、教案、教学日历、免费教学账号、习题库、试卷等
生产运作管理（第2版）	程国平	978-7-115-46477-4	视频更直观，扫二维码可观看；案例更新颖，多为近几年实例；提供课件、教案、习题答案、模拟试卷和补充教学案例等
社会心理学	陈志霞	978-7-115-40977-5	40余二维码拓展读者视野；兼顾基础与应用社会心理学；数百实例助力理论与实践相结合；提供课件、案例、答案、试卷等
经济学基础	邓先娥	978-7-115-39039-4	近300个实例连接理论与生活，130余个二维码打通网络学习通道，70余项扩展阅读指南指引学习方向；提供课件、教案、答案、文字和视频案例、试卷等
政治经济学（第2版）	张　莹 李海峰	978-7-115-42571-3	着重于分析社会经济问题；利用二维码拓展读者阅读空间；提供课件、大纲、视频案例、习题集、试卷等
中级财务会计（第3版）	吴学斌	978-7-115-43464-7	四川省“十二五”本科规划教材；二维码链接网络学习资源；章后习题+电子版习题集；提供课件、教案、案例库、试卷等
财务会计实训教程（上、下册）（第2版）	裴永浩	978-7-115-40690-3	原始凭证和记账凭证单独成册；按营改增调整相关业务；利用二维码提供相关网络资源；融基本功训练、岗位技能训练和综合技能训练为一体；提供答案、课件、习题集、阅读资料等
应用统计学（第2版）	潘　鸿	978-7-115-38994-7	以 Excel 为实验软件，适应职场需求；提供全套实验资料，提升读者应用能力；提供课件、教案、上机操作数据、函数实现常用统计表等
国际市场营销	李　爽	978-7-115-39077-6	80余个实例追求学以致用，80余个二维码拓展读者学习空间；提供课件、教案、文字与视频案例、实训资料、答案、试卷等
报关实务（第2版）	朱占峰	978-7-115-42629-1	五十余个二维码链接网络学习资源；理论与实务并重，操作与案例同行；提供课件、视频案例、答案、试卷等
电子商务概论（第3版）	白东蕊	978-7-115-42630-7	新增跨境电商、“互联网+”等内容；百余二维码拓展读者学习空间；提供课件、教案、大纲、实验指导、文字与视频案例等
网络营销——基础、策划与工具	何晓兵	978-7-115-43745-7	二维码链接网络资源；提供视频案例、课件、习题助力学习
商法学	杨　坤	978-7-115-43248-3	提供教学课件、电子教案、模拟试卷、习题和习题答案
金融法	李良雄王琳雯	978-7-115-30980-8	吸收截至2012年12月的最新法律法规，高度融合职业资格考试要求，提供课件、教案、视频案例、习题答案、补充练习题
保险学（第2版）	刘永刚	978-7-115-43687-0	以大量案例解读相关内容；保险理论与保险业务并重；二维码链接网络学习资源；提供课件、答案、案例、试卷等
证券投资学（第2版）	杨兆廷 刘　颖	978-7-115-34302-4	省级精品课程配套教材；根据2013年证券业变化调整相应内容，集合证券业从业资格考试重点，提供课件、教案、视频案例、答案等
外汇交易原理与实务（第2版）	刘金波	978-7-115-38372-3	着重突出外汇实际业务，二维码打造立体化阅读环境，有外汇交易模拟操作指导手册；提供课件、教案、答案、试卷、习题册、实训指导
期货交易实务（第2版）	曾啸波	第2版预计2018年10月出版	内嵌视频、高清彩图等；数十项目式作业方便实践；有配套课程网站，登录方式见前言；提供教学计划、教案、大纲、课时安排、教学要点、补充习题库、视频案例和模拟试卷等
国际金融理论与实务（第3版）	孟　昊	978-7-115-46037-0	以二维码展现了大量视频短片、高清图片等；提供教案、大纲、课件、视频及文字教学案例、参考答案、习题库、试卷等
金融专业英语	刘铁敏	978-7-115-39042-4	旁注、尾注和大量练习提升学习效率，以二维码指出丰富的网络学习资源；提供课件、部分译文、答案和试卷等
财政学（第2版）	唐祥来	978-7-115-46103-2	借助二维码链接网络学习资源；用“课堂金话筒”“练习与思考”等催生读者问题意识；提供课件、教案、习题答案、视频案例和试卷等
财政与金融	袁晓梅 陈　宁	978-7-115-40465-7	集中阐述基础知识、理论和实务；数百案例理论联系实际；百余二维码链接网络资源；提供课件、教案、视频和文字案例、答案、试卷等
物流工程导论	朱占峰	978-7-115-42535-5	课件嵌入大量教学视频案例；物流新闻拉近理论与现实距离；提供课件、答案、视频案例、试卷等
商务礼仪（第2版）	王玉苓	978-7-115-45505-5	图文并茂，内嵌大量视频，追求学以致用；提供教案、课件、答案、文字与视频案例、课外阅读资料等
商务沟通与谈判（第2版）	张守刚	978-7-115-43065-6	二维码打造立体化阅读环境；强调实践教学，提供模拟商务谈判素材；提供教案、课件、案例、视频库等资料